BESTSELLER

Jason Berry. Alcanzó renombre por su libro *Lead Us Not Into Temptation*. Escribe para numerosas publicaciones y ofrece entrevistas para diversos medios en Estados Unidos. Actualmente vive en Nueva Orleans.

Gerald Renner. Es un experimentado periodista que recientemente se retiró del diario *The Harford Corant*, donde fungía como articulista especializado en asuntos religiosos. Actualmente vive en Norwalk, Connecticut.

JASON BERRY
GERALD RENNER

El legionario de Cristo
Abuso de poder y escándalos sexuales
bajo el papado de Juan Pablo II

Traducción de
Gerardo Noriega Rivero
Omar López Vergara

DEBOLS!LLO

El legionario de Cristo

Abuso de poder y escándalos sexuales
bajo el papado de Juan Pablo II

Título original: *Vows of silence*
The Abuse of Power in the Papacy of John Paul II

Primera edición en formato Debolsillo: abril, 2010
Primera reimpresión en formato Debolsillo: agosto, 2010.

D. R. © 2004, Jason Berry y Gerald Renner
Publicado por acuerdo con The Free Press,
una división de Simon and Schuster, Inc.

Traducción de Gerardo Noriega Rivero/Omar López Vergara

D. R. © 2010, derechos de edición mundiales en lengua castellana:
Random House Mondadori, S. A. de C. V.
Av. Homero núm. 544, col. Chapultepec Morales,
Delegación Miguel Hidalgo, 11570, México, D. F.

www.rhmx.com.mx

Comentarios sobre la edición y el contenido de este libro a:
literaria@rhmx.com.mx

ISBN 978-607-310-015-1

Impreso en México / *Printed in Mexico*

A Melanie McKay y Jacquelyn Breen Renner por la inspiración y mucho más.

Exigir cuentas a todos los católicos culpables. El pecado es pecado, ya sea que lo cometa el Papa, los obispos, los sacerdotes o los laicos. El Papa se confiesa como todo el mundo... La Iglesia es muy realista sobre la naturaleza humana.

FLANNERY O'CONNOR

ÍNDICE

EPÍLOGO

JERARQUÍA DE LA IGLESIA CATÓLICA

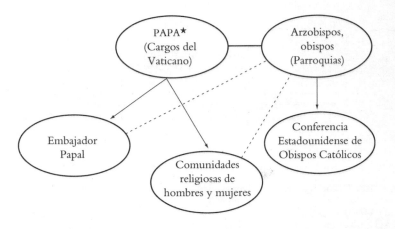

* *Teológicamente, la máxima autoridad de la Iglesia católica reside en el papa, obispo de Roma, y en todos los obispos en conjunto, como en el Concilio Vaticano II.*
M. X. Yordon, 2003.

PRINCIPALES CARGOS DEL VATICANO
(LA CURIA ROMANA)

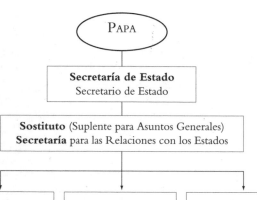

PAPA

Secretaría de Estado
Secretario de Estado

Sostituto (Suplente para Asuntos Generales)
Secretaría para las Relaciones con los Estados

Nueve congregaciones

- Doctrina de la Fe
- Iglesias Orientales
- Culto Divino y Disciplina de los Sacramentos
- Causas de los Santos
- Obispos
- Evangelización de los Pueblos
- Clero
- Institutos de Vida Consagrada y Sociedades de Vida Apostólica
- Educación Católica

Once consejos pontificios

- Laicos
- Promoción de la Unidad Cristiana
- Familia
- Justicia y Paz
- «Cor Unum» (actividades de caridad)
- Cuidado Pastoral de Migrantes y Personas Itinerantes
- Asistencia Pastoral para los Trabajadores del Sector Salud
- Interpretación de Textos Legislativos
- Diálogo Interreligioso
- Cultura
- Comunicaciones Sociales

Tres tribunales

- Penitenciaría Apostólica (casos delicados no manejados por los otros tribunales)
- Signatura Apostólica (suprema corte de la Iglesia)
- Rota Romana (principalmente casos relacionados con el matrimonio)

M. X. Yordon, 2003.

PRÓLOGO

Juan Vaca contaba una historia grotesca y desgarradora, pero
quería hacer ver al obispo John Raymond McGann por qué había llegado a la diócesis de Rockville Centre, Long Island. Corría abril de 1976. El padre Vaca, de treinta y nueve años, tenía
el pelo entrecano y la tez morena clara, y el perspicaz obispo
quizá notaba la melancolía de sus ojos y la tristeza de su porte.
Años después Vaca estudiaría psicología para, como él decía,
«definir dónde acaba la enfermedad y empieza la maldad».[1]

Vaca se había incorporado a la diócesis cuando el predecesor
de McGann se retiraba. Los miembros de órdenes religiosas, como
jesuitas o franciscanos, suelen servir en las diócesis, pero pocos piden cambiar oficialmente su estado del clero regular al secular. El
padre Vaca tenía impecables antecedentes. En Orange, Connecticut, fungió durante cinco años como director en Estados Unidos
de los Legionarios de Cristo, orden religiosa con sede en Roma.

Marcial Maciel Degollado fundó la Legión en 1941 en México. Bajo su mando, los legionarios construyeron una red de escuelas y universidades en ese país y luego se extendieron con instituciones de enseñanza media y seminarios a España, América
Latina, Irlanda y, ahora, a Estados Unidos. Con el crecimiento
de la Legión, Maciel fue cobrando importancia ante la curia romana. En 2003 la Legión ya tenía once universidades y más de
150 escuelas de enseñanza media en el mundo.

Vaca, reclutado por Maciel en México cuando tenía diez
años, había crecido en la Legión y estudiado en los seminarios de
la orden en Europa. Al hablar con el obispo McGann, le dijo
que Maciel empezó a abusar sexualmente de él cuando tenía doce años. Refirió que «Nuestro Padre», como llaman los legionarios a su fundador y superior general, lo había usado en una perversa relación sexual hasta los veinticinco años. Según Vaca,

Maciel dirigía la Legión como un dictador, y había logrado su dominio sobre él apartándolo de su familia. Después de escucharlo, McGann hizo una pregunta típicamente estadounidense:

—¿A nadie se le ocurrió denunciarlo?

—No que yo sepa —contestó Vaca.

La diócesis de McGann comprendía los condados de Suffolk y Nassau. Dependía de la generosidad de descendientes de inmigrantes irlandeses, italianos e hispanos, muchos de los cuales iban a diario a Manhattan a desempeñar empleos que sus antepasados apenas habrían soñado. Casi un tercio de los directivos de empresa de la revista *Fortune 500* eran católicos.[2] McGann pertenecía a la generación de obispos constructores, que ampliaron la infraestructura de parroquias, escuelas, universidades y servicios gracias a los cuales los católicos se elevaron de los márgenes de la sociedad hasta una condición de prosperidad y poder.

En aquellos días los delitos sexuales de los sacerdotes no eran tema de polémica en los medios. Dentro de la Iglesia ocasionalmente circulaban historias de sacerdotes que tenían amoríos con mujeres o aun con hombres. Los clérigos eran humanos y no estaban libres de pecado. Aun así, a ojos de millones de católicos, la Iglesia seguía representando la rectitud moral. Las acusaciones del padre Vaca iban mucho más allá del «pecado». A McGann lo había hecho obispo el papa Paulo VI, y a él debía responder. El sacerdote de su diócesis acusaba al líder de una orden internacional de graves delitos morales. Debía informarse de eso al Santo Padre. El padre Vaca había acudido al obispo en busca de ayuda.

McGann ya había muerto cuando, en 2002, un gran jurado de Long Island figuró en los titulares de la prensa con un extenso informe que acusaba a la diócesis de Rockville Centre de encubrir sistemáticamente a sacerdotes que habían abusado sexualmente de niños y mentir a las familias de las víctimas. En el caso del padre Vaca, un obispo intentó hacer lo correcto.

McGann dijo al clérigo mexicano que denunciaría a Maciel ante el Vaticano. Vaca se mostró escéptico: consideraba a Maciel lo bastante influyente en la curia para bloquear una investigación. McGann insistió en canalizar la denuncia por los medios apropiados. Enviaría una carta al delegado papal en Washington, D.C. Sin embargo, un documento de tal gravedad debía ser específico: Vaca tenía que dar el siguiente paso. Durante el verano el sacerdote trabajó en la parroquia del pueblo de Baldwin. El 20 de octubre de 1976 se sentó en la rectoría de la parroquia de San Cristóbal y escribió una carta de doce páginas a renglón seguido dirigida a Maciel. Después de darle las gracias por haberlo dejado salir de la Legión, su tono se tornó crudo:

> Para mí, padre, la desgracia y tortura moral de mi vida empezaron esa noche de diciembre de 1949. Con el pretexto de que sentía dolor, me ordenó quedarme en su cama. Yo aún no cumplía los trece años; usted sabía que hasta entonces Dios me había conservado intacto, puro, sin jamás haber manchado seriamente mi inocencia infantil, cuando, esa noche, en medio de mi terrible confusión y angustia, usted me arrancó mi virginidad masculina. Yo había llegado a la Legión siendo todavía un niño, sin experiencia sexual de ningún tipo… Fue usted quien inició el abuso aberrante y sacrílego esa noche; el abuso que duraría trece dolorosos años.[3]

La lamentación de Vaca es un documento desgarrador, incluso en medio de la oleada de demandas contra sacerdotes y la cobertura de los medios sobre la doble vida de muchos clérigos, que hoy son el pan de cada día. Vaca citó a veinte hombres mexicanos o españoles, con su lugar de residencia entre paréntesis. «Todos ellos, jóvenes buenos y talentosos… me dijeron personalmente que usted había cometido los mismos abusos sexuales contra ellos. Pongo a Dios por testigo de sus nombres.»

Vaca también impugnó al Regnum Christi, una organización que la Legión había apoyado para inspirar a los laicos como evangelistas para el reino de Cristo en la Tierra. Vaca denunció que «el propio movimiento del RC, con sus procedimientos de secretismo, absolutismo y lavado de cerebro, sigue los métodos de las sociedades secretas en lugar de los métodos evangélicos abiertos y simples… [y] mediante una sutil arrogancia y vanidad [engaña a los miembros] para que se crean seres predilectos y elegidos de Dios». Vaca tenía una hermana que había profesado los votos de «mujer consagrada» del Regnum Christi en México. Le exigió al fundador de la Legión que la devolviera a su familia. El sacerdote quería que lo dejaran en paz para reconstruir su vida. Finalmente, le pide a Maciel que, «por el bien de la Iglesia, renuncie a su cargo».

Vaca nunca recibió respuesta alguna de Maciel.

Un análisis frío de la carta arroja tres posibilidades. La primera, que Vaca fuera una persona inestable y fabricara una imagen difamatoria de Maciel. La segunda, que Maciel fuera culpable y no tuviera intención de arriesgarse a autoincriminarse con una respuesta. La tercera posibilidad, que probablemente cruzó por la mente del obispo McGann, era que Vaca estuviera diciendo la verdad en general, aunque tal vez no todas sus afirmaciones, como la del lavado de cerebro, pudieran probarse.

Conforme al Código de Derecho Canónico, McGann estaba obligado a considerar la carta y a actuar en consecuencia, o bien, a desecharla con base en su evaluación del carácter y la credibilidad de Vaca. De las veinte víctimas de la lista, una era un sacerdote de la misma diócesis de Long Island, el padre Félix Alarcón, entonces de cuarenta y tres años, que se había criado en España e incorporado a la Legión en su temprana adolescencia. En 1965 abrió el centro de la Legión de Cristo en Connecticut, y al año siguiente se salió para unirse a la diócesis de Rockville Centre. «Me habría llevado este secreto a la tumba», comentaría más adelante, «pero cuando el señor obispo me pidió que verificara la declaración de Vaca, me vi en un aprieto».[4] Alarcón afirmó que, mientras fue seminarista, Maciel había abusado sexualmente de él con frecuencia. McGann consultó a su abogado canónico, el padre John A. Alesandro, quien preparó un expediente que incluía una declaración de Alarcón en apoyo de la carta condenatoria de Vaca. Entonces envió el paquete al delegado papal en Washington. Sosteniendo las denuncias de los dos ex legionarios, McGann y Alesandro solicitaban al Vaticano que investigara a un hombre con una posición muy firme en la estructura del poder eclesiástico de Roma.

El resultado: nada. Ni un solo funcionario del Vaticano solicitó más información. La acusación de que el fundador de una orden religiosa internacional era un pederasta, y de que su organización recurría al lavado de cerebro, se topó con un frío silencio en Roma.

Dos años después, en agosto de 1978, Vaca viajó en avión a México para reunirse con su familia porque su padre estaba muriendo de cáncer. Su hermana, todavía afiliada al Regnum Christi, se resistió a sus ruegos de que abandonara el grupo. Pero

Vaca pasaba por una crisis aún mayor. Se había enamorado de una mujer y se sentía culpable por seguir siendo sacerdote. Al regresar a Long Island, se lo dijo al obispo McGann y le pidió la dispensa de los votos sacerdotales, lo cual implicaba enviar una petición a Roma. Como parte de los motivos esgrimidos para dejar el sacerdocio, Vaca volvió a señalar el abuso sexual sufrido a manos de Maciel.

El obispo, en vista del tormentoso pasado de Vaca, le propuso que pidiera un permiso para dejar temporalmente el ministerio a fin de aclarar sus pensamientos, y le pidió que acudiera a un psiquiatra. Al cabo de varios meses de terapia, Vaca se desembarazó de la relación con la mujer y regresó al ministerio. También reanudó su misión de lograr la remoción de Maciel. Una vez más, el canonista Alesandro envió un expediente al nuncio apostólico en Washington, D.C. El 16 de octubre de 1978, el cardenal Karol Wojtyla, arzobispo de Cracovia, fue elegido papa y tomó el nombre de Juan Pablo II. La Sagrada Congregación para los Religiosos, en el Vaticano, envió acuse de recibo de la queja. En 1997, cuando Gerald Renner preguntó a monseñor Alesandro por qué no había pasado nada, éste habló con renuencia: «Lo único que puedo decir es que hay gente informada de esto en diferentes niveles. Era nuestra obligación velar por que el asunto llegara a las manos indicadas. No sé por qué no se hizo nada... Es una acusación grave, que debería haber suscitado una respuesta».[5]

«Es increíble», reflexionó el padre Alarcón. «Hay personas importantes en Roma que están evadiendo el asunto.»

Juan Vaca dejó el sacerdocio después de la psicoterapia y de más conflictos con el celibato. El 31 de agosto de 1989 se casó en una ceremonia civil. El 28 de octubre de 1989 escribió una carta de siete páginas al papa Juan Pablo II solicitando que lo dispensara de sus votos. Aunque para entonces ya no ejercía como sacerdote, Vaca y su esposa deseaban recibir la bendición de la Iglesia, lo que en el caso de un ex sacerdote o ex obispo exige la dispensa previa del papa.

Monseñor Alesandro volvió a enviar un documento de Vaca a la embajada apostólica en Washington, y una vez más le devolvieron acuse de recibo de Roma.[6] Vaca le escribía a Juan Pablo II como si hablara personalmente con él, reflexionando sobre su vida, sus fracasos, su matrimonio. Decía haber recibido una «mala formación» para el sacerdocio, «debido a los serios traumas que sufrí durante años por haber sido víctima de abuso sexual y psicológico por parte del Superior General y Fundador, Marcial Maciel... de la misma manera en que, no tardé en darme cuenta, abusaba de otros seminaristas».

Cuatro años después Vaca recibió la dispensa, una de las miles que llevaban la firma papal. Nunca supo nada de Maciel ni de las acusaciones.

¿Por qué protegió Juan Pablo II a Maciel?

El Vaticano no está obligado cooperar con investigadores periodísticos. En los siete años transcurridos desde la primera vez que nos pusimos en contacto con la oficina del vocero papal, Joaquín Navarro-Valls, para que comentara sobre las acusaciones de nueve ex legionarios de que Maciel había abusado de ellos, el Vaticano se negó a hablar. Ningún funcionario nos dijo jamás que Maciel fuese *inocente*. Sencillamente no había respuesta a las acusaciones publicadas por los medios. La causa canónica iniciada por Vaca y varios ex compañeros suyos contra Maciel ante un tribunal del Vaticano en 1998 se archivó: no hubo ningún fallo. Antes bien, en 2001 el papa Juan Pablo II elogió a Maciel en una celebración del sexagésimo aniversario de la fundación de la Legión. Semejante absolución simbólica por parte de un papa que defendía los derechos humanos ante las dictaduras es un mensaje perturbador sobre el estado de la justicia en la Iglesia.

Nuestro primer informe sobre Maciel, publicado el 23 de febrero de 1997 en el *Hartford Courant,* se basó en los relatos de Vaca, Alarcón y otros siete ex legionarios. Maciel se negó a ser entrevistado. La Legión de Cristo contrató a un poderoso despacho de abogados de Washington para que intentara silenciar lo publicado. La Legión utiliza sus periódicos, publicistas y apologistas de su página *web* para presentar a Maciel como víctima de falsas acusaciones. Entre sus partidarios se cuentan algunos de los ciudadanos más adinerados de España y América Latina, muchos de cuyos hijos asisten o han estudiado en escuelas o universidades de la Legión. Los estadounidenses defensores de la orden incluyen a George Weigel, biógrafo de Juan Pablo II, y a William J. Bennett, escritor y profesor de valores morales. Otros defensores de Maciel son el reverendo Richard John Neuhaus, director del periódico *First Things;* William Donohue, director de la Liga Católica por los Derechos Religiosos y Civiles, y Mary Ann Glendon, profesora de derecho de la cátedra Learned Hand en la Universidad Harvard.

La mayoría de los católicos del mundo angloparlante no han oído hablar del padre Maciel, de la extraña historia del Regnum Christi ni de los métodos de coerción psicológica de la Legión. En Estados Unidos, las escuelas de la orden han dejado una estela de litigios y ex seguidores resentidos, mientras los legionarios idean proyectos de fundar universidades en Sacramento, California, y en el condado de Westchester, Nueva York. En América Latina y España los legionarios son un movimiento religioso importante y, en México, una institución nacional.

¿Cómo atienden los tribunales del Vaticano las acusaciones contra un sacerdote cercano al Papa de graves delitos morales? ¿Cómo ha respondido el Vaticano ante la más amplia crisis sexual del sacerdocio? Estas preguntas no se refieren solamente a Maciel y la indulgencia de muchos obispos hacia los pederastas, sino a asertos cada vez más débiles sobre la vida eclesiástica. El padre Donald B. Cozzens, antiguo rector de un seminario, escribió que el sacerdocio «es, o se está volviendo, una profesión homosexual»,[7] comentario que reitera una cuestión señalada en 1992 por Jason Berry en *Lead Us Not into Temptation.*[8]

En 2004 la conferencia episcopal de Estados Unidos publicó hallazgos de una auditoría interna realizada por el Colegio John Jay de Justicia Criminal de Nueva York, la cual reveló que unos 4 400 sacerdotes (cuatro por ciento del clero) habían abusado sexualmente de menores, en su mayoría adolescentes, en el último medio siglo. El estudio se realizó en respuesta a una reacción en cadena de investigaciones de varios medios, iniciada por la cobertura del *Boston Globe* de las estrategias de encubrimiento de la arquidiócesis de esa ciudad. La información revelada por los obispos fue criticada por ser obra de la propia Iglesia; los investigadores no pidieron informes a los abogados que demandaron a las diócesis en nombre de las víctimas, ni a las agrupaciones de sobrevivientes de abusos. Sin embargo, era un estudio importante porque lo cuantioso de las cifras.

A principios de los años noventa, terapeutas de varias instituciones especializadas en el tratamiento de los sacerdotes infractores pidieron a los obispos que financiaran un estudio para evaluar y dar a conocer los hallazgos clínicos. «Los obispos se opusieron», declaró la doctora Leslie Lothstein, psicóloga clínica del Institute of Living, en Hartford, Connecticut, centro que atiende a infractores sexuales. «El estudio que la gente de la Iglesia no quiere compara la conducta sexual desviada entre los cleros protestante, judío y católico. Hemos atendido a más de doscientos sacerdotes involucrados con adolescentes o niños... De unos cincuenta ministros de otros credos a los que he orientado, la inmensa mayoría se ha involucrado con mujeres adultas».[9]

No sostenemos que la homosexualidad, una orientación, produzca pedofilia, una enfermedad. Abordamos estos fenómenos como consecuencia involuntaria del celibato obligatorio. Esto no quiere decir que el celibato haga a los hombres abusar de los niños, así como el incesto no se puede atribuir al matrimonio, ni la homosexualidad al celibato. La conducta sexual está arraigada en el desarrollo de la personalidad. El celibato es piedra angular del gobierno eclesiástico. ¿Cómo atendió el papa Juan Pablo II la revolución sexual que carcomía el sistema nervioso central de la Iglesia? Planteamos esta pregunta como productos que somos de familias y escuelas católicas, con recuerdos afectuosos de sacerdotes y monjas como mentores, así como de sacerdotes a los que consideramos nuestros amigos. Ninguno de nosotros sufrió abuso, ni sexual ni de otro tipo.

El mayor impacto de la crisis se ha dado en Irlanda, el país culturalmente más católico del mundo, donde hoy los seminarios están casi vacíos. Los estudios muestran un profundo desencanto de los irlandeses, no con su fe, sino con la deshonestidad y los mecanismos de control de la alta jerarquía eclesiástica.[10] Esa desilusión se extendió en los años noventa, mientras el escándalo azotaba América del Norte, Australia y Europa Occidental, hasta alcanzar su punto culminante en 2002, con una reacción en cadena de los medios ante las investigaciones del *Boston Globe*. ¿Qué pasó *antes* de que el Papa llamara a los cardenales estadounidenses a Roma para la asamblea extraordinaria de abril de 2002? Para responder esta pregunta seguimos la geografía de la crisis y observamos que la responsabilidad iba de vuelta a Roma.

El fracaso de Juan Pablo II en este tema deriva de varios factores que aquí exploramos; uno es la opinión del Vaticano sobre el escándalo como producto de incontrolables tribunales estadounidenses y medios anticatólicos. Aunque sin duda hay un elemento pagano en el ámbito de nuestros medios y una tendencia amarilla en la cobertura de las noticias, los reporteros siguieron procesos judiciales. En contraste, el sistema judicial italiano carece del amplio poder de requerimiento de pruebas de los países basados en el derecho consuetudinario inglés, y los medios italianos tenían muchos menos juicios en los cuales basarse.

En el caso del padre Maciel nos hallamos ante un encubrimiento papal. Su carrera es un modelo de desinformación: la distorsión de la verdad para alcanzar el poder y fabricarse una imagen de virtud a partir de una conducta patológica. Sin embargo, el Vaticano contribuyó durante años a este proceso al no investigar los serios cargos que se le imputaban. Maciel, que cumplió ochenta y seis años el 20 de marzo de 2006, quizá sea el mayor recaudador de fondos de la Iglesia católica del siglo XX. Su movimiento ha utilizado las escuelas como vehículo para ganar dinero y poder en la Iglesia. La Legión dice contar con 650 sacerdotes y 2 500 seminaristas en veinte países, así como con cientos de miles de laicos y clérigos y diáconos diocesanos en el Regnum Christi. Aunque no dudamos de la integridad espiritual de muchas de estas personas, las pruebas indican claramente que la Legión es una secta católica erigida sobre el culto a la personalidad de su fundador. Más perturbador aún, Maciel ha promovido una espiritualidad militante al emular los principios fascistas que admiraba en el dictador español Francisco Franco. Lo peor es que los legionarios usan técnicas psicológicas de coerción comunes a los cultos. La Iglesia considera a la Legión una orden religiosa.

La edición revisada de este libro sigue los hechos que condujeron a la caída del padre Maciel bajo el papado del sucesor de Juan Pablo II, Benedicto XVI, antes cardenal Joseph Ratzinger. Juan Pablo y Benedicto tenían una cosmovisión teológica parecida, pero el segundo tuvo que empezar a poner orden en el caos dejado por su antecesor al permitir que proliferaran los escándalos de abuso sexual en el clero. Aún falta por ver el éxito de Benedicto en esta misión. Como señalamos en el epílogo, su conflicto con la Legión apenas comienza.

Las órdenes centenarias, como la franciscana o la jesuita, hacen votos de pobreza, castidad y obediencia. Los Legionarios de

Cristo hacen también otros dos votos: nunca hablar mal de Maciel ni de sus superiores, denunciar a quien lo haga, y nunca aspirar a puestos de liderazgo.[11] Estos votos recompensan el espionaje como expresión de la fe. Mientras desentrañábamos la historia de Maciel y su organización, la conducta sexual en la cultura eclesiástica se convirtió en noticia internacional y en una de las grandes tragedias institucionales de nuestro tiempo.

La mayoría de los hechos recogidos en este relato ocurrieron antes del papado de Benedicto XVI. Juan Pablo II, sus obispos y consejeros de la curia romana podrían haber parado en seco la crisis hace años si hubieran oído las advertencias de un profeta que había entre ellos. El reverendo Thomas P. Doyle, sacerdote dominico, trabajó como abogado canónico en la embajada del Vaticano en Washington, D.C., a principios de los ochenta, y nadie más ha desempeñado un papel tan catalizador como él en la búsqueda de justicia.

Como capellán y teniente coronel de la Fuerza Aérea de Estados Unidos, la carrera del padre Doyle ofrece una ventana a la historia. Su trayectoria de joven seminarista a principios de los sesenta, miembro consumado en los ochenta, y finalmente exiliado, un paria, abarca un periodo en que la gran promesa de reformas del Concilio Vaticano II, en los sesenta, se topó con una fuerte resistencia bajo el papado de Juan Pablo II. Mientras el Vaticano trataba de amordazar a los teólogos que hacían preguntas válidas sobre las enseñanzas de la Iglesia, un trasfondo sexual en la vida del clero, encubierto por altos funcionarios eclesiásticos, se burlaba de la ortodoxia impuesta. En el transcurso de veinte años Tom Doyle se hizo presente: escribió informes, alertó a obispos, puso al tanto a cardenales, defendió los valores de la justicia y se lo jugó todo al lado de las víctimas y sus abogados. Cooperó con periodistas y, al hacerlo, redefinió el sentido de su vida. Es la encarnación católica del rebelde, un ethos expresado por Albert Camus: «Un hombre que dice no, pero cuya negativa no implica una renuncia... La rebelión no puede existir sin el sentimiento de que en alguna parte, de alguna forma, se tiene justificación.» El rebelde «dice sí y no al mismo tiempo. Afirma que hay límites y también que sospecha —y desea conservar— la existencia de ciertas cosas más allá de esos límites».[12]

En 2002, mientras estaba en la base militar de Ramstein,

Alemania, Doyle fue asediado por reporteros y productores de televisión de muchos países cuando los casos de abuso sexual en el clero se volvieron un escándalo internacional. La suya era una de las raras voces de la conciencia, la de un sacerdote que decía la verdad a las autoridades de su Iglesia.

Votos de silencio explora el encubrimiento del Vaticano a través de las vidas de dos sacerdotes: Doyle y Maciel, el primero en demanda de justicia; el segundo una fortaleza de injusticia. Al reseñar los acontecimientos más importantes que rodean a estos hombres, también dirigimos una mirada a la persecución de los teólogos y pensadores de la Iglesia bajo el cardenal Joseph Ratzinger. Esta cacería de brujas de los últimos tiempos va de la mano con la negativa de Juan Pablo II a enfrentar la gran crisis del sacerdocio permitiendo la libre discusión de las alternativas a un clero masculino y célibe.

El abuso sexual de jóvenes por parte del clero no es un fenómeno nuevo en Roma. San Bernardo de Clairvaux aconsejó al papa Eugenio III, monje y ex alumno de la orden del Cister al igual que él, cómo comportarse tras su elección, en el año de 1145: «No puedes ser el último en saber si hay desorden en tu casa. Alza la mano contra los culpables, ya que una falta de castigo promueve el descuido que abre la puerta a todo tipo de excesos. Tus hermanos, los cardenales, deben aprender de tu ejemplo a no tener entre ellos jóvenes seductores de largos cabellos».[13] No compartimos el punto de vista ideológico de quienes sostienen que la crisis del clero debe atribuirse a la «red homosexual».[14] Pero tampoco somos de la opinión políticamente correcta de algunos comentaristas de los medios y la academia que evitan emitir cualquier juicio sobre cualquier aspecto de la cultura *gay*. Al examinar la crisis sexual de un sistema de gobierno célibe, intentamos hacer caso de la advertencia de Pascal, el filósofo francés, quien dijo que la virtud no se demuestra «yendo a un extremo, sino tocando ambos a la vez y llenando todo el espacio intermedio».[15]

A los lectores no familiarizados con la jerarquía de la Iglesia pueden resultarles útiles los cuadros que figuran al principio del libro, y el glosario que se presenta al final.

PRIMERA PARTE

La odisea de Thomas Doyle

1

Ser sacerdote

Cuando comenzó el Concilio Vaticano II, en 1962, él era un estudiante de primer ingreso en un seminario católico en el estado de Nueva York. El dramatismo de una reunión en que la Iglesia congregaba a sus obispos y mejores teólogos era impresionante para Patrick Doyle. Su disposición natural hacia la autoridad habría podido llevarlo a una carrera dentro del FBI. Cuando era niño iba de cacería con su padre, y a los once años se afilió a la National Rifle Association, de la cual es miembro hasta la fecha. Pero Pat Doyle, cumplidos los dieciocho años, quería ayudar a los demás y estar cerca de Dios. El gran acontecimiento en Roma lo reafirmó en su vocación y en la idea de que su llamado era un don divino.

El papa Juan XXIII había exhortado a un *aggiornamento,* una actualización o renovación, al convocar al primer concilio desde 1870. El corpulento pontífice irradiaba una gracia benévola, paternal, que conquistó a muchos millones en aquellos primeros años de la televisión. También tenía una manera intuitiva de abordar el poder: era *furbo,* astuto e ingenioso en italiano.[1] Elegido por el Colegio de Cardenales en 1958 (un mes antes de cumplir setenta y siete años) como papa interino, Juan XXIII sorprendió a la curia romana al convocar a un concilio ecuménico. Su extensa aunque imprecisa agenda era «abrir las ventanas» de la Iglesia al mundo moderno. Murió en 1963 sin que los debates hubieran terminado. Su sucesor, el papa Paulo VI, un veterano de la curia, tenía muchos conocimientos, pero le faltaba el carisma del «buen papa Juan».

En 1964, Pat Doyle se cambió a los dominicos, u Orden de Predicadores, de setecientos años de antigüedad, e ingresó a un seminario en Dubuque, Iowa, llamado de Santo Tomás de Aquino, el dominico medieval que injertó el pensamiento aristotélico en la teología. Estudiantes y profesores seguían el desarrollo del concilio mientras los líderes trabajaban para poner en práctica la visión de Juan XXIII de una Iglesia comprometida con el mundo cambiante. Los dominicos tradicionalmente cambian el nombre a sus seminaristas. Patrick Michael Doyle (nacido el 3 de agosto de 1944 en Sheboygan, Wisconsin) se convirtió en Thomas. Fornido y con ese carácter franco propio del Medio Oeste estadounidense, Doyle aceptó el cambio sin chistar. Su familia siguió llamándolo Pat. «No éramos una familia muy apegada a la Iglesia», recuerda. «Mis padres se amaban. Disfrutaban de su mutua compañía y creo que nos transmitieron eso. Mis hermanas, Shannon y Kelly, llevan mucho tiempo casadas y son felices en sus matrimonios.»[2]

Aunque algunos miembros clave de la curia, temerosos del cambio, pedían que se pusiera fin al concilio, Paulo VI lo guió hasta su conclusión, en 1965. La Iglesia empezó a cambiar la misa en latín por la liturgia en las lenguas vernáculas de los fieles. Más aún, el Concilio Vaticano II proclamó que los católicos de las bases eran «el pueblo de Dios», un gran cambio de concebir a la Iglesia como personificada por los obispos y el clero a definirla como constituida por todos los católicos.[3]

Un antepasado de Tom, Patrick Doyle, había nacido en Irlanda (condado de Wicklow) en 1830, y a los 20 años viajó a Estados Unidos, donde se instaló en Wisconsin.[4] El padre de Tom, Michael Doyle, tenía quince hermanos dispersos por todo el Medio Oeste. Michael, ejecutivo de una empresa agroquímica, se mudó con su esposa y sus tres hijos a Cornwall, Ontario, donde Pat pasó su adolescencia. Cuando tomó el hábito dominico y el nombre de Thomas, la familia ya vivía en Montreal. En su visita a casa para la Navidad de 1965, su madre, Doris, de cincuenta y dos años, tenía cáncer de mama.

Monseñor R. J. MacDonald, el pastor de Cornwall, iba a verla al hospital con frecuencia. Kelly, entonces de doce años, escuchó sentada en su habitación a su hermano explicarle con delicadeza que su madre estaba muriendo.[5] Tras oficiar la misa fúnebre de Doris, MacDonald le entregó a Tom un rosario bendito en memoria de su madre. MacDonald era un escocés de modales toscos, pero de gran corazón, cuya relación con los Doyle tipificaba el catolicismo estadounidense a mediados del siglo XX. Los sacerdotes contraían vínculos fraternales con los padres de familia de las parroquias. Las madres los recibían en los hogares como modelos de conducta para sus hijos. El celibato traía consigo una mística de disciplina sagrada. «El sacerdote hablaba de cuestiones sagradas con un lenguaje sagrado... los misterios de la fe», recordó un arzobispo. «La vida sacerdotal era la más digna a la que podía aspirar un niño.»[6]

Los sacerdotes irlandeses moldearon el catolicismo de Estados Unidos, Canadá y Australia. Para las oleadas de inmigrantes irlandeses que en los siglos XIX y XX poblaban los barrios pobres, los sacerdotes eran figuras prominentes, que ayudaban a la gente en todo, desde declaraciones fiscales hasta asuntos escolares, burocráticos y laborales, en una época en que los letreros de oferta de empleo decían IRLANDESES ABSTENERSE.[7] De esta cultura clerical surgió una generación de arzobispos cardenales que tenían vínculos ancestrales con Irlanda: Spellman en Nueva York, Cushing en Boston, McIntyre en Los Ángeles, Mannix en Melbourne y muchos más, hombres tan hábiles con los políticos como los líderes empresariales.

Tom Doyle regresó al Instituto Aquino y a los efectos del Concilio Vaticano II. Surgían disputas entre facciones acerca de la liturgia: ¿debían utilizarse guitarras en la misa? ¿Debían eliminarse los cantos en latín? A Doyle le encantaba la misa en latín. No le gustaban los coros de música popular con participación de los fieles. Sentía una profunda seguridad cuando sonaban las campanillas en los momentos indicados de la misa y ante el dulce aroma del incienso. Creía en el orden del pasado. Sacerdotes y monjas de muchos países clamaban que el celibato obligatorio se volviera opcional. En 1967 el papa Paulo VI dio zanjó la discusión con una encíclica que llamaba al celibato «la joya más preciada» de la Iglesia: aquello que «evidentemente da al sacerdote, incluso en el campo de la práctica, la mayor eficiencia y la mejor disposición, psicológica y clericalmente, para el ejercicio continuo de una claridad perfecta».[8] El papa no citó estudios psicológicos de la claridad perfecta; no los había.

Poco antes de la Navidad de 1967, los maestros del Instituto Aquino salieron a cenar. El prior —sacerdote elegido como director de la comunidad— anunció que dejaba la orden porque iba a casarse. La reunión terminó con sentimientos encontrados.

Cuando sonó la campana en el Instituto Aquino, Doyle y los demás seminaristas se reunieron en la sala común y recibieron la noticia. El sentimiento de que su líder los había traicionado empañó la temporada navideña; algunos preguntaron por qué no podían casarse todos y seguir siendo sacerdotes. En los siguientes meses, dos sacerdotes del cuerpo docente, seguidos por seminaristas desilusionados. De los veintiséis hombres que ingresaron con Doyle, seis se ordenaron, y en 2002 sólo tres seguían siendo sacerdotes.

¿Había desatado el Concilio Vaticano II una revolución? ¿Resultaba profético, o capitulaba ante una sociedad ya muy alejada de su influencia estabilizadora? El concilio dejó por legado a la Iglesia una fractura que comenzó a ensancharse conforme se acercaba el nuevo milenio.

Los desgarradores escándalos de nuestros días tienen relación con aquellos asuntos que quedaron sin resolver.

En las clases de teología Doyle leyó a los pensadores ecuménicos del Concilio Vaticano II: el jesuita alemán Karl Rahner, el dominico holandés Edward Schillebeeckx, el sacerdote francés Yves Congar. Sus ideas sobre una Iglesia introspectiva, abierta a los cambios razonables, los habían proscrito en la década de los cincuenta, bajo el papa Pío XII. Todos fueron rehabilitados por Juan XXIII.

La inquietud en el Instituto Aquino continuó. Un hermano deficiente mental que hacía tareas de conserje desapareció. Corrió la noticia de que había hecho propuestas sexuales a los estudiantes y que lo habían enviado a un centro de tratamiento en Nuevo México. Más adelante Doyle supo que había muerto allí. Un teólogo que estudiaba en el Instituto Menninger empezó a hablar sobre la homosexualidad, no como pecado, sino como estilo de vida; algunos seminaristas estaban fascinados con la idea. El teólogo dejó el sacerdocio y años más tarde murió de sida. Varios de los compañeros de estudios de Doyle fueron expulsados porque eran homosexuales.

Mientras las protestas estudiantiles de 1968 sacudían al mundo, Tom Doyle buscó la cercanía con Dios en la firme roca de la ortodoxia. Los terremotos en el seminario le parecían una prueba de Dios. Sintió una mayor atracción hacia los misterios de la fe; quería administrar la gracia de Dios a través de los sacramentos. «Mi mayor preocupación durante mis años en el seminario fue *sobrevivir*», contaría después. Dotado de un intelecto voraz, pronto obtuvo una maestría en filosofía, y más adelante otras cuatro: en teología, ciencias políticas, derecho canónico y administración de la Iglesia.

Doyle había roto con su novia del bachillerato en Cornwall antes de optar por la vida religiosa. Los encantos femeninos no le eran indiferentes. Pero al leer la carta papal de 1967 sobre el celibato, comprendió que se iba al traste cualquier posibilidad de cambio inminente en las reglas.

El 29 de julio de 1968 el papa Paulo VI emitió la encíclica *Humanae Vitae,* que condenaba todas las formas de anticoncepción artificial. La reacción a esta carta fue asombrosa. Teólogos europeos y de América del Norte se rebelaron abiertamente, alegando que la comisión consultiva de sesenta y cuatro miembros nombrada por el Papa había respaldado el uso de la píldora anticonceptiva por una inmensa mayoría. Durante dos años después del informe secreto de la comisión, Paulo VI leyó sobre bioética y habló con consejeros en una lucha interna hamletiana. ¿Debía romper con la enseñanza papal que decía a las parejas que deseaban evitar un embarazo que se abstuvieran de las relaciones sexuales durante el periodo fértil de la mujer, o trasponer el umbral y bendecir la lógica de la intimidad sexual sin procreación como meta inmediata?[9] El Papa escogió el pasado. Poco después de la publicación de la carta, un cardenal inglés dijo que los católicos que utilizaran métodos de control de la natalidad podían recibir los sacramentos.

Conforme sacerdotes, monjas y laicos de muchos países defendían la libertad de conciencia, la muralla de la unidad católica se resquebrajaba. Doyle supo que algunas de sus primas utilizaban la píldora. Una pareja se volvió episcopaliana. Al menos la encíclica no se emitió bajo la rúbrica de infalibilidad papal.

Thomas P. Doyle se ordenó el 16 de mayo de 1970 en Dubuque, Iowa. Su padre, Michael, le dio los anillos de boda y de compromiso de su difunta madre. Tom pidió a un joyero de Montreal que incrustara los anillos de Doris, en forma de cruz celta, en el cáliz plateado que empezó a utilizar desde entonces en la celebración de la Sagrada Eucaristía. Más adelante ofició en las bodas de Shannon y Kelly. Aunque sentía algo de envidia de la intimidad de sus hermanas con sus esposos y de sus hogares, pronto bendecidos con hijos, su vida no por ello dejaba de serle satisfactoria. El celibato implicaba sublimar el impulso sexual por medio del deporte, la lectura atenta, intensas sesiones de oración y un gran número de amistades con parroquianos y dentro de las comunidades dominicas. Tenía veintiocho años cuando una mujer le preguntó en confesión si era pecado sentir un orgasmo. Impulsivamente le contestó que no, que disfrutara esos orgasmos cuando los tuviera.

En 1971 Doyle era vicario en la parroquia de San Vicente Ferrer en River Forest, suburbio de Chicago, cuando un divorciado le pidió ayuda para que le anularan su primer matrimonio y pudiera volver a casarse por la Iglesia. Los católicos divorciados eran raros en la generación de los padres de Tom. Muchos católicos pensaban que los divorciados no podían volver a casarse jamás por la Iglesia, aunque los procedimientos canónicos sí permitían las anulaciones. Quienes volvían a casarse por lo civil o por otras iglesias tenían prohibido recibir la comunión. Doyle hizo una visita al tribunal de la arquidiócesis de Chicago, cuyo personal, tanto sacerdotes como laicos, se ocupaba de aplicar el Código de Derecho Canónico.

Una anulación suponía requisitos más estrictos que un divorcio civil, pero si se demostraba la existencia de aberraciones como abandono de hogar o maltrato sistemático, el tribunal podía declarar «inválido» el vínculo sacramental y abrir la puerta para un nuevo matrimonio. Doyle ayudó a su parroquiano a conseguir la anulación y ofició la misa de su boda. De pronto, la gente empezó a acudir a él en busca de ayuda para anulaciones. Conoció mujeres que le contaban llorando cómo sus esposos las habían golpeado durante años; niños traumatizados por hogares violentos y destruidos por el alcoholismo; mujeres que hablaban de la frigidez y de cómo fueron víctimas de abuso cuando eran niñas. Vio cómo hombres de aire orgulloso se transformaban en frágiles criaturas al revelarle secretos sexuales que los habían atormentado durante años; algunos eran impotentes, otros homosexuales y, aunque amaban a sus familias, querían disolver su matrimonio. En este oculto mar de llanto, Doyle llegó a la conclusión de que la Iglesia de Cristo debía aliviar el sufrimiento de sus miembros.

—El cardenal Cody quiere verlo —le dijo un día el padre provincial de los dominicos.

La mansión del arzobispo cardenal de Chicago dominaba el Lincoln Park en la opulenta zona del centro de la ciudad llamada Gold Coast. El cardenal John Cody gobernaba la arquidiócesis más grande del país con puño de hierro. Había expulsado a muchos sacerdotes mayores de parroquias en las que habían servido durante años. Solía presentarse en la casa del párroco sin previo aviso, esperar horas si éste se encontraba fuera y, cuando llegaba, ordenarle que dejara su puesto en ese preciso momento. Sus decisiones podían ser muy extrañas. Cuando el psicólogo Eugene Kennedy le recomendó internar en una clínica especializada a cierto sacerdote que estaba al borde de un colapso, Cody dio al enfermo dinero y un boleto de avión a París. El sacerdote hizo el viaje, sufrió el colapso y terminó en un hospital de Nueva York. «¿Quién podía leer la mente de Cody?», comenta Kennedy. «Quería controlarlo todo.»[10]

Como arzobispo de Nueva Orleans, Cody había supervisado el gasto de treinta millones de dólares en construcciones en el lapso de cuatro años y defendido la integración racial. En Chicago tuvo que cerrar escuelas católicas de los barrios bajos del centro debido a su mal diseñada red de cámaras de circuito cerrado de televisión en las parroquias. Perdió dos millones de dólares al invertir fondos de la Iglesia en una compañía que quebró. Aun así, Chicago tenía más de dos millones de católicos cuya lealtad le permitía hacer donaciones de dinero a miembros de la curia romana en sus viajes al Vaticano. Hijo de un bombero e ingresado al seminario a los catorce años, se graduó de doctor en filosofía, teología y derecho canónico y consiguió un empleo en la Secretaría de Estado del Vaticano en los años treinta.[11] En Chicago, su conducta tiránica le granjeó un alud de mala prensa y especulaciones sobre su estabilidad que llegaron hasta Roma. «Mientras yo esté bien con Dios, no me importa lo que digan los críticos», respondió molesto.[12] En 1978, cuando el papa Paulo VI estaba enfermo, el reverendo Andrew M. Greeley comentó así la llegada de un cardenal de la curia romana:

Sebastiano Baggio estuvo en nuestra ciudad. En una parada secreta en su viaje a una reunión en América Latina, visitó al cardenal

Cody con una «petición» del Papa de que renuncie al poder. El cardenal ya está hablando de la visita con la gente. Me enteré de que hubo una encarnizada discusión a gritos, que duró casi toda una noche, en la villa que el cardenal tiene en el seminario de Mundelein. Cody se negó de manera inflexible a acceder a la petición… Es común que el cardenal no dé respuesta a las cartas de las diversas congregaciones romanas, y en una ocasión no contestó durante varios meses una carta de puño y letra del papa Paulo VI (presumía ante los demás de haber hecho caso omiso de esta carta y decía que «Baggio había obligado al Papa a escribirla»).[13]

Dos días después el papa murió. Cody viajó en avión a Roma para asistir al funeral y al cónclave que eligió al cardenal Albino Luciani como el papa Juan Pablo I. Un mes después, Luciani también murió. De vuelta en Roma, Cody participó en el cónclave que eligió a Karol Wojtyla, arzobispo de Cracovia, como el primer papa polaco, Juan Pablo II.

Fue mucho antes de ocurrir todo esto cuando Tom Doyle entró, prudente, en la oficina de Cody. El cardenal, que ya tenía fama de impulsivo, lo miró desde detrás de sus lentes, las mejillas flácidas, y le preguntó por sus antecedentes, la vida entre los dominicos y su parroquia. El padre Doyle respondió amablemente y con veracidad. Tras señalarle su trabajo con divorciados, Cody le preguntó si conocía el derecho canónico.

—No mucho, su eminencia.

Cody había hecho estudios avanzados sobre las normas relativas al matrimonio. El frío exterior del jerarca se derritió en una curiosa calidez huraña, y alabó al joven sacerdote por ayudar a quienes necesitaban a la Iglesia.

Así empezó una extraña amistad. Doyle, curtido por confesiones de matrimonios arruinados, veía en Cody a un ser incapaz de expresar su dolor. Se esmeró en no actuar como terapeuta del cardenal. Los secretarios iban y venían con documentos que firmar; Cody dormía solo en la enorme casa, rodeado de pilas de papeles. Con su gran grupo de familiares y amigos, Doyle veía la vida con optimismo. Cody le hizo confidencias sobre sacerdotes alcohólicos a quienes daba apoyo económico y madres solteras a las que apoyaba.

—¡Los padres son sacerdotes, padre!

Aunque Doyle no se volvió su confesor, al oírlo hablar de su caridad veía a un hombre solitario necesitado de un afecto que su modo de ser acalorado le impedía conseguir.

No es raro que jóvenes ambiciosos cultiven el trato de figuras mayores, poderosas, en su ansia de ascender, aunque no les caigan bien. A Doyle terminó agradándole el viejo Cody, quien no sólo promovió su ministerio entre los divorciados, sino que le facilitó apoyo financiero para que estudiara derecho canónico. En 1973 Doyle fue a Roma para tomar cursos de jurisprudencia de la Iglesia. Vivía en el Angelicum, la universidad dominica, y estudiaba en el Gregorianum, la universidad jesuita. Veía a los Legionarios de Cristo caminar en parejas, como soldados. En clase hablaban tanto de la ortodoxia que le parecían «paranoicos, faltos de pensamiento independiente», recuerda. No sabía mucho más de ellos.

De Roma se trasladó a Ottawa, donde obtuvo la maestría en derecho canónico por la Universidad Saint Paul, y luego a Washington, D.C., donde se doctoró en la Universidad Católica de Estados Unidos. Esta última, llamada «el pequeño Vaticano» debido a su fundación en 1887 por cédula del papa León XIII, abarcaba 58 hectáreas en el noreste de la ciudad. Al frente, en la avenida Michigan, estaba la Basílica del Templo Nacional de la Inmaculada Concepción con su lustrosa cúpula azul. Doyle vivía enfrente, en la Casa de Estudios Dominica, una construcción neogótica con una fila de agujas.

Cuando no estaba en clases, tomaba lecciones de vuelo, y obtuvo su licencia de piloto.

En 1978 volvió a la parroquia de River Forest y reanudó el trabajo de las anulaciones en el tribunal de Chicago. Un grupo de estudiosos que supervisaban la edición revisada del Código Canónico de 1917 lo invitó a escribir el comentario de los cánones que regían el matrimonio. Doyle reanudó sus visitas al cardenal Cody, entonces más impopular que nunca en Chicago, pero que estaba en buenos términos con Juan Pablo II.

En 1981, un canonista que trabajaba en la embajada del Vaticano en Washington, D.C., renunció para volverse superior dominico. El delegado apostólico, o emisario papal, era el arzobispo italiano Pio Laghi. Doyle recibió con sorpresa una invitación a una entrevista en Washington para ocupar el puesto del canonista.

El edificio, de diseño florentino, construido en 1939 en la fila de embajadas de la avenida Massachusetts, se encontraba frente a la residencia oficial del vicepresidente. En los países donde la Santa Sede no tiene sede diplomática, el enviado del papa a los obispos se llama delegado apostólico, mientras que un emisario papal con rango de embajador se llama nuncio. El cardenal Agostino Casaroli, secretario de Estado de Juan Pablo II, negociaba una relación con el gobierno de Reagan a fin de ganar estatus diplomático para la Santa Sede. En 1867, por presión de los protestantes, Estados Unidos había roto lazos diplomáticos con el Vaticano.

Nacido el 21 de mayo de 1922 en Castiglione, Pio Laghi era hijo de un campesino, y por medio del sacerdocio se doctoró en teología y derecho canónico en Roma. Tenía treinta años cuando el papa Pío XII lo seleccionó para que formara parte de su cuerpo diplomático. Como correspondía al cargo de secretario de Estado, Laghi, de cincuenta y nueve años, tenía una mente ágil y modales distinguidos. Era un hombre delgado de ojos oscuros, pelo cano «y un derecho siempre frustrante en la cancha de tenis», en palabras del senador John Heinz, de Pensilvania.[14] Hablaba cuatro idiomas, había servido en Nicaragua durante el régimen de Somoza y después en la India, Jerusalén, Chipre y, por último, en Argentina, donde el régimen militar pagaba los salarios de los obispos.

La estancia de Laghi en Argentina coincidió con la «guerra sucia» de una dictadura que torturaba y «desaparecía» a miles de sus ciudadanos. Laghi lo llamó más tarde el trabajo «más ingrato» de su carrera. Los activistas de derechos humanos lo acusaban con amargura de intentar congraciarse con el régimen, cargos que Laghi negaría, pues lo empañaban en el ocaso de su carrera.[15]

Doyle no sabía nada de esta controversia cuando, en 1981, se presentó en la gran oficina de Laghi, donde destacaba una gran fotografía del Papa. Con la cadena de oro de prelado sobre su pecho, Laghi habló de la necesidad de escoger a los hombres indicados para hacerlos obispos, evaluar sus cualidades y méritos para garantizar que el Santo Padre dispusiera de una lista de tres candidatos de entre los cuales escoger a cada uno de los nuevos obispos. La topografía de la Iglesia estaba cambiando. Conforme los descendientes de católicos irlandeses, polacos e italianos se iban asentando en los acaudalados suburbios del noreste y el

Medio Oeste de Estados Unidos, la afluencia de haitianos, cubanos y nicaragüenses a Florida y de salvadoreños y mexicanos al suroeste y California empezaban a ejercer presión sobre las fronteras de la Iglesia. Laghi consideraba primordial la necesidad de nombrar nuevos obispos conforme Roma iba estableciendo nuevas diócesis.

Laghi siguió hablando sobre la necesidad de que los obispos fueran leales a la concepción de la Iglesia del Santo Padre, sobre el énfasis que éste ponía en la evangelización. Doyle había escrito su tesis de maestría en ciencias políticas sobre la teoría de revolución social de Lenin. Como arzobispo de Cracovia, Karol Wojtyla había vivido los horrores del comunismo. Como papa, Juan Pablo II enviaba señales de desaprobación a América Latina, donde los promotores de la teología de la liberación buscaban el acceso al poder de las masas pobres como parte de su destino espiritual. El Papa consideraba que el pensamiento marxista era una influencia en esos teólogos. Mientras hablaba el arzobispo, Doyle, entusiasmado con la posibilidad de llegar a ser obispo o diplomático, se preguntaba: *¿Por qué parlotea tanto este señor? ¿Acaso no le dará curiosidad saber quién soy yo?*

Un ayudante los interrumpió para decirles que habían llegado los invitados.

Entonces hizo su entrada el cardenal John Krol, de Filadelfia, hombre alto de pelo entrecano y porte real —muy apropiado a su apellido, que significa «rey» en polaco—, acompañado de dos obispos auxiliares recién nombrados. Laghi pasó a los estadounidenses al comedor. Unas monjas francocanadienses les sirvieron una comida de celebración con vino, en honor de los dos recién llegados a la jerarquía eclesiástica. Un obispo propuso «un brindis por el Espíritu Santo», lo que a Doyle le pareció estúpido, pero no es posible negarse a brindar por el Espíritu Santo cuando se está a la mesa con el delegado apostólico y el arzobispo cardenal de Filadelfia. Laghi y Krol acapararon buena parte de la conversación con reflexiones sobre el reciente atentado contra el Santo Padre perpetrado en Roma por el terrorista turco Mehmet Alí Agca. Los jerarcas añadieron toda clase de especulaciones sobre la noticia de los supuestos lazos de Agca con Bulgaria y con la KGB soviética. Un complot para matar al Papa era la forma más ruin de maldad.

El cardenal Krol y los dos obispos se fueron después de comer. Hastiado de café, Doyle se preparó para las preguntas.

—¿En cuánto tiempo puede venir? —dijo Pio Laghi.

Doyle le respondió que tendría que consultar el asunto con sus superiores.

—Sí, muy bien —añadió Laghi, práctico—. Pregúnteles.

Y eso fue todo. No hubo preguntas, solamente la petición de que volviera cuando sus superiores hubieran accedido a permitirle trabajar para el Santo Padre. Doyle le dio las gracias al arzobispo y se dio cuenta de que el trabajo era suyo. ¡La delegación del Vaticano! Volvió a Chicago desbordante de alegría y sus hermanos dominicos lo colmaron de felicitaciones.

Por entonces el *Chicago Sun-Times* investigaba el uso que Cody hacía de fondos de la arquidiócesis, incluida una generosa ayuda a una mujer que era su amiga desde la infancia. Doyle no prestó oídos a los rumores de una relación sexual. Cody sostenía que habían crecido como hermanos. No obstante, los extraños hábitos fiscales de Cody habían motivado una investigación de la Procuraduría de Justicia. Los abogados de Cody insistían en que estaba protegido por la separación constitucional entre Iglesia y Estado. El fiscal principal, Don Reuben, erigido sospechosamente en defensor del prelado, declaró que Cody «debía responder a Roma y a Dios, no al *Sun-Times*».[16]

Cody le dijo a Doyle que el trabajo en la delegación papal sería exigente, pero que no dudaba que podría desempeñarlo bien. Doyle le dio las gracias sin poder alejar un triste presentimiento sobre el cardenal. Tras despedirse, empacó sus muchos libros, viajó en coche a Washington y volvió a la Casa de Estudios Dominica, donde viviría mientras trabajaba como canonista de la delegación apostólica para su superior último, el papa Juan Pablo II.

En servicio del Vaticano

El padre Doyle había votado por Ronald Reagan. Le gustaba el énfasis de su administración en una fuerte defensa nacional y menos gobierno. Todos los días se levantaba temprano para oír misa y luego conducía a la mansión de la embajada para hacer sus oraciones matutinas a las siete y media en la capilla, cuyas paredes estaban cubiertas con tallas de madera del viacrucis traídas de Italia por Laghi. Las monjas que preparaban las comidas de los hombres vivían en habitaciones independientes dentro de la embajada. El trabajo empezaba con un *congresso,* o junta, presidido por Laghi. Cuatro sacerdotes italianos manejaban su correspondencia, informes y el intercambio de cables con Roma. Doyle era uno de los cuatro sacerdotes estadounidenses. Uno escribía los discursos de Laghi; otro era su secretario y ayudante en los actos públicos, un tercero era el *economo,* un intendente general encargado de emitir cheques, planear actos y supervisar el mantenimiento de la embajada. Doyle realizaba algunas de las tareas más importantes y confidenciales, entre ellas revisar los antecedentes de los futuros obispos.

Laghi se reunía con los obispos de manera individual y en la Conferencia Católica de Estados Unidos (U.S.C.C., por sus siglas en inglés), en Washington, que constituía el personal de apoyo nacional de los obispos. (La U.S.C.C. y la Conferencia Nacional de Obispos Católicos se fusionaron después para formar la Conferencia Estadounidense de Obispos Católicos). El secreto era fundamental en el trabajo de Doyle. Pocos reporteros sabían quién era, lo cual le venía muy bien. Laghi causó revuelo en julio de 1981 al dirigir una carta a los obispos estadounidenses amonestando a los periódicos de sus diócesis por «su falta de respeto a la Iglesia y al magisterio».[17] La palabra «magisterio» se refiere a la autoridad de enseñanza del papa, la Iglesia y los obispos. La carta de Laghi, que no mencionaba el nombre de ningún periodista, fue considerada por muchos una crítica a Andrew M. Greeley, el sacerdote y prolífico escritor cuya columna se publicaba en muchos periódicos diocesanos. Greeley, sociólogo y principal crítico de la encíclica de 1968 sobre el control de la natalidad, predijo el disenso silencioso de millones de parejas católicas que usarían la píldora u otro método anticonceptivo y aun así seguirían recibiendo los sacramentos. Laghi regañó a la prensa católica por «dañar la fe de la gente» cuando los artículos disentían de las enseñanzas de la Iglesia. Un editor objetó con sarcasmo: «¿Cómo se responde a una carta que no aporta datos específicos? Sólo se puede decir: Sea específico».

Doyle vio la carta como una advertencia sobre la fidelidad. Los católicos representaban 24 por ciento de la población de Estados Unidos, unos 62 millones de personas en la nación más rica del mundo. Juan Pablo II quería que acataran sin reservas las enseñanzas de la Iglesia en temas que iban en contra del sentir popular. Las dudas de Doyle sobre la prohibición de que los católicos casados utilizaran métodos artificiales de anticoncepción se habían profundizado. Se trataba de decisiones profundamente personales. Percatándose de si cuestionaba las enseñanzas de la Iglesia lo despedirían, racionalizó que la autocensura era el precio que tenía que pagar para conservar un puesto de autoridad en una Iglesia que estaba destinada al cambio. La Iglesia había tolerado la esclavitud antes de la Guerra de Secesión; Juan Pablo II se pronunciaba favor de los derechos humanos. Las enseñanzas de la Iglesia sobre la sexualidad humana concedían muy poca atención a las ciencias sociales. Algún día Roma tendría que aprobar una nueva investigación teológica.

Doyle había conocido a Juan Pablo II en octubre de 1979, en una recepción de sacerdotes de Chicago durante su primer viaje pastoral a Estados Unidos. Llegó como una superestrella celestial, apuesto, de afilados rasgos eslavos, amplia frente y mirada decidida. En su cálida sonrisa los medios, deslumbrados, veían una personalidad sublime. La mayoría de los comentaristas hicieron caso omiso de un mensaje más sutil, como hizo notar el historiador Garry Wills en el *Columbia Journalism Review*. Al dirigirse a los teólogos en Washington, Juan Pablo II dijo: «Es derecho de los fieles no inquietarse con teorías e hipótesis que no son expertos en juzgar o que la opinión pública fácilmente simplifica o manipula para fines ajenos a la verdad.» Wills interpretó estas palabras como «la vieja defensa de la censura teológica… El hombre que dice eso no está dispuesto a responder a una prensa que podría "simplificar" o distorsionar las respuestas».[18]

Los tormentosos años del seminario habían endurecido al padre Doyle. Vestido de gala en recepciones en las embajadas, conoció al vicepresidente George Bush y a su esposa. Comió con los consejeros católicos en la Casa Blanca. Nunca se había imaginado una vida así, pero le gustaba y quería seguir ascendiendo.

El sacerdote pasaba gran parte del tiempo elaborando informes internos para que los revisara Laghi o la Secretaría de Estado en Roma. Al vetar obispos, Doyle se fiaba de las personas que conocían al candidato. A estas personas se les enviaba un cuestionario con una declaración en la portada que se decía textualmente: CUALQUIER VIOLACIÓN DE ESTE SECRETO NO SÓLO CONSTITUYE UNA GRAVE FALTA, SINO UN DELITO MERECEDOR DE LA CORRESPONDIENTE PENA ECLESIÁSTICA. El cuestionario incluía preguntas sobre la actitud del sacerdote hacia las declaraciones del Vaticano sobre «la ordenación sacerdotal de las mujeres, el sacramento del matrimonio, la ética sexual y la justicia social... la lealtad y docilidad hacia el Santo Padre, la Sede Apostólica y la Jerarquía, así como la estima y aceptación del celibato sacerdotal».[19]

El candidato a obispo no era entrevistado ni debía saber que se le estaba considerando. Doyle hablaba con obispos y sacerdotes durante su evaluación de los candidatos. Laghi no fomentaba que las asambleas de sacerdotes propusieran nombres. El proceso era un «secreto pontificio». Quienes recibían una carta del delegado no debían «comentarlo ni dar a conocer el sentido de su respuesta con nadie».[20]

Pese a la discreción que debía guardar en estas comprobaciones de antecedentes, a Doyle le parecía un trabajo aburrido. Prefería escribir informes sobre las diócesis y comparar datos demográficos con cifras internas en análisis de infraestructura, estado del clero y crecimiento de escuelas, universidades y servicios caritativos. Una de las cosas que Doyle omitía de sus informes era la razón del menguante número de sacerdotes; unos mil doscientos hombres dejaban la vida eclesiástica en Estados Unidos cada año, la mayoría para casarse. Un fenómeno similar ocurría en Canadá, Australia e Irlanda.[21] Empezaban a sentirse las consecuencias de la ley del celibato obligatorio y la prohibición del control de la natalidad.

El silencio era una fuerza poderosa en la cultura eclesiástica. Lo que no se decía podía ser tanto o más importante que la palabra oportuna. En el papado de Juan Pablo II, ningún sacerdote que quisiera ser obispo podía hablar contra el celibato o la prohibición del control de la natalidad, ni a favor de la ordenación de mujeres. Doyle sabía que muchos de los posibles obispos no compartían las opiniones de Roma. A lo largo de la historia, la Iglesia había tenido que contar con el *sensus fidelium,* la «opinión de los fieles». Hasta entonces, se dijo Doyle, estaba trabajando por el bien general. Laghi alabó su informe sobre la arquidiócesis de Chicago en el *congreso.*

En un viaje a Chicago, Doyle visitó a Cody, entonces de setenta y cuatro años, en un salón de la mansión la tarde del 24 de abril de 1982. El cardenal, abotagado hasta el grado de que su cabeza parecía diminuta, estaba a punto de morir de insuficiencia cardiaca. En medio del embate de los reportajes del *Sun-Times,* un gran jurado federal había emitido órdenes de comparecencia por cinco cuentas bancarias de la arquidiócesis. Cody se negó a responder las preguntas del gran jurado sobre sus gastos. Con Doyle, el viejo se puso a recordar días más felices, hasta que una enfermera le dijo que debía descansar.

A las dos de la madrugada, una llamada telefónica despertó a Doyle para avisarle que Cody había muerto. Laghi le ordenó recoger los papeles personales del cardenal. Cody había votado en los cónclaves en que se había elegido a dos papas. Si los investigadores se hacían con sus papeles, el diario de Cody podía filtrarse a la prensa. Manteniendo a raya a las autoridades, Doyle registró la oficina y la mansión del cardenal. Encontró cartas a personas enfermas, así como regalos de niños en la habitación de Cody. Un oso de peluche simbolizaba cómo un hombre emocionalmente aislado encontraba consuelo en el regalo de un niño. Doyle llevó a la embajada otros artículos para que no se usaran como pruebas en un proceso judicial.

La muerte de Cody puso fin al triste espectáculo de la investigación federal. Antes de su muerte, el Papa había aprobado discretamente al arzobispo de Cincinnati, Joseph L. Bernardin, para que lo sucediera en la arquidiócesis de Chicago. Sureño de nacimiento, Bernardin había mostrado un trato cordial y conciliador a principios de los setenta cuando, como secretario general, desempeñó un papel decisivo en la conferencia episcopal en Washington. En una ironía póstuma, el viejo enemigo de Cody, el cardenal Baggio, prefecto de la Congregación para los Obispos, quiso bloquear la candidatura de Bernardin. Baggio había sido favorito de Paulo VI en la búsqueda de hombres moderados de vocación pastoral para colocarlos en la jerarquía. A Juan Pablo II «lo inquietaron los informes de que algunos obispos de Estados Unidos no eran lo bastante claros en materia de control de la natalidad, aborto y divorcio», escribió el corresponsal de *Time* en el Vaticano, Wilton Wynn. La jugada de Baggio contra Bernardin volvió en su contra. El Papa lo degradó y Baggio exclamó: «Ya no soy nada en la curia, ¡nada!»[22]

Cuando Joe Bernardin se mudó a la mansión en Chicago, Doyle y Pio Laghi fueron a verlo para ayudarlo a instalarse como arzobispo. Se quedaron en la casa. Bernardin era lo opuesto a su predecesor: disfrutaba de la compañía, era bueno para escuchar y le gustaba llegar a consensos. Empezó un discurso a los sacerdotes de Chicago con la frase «Soy Joseph, su hermano». El papa Juan Pablo II no tardó en nombrarlo cardenal. Doyle viajó a la celebración en limusina, al lado de poderosos hombres de la Iglesia, y evocó gratos recuerdos mientras veía pasar por la ventanilla las calles de Chicago.

Laghi le aconsejó no hacerse demasiado amigo de los obispos después de que Doyle le habló de una conversación que había tenido con Tom Kelly, un dominico que sucedió a Bernardin como secretario general de la conferencia episcopal. Kelly (quien pronto llegaría a ser arzobispo de Louisville) le había dicho: «Ahora es usted muy importante para Bernardin», refiriéndose a que la conferencia pretendía influir sobre la corta lista de cadidatos a obispo. Laghi le dijo a Doyle que a un sacerdote que trabajaba en la nunciatura —como ya se llamaba a la embajada del Vaticano— lo habían despedido por divulgar secretos. La jerarquía católica era tan política como el Congreso estadounidense o el Kremlin. Los obispos tenían que tratar con varias congregaciones del Vaticano y demostrar unidad con Roma. A cambio, querían corresponsabilidad colegial, cierto grado de participación en el poder. Paulo VI había hecho que el Colegio de Cardenales pasara de tener mayoría italiana a ser un cuerpo internacional que reflejaba la gran diversidad de la Iglesia mundial. Este cambio condujo de manera indirecta a la elección del primer papa polaco.

Juan Pablo II, actor en su juventud y estudioso de filosofía, poseía un raro carisma en lo relativo a los derechos humanos. En 1979 el régimen comunista de Polonia permitió a regañadientes que se reunieran multitudes para verlo en su primer viaje a su país natal como Papa. En una misa en la Plaza de la Victoria de Varsovia, les dijo a los 250 mil asistentes: «A Cristo no se le puede mantener fuera de la historia del hombre en ninguna parte del orbe». En otra parte, durante el mismo viaje, declaró: «Este papa ha llegado hasta aquí para dar testimonio a Cristo... para hablar de estas personas y naciones, con frecuencia olvidadas, a los demás, a Europa y al mundo».[23] Un papa que utilizaba el poder de las palabras, el símbolo de su cargo, para desafiar la tiranía iniciaba así una extraordinaria hazaña de política exterior. Envió mensajes ocultos a los líderes presos de Solidaridad y supervisó los canales de ayuda secreta, con lo cual infundió ánimos al movimiento de resistencia nacional.[24] Para muchos católicos, su convicción sobre la prohibición del control de la natalidad parecía algo marginal, casi irrelevante.

Los bonos de Doyle aumentaron con la publicación por la Prensa Paulina de un volumen de 1 152 páginas, *The Code of Canon Law: A Text and Commentary* (Código de derecho canónico: texto y comentarios). Como autor de la sección de asuntos matrimoniales, se encontraba en la cúspide de su campo y era profesor de tiempo parcial en la Universidad Católica.

En los lazos de poder entre Roma y Estados Unidos, la teología era una actividad peligrosa. Los teólogos se arriesgaban al explorar asuntos de ética y conciencia. Se metían en problemas con la Congregación para la Doctrina de la Fe (CDF), el curioso nombre que Paulo VI había dado al antiguo Santo Oficio de la Inquisición. El cardenal Joseph Ratzinger, un alemán, era el prefecto de la CDF. Cuando era un sacerdote joven, en el Concilio Vaticano II, Ratzinger destacó como teólogo progresista, que asesoraba a la jerarquía de su país y escribía de una «protesta profética contra el fariseísmo de la institución… Dios, a lo largo de la historia, no ha estado del lado de la institución, sino del de quienes sufren y son perseguidos».[25] En Alemania, Ratzinger llegó a ser decano de teología en la Universidad de Tubinga. Durante las protestas estudiantiles que recorrieron Europa en 1968, los estudiantes ocuparon las aulas de Ratzinger y su colega suizo, Hans Küng. «Incluso para una personalidad fuerte como la mía, fue algo desagradable», le contó Küng al biógrafo de Ratzinger, John L. Allen Jr. «Y para alguien tímido como Ratzinger, fue espantoso.»[26] Los radicales presionaron a los estudiantes de la parroquia para que se volvieran activistas. Agrega Allen: «Ratzinger dijo más adelante que la experiencia de Tubinga le mostró "una instrumentalización por ideologías que eran tiránicas, brutales y crueles. Esta experiencia me dejó claro que el abuso de la fe tenía que resistirse con precisión si se quería defender la voluntad del concilio".»

La preocupación teológica de Ratzinger estaba pasando del

deseo de cambio estructural al de estabilidad institucional cuando Paulo VI lo nombró arzobispo de Munich, en mayo de 1978. Un mes después lo hizo cardenal. En el cónclave de ese mismo agosto, tras la muerte de Paulo VI, Ratzinger se reunió con el cardenal Wojtyla de Cracovia, con quien había intercambiado libros durante varios años. Un mes más tarde, Wojtyla se convirtió en Juan Pablo II. Mientras tanto, Ratzinger tuvo un pleito público con Hans Küng. Crítico de la infalibilidad papal, Küng era un sacerdote y teólogo empeñado en el cambio de las estructuras de la Iglesia. Su imagen de una Iglesia comprometida con un profundo cambio estructural chocaba con la visión de los obispos alemanes y la de la Congregación para la Doctrina de la Fe, que en 1979 lo declaró no apto para la enseñanza como teólogo católico.

Ratzinger diría después que no había sido él, sino sus colegas, quienes habían cambiado. En 1981 el papa Juan Pablo II lo eligió para dirigir la CDF.

Cuando Tom Doyle lo conoció, en 1983, Ratzinger estaba instruyendo un proceso contra un influyente teólogo moral, el reverendo Charles Curran, de la Universidad Católica de Estados Unidos. Curran exploraba la simetría entre la teología y la biología. ¿Cómo casaban las enseñanzas de la Iglesia sobre sexualidad humana, inmutables durante siglos, con los avances de la ciencia? Para Roma, el papel de Curran en 1968 como líder de los teólogos que iban contra la prohibición del control de la natalidad era un asunto sin resolver. Ratzinger quería obediencia a las enseñanzas de la Iglesia. Mientras la CDF instruía el proceso contra Curran, los teólogos vieron a Ratzinger como a un traidor al Concilio Vaticano II. No era así, insistió Ratzinger: «Se ha venido desarrollando un proceso progresivo de decadencia bajo el signo de un llamado a un supuesto "espíritu del concilio".»[27]

Doyle compartía el rechazo de Ratzinger a las corrientes contraculturales que chocaban contra el orden civilizado; también le gustaba el porte caballeresco de Charles Curran y pensaba que no era una amenaza para la Iglesia. Ratzinger estaba sentando las bases para retirarle la licencia para enseñar teología. A diferencia de Notre Dame, Georgetown y otras universidades católicas independientes, la Universidad Católica, con su cédula pontificia, respondía directamente a Roma. Doyle no tenía ningún papel en la disputa y se alegraba de ello.

En una conferencia en Dallas, en 1983, Doyle habló sobre valores morales ante funcionarios de la Iglesia. Después de su intervención se sentó con Ratzinger, cuyo pelo cano y modales gentiles le daban un aire beatífico. Doyle admiraba su inteligencia y su compromiso con la autoridad vaticana, aunque no estuviera de acuerdo con todos sus puntos de vista. Aquella era una cultura de poder donde había que trabajar desde dentro, a veces muy despacio. Ratzinger se mostró muy capaz para escuchar, como si tuviera toda la eternidad para Thomas Patrick Doyle. Sin embargo, las batallas de Roma con los teólogos iban contra la experiencia pastoral de Doyle con la gente que buscaba alivio y no reglas sobre el sexo, en respuesta a las cargas de la vida. Tuvo cuidado de no decir demasiado.

Una muestra de lo que Ratzinger detestaba llegó a su escritorio, en Roma, en 1983: *A challenge to Love: Gay and Lesbian Catholics in the Church* (Desafío al amor: católicos homosexuales y lesbianas en la Iglesia), una antología de ensayos editada por Robert Nugent, sacerdote que había estado en la arquidiócesis de Filadelfia y tenía una maestría en teología sagrada de la Universidad Yale. Sin ningún viso de escándalo personal, Nugent había tenido dificultades con James Hickey, arzobispo de Washington, D.C., por su trabajo en el New Ways Ministry, un programa de asistencia a homosexuales y lesbianas que había fundado con una monja, Jeannine Gramick, en un suburbio de la ciudad. Hickey les prohibió impartir talleres en su arquidiócesis e inició una larga investigación de ambos por violación de la doctrina de la Iglesia. En una breve introducción al libro de Nugent, el obispo Walter Sullivan, de Richmond, Virginia, citó la carta pastoral de 1976 de los obispos estadounidenses, que defendía la compasión hacia quienes «se encuentran, sin ninguna culpa de su parte, con que tienen una orientación homosexual». Sullivan escribió: «Algunas voces nos retan a amar y aceptar a los católicos homosexuales; hay quienes ponen en tela de juicio nuestra comprensión de la sexualidad humana».[28] En un viaje a Roma, Sullivan visitó a Ratzinger, quien, mostrándole el libro, le dijo: «¿Qué significa esto?».[29] Le ordenó que quitara su nombre de la portada para sucesivas ediciones. Sullivan obedeció. La CDF exigió que los Salvatorians, la orden de Nugent, pararan futuras ediciones que, por supuesto, se les prohibía hacer.

El ensayo de Nugent en el que sostenía que la Iglesia tenía una considerable cultura de sacerdotes homosexuales violaba la lógica del secreto en la vida eclesiástica.[30] En 1961, la Sagrada Congregación para los Religiosos, en Roma, emitió una severa advertencia: «El avance hacia los votos religiosos y la ordenación debe prohibirse a quienes estén afectados por tendencias malignas hacia la homosexualidad o la pederastia, para quienes la vida común y el ministerio del sacerdocio constituyen peligros serios».[31] Tom Doyle conocía a varios sacerdotes homosexuales, algunos bastante francos al respecto. Siempre y cuando un hombre no fuese demasiado obvio, Doyle era tolerante. Pero había visto comunidades religiosas desgarradas por grupúsculos en razón de su orientación sexual. Los heterosexuales se preguntaban con quién se acostaban los homosexuales; éstos llamaban homofobia a un pecado que dejaba heridas espirituales. Doyle se alegraba de no tener que intervenir en la investigación de Hickey.

Al investigar a los candidatos a obispos, Doyle descartaba a aquellos que tenían antecedentes de problemas con su sexualidad. Sin embargo, incluso ni los más refinados sistemas de selección son infalibles, como aprendería Doyle muchos años después, cuando un litigio en Arizona por acusaciones de abuso sexual de adolescentes contra el padre Robert Trupia, abogado canónico, reveló que, en 1980, el obispo James Rausch, de Phoenix, le pagaba a un prostituto callejero para acostarse con él. Rausch había llegado a la jerarquía después de ser secretario general de la conferencia episcopal, en Washington. El obispo llevaba largo tiempo de haber muerto cuando la información salió a la luz en el juicio. La revisión de su historial se había hecho antes de que Pío Laghi llegara a Washington y antes de que Tom Doyle sospechara siquiera que iba a trabajar en la embajada del Vaticano.[32]

2

Evidencias de lo que no se dice

De los obispos a los que Tom Doyle conoció durante su trabajo en la embajada, ninguno lo impresionó de manera tan favorable como Bernie Law.

Nacido en México en 1931, hijo único de un piloto aviador y una mujer convertida al catolicismo, Bernard Law fue elegido presidente de la clase de último grado en su escuela de enseñanza media, mayoritariamente negra, en Saint Thomas, Islas Vírgenes.[1] Como estudiante en Harvard, compartió un dormitorio con dos judíos y un baptista. Al egresar, pasó dos años en un monasterio benedictino en Luisiana, y después seis años en el Pontificio Colegio Josefino en Columbus, Ohio. En 1961, su último año en el seminario, funcionarios de la Iglesia supieron que un sacerdote del cuerpo docente llevaba algún tiempo seduciendo chicos en su departamento: los hacía posar desnudos frente a espejos y les decía: «Jesús te ama a ti y a tu cuerpo.»[2] El maestro fue despedido.

Haberse criado en el Caribe dio a Law una facilidad natural para relacionarse con personas de color. En Jackson, Mississippi, el joven sacerdote editaba el periódico diocesano y escribía en apoyo de los derechos civiles, con lo que se colocó del lado del bien. En 1973 fue nombrado obispo de Springfield-Cape Girardeau, Missouri, ciudad que contaba con una pequeña población católica. Tom Doyle disfrutaba de las conversaciones que tenía con Law en la embajada, adonde los obispos acudían con regularidad para entrevistarse con Pio Laghi. Ambicioso, cómodo con las ideas, Law era un ferviente defensor del movimiento antiaborto. Cuando Doyle le pidió su opinión sobre la orden de Roma de que las Hermanas de la Misericordia dejaran de hacer ligaduras de trompas de Falopio en sus hospitales, Law expresó que esa intervención quirúrgica, para mujeres que no desean tener más hijos, violaba las enseñanzas católicas sobre el control de la natalidad. Aunque Doyle se sentía frustrado ante las tácticas dilatorias de las monjas, lo preocupaba que el aborto de un feto se equiparara con la ligadura de trompas, que no afectaba a un embrión. Las ligaduras dejaron de hacerse en los hospitales.

Con el apoyo de Doyle, en 1984 el Papa nombró a Law arzobispo de Boston.

En teoría, cada obispo responde al papa, pero su línea de comunicación más directa es con el delegado papal en Washington y con las diversas congregaciones vaticanas. Los obispos tienen bastante libertad en lo que respecta a la administración de sus diócesis. A pesar del énfasis de Juan Pablo II en la lealtad, pocos obispos predicaban en sus sermones sobre el control de la natalidad. Tenían que recolectar dinero de los fieles.

Una mayor causa de preocupación para los obispos era la agonía de la Iglesia en América Latina. La administración de Reagan enviaba grandes cantidades de armas y apoyo militar a América Central. Guatemala, gobernada por un cristiano fundamentalista, tenía un ejército que masacraba a los campesinos indígenas. En Nicaragua había sacerdotes idealistas aliados con el gobierno sandinista, mientras que el arzobispo cardenal de Managua se oponía al régimen marxista y los contras guerreaban contra los sandinistas. En El Salvador, el arzobispo Óscar Romero había defendido la «opción preferencial por los pobres», el llamado de la conferencia episcopal latinoamericana de 1968. Por exhortar a su gobierno a respetar los derechos humanos, Romero fue asesinado mientras celebraba una misa. El asesinato indignó a los obispos, en particular al arzobispo Hickey, de Washington, quien conocía a las monjas salvadoreñas violadas y asesinadas por escuadrones de la muerte.

Laghi no era crítico de la política estadounidense. El cardenal Casaroli, secretario de Estado papal, estaba trabajando para restablecer los lazos diplomáticos entre Washington y la Santa Sede. En 1984 Laghi se volvió embajador en toda la extensión de la palabra al enviar Washington un representante al Vaticano. No obstante, la conferencia episcopal empezaba a surgir como crítica del gobierno al emitir larguísimas cartas pastorales sobre armas nucleares y economía, que generaban debates nacionales. La carta de 1985 sobre la economía, dirigida por el arzobispo de Milwaukee, Roember G. Weakland, culpaba a las políticas de

Reagan de descuidar a los pobres y a la clase trabajadora. La mayoría de los obispos eran de izquierda moderada en lo referente a los asuntos nacionales distintos del aborto. En 1982, cuando el movimiento de no proliferación nuclear se generalizó tras la instalación de misiles estadounidenses en Europa, el cardenal Bernardin dio un giro a la investigación, *The Challenge of Peace* (El reto de la paz), que cuestionaba la carrera armamentista y la moralidad del uso de armas nucleares.[3]

Doyle apoyaba la política del gobierno hacia los soviéticos y aprobó en silencio al cardenal Ratzinger cuando éste criticó a Bernardin por excederse de los límites impuestos por el Vaticano a la autoridad de enseñanza de la Iglesia. Ratzinger ordenó un informe de la curia romana en el que se llamaba la atención a Bernardin y sus colegas por emitir «opiniones basadas en la evaluación de factores técnicos o militares».[4] La idea de que las posturas públicas fueran aprobadas por Roma agradó a los conservadores políticos, pero la redacción de las cartas pastorales surgía del concepto de corresponsabilidad colegial del Concilio Vaticano II. Al hablar como maestros morales, los obispos aspiraban a adquirir mayor voz en la conducción de la Iglesia. Obediente a Pío Laghi, enlace de los obispos con Roma, Doyle era como un mal policía que vetaba a los «conservadores» doctrinarios (a cambio de moderados más flexibles, de orientación pastoral) para asumir puestos en la jerarquía. Al evadir las políticas internas de la conferencia episcopal, Doyle se daba a conocer como alguien que cumplía órdenes de Roma.

Pese al activismo y las estrategias internas de los obispos, el asunto más cercano a sus vidas nunca se discutió en público: la revolución del sacerdocio.

A raíz del Concilio Vaticano II, la encíclica de control de la natalidad y la antigua ley del celibato ahuyentaron a miles de aspirantes a sacerdotes. El número de seminaristas iba en rápido descenso, y un aluvión de sacerdotes abandonaban la vida clerical. Irlanda perdió 35 por ciento de sus sacerdotes y monjas entre 1970 y 1995; el ingreso a los seminarios disminuyó en casi 80 por ciento. Estados Unidos sufrió pérdidas parecidas.[5] La edad de los clérigos diocesanos aumentó a un promedio de sesenta años, envejecimiento que, sumado a la importante disminución de ingresos a los seminarios, planteaba un problema muy grave. Al rápido ritmo de disminución del clero había que añadir el crecimiento de una cultura de sacerdotes homosexuales.

En los años setenta, conforme unos cien estadounidenses al mes dejaban el sacerdocio, en su mayoría para casarse, la proporción de homosexuales que quedaron en el ministerio se disparó. A mediados de los ochenta, la dinámica cultural del mundo homosexual se afianzó en parroquias, órdenes religiosas y muchos seminarios. A través de la historia quizá el sacerdocio siempre haya tenido una mayor proporción de homosexuales que la población masculina en general. Las leyes de la Iglesia muestran una larga historia de preocupación sobre las relaciones homosexuales.[6] En 1051 San Pedro Damián envió al papa León IX un famoso panfleto en el que denunciaba las relaciones homosexuales entre clérigos. El Papa le agradeció el informe y luego hizo caso omiso de él. León IX «fue el primer pontífice en actuar contra el matrimonio de los sacerdotes, al cual la Iglesia occidental se había opuesto sólo de forma errática».[7]

El celibato clerical tenía como fundamento el ejemplo de Jesús; sin embargo, algunos de los apóstoles eran casados, y durante generaciones sacerdotes y obispos se casaron. A fines del siglo XI el papa Gregorio VII emprendió una campaña para terminar con el matrimonio clerical. Le preocupaba en especial que los hijos de los sacerdotes crearan dinastías al heredar propiedades de la Iglesia. «Expulsadas de sus hogares», las esposas de muchos sacerdotes sufrían inmensamente, «su honra arruinada y sus familias destrozadas».[8] Pero una institución erigida sobre la segregación sexual estaba destinada a resquebrajarse. Las penas por tener relaciones sexuales con menores han existido durante toda la historia del derecho canónico.[9] Las experiencias de Thomas Doyle y Bernard Law en sus respectivos seminarios —de donde salieron hombres mayores después de haber hecho insinuaciones sexuales a los estudiantes— son típicas de los seminarios anteriores al Concilio Vaticano II, los cuales suponían que la heterosexualidad era la norma. Cuando los seminarios se llenaban, los rectores expulsaban a los hombres que parecían incapaces de mantener una masculinidad casta y digna.

En la época anterior a que la palabra «*gay*» adquiriera su connotación actual, un gran número de homosexuales se hicieron sacerdotes. Si un hombre se comportaba de manera inadecuada, probablemente el obispo lo enviaba a terapia. «Me enteré de algunos de los casos más horrendos y tuve batallas titánicas con obispos sobre mi confidencialidad como terapeuta», dijo Eugene Kennedy sobre sus años de sacerdote. «La jerarquía quería que la homosexualidad se tratara con compasión y no públicamente… Se les devolvía al medio clerical arreglados y con amplios márgenes de tolerancia. Ese medio ahora está hecho pedazos.»[10]

En 1973, la Asociación Psiquiátrica Estadounidense quitó la homosexualidad de su lista de perturbaciones mentales. Los directores vocacionales católicos empezaron a aceptar hombres que *parecían* ser *gays* (o admitían serlo), siempre y cuando acataran la norma de castidad. La conciencia de que la mayoría de la gente no elige su orientación sexual coincidió con la aceptación por parte del clero de la psicoterapia, antes considerada anatema por el Vaticano. Luego de que el judaísmo reformado y las iglesias protestantes liberales abandonaron la idea de que los homosexuales eran una amenaza para la sociedad,[11] en 1976 una carta pastoral de los obispos estadounidenses afirmó que ser homosexual no era pecado, pero que las relaciones homosexuales sí lo eran. Esa postura de castidad forzada chocaba con el ideal de una aceptación social plena de los homosexuales, sobre todo porque el sacerdocio se convirtió en una especie de clóset sexual. En 2002 salió a la luz una señal obvia de esta doble moral cuando el arzobispo Weakland, de Milwaukee, renunció después de haber admitido que varios años antes había hecho un pago secreto de 450 mil dólares para comprar el silencio de un hombre en su pasado.

Para poder ascender en el medio eclesiástico, los candidatos a obispos no podían decir que la ley del celibato ponía a la Iglesia en una situación de desesperación por atraer a nuevos sacerdotes. La admonición vaticana de 1961 contra la aceptación de hombres con «tendencias malignas» se volvió letra muerta para la avalancha de homosexuales que ingresaron en los seminarios en los años setenta. «Tengo veintenas de informes de sacerdotes sobre acercamientos o reacciones afectuosos o sexuales por parte de maestros u hombres mayores durante su formación», escribe A. W. Richard Sipe, un psicoterapeuta, ex sacerdote benedictino y autoridad en celibato. «No hay ningún otro elemento que por sí solo sea tan destructivo para la responsabilidad sexual del clero como el sistema del secreto, que encubre el comportamiento a la vez que refuerza la negación.»[12]

El impacto del clero homosexual podría ser desproporcionado si se compara con el número real de sacerdotes homosexuales. El sondeo más extenso entre sacerdotes estadounidenses realizado con prácticas de encuesta normales fue obra del *Los Angeles Times* en 2002. Con base en 1 854 cuestionarios, el estudio determinó que dos tercios de los encuestados eran célibes heterosexuales y aproximadamente veinte por ciento homosexuales, de los cuales la mitad eran célibes. Alrededor de 28 por ciento de los sacerdotes de edades comprendidas entre los 46 y los 55 años eran homosexuales, lo que refleja la afluencia que hubo en los años setenta y ochenta, junto con la salida de heterosexuales que luego se casaron.[13] El padre Donald Cozzens, rector de un seminario de Cleveland en esos años, afirmó que el sacerdocio se estaba «convirtiendo en una profesión homosexual»,[14] preocupación que muchos sacerdotes ordenados antes del Concilio Vaticano II comparten sobre el cambio de imagen y la tónica de la vida clerical. Es cierto que las encuestas no son infalibles, pero si hemos de dar crédito al dato del *Los Angeles Times* de que 20 por ciento de los sacerdotes son homosexuales, entonces la cifra es casi tres veces mayor que el porcentaje en la población masculina en general.

Aun concediendo que todos los sacerdotes tienen que luchar con el celibato, existe una diferencia fundamental entre los homosexuales para quienes ser *sacerdote* es una fuente primordial de identificación y aquellos para quienes ser *sacerdote homosexual* es parte de una agenda que está por encima de la vocación. Mientras los homosexuales inundaban los seminarios y el clero en los años ochenta, Roma, así como los obispos y superiores de las órdenes, hacían la vista gorda. En el Pontificio Colegio Norteamericano de Roma, «a mediados de la década de los ochenta, era posible encontrarse a los estudiantes bailando… unos con otros».[15] Entre 1990 y 1991 un sociólogo alemán entrevistó en Roma a sesenta y cuatro sacerdotes y seminaristas homosexuales tras haber recibido la propuesta de un clérigo a las puertas del Vaticano.[16]

Algunos homosexuales ingresaron en el seminario sin estar seguros de su orientación o esperando recibir ánimos para guardar la castidad. Muchos otros afluyeron a enclaves religiosos cuya agenda homoerótica difería de los antiguos modos de asimilación a la vida sacerdotal. Un ex seminarista llamó a la Universidad de San Pedro, en el condado de Wexford, Irlanda, «un centro de libertinaje»; otro dijo de sus alumnos que eran «tan afeminados que corrían por ahí como chicas de una novela de las Brontë».[17]

Conforme la liberación *gay* alcanzaba los seminarios, el viejo ambiente se despojó de sus prohibiciones y algunos seminaristas formaron grupos exclusivos en los que tenían relaciones sexuales o hacían patente su orientación y criticaban la homofobia de la Iglesia. Los homosexuales de los cuerpos docentes empezaron a su vez a salir del clóset, molestos hacia la Iglesia. Los grupos de homosexuales chocaron con las expectativas de otros hombres para quienes el sacerdocio, y no la orientación sexual, era el marco rector de su vida. Los grupos homosexuales están presentes «en una cuarta parte de los seminarios y quizá en más», afirma el sociólogo Dean Hoge. Algunos seminarios eran bastiones de la ortodoxia; mientras que en el de San Francisco, en San Diego, un joven ex infante de Marina llamado Mark Brooks fue expulsado en 1983 por protestar contra la promiscuidad y la presión de los compañeros homosexuales.[18]

La arquidiócesis de Nueva Orleans pagó 600 mil dólares para poner fin al litigio de la familia de un joven bachiller a quien el Viernes Santo de 1986, en una visita al seminario de Nuestra Señora, embriagó y agredió sexualmente un seminarista adulto.[19] Al seminario del Monte Calvario, en Wisconsin, dirigido por monjes capuchinos, lo asediaban las demandas debido a una banda de sacerdotes transgresores que abusaron de los estudiantes adolescentes en los años setenta y ochenta.[20] En Baltimore, seis seminaristas que luego llegaron a ordenarse sacerdotes fueron acusados de abuso de menores mientras cumplían sus internados parroquiales durante sus años de estudio en el seminario de Santa María.[21] Los cambios en la vida de los seminarios no fueron la única causa de escándalos de abuso que después salieron a la luz, pues muchas otras víctimas eran niñas.

Muchos sacerdotes que resultan ser homosexuales llevan vidas genuinamente cristianas. Sin embargo, la cultura de lo «políticamente correcto» imperó cuando la agenda de los defensores de la homosexualidad chocó con las enseñanzas ortodoxas. Los obispos y los provinciales de las órdenes veían los cambios, pero daban por sentado que la cultura eclesiástica prevalecería con su prestigio social intacto, que la «historia interna» no se sabría. La historia de los «homosexuales católicos» de los ochenta se centró más en los choques entre obispos y activistas sobre el tema de la oposición de la Iglesia al uso del condón ante la propagación del sida. La paradoja de un sacerdocio rebosante de hombres homosexuales sólo recibía atención esporádicamente. En 1990, más de doscientos sacerdotes estadounidenses eran portadores del VIH, incluido un clérigo en un centro de tratamiento de Chicago que decía haber infectado a otros ocho sacerdotes. Los seminarios católicos empezaron a exigir que los seminaristas pasaran la prueba del VIH para poder ordenarse.[22]

El obstáculo para poder apreciar de forma honesta este mar de cambios era la propia tradición eclesiástica. Los obispos no podían producir una generación de sucesores, y Juan Pablo II seguía inflexible en el asunto del celibato, «la joya más preciada» de la Iglesia, lo que cancelaba cualquier debate sobre la posibilidad de matrimonio para atraer a heterosexuales. El Papa fincaba sus esperanzas en movimientos fundamentalistas como el Opus Dei, que empezó en España, el grupo italiano Communione e Liberazione, y los Legionarios de Cristo, de México.

Las evidencias de estos secretos ensombrecían los supuestos del poder. Como a Tom Doyle empezaba a resultarle evidente, el gran pecado de la cultura eclesiástica era violar su naturaleza de secretismo. Los cardenales hacen ante el papa un juramento con el que se comprometen a salvaguardar a la Iglesia del escándalo, a *evitar que la información negativa se haga del conocimiento público*. Ningún obispo ni nuncio quería saber nada de historias de sacerdotes homosexuales ni insinuar que la Iglesia estaría mejor si los sacerdotes pudieran casarse… o ser mujeres. La mayoría de los jerarcas adoptaban la postura de espera paciente: en sus casi dos mil años de historia, la Iglesia había superado muchos escándalos. Ya vendría en el futuro algún papa que de un plumazo declarase opcional el celibato.

El momento decisivo

En septiembre de 1984 un gran jurado de Lafayette, Luisiana, imputó al padre Gilbert Gauthe treinta y cuatro cargos de abuso sexual cometido contra nueve niños. Uno de los cargos, la violación de un niño menor de doce años, suponía una pena de cadena perpetua. Los abusos ocurrieron en la zona de población de ascendencia francesa, profundamente católica. Cuando un abogado demandó en causa civil al papa Juan Pablo II, Doyle llamó por teléfono al obispado; un sacerdote lo tranquilizó diciéndole que se trataba de un mero tecnicismo legal. Se había puesto fin a las demandas civiles de las familias de los niños mediante un arreglo extrajudicial. Un abogado de una iglesia de Nueva Orleans había añadido por error el nombre del Santo Padre a la lista de acusados absueltos de responsabilidad. Un padre de familia rechazó el arreglo y contrató a otro abogado, quien al solicitar un juicio nombró cínicamente al Papa como acusado.[23] El nombre del pontífice no tardó en borrarse del expediente.

¿Qué rayos está pasando allí?, se preguntaba Doyle cuando un sacerdote de Minnesota lo llamó por teléfono para avisarle que un abogado de Saint Paul había demandado a la Iglesia porque el padre Tom Adamson se había tomado libertades indecentes con niños. ¡Otro! Doyle quiso viajar a Luisiana y a Minnesota para interrogar a los implicados, pero al cabo de tres años de ver a Pío Laghi lidiar con obispos y manejar información como un experto, comprendió la importancia de controlarse. La embajada tenía que ayudar a los obispos.

Informó a Laghi cómo las familias podían demandar a una diócesis y qué compañías les habían expedido seguros de responsabilidad civil. Las negociaciones de Luisiana se habían llevado a cabo de manera privada hasta que varios padres de familia prefirieron entablar demanda públicamente. El obispo Gerard Frey, de Lafayette, no pudo detenerlos. Era probable que el padre Gauthe terminara en la cárcel.

Laghi, pálido, le pidió a Doyle que hiciera más indagaciones y lo mantuviera al tanto.

¿Qué lleva a un hombre a buscar gratificación sexual con niños pequeños?, se preguntó Doyle, sintiendo un escalofrío de lástima por Gauthe, de treinta y nueve años, uno menor que él. Rezó por ambos sacerdotes. Después llamó al reverendo Michael Peterson, fundador del Instituto St. Luke, un hospital del vecino poblado de Suitland, Maryland, dedicado al tratamiento de sacerdotes alcohólicos y aquejados de agotamiento. De pelo castaño claro, rasgos

agradables, y poco más de 1.83 metros de estatura Peterson poseía un asombroso intelecto. Se habían conocido cuando éste pidió a Doyle consejo canónico sobre unos obispos que le exigían información médica de sacerdotes a los que atendía. «Guarde la confidencialidad debida entre médico y paciente», le aconsejó Doyle. Peterson quería que los obispos, en vez de emitir juicios morales sobre las adicciones, las vieran como un asunto de bioquímica y psicología. Algunos de sus pacientes tenían antecedentes familiares de alcoholismo desde generaciones atrás. Peterson acompañaba a los sacerdotes que salían del hospital para reunirse con el obispo o superior, e insistía en que el entorno estresante de una parroquia o el contacto con bebedores reduciría sus probabilidades de rehabilitación duradera.

Como director del Instituto St. Luke, Michael Peterson vivía solo en una casa cerca del hospital, se fijaba su propio horario y constantemente viajaba en avión. Animado por Doyle para que atendiera los casos de Luisiana y Minnesota, Peterson le confió que otros obispos lidiaban con problemas parecidos, en su mayoría sacerdotes atraídos hacia adolescentes. El psiquiatra había tenido dificultades con el arzobispo Hickey —quien conforme al derecho canónico era su superior— a propósito de las películas sobre sexualidad humana que el personal de St. Luke presentaba a los sacerdotes atendidos allí. Peterson le dijo a Hickey que los sacerdotes en tratamiento tenían un desconocimiento absoluto de la sexualidad y ésta era una de las razones por las que ponían en práctica sus fantasías. Con la condición de que el hospital obedeciera las enseñanzas de la Iglesia, Hickey le permitió utilizar las películas en su programa.

Una de las tareas más difíciles de los terapeutas era hacer que los hombres que habían tenido relaciones sexuales con adolescentes varones vieran sus actos desesperados e inmaduros (con frecuencia derivados de traumas reprimidos en la niñez) como un abuso de poder. Tenían que reconocer su verdadera orientación sexual para poder ser célibes. Cada paciente tenía que escribir su historia sexual. Después de leer el cuestionario, un sacerdote dijo: «No puedo ser homosexual. ¡La Iglesia lo prohíbe!»

Los obispos querían que los sacerdotes transgresores volvieran al ministerio; Peterson le dijo a Doyle que no podía tener la certeza de que determinado sacerdote no buscaría más víctimas.

A sus cuarenta y un años, Peterson era uno mayor que Doyle. Hijo de un médico y criado en la fe mormona en California, en los años sesenta, mientras estudiaba en la Universidad Stanford, se convirtió al catolicismo. Tras estudiar medicina en la Universidad de California en San Francisco, hizo su residencia en el hospital universitario, donde uno de sus pacientes era un exhibicionista. Peterson se preguntó quién resultaría más lastimado, el paciente o las mujeres ante las cuales se exhibía. La madre de Peterson era alcohólica y, aunque él nunca lo admitió ante Doyle, también tenía una personalidad adictiva. Mientras se especializaba en neurología, el joven médico decidió hacerse sacerdote, elección irónica dadas sus opiniones sobre la sexualidad humana. Pero, como muchos sacerdotes de su generación, Peterson veía a la Iglesia como algo más grande que la suma de sus políticas teológicas. A mediados de los años setenta ingresó en el seminario Mount Saint Mary, en Emmetsburg, Maryland. Se ordenó en 1978 y fue director del Instituto Marsalin, un pequeño hospital para sacerdotes alcohólicos en Massachusetts. El instituto desapareció después de que Peterson despidió a varios terapeutas que le hicieron ver su manera de beber. Rectificó su comportamiento y se trasladó a Suitland, Maryland, donde hizo renacer el hospital como el Instituto St. Luke. En 1984 el hospital estaba repleto de infractores sexuales.[24] Doyle no tenía la menor idea de todos estos antecedentes cuando buscó la ayuda de Peterson.

—Háblame de la pedofilia, Mike. ¿Son todos maricas?

—No —respondió Peterson con un suspiro, y abrió una ventana a un mundo que Doyle nunca había imaginado.

El término «abuso sexual de menores» comprendía una extensa gama de comportamientos. Los verdaderos pedófilos, que tienen una fijación con los niños, eran extremadamente difíciles de tratar. Utilizaban pornografía infantil para tener fantasías con las cuales masturbarse, y enseñaban la pornografía a los niños a fin de disponerlos para la relación sexual. Algunos pedófilos podían tener diez orgasmos al día, aquejados por un sistema bioquímico sexualmente acelerado. Con base en un programa de la Clínica de Trastornos Sexuales del Hospital Johns Hopkins, en Baltimore, Peterson había empezado a utilizar Depo-Povera, una hormona sintética que se inyectaba una vez al día, para reducir la libido de ciertos sacerdotes pacientes del instituto.

El trauma de haber sufrido una violación a corta edad era un factor común entre los pacientes, aunque no todo pedófilo empezaba como víctima. Algunos hombres, narcisistas, egoístas e inmaduros, llegaban incluso a enamorarse de los niños. Pocos pedófilos eran psicópatas o violentos.

Otra clase de abusadores eran los infractores «situacionales», que buscaban tanto a jóvenes como a adultos, a menudo bajo la influencia de drogas o alcohol. También empezaba a surgir un término clínico para aquellos que tenían relaciones sexuales con adolescentes: «efebófilos», a diferencia de los pedófilos, que abusan de prepúberes. Muchos efebófilos eran homosexuales regresivos, con falta de desarrollo de la conducta psicosexual.

En el instituto se utilizaba un instrumento que, colocado alrededor del pene, medía la excitación ante imágenes provocativas que se proyectaban en una pantalla.[25] El pletismógrafo peniano proporcionaba un índice del trastorno sexual. Después de un recorrido por el instituto, Doyle se dio cuenta de que la Iglesia debía hacer algo por esas personas perturbadas: eran sacerdotes.

La adicción sexual constituía un extraño motivo para que dos sacerdotes entablaran amistad, pero cada uno, Michael Peterson y Tom Doyle, llenó un hueco en la vida del otro.

Recordando los cambios que había sufrido para ayudar a las personas que querían anular sus matrimonios, Doyle se conmovió ante la empatía de Peterson por los sacerdotes caídos. Michael Peterson era un político de urgencias que obligaba a los obispos a afrontar la realidad de sacerdotes que habían violado niños. En los pasillos del instituto podía verse a Peterson abrazando a un hombre demacrado, llamándolo «padre» y dándole una palmada de apoyo en la espalda. Le importaban aquellos hombres patéticos, y eso impresionaba a Doyle. Por su parte, Peterson encontró en Doyle a un aliado en el manejo de los secretos más sórdidos de la Iglesia, a un sacerdote que no se dejaba intimidar por los obispos. Doyle tenía un enfoque directo de la realidad que dejaba ver su experiencia en derecho: reunir los datos, buscar una solución. Luego de que Tom le confió sus aprensiones sobre el trabajo en la embajada, Michael se lamentó de la miopía de los obispos en temas sexuales.

Doyle llamó a Lafayette y propuso al vicario general, monseñor Alex Larroque, que Gilbert Gauthe acudiera al Instituto St.

Luke. Larroque explicó que el padre se había ido a House of Affirmation, un centro católico cerca de Worcester, pero que su abogado lo había cambiado hacía poco al Institute of Living, en Hartford.

Cuando Doyle se lo dijo a Peterson, se sorprendió de que éste descalificara la House of Affirmation como una institución de calidad inferior. El Institute of Living, en cambio, sí le parecía recomendable. Doyle tuvo el cuidado de no comprometer a Laghi ni a la embajada en investigación de hechos delictivos. Laghi podía detener una citación judicial con su inmunidad diplomática, pero la noticia de una citación en nada beneficiaba a la Santa Sede.

Los temores de Doyle sobre la información que recibía de Luisiana se confirmaron con la repentina llegada de F. Ray Mouton Jr., el abogado a cargo de la defensa penal del padre Gauthe, que viajó a Washington en enero de 1985 para consultar a Peterson. Mouton, de treinta y siete años, había sido estrella de futbol americano en el bachillerato, estaba casado y tenía tres hijos. Había tenido éxito como abogado demandante en litigios por accidentes y también había defendido a grandes narcotraficantes. El caso de Gauthe había sacudido su fe. En una declaración civil, el sacerdote confesó haber tenido relaciones sexuales con *treinta y siete* niños, cuatro veces el número de víctimas por las que se le acusaba. Gauthe había fotografiado a los niños en actos sexuales, los manoseaba durante la confesión, había tenido sexo oral en excursiones de pesca y en la casa parroquial de un pueblo rural donde vivió solo durante cinco años hasta que, en 1983, tres hermanos se decidieron por fin a decirle a su padre lo que pasaba. El padre de los niños y su abogado acudieron al vicario general, monseñor H. A. Larroque, que separó a Gauthe de sus deberes sacerdotales y lo envió a la House of Affirmation.

Los funcionarios de la Iglesia no dijeron a los parroquianos a dónde había ido del sacerdote ni qué había hecho, salvo «graves faltas de conducta… de naturaleza inmoral». Como dijo Mouton, si el obispo hubiera sido franco, conseguido terapia para los niños, *actuado como Iglesia,* se habrían evitado las demandas. En vez de eso, los abogados demandantes consiguieron la terapia, y un año después los niños declararon ante el gran jurado penal. Cuando Mouton se reunió con su cliente, en el otoño de 1984,

Gauthe estaba pintando en la terapia de arte de la House of Affirmation, que era dirigida por un sacerdote de nombre Thomas Kane. Faltaba poco para que la institución permitiera a Gauthe irse a trabajar a Mississippi como conductor de una ambulancia. Fue entonces cuando Mouton lo trasladó al hospital de Hartford, que no tenía relación con la Iglesia y no dejaba salir a los pacientes. Allí, Gauthe esperaría a que Mouton decidiera la estrategia para el juicio, que se celebraría dentro de varios meses.

SECRETOS DE LA CASA

Michael Peterson y Ray Mouton tenían reservas válidas sobre la House of Affirmation. En 1987, el consejo despidió al director, el padre Thomas Kane, por robar dinero para comprar casas en Florida y Maine. Kane devolvió parte de lo robado, pero nunca lo procesaron. En 1989 la House of Affirmation cerró. En 1993 un joven demandó a Kane, a la diócesis de Worcester y a la House of Affirmation alegando que el sacerdote había abusado de él desde 1968, cuando tenía nueve años, en una iglesia parroquial y en la House. Acusó a Kane de usarlo para su placer sexual y de «compartirlo» con otros sacerdotes que trabajaban en la institución. En 1995 la víctima recibió 42 mil dólares en un arreglo extrajudicial. Antes de que Kane se declarara en bancarrota, a principios de los años noventa, transfirió una propiedad en Florida a otro miembro del personal y a monseñor Alan Placa, de la diócesis de Rockville Centre, Long Island.[26] Placa era abogado y ayudó a organizar la respuesta que la diócesis daría a los niños que habían sido víctimas de abuso a manos de sacerdotes. «Como abogados no estábamos obligados a informar de las acusaciones, pero como sacerdotes sí», concedió después.[27] En 2002 Placa fue suspendido tras ser acusado de abuso sexual por dos ex alumnos de un seminario en Uniondale, Nueva York.[28] Después de negar los cargos consiguió un empleo con su amigo de largo tiempo, Rudy Giuliani, el ex alcalde. Kane encontró la redención en Guadalajara, México, como director del World Wide Teaching Institute. La reportera Kathleen Shaw averiguó que la universidad donde Kane decía haberse doctorado no tenía constancia alguna de su titulación.[29]

Michael Peterson llevó a Ray Mouton a la Casa de Estudios Dominica para presentarle a Doyle. En la oficina de éste, atestada de
libros, apenas había espacio suficiente para dos sillas más; el
dinámico luisianés pronto la llenó de humo de cigarrillo mientras
hablaba sobre el clero con su distintivo acento. El obispo Frey
bebía mucho y solía recluirse en la casa de verano de su familia.
Larroque, un alcohólico en recuperación, regía la diócesis con
negligencia y era quien guardaba los secretos. Gauthe había
motivado quejas de padres de familia de otras parroquias. En cada ocasión lo cambiaban de lugar y dejaba atrás una estela de víctimas. El obispo había removido a otro abusador de menores un
año antes que Gauthe. Lane Fontenot también había pasado por
la House of Affirmation.

—¿Dónde está Fontenot? —preguntaron los sacerdotes.

Mouton no tenía ni idea. Doyle pensó en cuánto le estarían
ocultando los jerarcas al defensor de Gauthe.

El abogado tenía pensado alegar locura para negociar una
condena menor que la cadena perpetua. Peterson se mostró escéptico. La pedofilia no era locura. Gauthe abusaba de los niños
cada vez que se presentaba la oportunidad.

Los abogados de seguros de Nueva Orleans habían negociado durante un año un discreto arreglo para evitar la publicidad, y
pagaron 4.2 millones de dólares por nueve casos. Mouton calcu-
laba que la Iglesia aportaría el 15 por ciento. Lo abogados de seguros no habían entendido las implicaciones del comportamiento adictivo de Gauthe. Más familias empezaban a demandar.
Mouton estaba aterrado porque unos abogados de prestigiosos
despachos no habían podido convencer al juez de que clasificara
la declaración del obispo, lo que constituía una invitación para
que los medios armaran un escándalo.

A Doyle le gustaba la mente despierta de Ray Mouton. Su
sentido común era contundente. Hablaba con compasión sobre
las familias que Gauthe había traumatizado: campesinos, cazado-
res, trabajadores petroleros que tardarían años en sanar. En el sur
de Luisiana los viejos aún hablaban francés. Doyle recordó los
años de su familia en Quebec y sintió pena por aquella gente.
Entrevistó a Mouton durante horas. Después, con los ojos rojos

por el humo, telefoneó a la embajada y pidió a un colega que llamara al nuncio de la cancha de balonmano.

—Necesito hablar con él inmediatamente.

Cuando informó a Laghi de la situación, Doyle se dio cuenta de que había aprendido más en dos horas de un laico que de los jerarcas de Lafayette. A petición de Laghi, los clérigos de Luisiana y sus abogados fueron a Washington para reunirse con Peterson y Doyle. Éste subrayó la importancia de que los sacerdotes aberrantes ingresaran en un centro como el Instituto St. Luke. También les recomendó aceptar la responsabilidad en las causas civiles, dejar de revelar información y llegar a una resolución financiera. En esa reunión se enteró de que otros dos sacerdotes habían dejado sus parroquias por acusaciones de abuso sexual de niños: uno fue recluido en un monasterio de Alabama y el otro en el Instituto St. Luke. En total, cuatro sacerdotes abusadores de menores en una diócesis.[30]

El obispo y el vicario general de Lafayette se sintieron amenazados ante la insistencia de Mouton en que la Iglesia dejara de ocultarle los hechos. Su argumento de que los católicos podían perdonar si la Iglesia era honesta le parecía sensato a Doyle, aunque lo dejó con dudas sobre la opinión de la embajada del Vaticano. Laghi y el personal italiano detestaban a los medios de comunicación. Al principio Doyle imitó su actitud como reacción al anticlericalismo de la prensa italiana. Pero también había un elitismo que le molestaba, una actitud condescendiente hacia las cartas que recibían de los laicos. Algunas de ellas eran tonterías, pero otras planteaban preocupaciones legítimas. Lo indignaba la actitud generalizada de considerar esas inquietudes de la gente como una molestia.

Cuando Doyle le dijo a Laghi que el obispo Frey debía irse, el nuncio hizo un gesto de desaprobación, pero no se negó.

Las preocupaciones de Doyle se multiplicaron cuando un abogado de Lafayette, J. Minos Simon, presentó una solicitud de aportación de pruebas en la que mencionaba a veintisiete sacerdotes, a fin de obtener de información sobre comportamientos homosexuales o pedófilos. El medio eclesiástico actuaba sin ningún recato, añadía. Lane Fontenot se encontraba en la lista, al igual que otro clérigo que había asistido al Instituto St. Luke por abuso de menores, así como varios sacerdotes que trabajaban en la cancillería o en el tribunal diocesano. Aunque sus nombres no se revelaron a los medios de comunicación, sus encuentros sexuales con hombres eran conocidos por otros sacerdotes, lo cual respaldaba la hipótesis del abogado de que la diócesis, al ocultar esas conductas homosexuales, hacía extensivo el encubrimiento a los abusadores de menores. Simon había obtenido la información del director del coro, un laico que conocía los secretos más sucios de la diócesis. Andando el tiempo, el director del coro fue a parar a la cárcel también por abuso sexual de menores, y allí murió de sida.

Los sacerdotes y empleados de la diócesis estaban filtrando información a Jason Berry para una serie de artículos en el semanario de Lafayette, el *Times of Acadiana*. (En aquel entonces Berry aún desconocía la existencia de Doyle.) Por medio de su conversación con Ray Mouton, Doyle se dio cuenta de que si había diez pedófilos en el Instituto St. Luke, sus diócesis incurrirían en grandes gastos judiciales, además de las indemnizaciones que tendrían que pagar a las víctimas.

—La Iglesia necesita un plan, Tom —dijo Mouton, como un soldado que viera venir tropas enemigas por unos prismáticos.

Así empezó a formarse una triple amistad. Peterson solía llamar a Mouton por la noche y, luego de preguntarle por su familia, le pedía informes que le permitieran tener al tanto a un obispo o superior de una orden. Doyle y Mouton también hablaban varias veces al día. El canonista supo así que con una orden judicial de aportación de pruebas se podían conseguir archivos personales, memorandos internos, informes de psiquiatras y archivos de seminarios, todo lo cual podía reflejar un devastador encubrimiento sistemático de delitos sexuales.

Doyle se puso a discurrir una estrategia. Convencería a Laghi de que Roma enviara un nuevo obispo a Lafayette. También empezaría a colaborar con Mouton y Peterson en un informe conjunto para la jerarquía sobre las proporciones de la crisis. Su plan contemplaba que los tres hablaran en un panel cuando los obispos se reunieran, en junio.

Si un obispo cometía algún error grave, Roma generalmente enviaba un investigador, un «visitador» encargado de hacer averiguaciones y elaborar un informe. Una visitación resultaba vergonzosa para el obispo sólo si se hacía del conocimiento público. El informe del visitador siempre es secreto y le permite demostrar su lealtad a Roma. Como dice un refrán de los dominicos: «Pórtate bien con los que van hacia arriba porque volverás a encontrártelos en la caída».

Doyle quería que el visitador fuera A. James Quinn, un obispo auxiliar de Cleveland, de cincuenta y dos años. Quinn había obtenido el título de abogado canónico en la Pontificia Universidad Lateranense de Roma. A su regreso a Cleveland trabajó como canciller. Cuando el obispo Edward F. Hoban estaba en su lecho de muerte, Quinn dormía en un catre a su lado, le daba de comer y lo limpiaba. Semejante lealtad no pasó inadvertida, ni su inteligencia: Quinn se había graduado con el segundo lugar de su generación en la facultad de derecho de la Universidad Estatal de Cleveland. Hombre delgado y fornido, aficionado al esquí, trabajaba en la educación de deficientes mentales. Había otra cosa que le gustaba a Doyle: tenía una licencia de piloto aviador.

Jimmy Quinn había mostrado su seriedad en 1969, cuando dos sacerdotes y cincuenta laicos se manifestaron contra la guerra de Vietnam en la catedral de Cleveland. El párroco cortó la electricidad; los dos sacerdotes dijeron misa a la luz de las velas. Quinn llamó a la policía, que acordonó el altar. Cuando uno de los sacerdotes daba la comunión, dos clérigos intentaron detenerlo y, en la riña, cayeron al suelo hostias consagradas. La policía detuvo a los manifestantes por allanamiento.[31]

El informe en el que Doyle proponía a Quinn como visitador llegó a manos del cardenal Krol, de Filadelfia, que partía para Roma. Al poco tiempo el Vaticano envió la aprobación a Laghi. Quinn voló a Washington para entrevistarse con Laghi y asistir a una junta informativa con Doyle y Michael Peterson. En marzo el visitador fue a Lafayette, donde, entre conferencias con el alto mando de la cancillería, pasó una noche calurosa cenando con Ray Mouton y su familia.

El informe a la jerarquía que Doyle tenía pensado también empezaba a tomar forma. Mouton adoptó un enfoque más directo. El abuso a menores es un delito, escribió. «Permitir que un sacerdote continúe en su cargo, poniendo en peligro la salud de los niños, cuando se ha obtenido información privada, confidencial, de que el sacerdote abusó de un niño, se considera "negligencia culposa" (que es un delito en muchos estados).»[32] El abogado exhortó a que se hablara abiertamente con los fieles y con los medios de comunicación, y que se cumpliera con las leyes de información obligatoria, según las cuales los profesionales que tratan con niños deben informar a las autoridades de las acusaciones. Las aseguradoras acabarían por excluir de sus pólizas «la cobertura por acusaciones derivadas de contacto sexual entre un sacerdote y un parroquiano». Las pérdidas de la Iglesia ascenderían a «MIL MILLONES DE DÓLARES en un periodo de diez años, según un cálculo conservador».

Doyle temía que la debacle de Lafayette pudiera repetirse en Minnesota. Quería que los obispos dejaran de reciclar a los perpetradores. Si una acusación era veraz, entonces el obispo debía suspender al clérigo y retirarlo de la parroquia «declarando por escrito que no es capaz de seguir realizando sus funciones sagradas o su ministerio hasta que se complete una evaluación», escribió. «Si no, ¿cómo podrá el niño percibir al clero como auténticos y desinteresados ministros del evangelio, y a la Iglesia como el cuerpo de Cristo?»

Simplificando el lenguaje clínico, Peterson añadió como apéndice del informe artículos de la literatura profesional. Mouton, el realista, agregó: «Se trata de enfermedades crónicas que ahora tienen grandes posibilidades de alivio y control, pero HASTA LA FECHA NO HAY ESPERANZAS de una "cura".»

A Doyle le preocupaba que los obispos, tan acostumbrados al secretismo en sus tratos con Roma, infringieran las leyes de Estados Unidos. El informe abordó este asunto directamente:

> Se ha planteado la idea de purgar los archivos de informes que pudieran resultar perjudiciales. Esto sería desacato a los tribunales y obstrucción de la justicia si los archivos ya se hubieran requerido… Otra propuesta ha sido llevar los archivos a la nunciatura apostólica, donde se cree que quedarían a salvo por ser territorio inmune. Sin duda con esto sólo se conseguiría que los tribunales civiles dañaran o destruyeran la inmunidad de la nunciatura.

Mientras elaboraban el informe, en la primavera de 1985, Mouton propuso que, con su experiencia, quizá podrían formar una brigada de prevención de crisis. A Doyle le gustó la idea; incluso Peterson, siempre escéptico sobre los obispos, opinó que una brigada así podría prevenir desastres y ayudar en la capacitación de las diócesis. Para elaborar la agenda de la asamblea episcopal de junio, Doyle necesitaba partidarios, como si promoviera un proyecto de ley ante el Congreso. El sacerdote envió la sección canónica al cardenal Krol, viajó a Pittsburgh y tuvo una reunión alentadora con el obispo Anthony Bevilacqua. Luego acudió a Bernie Law, en Boston. En una de sus primeras apariciones como arzobispo, una noche de lunes en los suburbios, Law, de cincuenta y dos años, encontró a dos mil parroquianos en los bancos de la iglesia y a tres mil más en los pasillos y afuera, reunidos para la misa nocturna. «Tiene un magnetismo que yo no había visto, casi de la magnitud de un Kennedy», declaró un parroquiano al *Boston Globe*.[33]

Law había atraído a una gran muchedumbre a Roma para su investidura como cardenal. Cuando visitó Washington esa primavera, Doyle le dio el borrador diciéndole:

—Aquí tiene nuestro informe.

Law designó un subcomité para abordar el asunto; eligió al obispo auxiliar de Los Ángeles, William Levada, para revisar el informe y ayudar a sus autores a prepararse para presentarlo. Doyle quedó complacido. La cosa empezaba a marchar.

Entonces llegó de Roma una visita importante, el cardenal Silvio Oddi, prefecto de la Congregación para el Clero, mientras Doyle elaboraba el informe. Laghi le pidió que informara al funcionario de la curia. Oddi era un hombre obeso y bajo de estatura, que empezaba a quedarse calvo, de carácter algo voluble. Se quedó en el aposento cardenalicio del segundo piso de la embajada, un lujoso departamento con salón y un escritorio grande. Ante el enorme anillo de cardenal que le brillaba en la mano, Doyle se puso a leer su sombrío informe sobre los niños afectados, un sacerdote en prisión, otros destituidos de sus cargos, la naturaleza adictiva del abuso sexual de menores, e incluyó casos que se habían presentado en varios estados del país. Oddi se fue poniendo colorado y, al final, hizo una seña de tijeras con los dedos, y cortó.

—¡Tenemos que averiguar quiénes son esos sacerdotes y cortárselos! —exclamó, refiriéndose a los testículos.

—Su eminencia, la castración es ilegal en Estados Unidos.

—Son nuestros sacerdotes —repuso el cardenal—. ¡Podemos hacer lo que nos dé la gana!

—Así no es como funcionan las cosas, su eminencia.

Iracundo ante la idea de que los sacerdotes estuvieran abusando de niños, Oddi aseguró que el Vaticano reuniría a las congregaciones en pleno y emitiría un decreto. La idea dejó intrigado a Doyle. El cómo y quién lo llevaría a cabo sería un drama interno de la curia que él apenas alcanzaba a imaginarse. Pero la furia de Oddi era buena señal.

El cardenal preguntó a Doyle si, cuando los homosexuales tenían relaciones sexuales, «el que está en la posición pasiva recibe la misma satisfacción que el activo».

Doyle no supo qué responder.

—Su eminencia, de verdad que no tengo idea.

A principios de mayo, Doyle fue a Chicago para reunirse con Mouton, Peterson y los obispos Quinn, de Ohio, y Levada, de California. Este último, un astuto jerarca en rápido ascenso (llegaría a ser arzobispo de San Francisco), aconsejó no permitir que la discusión entrara en demasiados tecnicismos legales.

—Es mejor plantear preguntas —dijo —, guiar a los obispos a través de los asuntos con preguntas y respuestas.

El estímulo de Quinn era un incentivo más para los autores del informe. Doyle y Mouton terminaron los últimos detalles del documento y entregaron catorce copias al obispo en Ohio. Mientras leía, Quinn iba murmurando su aprobación. Tom Doyle sintió un gran alivio.

A fines de mayo, cuando se encontraba en Montreal para el bautizo de una sobrina, recibió una llamada de Levada con la extraña noticia de que el comité del cardenal Law no revisaría el asunto de la pedofilia, pero que éste sí se discutiría en la reunión episcopal. Doyle comprendió que había habido una componenda.

Cuando los obispos se reunieron en junio de 1985 en la Abadía de San Juan, en Collegeville, Minnesota, los casos de pedofilia eran motivo de gran expectación para la prensa religiosa, que cubrió casi todos los aspectos que inquietaban a la sociedad. El 7 de junio el *National Catholic Reporter* había publicado varios artículos sobre los casos de sacerdotes pedófilos. El más largo de ellos se refería al caso de Luisiana. Tom Fox, director del *NCR,* había escrito un editorial exhortando a que se formaran juntas diocesanas de revisión integradas por laicos para ayudar a los obispos a atender las acusaciones. En Collegeville, Fox se llevó una decepción al saber que el debate, encabezado por el consejo general, un psicólogo y un obispo auxiliar de Rhode Island, se realizó a puertas cerradas. Eugene Kennedy, que entonces escribía un libro sobre los obispos, también estaba desencantado.[34] Kennedy había observado que los asuntos críticos —baja moral, deserción de sacerdotes, la dinámica *gay*— pasaban casi inadvertidos al radar de la jerarquía. Fox reflexionó: «¿Tendrán idea de lo que afecta a la gente el que un sacerdote abuse sexualmente de un niño?»[35]

Laghi, a su regreso de Collegeville, expresó su sorpresa de que Doyle no hubiera asistido. Éste, desilusionado, le explicó que no lo habían invitado. Irónicamente, su lealtad a Roma —el evadir a los obispos que pedían informes sobre la selección de candidatos— había mermado su influencia. Monseñor Daniel Hoye, secretario general de la conferencia episcopal, dijo a Peterson que tenía dificultad para trabajar con Doyle. Éste había perdido su influencia cuando más la necesitaba.

Otro factor era la tensión entre Mouton y Wilfred Caron, el jefe de abogados de la conferencia episcopal. Caron percibió el informe como una invasión de su territorio. La diócesis de Pittsburgh terminó implementando muchas de las recomendaciones del informe. El concepto de la brigada de emergencia no tuvo mucho éxito. Mark Chopko, sucesor de Caron como consejero general, dijo después: «Existía la sensación de que esos sujetos sólo querían inventarse un trabajo que hacer.»[36]

«No había forma de apagar tantas llamadas», dijo Mouton. «Mataron la propuesta con la política de la inercia.»

Doyle entendía la política, pero el abuso sexual de menores no era un asunto como el de las armas nucleares o la selección de obispos. La vergüenza de este pecado lo golpeó como una bofetada cuando llevaba a Jimmy Quinn al aeropuerto después de otra reunión con Pio Laghi. Quinn se quejó de que Ray Mouton no sabía controlarse: los funcionarios de Lafayette pensaban que estaba filtrando información a la prensa. Mouton hacía *lo correcto*, replicó Doyle. El problema era la manera estúpida en que la Iglesia atendía el caso de Gauthe y el de otros sacerdotes. Cuando el avión de Quinn despegó, Doyle se percató de que las quejas de los clérigos de Lafayette sobre el abogado de su compañero sacerdote habían tocado una fibra fraternal en el visitador de Ohio. No convenía permitir a un laico intervenir en la maquinaria de la Iglesia.

Aun así, Laghi había decidido que el obispo Frey debía retirarse. Había comenzado la búsqueda de su sustituto. Quinn había servido para ese fin. Doyle comprendió que había una crisis en un sistema cuyas dimensiones apenas empezaba a entrever. *¿En quién confiar?*, se dijo. Jimmy Quinn y Bernie Law no lo habían apoyado.

Lejos de desistir, Doyle acudió a Boston a una reunión con el cardenal Law sobre la propuesta de un instituto de enseñanzas católicas. Law lo invitó a que fuera su abogado canónico. Doyle le preguntó por qué su comité no había hecho nada sobre el informe de pedofilia.

—Porque se turnó a otro comité —respondió Law.

Los obispos actuarían, agregó tranquilizadoramente. Doyle se dio cuenta de que Law carecía de la fuerza necesaria entre los obispos; el cardenal estaba demasiado enfrascado en su alianza con la agenda romana de encontrar obispos más dispuestos a obedecer al Papa que a la corresponsabilidad colegial. Law no se mostraba indignado por la pedofilia. Antes bien, se fue animando conforme hablaba de las complejidades de Boston, del reto de la recaudación de fondos. Doyle salió de allí en términos cordiales, diciendo que tendría en cuenta el ofrecimiento de trabajo, que en realidad no le interesaba en absoluto.

Los obispos seguían pidiendo consejo a Peterson sobre el tratamiento de los sacerdotes pederastas. En diciembre, Peterson escribió una introducción de ocho páginas para un manual de noventa y dos, e hizo que el Instituto St. Luke enviara un ejemplar a cada obispo en todo Estados Unidos. Doyle recurrió al cardenal Law para pagar a un ex parroquiano de Chicago que había transcrito a máquina el documento y para sufragar el costo de las trescientas fotocopias. Law envió mil dólares. Doyle le dio las gracias, aunque sabía que su relación iba en decadencia.

Años después lamentó mucho la indiferencia de Law ante el manual de 1985.

En 2001 Kristen Lombardi, del semanario *Boston Phoenix,* empezó a investigar cómo había atendido el cardenal el asunto de John Geoghan, un sacerdote al que habían obligado a colgar los hábitos. Muchas de sus víctimas sexuales estaban representadas por abogados, entre ellos Roderick «Eric» MacLeish Jr. y Mitchell Garabedian, en demandas civiles.[37] Había docenas de causas pendientes y los documentos internos de la Iglesia seguían bajo una orden de protección. Poco después el *Boston Globe,* representado por el reportero Walter V. Robinson y con el respaldo del tenaz director del periódico, Martin Baron, solicitó que el tribunal hiciera públicos los documentos. Hasta entonces, la estrategia legal de la arquidiócesis de ofrecer sumas de dinero a cambio del silencio de las víctimas se ajustaba bien a la idea de poder de Law: guardar los secretos. Sin embargo, Estados Unidos no era el mismo después de los anteriores informes sobre sacerdotes pedófilos y a raíz del escándalo Clinton-Lewinsky. La larga carrera de Geoghan como pederasta había llegado a su fin en 1996, *diez años* después de que Gauthe fue enviado a la cárcel. ¿Por qué había permitido Law que ese hombre siguiera ejerciendo el sacerdocio? La juez Constance M. Sweeney concedió la petición del *Globe* de hacer públicos los documentos. Otro tribunal negó la apelación del arzobispado, y en enero de 2002 el *Globe* empezó a desenterrar la historia sexual de la arquidiócesis.

Geoghan había dejado más de 130 víctimas en una serie de parroquias a partir de 1962, cuando abusó de cuatro niños de una misma familia. Reinstalado en otras parroquias (con un año sabático en Roma entre tanto) y protegido de asumir la responsabilidad de sus delitos, el sacerdote representaba el sistema que Tom Doyle empezaba a entender cuando conoció a Law. En septiembre de 1984, una mujer escribió al cardenal para advertirle que Geoghan, de quien se sabía que había «abusado de menores», llevaba a niños de la parroquia a sus casas por la noche. Dos semanas después Law respondió: «El asunto que le preocupa se está investigando y se tomarán las decisiones pastorales adecuadas tanto para el sacerdote como para el pueblo de Dios.» El cardenal que envió mil dólares a Tom Doyle mudó a Geoghan de parroquia y advirtió de su trastorno al párroco residente. El 7 de diciembre, un obispo auxiliar escribió a Law sobre la «historia de relaciones homosexuales con niños pequeños» de Geoghan, y agregó: «Si algo sucede, los feligreses… acabarán por convencerse de que a la arquidiócesis no le importa su bienestar y no tiene ningún empacho en enviarles sacerdotes con problemas.»[38]

La mujer que había escrito a Law, Margaret Gallant, era tía de varios niños que fueron víctimas de Geoghan. En 1982 le había escrito al antecesor de Law, el cardenal Humberto Medeiros: «Independientemente de lo que diga él o los médicos que lo han tratado, yo creo que no se ha curado… Me avergüenza que la Iglesia sea tan negligente».[39] Geoghan abusaba de los hijos de familias pobres y de hogares destruidos y asistía a un club de jóvenes en un barrio de clase obrera antes de que Law tuviera que transferirlo, en 1989, al recibir quejas de más víctimas. Una evaluación de tres semanas en el Instituto St. Luke reveló que era un «homosexual pedófilo» de alto riesgo. Law debería haber iniciado el procedimiento para removerlo del ministerio, pero lejos de hacer eso la arquidiócesis lo envió al Institute of Living. El obispo auxiliar Robert J. Banks quedó inconforme con el informe de alta del hospital, en el que se decía que el sacerdote había «mejorado moderadamente». Banks pidió mayores garantías al instituto, que, ante la presión, respondió: «Las probabilidades de que reincida son bastante escasas. Sin embargo, no podemos garantizar que no se produzca una reincidencia.» Law aprobó el regreso de Geoghan.

En 1994, después de más quejas, volvieron a separarlo de la parroquia… con un permiso de ausencia por enfermedad. En una carta dirigida a Geoghan en la Navidad de 1996, Law expresó la mentalidad de incontables obispos, que los hacía insensibles al horror de los niños violados por sacerdotes:

Llevó usted una vida eficaz para el ministerio, pero por desgracia la enfermedad lo incapacitó. En nombre de aquellos a quienes ha servido tan bien, y en el mío propio, quisiera darle las gracias. Entiendo que la suya es una situación dolorosa. La Pasión que compartimos ciertamente puede parecer insoportable e implacable. Somos mejores cuando respondemos con honestidad y confianza. Dios lo bendiga, Jack.

La última oración podría servir de epigrama a las declaraciones que Law hizo bajo juramento en un juicio civil en junio de 2002. El abogado Eric MacLeish representaba a las presuntas víctimas de otro sacerdote, Paul Shanley, cuyo respaldo a la North American Man–Boy Love Association (Asociación Estadounidense de Amor Hombre–Niño) en 1977 («Los niños quizá se arrepientan más adelante de haber hecho que alguien fuera a la cárcel sabiendo que los culpables son ellos») había suscitado varias cartas de protesta dirigidas a la cancillería. Su expediente eclesiástico ascendía a *mil seiscientas páginas*. Cuando Shanley pidió su jubilación, Law le escribió: «Durante treinta años de ministerio llevó usted la palabra de Dios y su amor a su pueblo, y sé que ésta sigue siendo su meta, a pesar de algunas limitaciones difíciles.»

Al ser interrogado por MacLeish, el cardenal dijo que no había visto personalmente buena parte del expediente; sus ayudantes se encargaban de esos asuntos; el mantenimiento de los archivos de la oficina era deficiente. «Creo que nos fallaba la memoria institucional», dijo. Cuando se le preguntó por el caso de Gauthe respondió: «No lo recuerdo.» Tampoco se acordaba del sacerdote al que habían despedido del Colegio Josefino en su último año de seminario. ¿Sacerdotes que abusan de niños? Borrón y cuenta nueva. Sin embargo, sí recordaba al padre Doyle y su «buena relación». «Por eso acudía a él cuando necesitaba ayuda», agregó… excepto si se trataba de sacerdotes aberrantes.

El 23 de junio de 1985 el embajador papal había enviado una nota a Doyle sobre el documento del que era coautor:

> Espero que el cardenal Law tenga la disposición y la posibilidad de apoyar la «estrategia» propuesta en este «documento». Voy a intercambiar con él puntos de vista sobre el asunto.
> Laghi

Cuando MacLeish preguntó por el informe, el cardenal respondió: «No recuerdo haberlo estudiado.»

Una vez que hizo memoria, resultó que había entregado a fiscales de Massachusetts los expedientes de ochenta sacerdotes, en cuyas últimas páginas se habían anotado denuncias de conductas indebidas, entre ellas abuso de menores. Algunos clérigos estaban furiosos con el cardenal por haber puesto en evidencia a tantos. La arquidiócesis sufrió una sangría calculada en cien millones de dólares por concepto de indemnizaciones extrajudiciales para las víctimas. Ambos periódicos habían exigido su renuncia. Law perdió su confianza regia de otros tiempos. Duró en su cargo seis meses más y luego renunció.

Quizá la señal más clara de la mentalidad de gobierno del cardenal se haya visto el 24 de abril de 1989, en el funeral del padre Joseph Birmingham en Boston. Tom Blanchette vio a Law tomando café solo.

—Hay muchos jóvenes en la diócesis que necesitarán consejo después de su relación con el padre Birmingham —le dijo Blanchette, y le confió cómo el sacerdote había abusado de él, de sus cuatro hermanos y de otros jóvenes.

Law lo llamó aparte y le pidió que volviera a la Iglesia.

—El obispo Banks se está ocupando del asunto y quisiera que concertaras una cita con él.

Poniendo la mano sobre la cabeza de Blanchette, el cardenal oró en silencio y luego añadió:

—Por el poder de la confesión te prohíbo que vuelvas a hablar de esto con nadie más.[40]

3

Exilio y renovación

Pio Laghi no dijo nada sobre la preocupación del Papa ni se ofreció a tomar un papel activo dentro del Vaticano para cambiar el comportamiento institucional. Su intención era clara: los obispos estadounidenses debían resolver su problema. A principios de 1986, ante los informes de casos de abuso sexual en Australia y Canadá, Doyle comprendió que el reciclaje de pederastas se derivaba de una mentalidad de gobierno. Ningún obispo quería presionar para que el asunto se tratara en el nivel de una conferencia, aunque Doyle, a petición de varios obispos, había dado informes privados a sacerdotes. Laghi insinuó a Doyle que le convendría dedicar su talento a otros proyectos, pero él, después de cuatro años y medio en la embajada, estaba desilusionado.

—A veces me da vergüenza ser sacerdote —le dijo a Michael Peterson.

—Estás realizando la obra de Dios —fue la respuesta de Peterson para animarlo.

Así era Michael, siempre positivo, incondicionalmente de su lado en una crisis que minaba su confianza en los hombres en quienes le habían enseñado a confiar. Para Peterson, el psiquiatra, esa negación era algo natural.

El 14 de octubre de 1985 Ray Mouton negoció un convenio por el cual Gilbert Gauthe aceptaba una pena de veinte años de cárcel a cambio de no ser sometido a un juicio que los jerarcas de la Iglesia desde Luisiana hasta Roma deseaban evitar. Aunque Doyle nunca conoció a Gauthe, sentía una gran compasión por él, pero aún más tristeza le inspiraban los niños —más de cien— cuyas vidas había trastornado y a cuyas familias había hecho tanto mal.

Dio un informe en la embajada al cardenal William Baum, ex arzobispo de Washington, D.C., que ahora era prefecto de la Congregación para la Educación Católica, en Roma. Puso un semblante muy serio después de la presentación de Doyle del escándalo. Él también dijo que era algo terrible, que el asunto debía atenderse, pero, al igual que otros, hizo poco para respaldar sus palabras.

El 31 de enero de 1986 el *Times of Acadania* publicó que la diócesis de Lafayette había jugado «a las sillas» con siete abusadores de niños durante muchos años. El editorial exigía que el obispo Frey y monseñor Larroque renunciaran... o que Laghi los depusiera. Pero Roma no estaba dispuesta a humillar a un obispo. La tradición era enviar un obispo coadjutor que actuara como heredero forzoso, y así permitir la salida decorosa del prelado en vez de degradarlo. Doyle colocó a monseñor Harry J. Flynn, ex rector de un seminario en Maryland y pastor de la diócesis de Albany, Nueva York, a la cabeza de la lista de candidatos.

Michael Peterson fue a Roma en marzo con la esperanza de convencer a los funcionarios de la curia de la necesidad de establecer normas estrictas para remover a los abusadores de niños. Peterson, que había guardado cama tras una operación de espalda, se entrevistó con el cardenal Oddi en la Congregación para el Clero. A su regreso parecía derrotado.

—No lo entienden —refunfuñó.

Doyle le preguntó por Oddi, que había tenido una reacción tan dramática cuando él le presentó el informe en la embajada.

—Van a emitir una declaración sobre la homosexualidad —agregó Peterson.

Doyle no podía concebir que Roma se pronunciara sobre un tema interno tan explosivo, a menos que Oddi hubiera confundido la pedofilia con la homosexualidad. Peterson explicó que el trabajo no iba a hacerlo el personal de Oddi, sino el de la Congregación para la Doctrina de la Fe. Entonces Doyle entendió su desánimo. El cardenal Ratzinger hablaría de teología, no de las ofensas sexuales de los sacerdotes. La carta mundial de Ratzinger a los obispos del 1 de octubre de 1986, «Cuidado pastoral de las personas homosexuales», declaraba la actividad homosexual un «mal moral intrínseco» y condenaba a los homosexuales que presionaban por obtener la aceptación de la Iglesia.[1]

Peterson se había precipitado a viajar, aún convaleciente de la operación, anteponiendo el trabajo a la salud. Igual que siempre, le preguntó a Tom Doyle cómo estaba.

Doyle no estaba bien. En la embajada, sus colegas italianos se mantenían distantes y daban señales de que lo consideraban un loco por enfrascarse en semejante asunto. No comprendió que lo habían puesto de patitas en la calle hasta que un colega le preguntó cuándo desalojaría su oficina. Nadie le dijo que estaba despedido. Laghi propuso una cena en su honor, un *grazie* formal por sus casi cinco años de servicio a la Santa Sede. Doyle había roto una regla tácita de no acercarse demasiado a un escándalo. Su idea de justicia, tan estadounidense, había chocado con el estilo indiferente de los italianos. No hubo un enfrentamiento, sino que un problema abordado por Doyle lo separó de ellos. La hipocresía lo sacaba de quicio.

—¡No quiero esa porquería! —le confió a Peterson.

—Ve a la cena, Tom. Queda en buenos términos.

Michael tenía razón: no le convenía quemar las naves. Doyle entregó una corta lista de sus invitados a la cena de despedida en la embajada, en la que incluyó al padre Peterson.

Había venido impartiendo la clase de derecho canónico como miembro adjunto del cuerpo docente en la Universidad Católica. Solicitó un puesto de tiempo completo, pero fue incapaz de mostrar una apariencia académica y tranquila en las entrevistas. Se le notaba rabia. No consiguió el empleo.

Habría sido sencillo conseguir un cargo de párroco o volver a trabajar con los dominicos. Sin embargo, su sentido de cercanía a Dios había chocado con el sistema. Amargado por el colapso de su trayectoria profesional, no quería encontrarse bajo la autoridad de cualquier obispo. A veces despertaba a las tres de la madrugada con una cólera tan intensa que no podía volver a dormirse. Se acordaba de personas a las que había aconsejado para que dejaran un mal matrimonio, y del miedo que sentían a lo desconocido.

Habían pasado quince años desde su ordenación. Le encantaba transmitir la Palabra de Cristo en el ministerio, la alegría de compartir los sacramentos. No quería que la estructura, con todas sus disputas bizantinas y sus egos, hiciera naufragar su vocación. Había muchas víctimas, demasiada ira contenida. Ya que no había podido convencer a la jerarquía de que el torrente de violaciones desencadenaría un huracán, empezó a repetir unas palabras que terminaron por volverse una oración: «Esto es malo.

Voy a ayudar a quienes hayan salido lastimados por este mal, porque eso es lo que debe hacer un sacerdote. Eso es lo que creo que quieres. Señor, ayúdame a hacerlo como se debe.»

Fascinado por la tecnología y las computadoras, disfrutaba manejando los tableros de instrumentos de los aviones. La emoción de alcanzar las alturas y el azul del cielo daba paso a la contemplación de una belleza tranquilizadora. Una tarde, mientras seguía una fila de ballenas frente a Cape Cod, lo invadió una serenidad casi mística. El arzobispo Joseph Ryan, del Ordinariato Militar de Silver Springs, le había pedido que colaborara con su tribunal. Doyle trabajaba medias jornadas como juez en Scranton e iba y venía en un avión alquilado. La certidumbre de la vida militar le recordaba el sacerdocio de la época en que se había ordenado: obediencia a una autoridad justa, individualidad y comunidad, todo equilibrado por el bien común. El ordinariato era una arquidiócesis separada dentro de la Iglesia estadounidense. Cuando un sacerdote recibía su puesto como capellán, respondía al comando militar. Doyle quería una base, independiente y segura, para no regresar al asunto que dividía su vida.

A los cuarenta y dos años, ingresó en la Fuerza Aérea de Estados Unidos.

DÍAS DE RÉQUIEM

El Viernes Santo de 1986 el personal del Instituto St. Luke llevó a Michael Peterson de urgencia al Hospital de la Universidad George Washington. Doyle lo encontró en la cama sudando, tiritando y tosiendo.

—Me estoy muriendo —farfulló.

Su sistema linfático no funcionaba. Doyle se sentó a su lado y pensó en la injusticia de la vida: que un sacerdote, un médico tan talentoso como él, agonizara a los cuarenta y tres años. Reprimiendo el llanto, pensó en cuánto había cambiado su vida en los dos años que habían sido amigos. Su vida también había cambiado gracias a Ray Mouton y los intensos diálogos sobre las perturbaciones de sexo y poder que asediaban a la Iglesia.

Michael Peterson, un complicado espejo de las contradicciones de la Iglesia, volvió a casa, cerca del Instituto St Luke, a tratar de trabajar entre los ratos de reposo. Tenía sida, secreto que unos pocos amigos y el personal del hospital juraron guardar. No se lo dijo a Doyle. Fuera de su círculo íntimo, nadie sabía que había hecho comprar varias casas cerca del instituto para llevar allí a infractores sexuales porque en el hospital había cada vez menos camas. Pensaba que si esos sacerdotes vivían en una casa comunitaria, estarían demasiado asustados para ponerse a buscar niños. Era una flagrante violación de la ley de zonificación. Los vecinos pensaban que se trataba de alcohólicos en recuperación.[2]

Como Doyle, Ray Mouton no estaba al tanto de los tejemanejes internos del instituto, y aunque sospechaba que Peterson era *gay,* se había podido mantener firme en su fe gracias a él. Doyle nunca presionó a su amigo para que le dijera la verdad de su enfermedad, aunque tenía sus sospechas. Lo que importaba era la dedicación de Michael para ayudar a los sacerdotes y obligar a los obispos a enfrentar la crisis. Quizá su labor incansable haya sido una forma de contrición, una manera de expiar una vida oculta ayudando a los proscritos.

El 28 de abril de 1986 Doyle y Mouton se reunieron en Morristown, Nueva Jersey, para hablar ante la junta regional oriental de la Sociedad de Derecho Canónico de Estados Unidos. Mouton le preguntó si sabía que habría reporteros presentes.

—No te apures —repuso Doyle— di lo que tengas que decir.

«La Iglesia católica —declaró Mouton— no puede ejercer con credibilidad una autoridad moral externa en un área en que el público la considera incapaz de ejercer una autoridad moral interna».[3] Los fiscales empezarían a ser menos tolerantes, y también los policías. «Si no actuamos ahora, las consecuencias serán catastróficas. Si los niños no reciben tratamiento, se volverán bombas de tiempo que amenazarán a sus comunidades.»[4]

La embajada había recibido acusaciones contra más de cuarenta sacerdotes que habían abusado de niños. A juzgar por la frecuencia de las llamadas telefónicas recibidas, Doyle calculó que la cifra se triplicaría en un año. Definió la pedofilia como «el más serio problema que hemos enfrentado en la Iglesia en siglos». De pie frente a sus impávidos colegas, Doyle los exhortó a ser honestos con los fieles, algo que iba contra el condicionamiento de silencio «por el bien de la Iglesia». Subrayó la necesidad de obtener ayuda terapéutica para las familias. «No se envía a un clérigo autoritario para mostrarles lo mal que deberían sentirse por ensuciar el nombre de la Iglesia.»

El más serio problema que hemos enfrentado en la Iglesia en siglos: sus palabras, reproducidas por el *New York Times,* resonaron por toda la jerarquía. El cardenal Bernardin le escribió desde Chicago y lo reprendió por hablar en público sobre el tema.

En junio, Doyle organizó una conferencia cerrada en el priorato dominico de River Forest, Illinois, donde como joven sacerdote había pasado una de las temporadas más felices de su vida. Mouton estuvo presente. Doyle quería que los obispos elegidos, superiores religiosos, el cardenal Bernardin y su personal vieran todo lo que estaba en juego. Pero ni el cardenal ni su personal se presentaron. (Sin que Doyle lo supiera, Bernardin había pedido consejo al psicólogo Eugene Kennedy, quien le recomendó que un consultor evaluara la literatura profesional en la materia como primer paso para desarrollar una política... idea que fue rechazada por la conferencia episcopal.)[5]

Doyle interpretó las sillas vacías de los funcionarios de la arquidiócesis de Chicago como la represalia de Bernardin por haber ventilado problemas internos de la Iglesia en su discurso en Morristown.

El abogado de la arquidiócesis de Chicago, James A. Serritella, sí estuvo presente. Era un hombre corpulento que había ayudado a cerrar la investigación federal del cardenal Cody. Mientras que Mouton había exhortado a los asistentes a ser pastorales, Serritella dijo: «Lo que tienen que recordar es que cuando se da una de estas situaciones, esa gente [las familias] son el enemigo y yo estoy del lado de ustedes.»[6] Doyle se quedó pasmado. Esperaba que esos golpes de pecho no influyeran en los sacerdotes y los pocos obispos presentes.

Doyle seguía viviendo en la Casa de Estudios Dominica y trabajando en la oficina del Ordinariato Militar cuando unos sacerdotes de Allentown, Pensilvania, le pidieron ayuda. El obispo Thomas Welsh había enviado a Roma una carta solicitando que se destituyera a un obispo acusado de abuso de menores, el cual alegaba ser inocente. Al revisar los hechos del caso, Doyle observó que había deficiencias de procedimiento y ayudó con una apelación canónica. Welsh —a quien Doyle consideraba «un hombre mojigato y poco caritativo al que no se debería haber nombrado obispo»— se quejó ante Laghi de la intervención de Doyle, y el delegado papal hizo llamar a éste.

—¡Retírese del asunto! —le exigió.

—Los sacerdotes tienen derechos, arzobispo.

Pero el obispo de Allentown ya había tomado una decisión. Laghi, a gritos, le dijo a Doyle que había ido demasiado lejos.

—¡Deje de intervenir!

—Yo ya no trabajo aquí, arzobispo. No puede gritarme.

—Está dañando su carrera, Thomas —insistió entonces Laghi en tono paternal.

Doyle le agradeció su preocupación y le dio una excusa para declinar una invitación a comer.

La formación por la que pasó Doyle junto con compañeros mucho más jóvenes, la cual incluía hacer cola para orinar en una taza, distaba mucho de las recepciones de la embajada. Le daba algo de orgullo tener un abdomen relativamente plano. Estaba en busca de un puesto, en espera de instrucciones de trabajo, y con frecuencia iba a visitar a Michael Peterson.

En abril de 1987 Peterson estaba consumido por la enfermedad, y Doyle, embargado de dolor. Michael le había dicho que había contraído el sida por una cortadura que se hizo al examinar sangre contaminada. Mientras su vida se extinguía, le confió a Ray Mouton que era homosexual e insinuó que tenía un pasado. A Doyle no le importaba cómo se había contagiado; le dijo que había hecho un gran bien en su vida y en su ministerio, y que eso contaba mucho más que la forma en que muriera.

—Tienes que seguir adelante —le dijo Michael con voz ronca.

¿Por qué soy sacerdote?, pensó Doyle. *¿Por qué seguir siéndolo?* Le dio a Michael un rosario irlandés que su padre le había dado. Cuando lo puso entre sus manos temblorosas, sintió que iba a perder al hermano que nunca había tenido.

El arzobispo Hickey fue a visitar a Peterson y le llevó unas cartas en las que revelaba la causa de su enfermedad, para que las firmara. Se harían circular entre los obispos y sacerdotes y después de su muerte se harían del conocimiento público. Hickey quería adelantarse a los medios e impedir que publicaran la noticia sensacionalista de un sacerdote que moría de sida. «Sentí como si me hubieran metido en un costal, apaleado y ordenado que firmara», se quejó Peterson. Lo que Doyle sentía era un profundo resentimiento por el control de una estructura de poder miope ante su propia hipocresía. Buena parte de las cosas en que creía se venían abajo en picada.

Peterson murió el 9 de abril de 1987 mientras una ex monja le sostenía el brazo.

El 13 de abril, seis obispos y 144 sacerdotes con sotanas blancas entraron en procesión a las exequias en la catedral de San Mateo, en Washington. Doyle se sentó entre ellos, llorando. La cobertura de los medios fue amable con Peterson y favorable hacia Hickey por su sensibilidad y franqueza. La noche anterior a la muerte de Peterson, el director del Instituto St. Luke, Steve Johnson, despidió a un contador que había cuestionado sus excesivos viáticos. Varios empleados renunciaron o fueron despedidos por Johnson por representar una amenaza para su control de la administración: uno había puesto en duda la política de poner abusadores de niños en casas vecinas. Johnson no tardó en irse por una reorganización. Un año después, tres miembros de la junta directiva renunciaron; uno se quejó de que «el tono moral del instituto y sus programas terapéuticos… son una expresión de la psicopatología de su fundador».

Sin embargo, los obispos necesitaban el hospital. En 1988 se había denunciado a 135 sacerdotes estadounidenses ante la embajada por abuso sexual de menores. La nueva administración terminó por estabilizar la institución. La tarea más difícil del instituto era la evaluación del riesgo de los pacientes. Los obispos querían que los sacerdotes volvieran al ministerio si era posible. La mayoría de los pacientes no enfrentaban cargos penales; sus obispos o superiores nunca los denunciaron a la policía. En algunos casos el hospital desaconsejaba que regresaran al ministerio. El instituto se enorgullecía del bajo índice de reincidencia entre los pacientes. Sin una investigación independiente no es posible aquilatar plenamente el papel del instituto en la crisis sexual. A la mayoría de los sacerdotes se les declaró efebófilos. La homosexualidad regresiva —una fijación narcisista por los adolescentes— era sólo un hilo de la madeja de la cultura sacerdotal homosexual que los obispos evadían. La sensibilidad de Doyle hacia los homosexuales había aumentado gracias a su amistad con Peterson, aunque la cultura en sí con frecuencia le parecía un terreno de confusión moral.

Mientras sus ambiciones decaían, Tom Doyle se fue enfrentando con una larga serie de víctimas sexuales que sin cesar acudían a él con desgarradoras historias, a menudo narradas entre sollozos por teléfono varias noches por semana. Se convirtió en un confesor irónico, que ofrecía disculpas por los pecados de la Iglesia. Doyle trataba de imaginar las caras de aquellas voces de fe destrozada. La rabia que percibía lo transformó de maneras que apenas empezaba a comprender.

Uno de los primeros en llamarlo, en 1987, fue Mark Brooks, de treinta y tres años, quien se había sumido en una profunda depresión desde que lo expulsaron del seminario de San Francisco, en San Diego. Se había criado en un ambiente pobre en Baltimore. Su padre, alcohólico, abandonó a la familia. Las influencias estabilizadoras de su niñez fueron los sacerdotes. Luego su madre se mudó a California con él y sus tres hermanas. Terminado el bachillerato Brooks estuvo cuatro años en la Infantería de Marina. En 1980, después de trabajar con niños autistas, entró al seminario de San Diego. En otro momento quizá habría sido un buen sacerdote, pero entonces el seminario estaba regido por Vincent Dwyer, un monje trapense con permiso para viajar y dar charlas sobre el crecimiento moral. Dwyer era popular entre los sacerdotes por sus charlas y lo invitaban a muchos retiros.

En 1969 Dwyer había dado una conferencia en Monterey, California, en Santa Catalina, una escuela de niñas, donde empezó a seducir a Sara Wilgress, de quince años, cuyo padre se había suicidado cuando ella era un bebé. Encantada con sus cartas de amor (diecisiete tan sólo el día en que cumplió el mismo número de años), Sara se vio envuelta en una relación intermitente que la siguió perturbando hasta mucho después de que la rompió, a los veintiocho años.[7] «He vivido un verdadero infierno por culpa de Dwyer», dijo. «Me encantaba estar en Santa Catalina: los jardines perfectamente cuidados, las monjas, algunas de las cuales se habían quitado el velo y acortado la falda gracias al Concilio Vaticano II, que iban y venían inculcando disciplina... Me encantaba que estuviera bien estudiar. Las compañeras no se burlaban de una por ser seria. Cuando Dwyer me violó, el verano anterior a mi último año, me dejó totalmente confundida... Así que no dije nada y me escapé dos veces ese año, lo cual saboteó mis planes de entrar a estudiar a la universidad. Guardé silencio durante veinte años.»[8]

En 1981 Dwyer animó a los seminaristas de San Francisco a «abrazar la intimidad». Mark Brooks se preguntó si el seminarista que estaba junto Dwyer era su amante. Éste era un catalizador en un ambiente propicio. Brooks vio con horror cómo los maestros se insinuaban a los estudiantes, los seminaristas se agarraban las nalgas unos a otros mientras esperaban a recibir la comunión y un seminarista treintañero compartía su habitación con un chico de dieciséis años que no era seminarista.[9] Brooks manifestó su desacuerdo con estas prácticas ante el cuerpo docente, que no le hizo el menor caso. Las críticas a la ortodoxia y a la Iglesia como institución homofóbica lo deprimían. Se cansó de oír a los estudiantes homosexuales autodenominarse «heridos». Empezó a beber. Una autoridad del seminario le ordenó asistir a un programa de deshabituación. Brooks ingresó en un hospital para veteranos de guerra; el diagnóstico fue estrés postraumático. Al regresar al seminario, en 1983, lo expulsaron.

Consiguió un abogado que negoció un pago de 15 mil dólares, básicamente para que dejara de molestar.[10] El 5 de febrero de 1986 envió al papa Juan Pablo II un documento de cincuenta y seis páginas en el que narraba sus experiencias y daba nombres. El 13 de enero de 1987 le llegó acuse de recibo de la Secretaría de Estado del Vaticano, en una breve carta de monseñor Giovanni Re, quien después llegaría a ser cardenal y prefecto de la Congregación para los Obispos.

Brooks tenía pesadillas en las que se veía «reo de una inquisición, entre sacerdotes y obispos... ellos estaban desnudos y me gritaban toda clase de acusaciones».[11] Llamó por teléfono a Doyle, furioso de que los liberales estuvieran dando al traste con la Iglesia católica.

—Ambas partes tienen la misma culpa —le respondió éste—. Todo se reduce al liderazgo, y muchos tienen las manos sucias.[12]

Brooks estaba molesto de que el orden tradicional se hubiera roto. No le importaba quién fuera homosexual, siempre y cuando se comportara de manera responsable. ¿Por qué estaba el seminario en manos de hombres promiscuos? Doyle le dijo que San Diego tenía una larga historia como basurero clerical. El obispo Leo Maher tenía fama de admitir a los «heridos» de otras diócesis. El propio cuerpo docente del seminario era un reflejo de la diócesis. Doyle terminó por aconsejarle que recurriera a su fe y valores propios.

El *National Catholic Reporter* había cubierto de forma extensa los primeros casos y perdió varios cientos de suscriptores después de publicar, en 1985, un editorial en el que exhortaba a que juntas de revisión independientes investigaran las acusaciones: «Los sacerdotes que sean delincuentes sexuales reincidentes deben ser separados de la sociedad al igual que cualquier otro delincuente… [y] juzgados de acuerdo con las leyes civiles como todo el mundo».[13]

Un día de la primavera de 1987 Carl M. Cannon, reportero del *San José Mercury News* que trabajaba en la oficina del periódico en Washington, D.C., fue a California para hablar con los editores. Quería investigar algo que había leído sobre el encubrimiento sistemático de los obispos hacia los abusadores de niños.

—¿Sistemático? —preguntó el director, Bob Ryan—. ¿Cuántos ejemplos de ese «sistema» puedes demostrar?

—Por lo menos seis —respondió Cannon.

El *Mercury News* es parte de la cadena Knight Ridder, y una investigación podía servir para una serie. Ryan le dio luz verde.[14]

Para el otoño, Cannon había encontrado a treinta y cinco sacerdotes transferidos por los obispos en más de veinticuatro diócesis. Localizó al padre Doyle en la Casa de Estudios Dominica. Se reunieron para cenar en un restaurante de Georgetown. Acostumbrado a los egos inflados de los políticos, Cannon estudió al sacerdote, que había trabajado en la embajada del Vaticano, y le sorprendió su falta de malicia. El clérigo, amable pero franco, tenía una personalidad muy transparente. A Cannon, protestante, lo asombraba la facilidad con que la jerarquía católica mentía a los padres de familia sobre los hombres que abusaban de sus hijos. Doyle le preguntó a Cannon sobre su experiencia, el tipo de artículos que había cubierto. Conforme la plática se centraba en Doyle, el reportero pensó: *Este hombre ama a la Iglesia católica*. Era el típico caso del informante: alguien de dentro que no podía guardar silencio sobre la corrupción que veía tan de cerca. Doyle le dio un ejemplar del informe de 1985 que había entregado a la jerarquía.[15]

A Cannon le impresionó la capacidad de previsión de los autores, y lo increíblemente tontos que habían resultado ser los obispos al hacer caso omiso de sus recomendaciones. Su serie se publicó a fines de diciembre de 1987 en varios periódicos, entre ellos el *Philadelphia Enquirer,* el *Miami Herald* y el *Detroit Free Press.* «La renuencia a enfrentar el problema es una bomba de tiempo que puede estallar en cualquier momento dentro del catolicismo estadounidense», escribió Cannon, demostrando su propia previsión.[16]

Molesto por la serie, el obispo A. James Quinn le escribió al arzobispo Laghi a principios de 1988. El diario *The Plain Dealer* había acusado al propio obispo de Cleveland, Anthony Pilla, de proteger pedófilos, pero Jimmy Quinn sabía lo que hacía. «Los obispos diocesanos están haciendo todo lo posible por corregir los procedimientos», le aseguró a Laghi. Doyle y Mouton «hicieron creer que no se está logrando nada positivo. Lo cierto es que tanto Doyle como Mouton quieren vender a la Iglesia estadounidense su... liderazgo costoso e incontrovertible... La Iglesia ha capeado peores temporales gracias a la fortaleza y guía del Espíritu Santo. De la misma manera, esta molestia de la pedofilia terminará por disminuir».

Laghi envió a Doyle la carta de Quinn con una carátula diplomática en la que le decía amablemente: «Aunque no estoy de acuerdo con las conclusiones a las que llegó el obispo... cuídate las espaldas, muchacho».

Doyle le respondió explicándole que él no buscaba a los reporteros, pero hablaba con los que lo llamaban. Adjuntó los artículos de Cannon y otros del *Plain Dealer.* La «imagen negativa de la Iglesia» radicaba en «la forma en que se han manejado ciertos casos». Negó la acusación de querer vender su experiencia: «Esta idea surgió de la oficina del consejo general de la USCC [Conferencia Católica de Estados Unidos] y fue transmitida a varios líderes empresariales de Cleveland, quienes a su vez presionaron al editor del *Plain Dealer* de esta ciudad para que evitara una cobertura futura... No coincido con el obispo Quinn cuando dice que ésta es tan sólo una molestia pasajera.»

Le escribió a Quinn y negó tener deseos de ganancia personal alguna. La cobertura de los medios era inevitable. «Me entristece y al mismo tiempo me sorprende el modo en que presenta usted nuestro trabajo.» En realidad estaba molesto con Quinn por su traición.

El 9 de febrero de 1988 Mark Chopko, consejero general de la USCC, emitió una declaración en la que reafirmaba «los grandes esfuerzos de los obispos para prevenir el abuso de menores y reparar cualquier daño causado... [por] el ministerio curativo de la Iglesia».[17] Chopko decía por sistema a los periodistas que los obispos no podían adoptar una política obligatoria porque cada diócesis era autónoma; cada obispo respondía directamente al Papa. (Las cartas pastorales sobre la guerra nuclear y la economía eran enseñanzas, no políticas internas.)

El 9 de enero de 1988, un día después de que Quinn garantizó a Laghi la guía del Espíritu Santo, un ayudante del cardenal Roger M. Mahony, de Los Ángeles, fue a una parroquia latina y se enfrentó al reverendo Nicolás Aguilar Rivera, acusado por los padres de tres niños de haber abusado de sus hijos. El ayudante de Mahony dijo al sacerdote que no podía seguir sirviendo en la arquidiócesis y le ofreció un alojamiento temporal. Aguilar, que llevaba nueve meses en Los Ángeles, rechazó la oferta. Dos días después escapó a su natal México. El 15 de abril le imputaron diecinueve cargos de abuso sexual de diez menores de edad. La denuncia se entabló en México. Aguilar sencillamente desapareció.[18]

A principios de 1989, el nuevo arzobispo cardenal de Filadelfia, Anthony Bevilacqua, pidió a Doyle un documento de consulta sobre secularización para la conferencia episcopal. Éste le envió un resumen de tres mil palabras. «La Santa Sede ha dejado muy claro que el Santo Padre no está dispuesto a secularizar a ningún sacerdote contra su voluntad», escribió.[19] «Para fines prácticos, la reducción de un clérigo al estado laico como castigo en casos de abuso sexual es impracticable.»

Los juicios eclesiásticos se topaban con una trampa del derecho canónico: un sacerdote aquejado de un trastorno psicológico podía alegar que su libertad para actuar, su responsabilidad moral, estaba disminuida. «Como la mayoría, si no es que todos los clérigos que abusan sexualmente de menores lo hacen por un trastorno psicológico, es difícil imaginar cómo podría iniciarse siquiera un juicio penal.» Doyle proponía iniciar un proceso administrativo acelerado para que los obispos secularizaran a los infractores sexuales «no aptos para el ministerio», que rechazaran el tratamiento o que no admitieran el daño que habían hecho.

ROMA INTERVIENE

A fines de 1989 los representantes de la Conferencia Nacional de Obispos Católicos (NCCB por sus siglas en inglés) iniciaron discusiones con la curia romana sobre una manera más rápida de secularizar a los pedófilos sin contravenir el derecho canónico. Siguiendo los lineamientos de Doyle, los obispos querían realizar su propio proceso administrativo a fin de evitar la larga espera para una intervención papal.[20] Esta solicitud suscitó de un acalorado debate en varias congregaciones del Vaticano, cuyos prefectos funcionan de manera similar a los jefes de gabinete de un gobierno. participaron en el debate las congregaciones para el Clero, los Obispos y la Doctrina de la Fe, así como el Consejo para la Interpretación de Textos Legislativos.

—La opinión que parecían compartir era que lo que proponían los obispos no era la solución adecuada —dijo el padre X, un abogado canónico de Roma que participó en las reuniones y habló con Berry a condición de conservar el anonimato.[21] Lo recibió en una austera sala de conferencias en un viejo edificio—. Buscaban normas especiales sin proponer legislación. La Santa Sede decía: "Tenemos normas que llevan mucho tiempo de existir. ¡Aplíquenlas!" Los obispos estadounidenses daban la impresión de no contar con los medios adecuados para atender estos casos.

El papa puede detener o dar por terminado un proceso canónico en cualquier momento.

Las normas, o reglas, establecían la celebración de juicios penales para determinar si se podía o no despojar a un hombre del rango de sacerdote. En estos tribunales, el acusado no se enfrenta con sus acusadores ante un jurado. El código especifica que debe guardarse el secreto para proteger la reputación del acusado. Los canonistas hacen declaraciones en nombre de las víctimas ante el juez o jueces, casi siempre un obispo o varios canonistas. Otro abogado canónico, para el sacerdote, presenta la defensa. No hay repreguntas encarnizadas ni un veredicto que pueda desacreditar a un testigo. Un rasgo que los procedimientos sí comparten con las causas civiles es que pueden durar años. A muchos obispos los juicios penales les parecían arcaicos. «El culpable de una violación no está exento de pena», señala el canon 1324, pero «[puede] imponerse una penitencia en su lugar si la ofensa fue cometida por... alguien que no tenía pleno uso de razón».[22]

—¿Qué opina del informe de 1985 hecho por Doyle y sus colaboradores?

—Ése era un documento para los obispos de Estados Unidos —dijo terminante, dando a entender que no podía aplicarse de manera universal.

Según él, el origen de la crisis se dio en los años sesenta:

—Fue un momento de desilusión con la autoridad. Durante todo el Concilio Vaticano II hubo una preocupación por lo que se cambiaría para que el código fuera más útil. Muchos obispos aceptaron el cambio. —El padre cruzó los brazos como un maestro impaciente—. Veían el derecho canónico como algo menos aplicable. Era una actitud social antinómica, contraria a la ley, que cristalizó en la reacción de la jerarquía estadounidense a la *Humanae Vitae* [la encíclica de 1968 que condenaba los anticonceptivos artificiales].

He ahí una mirada a través del lente del Vaticano: los obispos que no estaban dispuestos a predicar en contra de los métodos de control de la natalidad habían traicionado el derecho canónico. Desde los métodos artificiales de anticoncepción hasta los sacerdotes pedófilos, todo se consideraba una oscura consecuencia del disenso.

El padre X estaba consciente de las preocupaciones de los estadounidenses en 1989 por las grandes pérdidas monetarias de la Iglesia. Parafraseó a los obispos:

—Las normas no son adecuadas. Los retrasos están causando un daño aún mayor: necesitamos estas excepciones porque no contamos con personal calificado para aplicar los procedimientos penales del código. —El padre levantó las cejas, ¡como si en Estados Unidos no hubiera abogados canónicos con la capacitación apropiada!— La reacción de la Santa Sede al daño financiero fue considerar esto. Había mayor preocupación de que el escándalo socavara la obra de la Iglesia. ¿En cuántos casos se aplicaron los procedimientos penales? En ninguno.

Se inclinó hacia adelante, con una mirada intensa en los ojos.

—Estados Unidos tiene el mayor sistema de tribunales del mundo. Decir que la gente no está calificada es evadir la cuestión. Los tribunales estadounidenses violaron de manera *inaudita,* terriblemente, las anulaciones matrimoniales.

—¿Qué tienen que ver las anulaciones matrimoniales con los pedófilos? —preguntó Jason Berry.

—Había una razón muy válida para no conceder normas especiales respecto a los pedófilos —explicó. En los años setenta, cuando se multiplicaban los divorcios, el Vaticano había permitido ciertas excepciones al código en Estados Unidos para facilitar las anulaciones—. Se esperaba que estas normas se incorporaran al código. En vez de eso, ocurrió lo contrario… ¡Se volvieron más laxos con las anulaciones! —dijo exasperado.

»Se necesitan dos decisiones en el mismo sentido en los tribunales para concluir una causa de anulación —continuó—. En Estados Unidos la conferencia episcopal tenía una *máquina* que firmaba las dispensas [para el matrimonio]. Esto fue muy criticado en Roma por diversos demandados, abogados canónicos y un amplio espectro de gente dentro de la Iglesia.»

Un ex cónyuge puede apelar contra la decisión de anulación de un tribunal ante la Rota, una corte de apelaciones del Vaticano. El sistema está pensado para impedir que un matrimonio se disuelva por causas triviales.

—La experiencia con los obispos estadounidenses suscitó una resistencia a las normas especiales para los pedófilos —continuó el padre X—. *Sabemos lo que han hecho con las normas especiales sobre anulaciones. ¿Qué van a hacer con los casos de pedofilia?*

Hablaba como si estuviera dirigiéndose a los obispos:

—En 1989, la actitud aquí en la Santa Sede era: ya que ustedes tienen disposiciones legales, ¡úsenlas!

La realidad al otro lado del Atlántico era muy diferente. Diócesis tras diócesis, los obispos se enfrentaban con *muchos* pedófilos y costosas batallas en juicios civiles, y en su afán por impedir que los sacerdotes fueran a la cárcel, estaban renuentes a iniciar procesos canónicos secretos. Los juicios penales se llevaban tiempo, con tácticas dilatorias que podían impedir a un obispo hacer una solicitud rápida al papa. Además, el juicio secreto no tenía nada de secreto: todo estaba sujeto a una orden de presentación de pruebas por parte del fiscal o del abogado demandante. ¿Qué sucedía si el canonista del sacerdote ganaba y frustraba los intentos de un obispo por secularizar al acusado? El obispo se quedaba impotente con un infractor sexual en sus manos. Podía destituirlo, pero ¿luego qué? Según algunos canonistas, los juicios penales limitaban las posibilidades de los obispos. Un conocedor del código, el obispo A. James Quinn, de Ohio, declaró en un juicio civil en 1995: «Si es cierto que la pedofilia es una discapacidad, entonces impediría un castigo como la reducción al estado laico. Así que los obispos se han enfrentado con el problema...»[23]

La negativa del Vaticano a acelerar un proceso de expulsión para los delincuentes sexuales fue otra señal del abismo que separaba al papa Juan Pablo II de los obispos de Estados Unidos, Irlanda y Australia cuando surgieron los escándalos. Las solicitudes de hombres que voluntariamente pedían dejar el sacerdocio, casi siempre para casarse, con frecuencia esperaban años antes de obtener la firma del papa. Peter Hebblethwaite, un respetado corresponsal en el Vaticano, al evaluar las Normas para la Secularización de 1980, escribió que al Papa esas solicitudes le parecían «una desgracia y una confesión de fracaso. El procedimiento se ha hecho lo más difícil posible... El sacerdote modelo de Juan Pablo II es hombre, célibe, comprometido de por vida, se viste de negro, es dócil, entregado a la oración; si es necesario, heroico; santo, y apolítico».[24]

La idea del Papa sobre el servicio sacerdotal se había forjado en la lucha titánica entre Polonia y el comunismo del bloque soviético; los sacerdotes, como caballeros, se jugaban la vida y sus pecados les serían perdonados. Esta idea no tenía validez en el caso de un sociópata como Gauthe, o para Shanley, de Boston, que a principios de los años noventa dirigía un centro recreativo sexual en la costa oeste, estaba semirretirado, recibía una pensión y seguía siendo sacerdote gracias a la generosidad del cardenal Law. Un juicio penal contra Shanley habría tenido sentido.

UNA NUEVA ARENA

Conforme crecía el contacto de Doyle con las víctimas y los periodistas, los abogados demandantes empezaron a llamarlo. Que un abogado canónico asistiera a un abogado en una *demanda contra la Iglesia católica* era un cambio radical. Los cánones se basan en la premisa de que el papa es la autoridad final. Doyle, a quien ya no hacían caso los cardenales del Vaticano, que había sido descalificado por Laghi y atacado por Quinn, estaba reescribiendo las condiciones de su sacerdocio. No le cabía la menor duda de que Jesús estaría del lado de los sobrevivientes del abuso sexual de niños. Hombre pragmático, creía en la necesidad de reparar un sistema descompuesto. Cristo dijo: «Al César lo que es del César». Si el César tenía los medios para erradicar la corrupción de la Iglesia, a Doyle no le quedaba duda de que Jesús lo sostendría si se inclinaba hacia ese lado.

Jeffrey R. Anderson, de St. Paul, se encontraba litigando contra tres diócesis de Minnesota por las víctimas de Tom Adamson. Era el caso que más tiempo le había llevado. Sufragó él mismo los costos de investigación. Si los casos se finiquitaban con una compensación monetaria o se ganaban en el tribunal con un veredicto, él cobraba una tercera parte de lo que pagaban la Iglesia y sus compañías de seguros, más sus gastos. Si perdía, perdía en grande. Jeff Anderson tenía la particularidad de ser extravagante y bravucón. Miembro de la Unión Estadounidense de Libertades Civiles, era políticamente lo opuesto de Doyle.

En la primavera de 1988 Doyle había mudado 2 500 kilos de libros a su nueva casa en la Base Grissom de la Fuerza Aérea, en Peru, Indiana. Su computadora estaba instalada. Empezaba a conocer a los parroquianos y por la noche hablaba por teléfono con víctimas de abuso. No colgó cuando llamó Jeff Anderson.

—Hay un sacerdote de Minnesota llamado Tom Adamson. Sabían que era un delincuente sexual, lo cambiaron de lugar y me mintieron sobre el asunto.[25]

—Le tengo noticias —contestó Doyle—. Eso es muy común.

Y le habló del caso de Gauthe en Luisiana, del que Anderson tenía muy poca información. El parecido era sorprendente. ¡Doyle había visto eso desde dentro!

—¿Está dispuesto a testificar sobre eso? —preguntó Anderson.

—Sí, claro.

Unos días después Jeff Anderson abrió un sobre del capellán de Indiana y dentro encontró el manual de noventa y dos páginas elaborado por Doyle, Peterson y Mouton. Anderson lo leyó con avidez, asombrado ante lo mucho que sabían sobre un campo tan complejo, *y todo desde dentro*. El abogado estaba reuniendo mediante órdenes judiciales documentos de las diócesis de Minnesota que habían transferido al sacerdote de parroquia en parroquia, mientras éste dejaba una estela de niños agredidos sexualmente. Lo último que sus adversarios legales querían era un juicio publicitado. Anderson comprendía cuántas cosas estaban en juego. El documento de Doyle indicaba que el desastre humano que él había vislumbrado en Minnesota tenía dimensiones nacionales. La mayoría de las víctimas sexuales de Adamson se habían convertido en hombres con vidas marcadas por las drogas, la adicción sexual, relaciones fracasadas, encuentros con la policía: eran los heridos vivientes.

Contar con el padre Doyle como testigo resultó una gran ventaja para Anderson. Los abogados defensores sabían que era un testigo empapado del funcionamiento interno de la Iglesia. Anderson negoció una indemnización de 550 mil dólares, en promedio, para cada una de las primeras doce víctimas de Adamson. Entonces empezó a recibir llamadas de más víctimas. Al extenderse la noticia de los acuerdos, encontró casos similares en otros estados. Llegó a ser el abogado demandante más destacado en su ramo, y cuando se empezó a hablar de los escándalos en las noticias, le llovieron solicitudes de entrevistas para la prensa escrita y la televisión.

Anderson estaba conmovido por la compasión de Tom Doyle, y el tiempo que dedicaba a hablar con las víctimas. Agnóstico, el abogado le preguntó a Doyle cómo era capaz de separar sus creencias espirituales de la corrupción institucional.

—Busco la luz —le respondió el sacerdote.

Tras incontables llamadas telefónicas y muchísima correspondencia, Anderson se dio cuenta de que Doyle no le enviaba su recibo de honorarios y le preguntó al respecto.

—Es una donación —explicó el religioso sin darle importancia. Como dominico, había hecho un voto de pobreza. Como capitán de la Fuerza Aérea, percibía un salario, y no tenía que pagar una hipoteca ni mantener una familia.

«Le pagué diez mil dólares por esos primeros casos —dice Anderson—. Un experto de nivel comparable en un litigio complejo hubiera exigido un millón.»

Otros abogados empezaron a buscar sus servicios y Doyle se vio obligado a pensar en el dinero. Decidió cobrar sumas modestas que le permitieran dar apoyo financiero a las víctimas que no podían demandar porque el delito había prescrito. En el transcurso de los años noventa entregó alrededor de 100 mil dólares a esas personas. También abrió una cuenta para ayudar a sus sobrinas a pagarse los estudios universitarios.

«Tom regala su dinero», dijo la abogada Sylvia Demarest, de Dallas. «Es asombroso.»[26]

ALCANCE GEOGRÁFICO

Durante la reunión regional de la Sociedad de Derecho Canónico en Columbus, Ohio, el 23 de abril de 1990, el obispo A. James Quinn habló sobre la pedofilia. En los comentarios grabados propuso que se mantuviera un archivo. El derecho canónico dispone la creación de un archivo secreto en el que un obispo pueda guardar la información más delicada. «Las cartas sin firmar que denuncien conductas indebidas deben suprimirse», expresó. «Los expedientes normales de personal no deben contener documentos relacionados con posibles conductas delictivas. Los asuntos morales serios y las acusaciones firmadas deben formar parte del archivo secreto. Pero son exigibles por el tribunal… revisen sus archivos.»

Entonces vino el mayor golpe: «Los expedientes que un tribunal haya exigido no pueden modificarse, destruirse ni eliminarse: eso constituye obstrucción de la justicia y desacato al tribunal. Sin embargo, antes de hacer nada hay que reflexionar bien si se considera necesario. Si hay algo que realmente no deseen que vea la gente, podrían enviarlo al delegado apostólico, porque él tiene inmunidad para proteger algo que pueda resultar peligroso.»

Al aconsejar a los abogados canónicos que enviaran a la embajada del Vaticano los archivos que realmente no desearan que viera la gente, Quinn daba instrucciones de abusar de la inmunidad diplomática y contradecía la advertencia escrita de Doyle de 1985, en la que pedía no involucrar a la Santa Sede en las disputas judiciales de Estados Unidos. En una breve entrevista telefónica con Berry para un artículo del *Plain Dealer,* Quinn evadió responder si había violado la separación constitucional entre la Iglesia y el Estado y dijo secamente: «Le sugiero que piense en eso».[27]

Doyle le escribió al reverendo Francis G. Morrisey, eminente abogado canónico de Ottawa, Canadá, para expresarle sus preocupaciones sobre Quinn. Morrisey respondió el 12 de julio de 1990: «En varios países se ha aceptado que la nunciatura conserve documentos "en depósito". Aquí han estado bastante dispuestos a guardar cosas de los obispos. Sin embargo, una vez iniciado un juicio civil, esto no sería aceptable, e incluso podría ser un delito.»

Mientras Morrisey le escribía a Doyle, una comisión eclesiástica especial en Terranova investigaba el orfanato de Mount Cashel, en el puerto de Saint John's, que se había convertido en tema de varias audiencias judiciales televisadas a todo Canadá. El orfanato era administrado por los Hermanos Cristianos Irlandeses. Nueve hermanos (dos de ellos eran amantes) habían sodomizado, azotado, asediado y sometido a otras humillaciones a por lo menos treinta niños durante más de dos décadas. Era una banda de pedófilos y homosexuales sadomasoquistas que incluía a cinco hombres de la ciudad que se habían criado en el orfanato y regresaron para abusar de los niños que entraban.[28] Los Hermanos Cristianos Irlandeses, una orden de educadores, se vio en un torbellino de pleitos judiciales en Canadá, Irlanda y Australia por hábitos de abuso que datan de principios del siglo xx.

«Va mucho más allá del abuso de menores», dijo Morrisey en una carta a Doyle.

> Me pregunto si lo que está en juego no será el estilo de vida del clero. Hay momentos en que siento que todo nuestro sistema es «corrupto» en el sentido de que a veces parece estar basado más en luchas de poder que en los valores del evangelio… Estoy consciente de que el cardenal Ratzinger *et al.* quizá vean las cosas de otra manera. Creo que tendremos que replantear toda nuestra estructura, pero hoy en día nadie parece estar dispuesto a dar la cara.

Morrisey, un mentor de Doyle, veía una decadencia del sistema, al igual que Barry M. Coldrey, un académico australiano y miembro de los Hermanos Cristianos, que escribió un estudio interno para la orden a raíz de unas denuncias contra orfanatos en Australia. En 1994 Coldrey pasó seis semanas en Roma investigando los archivos de los Hermanos Cristianos antes de entregar su documento al hermano Colm Keating, el superior general. «No se alegró de que se hubiera escrito, pero me trató con decencia», dice el hermano Coldrey. «Lo discutí en detalle con él y con su ayudante.»[29] Con el tiempo, agrega, «se puede decir que me marginaron… Hubo muchos pleitos y berrinches sobre lo que estaba haciendo». El religioso calcula que diez por ciento de los cuatro mil miembros de la orden en el mundo abusaban de menores. En un libro sobre el problema en general, Coldrey escribió: «El abuso sexual de menores, y la infidelidad clerical generalizada hacia el voto de castidad ha sido el lado oscuro de la antigua Iglesia irlandesa y australiana de clase trabajadora, encubierto durante muchos años por lealtades tribales.». Continúa:

Una red sexual es un pequeño grupo o círculo de sacerdotes, hermanos o trabajadores laicos que viven en desacuerdo con su voto de castidad: parejas o tríos que se apoyan mutuamente a través del silencio y el encubrimiento. Un submundo sexual es un grupo mayor y más amorfo dentro de una diócesis o congregación religiosa, en el cual hay un número importante de personas que no cumplen con sus votos (o que no lo han hecho durante algún tiempo en el pasado) y que cooperan entre sí para ocultar las actividades sexuales de los demás… [Aquellos] que abusan de menores y cometen delitos han podido esconderse dentro de un submundo favorable formado por otros clérigos y empleados de la Iglesia que sólo violan sus votos teniendo relaciones heterosexuales u homosexuales con adultos que lo consienten… Comparten una posibilidad tácita de chantaje mutuo.[30]

El término «submundo sexual» ofrece otro punto de vista sobre los juicios penales secretos.

Cuando un sacerdote acusado conoce el pasado sexual de quienes podrían enjuiciarlo, ¿puede ser eficaz el juicio? En Roma nunca se pensó que este submundo patológico quedaría al descubierto en países con derecho consuetudinario —Australia, Estados Unidos e Irlanda— en los años noventa. La curia y los obispos querían ver este comportamiento como un pecado, una flaqueza humana. Cuando se aplicaba el derecho canónico, no era para reparar el gran daño causado a los niños.

4

Tiempo de solidaridad

La odisea de Tom Doyle lo llevó desde Indiana, con un fondo de óperas de Verdi en el reproductor de cintas, hasta un departamento en un suburbio de Chicago. Allí se reunía con regularidad con un grupo de víctimas que organizaba un movimiento contra los obispos. Doyle no sabía bien a dónde llegarían, pero quería expresar su solidaridad y aprender.

Mientras tanto, a fines de 1989, Charles Sennott, del *New York Post,* informó que al reverendo Bruce Ritter, fundador de la Covenant House (un hogar para jóvenes que huían de su casa) lo acusaban de abuso sexual varios jóvenes que habían asistido a su programa. Muchos neoyorquinos influyentes estaban atónitos. Aquello no correspondía con la imagen que tenían del padre Bruce, al que Ronald Reagan designó héroe nacional.[1] A raíz de una intensa cobertura del *New York Times,* el cardenal John O'Connor presionó a Ritter para que renunciara. El fiscal de distrito de Manhattan decidió no proceder porque los acusadores ya no eran adolescentes. Ritter escribió a los obispos en busca de un puesto en el que pudiera administrar los sacramentos, pero ya lo consideraban una pérdida irremediable. El Vaticano, por medio de la Congregación para el Clero, le dio permiso para trabajar en la India, donde un obispo accedió a recibirlo, pero las autoridades estatales no le permitieron irse. Sennott, que llegaría a ser corresponsal del *Boston Globe* en el extranjero, averiguó que la orden franciscana de Ritter había hecho caso omiso de unas quejas contra él en 1983 y que un sacerdote que había comunicado tres acusaciones a la arquidiócesis recibió la orden de callarse.[2] Una investigación de las irregularidades financieras de la Covenant House hizo necesaria una auditoría.

Cuando el humo del escándalo de Ritter empezaba a disiparse, el *Times* trató el tema del abuso sexual en el clero como un asunto marginal. Ritter se ajustaba a un gusto periodístico de la época posterior a Watergate: poner al descubierto la doble vida de una figura pública. En 1989 el *Washington Post* inició una serie de reportajes sobre el extravagante George Stallings, que renunció al sacerdocio antes que acatar la solicitud del cardenal Hickey de ingresar en una institución de tratamiento tras haber sido acusado de abuso sexual por unos ex monaguillos. Tampoco a él lo enjuiciaron jamás. Stallings fundó su propia religión, con tambores, danzas e inspiradores sermones que suscitaron la burla de Morley Safer, del programa *60 Minutes*.

Stallings y Ritter eran síntomas de una cultura eclesiástica enloquecida, pero no resultaron ser más que figuras efímeras en un desfile de celebridades caídas. La cobertura del abuso sexual por parte del clero en los principales periódicos de la costa este se caracterizó más por una reacción a los hechos que por un trabajo de investigación bien planeado. Los programas televisivos de entrevistas de Phil Donahue y Geraldo Rivera iban a la cabeza en la cobertura del asunto.

En 1992 los principales medios dieron amplia cobertura a las revelaciones sobre el ex sacerdote James Porter, de Fall River, Massachusetts. Las décadas de abuso de Porter salieron a la luz en una conversación telefónica grabada por Frank Fitzpatrick, de quien había abusado cuando era niño. A la revelación siguió un alud de reportajes y demandas. El cardenal Law condenó a los medios, en especial al *Boston Globe*. También anunció una política para ayudar a las víctimas y destituir a los delincuentes. Pero como la ley de Massachusetts exime a los sacerdotes de informar sobre acusaciones de abuso, Law debía responderse a sí mismo. Porter, casado y con hijos en Minnesota, fue extraditado a Massachusetts y encarcelado. Sus delitos no prescribieron porque había salido del estado cuando algunas de sus víctimas eran menores de edad. Los Caballeros de Malta, una organización de católicos laicos, ayudó a la diócesis de Fall River a proporcionar los fondos para la indemnización monetaria de las víctimas.[3] El trabajo del abogado Eric Mac Leish en los casos de Porter lo colocó en un camino que años después lo llevaría a un enfrentamiento con el cardenal Law sobre casos ocurridos en Boston.

Los abogados defensores normalmente negociaban acuerdos en que se intercambiaba dinero por silencio.[4] El dinero por sí solo no explica por qué la cobertura de los medios disminuyó a principios de los años noventa. «Al principio, el problema de este caso era el simple escepticismo de que la jerarquía de una Iglesia que ha hecho tanto bien al mundo pudiera condonar algo tan horrible», escribió Carl Cannon.[5] El revuelo pasajero de un Stallings o un Ritter, un programa de entrevistas o un reportaje sobre los malos sacerdotes no era nada comparado con la historia épica iniciada en 1989 con la caída del muro de Berlín y el resquebrajamiento del imperio soviético ante las cámaras de televisión. Juan Pablo II se alcanzó un lugar muy destacado en el escenario mundial por sus conmovedores discursos sobre derechos humanos y su apoyo a Solidaridad en Polonia. Como dijo Mijaíl Gorbachov a un biógrafo papal, Johathan Kwitney: «Todo lo que ocurrió en Europa Oriental en años recientes habría sido imposible sin el Papa, sin el papel político que logró desempeñar».[6] Comentario que distaba mucho de la famosa y cínica expresión de Stalin: «¿Cuántas divisiones tiene el Papa?».

Cuando los países del bloque oriental empezaron a lanzarse hacia la democracia, el Papa, como un personaje intemporal, criticó el excesivo materialismo de Occidente. Rara vez en la historia un pontífice católico había abarcado la política y la religión con tanta gracia como Juan Pablo II en tiempos tan agitados. No obstante, las encuestas mostraban una profunda división entre la simpatía de los católicos por el Papa y su rechazo a las enseñanzas de la Iglesia en lo referente al control de la natalidad y otros temas sexuales.

La estatura de Juan Pablo II fue un importante factor disuasivo para que los periódicos investigaran a fondo los casos de abuso sexual en el clero. Law, O'Connor y decenas de obispos más tenían cosas horribles que ocultar; la estrategia de los grandes abogados defensores, en la medida de lo posible, era pagar a las víctimas por su silencio y sellar los archivos. La mayoría de las víctimas, embargadas de sufrimiento, sentían alivio de recibir una indemnización. Algunas no deseaban ninguna publicidad. Sin embargo, saber que el cura abusador no sería enjuiciado dejaba grandes asignaturas pendientes, como el papel de los obispos como jueces de facto al permitir que el sacerdote siguiera trabajando. Los abogados defensores esperaban que las indemnizaciones evitaran demandas de otras víctimas. Los abogados demandantes buscaban el mejor acuerdo para sus clientes, sobre todo si tenían más demandas pendientes o si la prescripción del delito prometía poco para algún cliente seriamente traumatizado.

Para las víctimas, la Iglesia que les prometía un camino a la salvación los había traicionado por partida doble: primero de niños, al sufrir la agresión sexual, y luego de adultos, al ver que los obispos o los superiores religiosos actuaban como abogados. El dinero sirvió para silenciarlos. Como el derecho canónico obligaba al sacerdote a no revelar jamás lo que los fieles le decían en confesión, los acuerdos sellados dejaban a las víctimas amordazadas, sin poder decir nada sobre el clérigo.

Muchos casos *sí fueron* denunciados a principios de los años noventa, lo cual abrió los ojos de los abogados litigantes sobre el aspecto delictivo de la cultura eclesiástica. Las víctimas que recibían una terapia oportuna tenían más probabilidades de lograr una vida equilibrada. «El primer paso es pasar de víctima a sobreviviente», dijo una mujer de Minnesota. «Ahora estoy más allá de la etapa de superviviente y me considero una defensora de otros que sufrieron abusos y que siguen en silencio.»[7] Éste era el lenguaje de una conciencia naciente en Irlanda, Canadá y Australia sobre la corrupción de la jerarquía eclesiástica, aunque tardaría años en llegar a la opinión pública. En Estados Unidos, el movimiento empezó gracias al esfuerzo de dos mujeres cuyas vidas se cruzaron con la de Tom Doyle.

Las primeras reuniones a las que Doyle asistió fueron en casa de una mujer llamada Jeanne Miller. Se centraban en la documentación de casos, la formación de una organización y la presión sobre los medios. La mayoría de los sobrevivientes, en busca de un vocabulario para hablar de una verdad que iba más allá de la vergüenza, nunca habían imaginado que asistirían a tales reuniones. La justicia se había vuelto el tema de sus vidas.

UNA PACIFISTA EN PIE DE GUERRA

Barbara Blaine vivía en la St. Elizabeth Catholic Worker House. El espacioso edificio, en la calle S. Honore, había sido convento, y representaba una época en que la zona sur de Chicago era mayoritariamente blanca y el personal de las escuelas parroquiales estaba compuesto por monjas. Ya no había religiosas. La mayoría de los irlandeses, italianos y polacos que vivían allí se habían mudado a barrios más opulentos, y la población negra ocupó la zona. Los asistentes a misa fueron disminuyendo y la arquidiócesis vendió la iglesia a una parroquia protestante negra. El cardenal Bernardin autorizó a la Catholic Worker House para utilizar el convento.

El movimiento Worker, fundado en Nueva York por Dorothy Day (ahora en proceso de canonización), sigue una doctrina de convivencia y trabajo con los pobres. El convento era un refugio para personas sin hogar, y sus habitantes, o huéspedes, como se les llamaba, eran aproximadamente una docena de mujeres negras y el doble de niños. Blaine, nacida el 6 de julio de 1956, se crió en Toledo, Ohio, en el seno de una familia católica numerosa. En el otoño de 1969, cuando tenía trece años, el espíritu del Concilio Vaticano II se difundió en su parroquia. Con sueños de hacerse monja, Barbara ayudaba a preparar el altar para la misa. Su padre, presidente del nuevo consejo parroquial, le decía en broma que sería la primera sacerdotisa. Un joven párroco auxiliar, Chet Warren, de vez en cuando la llevaba a casa en su coche. Un domingo la invitó a quedarse a comer en la casa parroquial. Emocionada, cenó con los sacerdotes mostrando sus mejores modales. Al terminar la comida, los religiosos se retiraron, excepto el padre Chet, que cerró las cortinas y empezó a besarla. Halagada y confundida, ella se puso a temblar. Años después escribió:

Me hizo prometerle que no se lo diría a nadie, porque en caso contrario lo meterían en la cárcel y ya no podría ser sacerdote… Como sabía que yo quería ser monja, me propuso que viviéramos nuestra vida en la tierra comprometidos el uno con el otro para casarnos en el cielo. Desde ese día en adelante mi vida cambió drásticamente. Mi niñez parecía haber terminado, y empecé a sentirme como adulta, pero no cualquier adulta, sino como una provocadora malvada, barata y sucia. Precisamente lo que me habían enseñado a no hacer me lo habían hecho a mí. Me sentía tan culpable que no podía comer ni dormir. ¡Había hecho pecar a un padre bueno y santo![8]

Blaine, educada para idealizar la virginidad, no tenía el vocabulario que necesitaba para resistirse. No podía verbalizar lo que le hacían las manos y la boca del sacerdote. En aquellos días no había adiestramiento para prevenir abusos en las escuelas, en los medios ni en muchas familias. Barbara se distanció de su hermana gemela. Se confesó. Warren dijo que él también se había confesado, pero siguió besándola y tocándola durante el bachillerato de ella. Las migrañas la hicieron terminar en el hospital, donde Warren también la tocaba. Sus calificaciones bajaron. En un retiro en su último año por fin se lo dijo a otro sacerdote. «Jesús te ama y puede perdonarte lo que sea», le dijo éste. Barbara rompió con Warren. Él se rió y le dijo: «No puedes escapar de mí», pero ella nunca volvió a permitirle que la tocara.

El sacerdote que escuchó su confesión quedó en su pasado, anónimo. Chet Warren también desapareció cuando ella partió a la Universidad de San Luis, Missouri. Para Barbara era difícil confiar en los hombres. Obtuvo un grado de maestría en trabajo social. Con una espiritualidad inspirada en el Sermón de la Montaña —«Bienaventurados los pobres de espíritu, porque de ellos es el reino de los cielos»—, se incorporó a Catholic Worker. «Al animar a las mujeres sin hogar a que lucharan por tener algo mejor y aprovechar la vida al máximo, descubrí que mis palabras también iban dirigidas a mí. La gente que mostraba sus heridas me hacía enfrentarme con las mías.»[9]

Se estremeció al leer sobre sacerdotes pedófilos en el *National Catholic Reporter* del 7 de junio de 1985. *No estoy sola,* pensó. Las migrañas volvieron junto con pesadillas y recuerdos. Un día, mientras conducía, la acometió un acceso de rabia. Lo único que veía era la cara de Chet. No se dio cuenta de un semáforo en rojo y chocó con otro auto. Conmocionada, comprendió que necesitaba ayuda. Regresó a Toledo y se enfrentó con Chet:

—¡Abusaste de mí! ¡Tú tienes la culpa!

Le dije que ahora necesitaba su ayuda para sanar de lo que me había hecho. Se disculpó una y otra vez. Dijo que olvidara esa parte de mi vida, que era una santa al vivir como voluntaria católica, que él nunca sería tan fiel ni tan comprometido, y que yo debía olvidar que se había cruzado en mi vida. [Yo dije:] que muy bien, pero que no funcionaría… que haría lo que fuera necesario para sanar.

A la semana siguiente recibí una carta suya diciendo que le había dado mucho gusto verme y que se alegraba de que me estuviera yendo tan bien en Chicago.[10]

Blaine acudió a la orden de Warren, los Oblatos de San Francisco de Sales, consternada ante la posibilidad de que estuviera abusando de niños, pero no quería que lo detuvieran. Vivía en la pobreza como Dorothy Day, no estaba dispuesta a demandar a la Iglesia y, aunque lo hiciera, no concebía a Warren viviendo de otra manera. El provincial de los Oblatos, el reverendo Paul Grehl, accedió a que tuvieran una charla terapéutica. El 7 de enero de 1986 Blaine y una amiga, Grehl y Warren acudieron a la psicóloga Mary Morgillo. Blaine expresó su deseo de que ambos sanaran. Warren primero negó sus acusaciones, pero, presionado por Morgillo, las admitió. Barbara agregó que le dolía oír misa porque todos los sacerdotes le recordaban a Warren. ¿Cuántos religiosos abusaban de niños? Habló de su ira y de que pensaba que su cuerpo era malo, sucio y feo: la causa de que Chet y ella hubieran pecado. ¿Qué pensaba *él* de haber arruinado el estrecho lazo que ella tenía con su hermana? Warren, destrozado, se disculpó y accedió a tener más sesiones con Blaine y la terapeuta.

Después de una segunda reunión, Chet Warren desistió. El padre Grehl mandó decir que lo apoyaba porque las confrontaciones lo estaban enfermando. Como Blaine amenazó con hacer pública la situación, Warren acudió a otra sesión. Es común que estos hombres se hagan las víctimas cuando se les echan en cara sus delitos. Las mujeres le dijeron a Warren que debía dejar de sentir autocompasión. Terminaron acordando que Blaine recibiría tres sesiones de terapia individual y después volverían a reunirse. Los Oblatos aceptaron pagarle la terapia.

Chet Warren nunca volvió. Las llamadas de Blaine a los Oblatos no recibieron respuesta. Él siguió ejerciendo como sacerdote. Su comunidad lo protegía. Blaine creía que la culpaban a ella. Al ver que los Oblatos no estaban dispuestos a ceder, los hermanos y hermanas de Barbara escribieron cartas en su nombre al obispo, a la orden y a Warren. La familia se entrevistó con el obispo de Toledo, James Hoffman y luego con el padre Grehl. Los Oblatos aseguraron a la familia que Warren estaba en tratamiento. No dejó el ministerio.

S.N.A.P. y Linkup

En 1988 Barbara Blaine colocó un anuncio clasificado en el *National Catholic Reporter* solicitando a quien hubiera sido víctima de abuso por parte de un sacerdote que se pusiera en contacto con ella. En 1990 organizó una reunión de sobrevivientes en San Francisco. Asistieron treinta personas. Uno de los primeros boletines informativos de la Survivors' Network of Those Abused by Priests (Red de Sobrevivientes al Abuso de Sacerdotes; S.N.A.P. por sus siglas en inglés) explica:

> ¿Qué es S.N.A.P.?
> Somos una organización constituida enteramente por sobrevivientes al abuso sexual de sacerdotes. Nuestra meta es proporcionar herramientas de autoayuda, compartir recursos e información, y organizar una acción política conjunta para exigir a la Iglesia una mejor manera de abordar el problema de la conducta sexual abusiva de los sacerdotes.[11]

Blaine encontró un aliado en David Clohessy, que trabajaba en una empresa de consultoría política en San Luis. David y tres de sus hermanos habían sido víctimas de abuso de manera separada cuando eran adolescentes, por parte del pastor de su pueblo natal en Missouri, John Whiteley. David reprimió sus recuerdos. En 1988 vio la película *Nuts,* en la que Barbra Streisand encarna a una prostituta traumatizada por el abuso sexual que sufrió en su niñez. «Eso me pasó a mí», le dijo a su novia al salir de la película. Lloró cuando los recuerdos se le agolparon en la cabeza. Cuando se enfrentó con el sacerdote, éste dijo haber recibido tratamiento en la House of Affirmation: otra familia ya lo había denunciado al obispo. Clohessy le preguntó si había abusado de alguien más de su familia. Whiteley dijo que no quería violar la vida privada de nadie. Cuando David se lo dijo a su madre, ella reaccionó con horror. Whiteley había sido su huésped durante las vacaciones. Los otros hermanos confesaron lo que había sucedido. La familia estaba dividida ante la decisión de David de demandar a la Iglesia. Su hermano Kevin era sacerdote de la diócesis de Jefferson City y dejó de hablarle.[12]

En 1990, en la puerta de un hotel ende San Francisco,

rechazado por sus padres, empezó a llorar. Finalmente entró y conoció a Barbara Blaine y a una sala llena de personas con historias parecidas. Mientras un hombre contaba lo que le había sucedido, David Clohessy se quedó sorprendido. Gary Hayes era un sacerdote del que había abusado otro sacerdote, igual que su hermano.

Barbara Blaine leyó *Assault on Innocence,* una novela basada en la lucha de una familia con la arquidiócesis de Chicago.[13] Se puso en contacto con la autora, Jeanne Miller, que usaba el seudónimo de Hilary Stiles. Miller invitó a Blaine a incorporarse a un grupo similar al suyo: Victims of Clergy Abuse Linkup.

A principios de los años ochenta Jeanne, como ministra de la eucaristía en Arlington Heights, junto con su esposo, había suplicado a la oficina de Bernardin que retirara a Robert Mayer, un sacerdote que se había insinuado a su hijo. La Iglesia se negó. La pareja intentó quitar al sacerdote mediante una demanda y después de dos años no habían logrado avanzar por una serie de tácticas dilatorias que utilizó el abogado James Serritella. Cuando la Iglesia les ofreció 20 mil dólares para que desistieran, Mayer estaba en otra parroquia. Como se habían terminado sus ahorros, aceptaron el dinero y absorbieron otros 15 mil de costos legales. Su matrimonio se hundió con la presión. En 1990, Miller mantenía archivos sobre los sacerdotes e intercambiaba documentos con los abogados y noticias con periodistas. Ayudaba a personas que habían pasado por el agotador proceso legal y las reunió en su grupo, que llegó a conocerse simplemente como Linkup.

En su papel de pacifista radical, Barbara Blaine no tenía nada que ver con un hombre vestido con uniforme de la Fuerza Aérea. Pero en la sala de Miller se enteró de que Doyle era sacerdote. «Los obispos tienen la cabeza metida en la arena», dijo éste al grupo. «No entienden con qué se enfrentan.» Tras leer el informe del que era coautor, Barbara se le acercó junto con una inglesa que vivía en la Catholic Worker House y que también había sufrido el abuso de un sacerdote cuando era joven.

—Lo que les pasó fue terrible —dijo Doyle con una delicadeza que contrastaba con su aspecto de macho—. Como sacerdote, quiero que sepan que lo siento mucho. ¡Caramba!, eso no debía haberles pasado. De verdad lo siento mucho.[14]

El «caramba» hizo sonreír a Barbara Blaine.

Jeanne Miller quería estrechar la relación con el cardenal Bernardin con la esperanza de que adoptara una política pastoral. El grupo de Blaine, S.N.A.P., empezaba a tomar forma como una fuerza más agresiva en el enfrentamiento con obispos. La cobertura de los medios noticiosos era decisiva para ambos grupos. Cada vez que Blaine aparecía en televisión o cuando la citaban en la prensa, sonaba el teléfono de la Catholic Worker House y la gente preguntaba por S.N.A.P. con voz entrecortada.

El litigio interminable

En 1990 Doyle aceptó ayudar a una familia de Northbrook, un suburbio de Chicago. Los esposos, católicos conservadores, eran abogados. Una experiencia desgarradora con su único hijo los hizo acudir al abogado de la arquidiócesis, Jim Serritella. Querían que se despidiera al párroco y a la directora de la escuela. El párroco estaba demandado por acoso sexual y físico por la directora de una parroquia donde había trabajado antes. La pareja dijo que su hijo, a los siete años, había sufrido abuso sexual y físico a manos del pastor y la directora. Serritella ofreció negociar. La principal exigencia de la pareja era que el cardenal Bernardin creara un comité de revisión laico para lidiar con esos sacerdotes. La arquidiócesis se negó. Renuentemente, la pareja demandó a la Iglesia, al pastor y a la directora.

La arquidiócesis anunció de inmediato que se entablaría una contrademanda por difamación contra la pareja.

La familia se enfrentaba con otro obstáculo: el fiscal estatal del condado de Cook se negó a ir a juicio. Los tres interrogatorios a los que el fiscal ayudante sometió al niño lo habían traumatizado. «Creen que estoy diciendo mentiras», dijo llorando en los brazos de su padre. La pareja y el terapeuta del niño estaban indignados ante las ofensas verbales. Pero como los políticos católicos acaparaban la policía y el sistema judicial, no se procesaba a los sacerdotes por delitos sexuales. Ésa era la tradición en muchas de las grandes ciudades con profundas raíces católicas: si sorprendían al sacerdote en una redada o con un menor, el jefe de policía solía entregarlo al obispo para que lo disciplinara. Los policías llamaban a estos casos «de alzacuello».

Tom Doyle fue a cenar con la familia. Los esposos le parecieron personas decentes que se enfrentaban con un sistema cuya corrupción conocía demasiado bien. El niño fue amable, pero reservado. ¿Quién podía decir cómo actuaría de adulto? Doyle estaba molesto de que Bernardin dejara que los abogados decidieran sobre las políticas pastorales.

El 18 de febrero de 1991, en un testimonio de cargo, en favor de la familia, Doyle reveló que un canonista de Chicago le había dicho en 1987 que ante las acusaciones de abuso «la jerarquía cerraba filas». Se refería a Robert Mayer, el sacerdote al que Jeanne Miller había denunciado en 1983: «Empecé a enterarme de cosas sobre él a fines de los setenta, cuando yo trabajaba en la cancillería... El vicario general J. Richard Keating dirigió la investigación.» Un abogado de la Iglesia interrogó a Doyle:

—¿Qué más le dijo [Keating]?

—Pensaban que lo único que les interesaba a los padres era el dinero...

—En su opinión, ¿la investigación se estaba llevando de manera inapropiada?

—Sí.

—¿Por qué?

—Parecía haber muchas pruebas de la conducta indebida del sacerdote, muchas historias; se hablaba mucho.

—¿Rumores?

Constantemente. Tenía una amplia reputación entre los sacerdotes diocesanos y, como dije, lo transfirieron varias veces de una parroquia a otra.

Los parroquianos obreros de Mayer no sabían que Bernardin le había prohibido quedarse a solas con cualquier persona menor de veintiún años.

Andrew Greeley también había oído sobre la angustiada familia de Northbrook. De visita en su casa, Greeley los consideró buenos católicos que habían sufrido un agravio. Sintió la vieja rabia que había marcado su prolífica obra: la fe de los católicos laicos en contraste con los flagrantes delitos de la jerarquía.

Greeley dividía sus semestres entre la Universidad de Arizona en Tucson y la Universidad de Chicago, donde era una autoridad en sociología y utilizaba datos empíricos y encuestas para explicar a la Iglesia católica. Inspirado en la imaginación espiritual —cómo las imágenes mentales absorbidas en la fe dan forma a los valores y el comportamiento humanos—, había publicado docenas de libros e incontables artículos. Se desesperaba ante el gobierno de la Iglesia. También vertía sus ideas en un río de novelas, algunas de las cuales tenían escenas sexuales que enfurecían a los tradicionalistas. No obstante, había una veta romántica en toda su ficción: la reconciliación humana a la luz del amor de Dios. Greeley vivía en un departamento en el centro de Chicago y tenía una casa de verano en Michigan. (Como sacerdote diocesano, no tenía voto de pobreza.) Dentro de su círculo en Chicago oficiaba misa como invitado en las parroquias. Decía que su prolífica obra se debía «al celibato y a un trabajo arduo».[15]

Bernardin y sus obispos auxiliares mantenían una fría distancia con él. «Me pregunto si las obsesiones sexuales de los líderes de la Iglesia de hoy parecerán absurdas en el futuro», escribió Greeley en un periódico. «¡Qué horrible desorden hemos hecho del sacerdocio en los años que han seguido al concilio. Pésimo liderazgo: estúpido, venal, cobarde.»[16]

En su columna semanal en el *Sun-Times,* Greeley reprendió en 1986 a los obispos por «fingir creer que el problema [de la pedofilia] no existe».[17] En 1989 escribió sobre los comentarios de Serritella en la conferencia de River Forest: «Tener por enemigas a las familias que han sido víctimas de un sacerdote es perverso y condenable... Deberían despedirlo. Si el cardenal no está dispuesto a hacerlo, entonces Roma debería designar un obispo para ello».[18] No obstante, si alguien sabía que el Vaticano no intervendría, era Andy Greeley. La curia romana no había podido destituir al cardenal Cody, que seguía ejerciendo cuando murió. Al disminuir el escándalo sobre los abusos, los obispos se resistieron a los juicios secretos que proponía la curia, y el Vaticano permaneció pasivo.

Tom Doyle respetaba a Andy Greeley, pero apenas lo conocía. El capitán de la Fuerza Aérea se volvía más radical conforme aumentaba su percepción de la corrupción de la Iglesia mediante sus encuentros con sobrevivientes. Veía a Bernardin como un político del clero que prosperaba gracias a sus tratos con jerarcas desde Washington hasta Roma. Greeley, aunque en cierta forma era una persona externa, se ganaba el respeto de los obispos con sus escritos académicos y su influencia en los medios.

Greeley y Bernardin tuvieron un desacuerdo después de que un periodista novato consiguió las notas de Greeley para un libro sobre las elecciones papales de 1978.[19] Greeley había depositado los documentos en un archivo universitario de acceso restringido. Las notas indicaban que Greeley había tramado hacer que expulsaran a Cody e instalaran a Bernardin en su lugar. El sacerdote y el cardenal negaron ese complot.[20] Los resentimientos empeoraron cuando Roma ordenó a al cardenal hacer que un comité examinara el contenido erótico de las novelas de Greeley. Bernardin rechazó un donativo de un millón de dólares que Greeley pretendía hacer (tomado de las regalías de sus novelas) a las escuelas católicas de los barrios pobres. Bernardin rehusó enfrentarse con Greeley sobre las novelas, y dejó que el asunto se enfriara.

Greeley seguía considerando a Bernardin superior a la mayoría de los obispos y sabía que el bien común no radicaba en litigios absurdos, sino en una política para retirar a los sacerdotes infractores, asistir a las víctimas y mostrar integridad como Iglesia. Además de las columnas de Greeley, ni el *Sun-Times* ni el *Tribune,* más influyente, habían dado cobertura amplia al asunto. Después de un informe de Jason Berry sobre el caso de Northbrook el 24 de mayo de 1991 en el *Chicago Reader,* Greeley escribió otra columna. «Ninguna autoridad de la Iglesia estuvo dispuesta a hablar con el autor», denunció. «¿Acaso nadie le dice al cardenal que para el ciudadano promedio este silencio parece una admisión de culpabilidad? ¿No puede el cardenal quitar el caso de manos de los abogados e intervenir para terminar de una vez por todas con el sufrimiento de todos los interesados? ¿No puede desarrollar una política para que esta situación tenga pocas probabilidades de repetirse?».[21]

Eugene Kennedy, confidente de Bernardin, le había advertido que no confiara en Serritella. Pero a pesar del talento negociador de Bernardin con los obispos, no pudo cambiar la estrategia legal. Las columnas de Greeley sacudieron la reputación de este cardenal, que había recibido el Premio de la Paz Albert Einstein por su postura ante la guerra nuclear.

A fines del verano de 1991, la policía de Chicago, en respuesta a una llamada de un vecino, irrumpió en una casa parroquial donde Mayer —nueve años después de sus insinuaciones al hijo de Jeanne Miller— se asoleaba desnudo con un muchacho de catorce años y un joven de veintiuno. Bernardin acudió a la casa, sacó a Mayer y lo envió al Instituto St. Luke. Cuando lo supo Jeanne Miller, se lo dijo a Mary Ann Ahern, de WMAQ-TV, la cual presentó lo ocurrido en una serie sobre cuatro sacerdotes acusados de abuso de menores. Los feligreses de Mayer estaban furiosos. Bernardin ofreció una disculpa pública y envió ayudantes a enfriar los ánimos en la parroquia.

En una reunión parroquial, el obispo auxiliar Raymond Goedert no reconoció a Jeanne Miller, a quien había conocido años antes. La gente preguntaba sobre las acusaciones previas. Goedert habló de una «reacción exagerada de una madre» a «actitudes de juego… Sólo encontramos humo, pero no había fuego». Miller, con una grabadora, se maravilló de la facilidad del obispo para mentir. Una mujer se quejó de que Mayer, en una clase de educación sexual, habló a los niños sobre el *fisting*, una práctica sexual consistente en introducir el puño por el ano del amante. La queja incomodó a Goedert. Otros denunciaron que Mayer se había llevado a un niño a una cabaña de verano con un sacerdote que había estado seis meses preso por abuso de menores. «El padre Slade es de Joliet y no tiene nada que ver con la arquidiócesis de Chicago», respondió Goedert, ante la indignación de los asistentes.[22]

En la reunión de la siguiente noche, una jovencita de catorce años dijo con voz temblorosa que Mayer había abusado de ella. Inculparon al sacerdote de cuatro cargos de actividad sexual con un menor y el tribunal lo declaró culpable.

Greeley escribió una columna en la que solicitaba al fiscal estatal, Jack O'Malley, nombrar a un fiscal especial para que investigara a la arquidiócesis por obstrucción de la justicia. Bernardin necesitaba «una junta de revisión laica —que incluyera al menos un miembro de la familia de la víctima— para determinar si se debe reasignar a un sacerdote», agregó,[23] dando una voz a una exigencia que había planteado la pareja de Northbrook.

«Voy a hacer todo lo posible para garantizar que no se vuelva a cometer este error», anunció Bernardin. El «error» había hecho naufragar el matrimonio de Miller en un litigio con la arquidiócesis. Bernardin le habló por teléfono para ofrecerle disculpas y pedirle que se reunieran. Tal vez, pensó ella, había una oportunidad de arreglo. El cardenal la escuchó con atención, tomando notas. La mujer sabía que el prelado quería poner un alto al daño que ella causaba cada vez que hablaba en televisión. Uno de los católicos más adinerados de Chicago, por simpatía con la familia de Northbrook, había dejado de donar dinero a la Iglesia. Bernardin designó una comisión integrada por un obispo auxiliar y dos laicos destacados, que se encargaría de recomendar una política para la arquidiócesis.

También pidió a Miller que visitara el Centro Isaac Ray, donde se evaluaba a los sacerdotes problemáticos. Allí la mujer se enteró con sorpresa de que la arquidiócesis se negaba a permitir el uso del pletismógrafo peniano para determinar la existencia y la gravedad de un trastorno sexual. Al cardenal lo turbaban las imágenes, que podían hacer que los sacerdotes tuvieran un orgasmo. Bernardin le prometió reconsiderar su postura y también accedió a dar una charla en el primer congreso de Linkup, a mediados de octubre. En Pascua escribió: «Para entonces la comisión habrá terminado su trabajo. Confío en que podré hacer una presentación constructiva que afirmará sin lugar a dudas la intención de la arquidiócesis de enfrentar el problema de la manera más eficaz y responsable posible.»

En Northbrook la directora había renunciado, pero el sacerdote seguía en su puesto. Bernardin insistió en que a falta de acusación de un gran jurado, el sacerdote debía quedarse. Bernardin, hombre menudo y medio calvo con grandes gafas y acento sureño, tenía un trato amable. Sin embargo, a Miller le sorprendía su ambivalencia: su impulso por ayudar a las víctimas y sobrevivientes se veía limitado por las fuerzas legales empeñadas en defender a los sacerdotes. ¿Estaría evolucionando?

A Greeley la talla nacional de Bernardin le parecía un buen punto de partida para la reforma. El cardenal O'Connor, de Nueva York, estaba empeñado en la postura de la Iglesia sobre el aborto, que parecía un político republicano. Bernardin tenía el atractivo de un príncipe filósofo.

«El espectro de la vida toca los asuntos de la genética, el aborto, la pena capital, el armamento moderno y el cuidado de los enfermos terminales», había dicho. «Esta combinación de retos es lo que pide a gritos una ética consecuente de vida.»[24]

«En cierto sentido, tiene en sus manos el futuro del catolicismo estadounidense», comentó el *New York Times*. «No hay otro miembro de la jerarquía de este país al que observen más de cerca los líderes de la Iglesia, lo mismo aquí que en el extranjero.»[25]

Bernardin también fue blanco de ataques de los ultraconservadores, que lo despreciaban por haber apoyado al arzobispo de Seattle, Raymond Hunthausen, en una disputa con el Vaticano para que se le permitiera oficiar una misa en la catedral para el grupo homosexual Dignity, y por su supuesta permisividad en las anulaciones matrimoniales. El programa de educación para el sida de la arquidiócesis de Chicago también ponía a Bernardin en una posición vulnerable ante la derecha católica.

El cardenal dedicaba la cuarta parte de su tiempo a un escándalo de abuso y sufría ataques de los medios. En 1991, con un déficit de doce millones de dólares, la arquidiócesis destinó 1.9 millones a gastos por abusos del clero. Acusar formalmente a Mayer le convino al fiscal O'Malley, un republicano que quería reelegirse en el electorado demócrata del condado de Cook.

En 1992 los padres de otro niño acusaron al párroco de Northbrook, Robert Lutz. Se vieron arrastrados al litigio cuando la madre recibió una orden de testificar ante los abogados de la Iglesia luego de que el padre del primer niño reveló en su testimonio que había tenido conversaciones con ella. La interrogaron durante dos días. Los padres se negaron a permitir que el personal de O'Malley interrogara a su hijo, aunque permitieron que la policía de Northbrook y una persona designada por el fiscal observaran, desde otra habitación, cómo una trabajadora social entrevistaba al niño. La trabajadora le creyó al niño. Sus padres, conscientes del viacrucis que había vivido el primer niño, se negaron a permitir que la policía lo interrogara.

La segunda madre preguntó al padre Greeley si ella y su esposo podían reunirse con el cardenal Bernardin. Greeley aprovechó la oportunidad con la esperanza de que el contacto con los padres de familia convenciera a Bernardin de la conveniencia de evitar los pleitos legales, la ineficiencia policiaca y a la gente de O'Malley. Los padres del segundo niño (que no conocía al primero) suplicaron al cardenal que retirara a Lutz de sus funciones. Bernardin aceptó imponerle la «prohibición» de estar a solas con niños, como había hecho con Mayer tras la acusación formal. Sin embargo, el padre Lutz proclamaba su inocencia en «el litigio interminable», como lo llamó un ayudante de O'Malley. Bernardin dijo que no podía deponer al sacerdote. Así, la segunda familia entabló una demanda civil propia contra Lutz y la arquidiócesis. Los abogados de Lutz contrademandaron alegando difamación porque habían escrito a Bernardin y hablado con la prensa.

Los «contragolpes» indignaron a los miembros de S.N.A.P. y Linkup. Doyle los veía como una extensión del discurso de 1986 de Serritella, en el que presentaba a las familias de las víctimas como el enemigo. Ante las crecientes pérdidas en otros estados, los defensores estaban pendientes de lo que sucedía en Chicago. Las tácticas de Serritella eran como las de las industrias contra las poblaciones contaminadas: derrotar a los adversarios con un litigio que era un suplicio. A Doyle lo exasperaba la vena maquiavélica de Bernardin, y promovió un programa de reforma que permitiera tácticas legales directas.

Hasta el verano de 1992, la comisión del cardenal había revisado expedientes personales de muchos años. En el otoño Bernardin retiró del ministerio parroquial a veintidós sacerdotes, y luego a otro. Cuando la comisión emitió su informe, Bernardin abrió una oficina pastoral de ayuda a las víctimas y una Junta de Revisión de Aptitudes para sacerdotes, integrada en su mayoría por laicos: tal como la primera pareja de Northbrook quería desde el principio. En una perversa ironía del destino, la comisión declaró infundadas las acusaciones de Northbrook... *antes de que ninguno de los dos casos se fuera a proceso penal.* Según Jeff Anderson, abogado de la segunda familia, en ninguna otra parte de Estados Unidos se había permitido a un sacerdote con dos demandas civiles por abuso permanecer en su parroquia. La decisión de Bernardin estaba ligada con la defensa legal.

El cardenal declaró: «No puedo cambiar el pasado, pero puedo hacer algo por el futuro». Sin embargo, la arquidiócesis buscó protección contra el requerimiento penal de los expedientes de los sacerdotes que Bernardin había retirado. O'Malley exigió los archivos y se enfrentó con la Iglesia. El juez Thomas R. Fitzgerald, del Tribunal de Circuito del Condado de Cook, increíblemente falló que la separación constitucional de la Iglesia y el Estado daba a la arquidiócesis «privilegio pastoral» sobre los expedientes de los acusados de abuso de menores. O'Malley apeló, pero la Suprema Corte de Illinois coincidió con Fitzgerald.[26]

Para Doyle, estos pleitos judiciales eran un reflejo de la personalidad de Bernardin: hacer que todas las partes cedieran hacia su solución. El cardenal también se reunía con las víctimas en privado y trataba de mostrarles compasión. Cuando Greeley recibió una orden de comparecencia para testificar ante los abogados defensores en el caso de Northbrook, estaba furioso. ¡Había sido el sacerdote de esas familias! En un tormentoso Día de Todos los Santos, subió los escalones de la mansión del cardenal sin anunciarse. Lo pasaron a la sala, donde empezó a pasearse nerviosamente de un lado a otro sin quitarse el abrigo. Bernardin lo recibió con semblante preocupado. Como lo cuenta Greeley:

> Le arrojé la orden de comparecencia (¡de verdad!) y le grité algo así como:
>
> —¡Joe, si lo que quieres es un pleito público, eso tendrás!
>
> No recuerdo si atrapó los papeles o los recogió.
>
> —No supe de esto hasta que ya te lo habían enviado —dijo con cuidado—. Después de todo, no son nuestros abogados.
>
> La arquidiócesis sostenía el cuento de que las contrademandas contra la familia quejosa estaban en manos de abogados contratados por los acusados. Su respuesta me pareció falsa entonces y me lo sigue pareciendo. La arquidiócesis pagaba los gastos.
>
> —No trates de venderme eso —le grité—. Tu abogado diseñó la estrategia de este juicio y tú le pagas.
>
> —Veré lo que puedo hacer —dijo con suavidad después de mirar el documento.
>
> —Más te vale —respondí y me di vuelta rápidamente para salir dando un portazo.
>
> —No te vayas —me rogó—. Siéntate y hablemos unos momentos.
>
> Así que me senté. A fin de cuentas, era mi obispo. Sabía qué esperar y estaba preparado para reaccionar.
>
> —Andy, todos los días rezo por nuestra reconciliación —dijo con voz vacilante—. ¿Podemos volver a ser amigos?[27]

Así empezó el acercamiento entre dos hijos de la Iglesia en medio de una tormenta cada vez más violenta. La orden de comparecencia se evaporó. Greeley se volvió consejero secreto del cardenal. Aunque Bernardin estaba dedicado al programa de ayuda pastoral a las víctimas, seguía negándose a instruir a los abogados para que negociaran una compensación monetaria en los casos de Northbrook, incluso cuando un investigador privado de la defensa se puso a buscar información en la basura de la gente. Bernardin escuchaba a Jeanne Miller, Kennedy, Greeley y otros mientras buscaba una salida del atolladero.

En el año fiscal 1992 la arquidiócesis tuvo un déficit de 6.4 millones de dólares. A la colecta anual del cardenal le faltaron 2.8 millones para alcanzar su meta de diez millones. Un funcionario fiscal de la arquidiócesis culpó a la recesión nacional, pero se habían destinado 1.8 millones para compensaciones en los casos de abuso (más 846 mil dólares ese año por honorarios de abogados), y el submundo sexual empezaba a dejarse sentir.[28] Bernardin anunció: «Dentro de cuatro años estaremos en quiebra menos que tomemos medidas serias.» El escándalo de abusos no era la única causa de la crisis. Con una infraestructura antigua, la arquidiócesis perdía dinero en los barrios viejos —como el South Side donde estaba la Catholic Worker House— debido a la salida de la población blanca a la periferia. Bernardin había cerrado dos docenas de parroquias en la parte vieja de la ciudad y vendía las propiedades para contener la sangría. Con 2.3 millones de católicos, la arquidiócesis de Chicago era la segunda del país en importancia, por debajo de la de Los Ángeles con su creciente población latina.

Ante los escandalosos recuentos de los medios sobre James Porter en Nueva Inglaterra, Barbara Blaine hizo un último intento en Toledo. Se reunió con el reverendo James Cryan, nuevo superior de los Oblatos, y le dijo lo que le había dicho a su predecesor, el padre Paul Grehl, en 1989, sobre la conducta abusiva de Chet Warren hacia ella, incluso cuando estaba en el hospital. Cryan no le aseguró que removería a Warren. Blaine fue al hospital donde éste era capellán, entregó documentos y consiguió que lo despidieran. Un largo informe del *Toledo Blade* sobre su lucha dejó sin identificar a Warren: no había sido acusado formalmente ni nombrado en una demanda.

El padre Grehl, quien estuvo presente en la reunión de 1989 en que Warren se disculpó, declaró al *Blade* que Blaine «necesitaba hablar con alguien que la consolara, y Warren decía que de vez en cuando la abrazaba como a cualquier otro niño de la parroquia. No tenía ninguna intención sexual... Yo no tenía razón para dudar de él».[29] Tres semanas después el padre Cryan admitió ante el *Blade* que «otras varias mujeres» habían denunciado a Warren por «conductas indecentes». El sacerdote iba a «renunciar a su cargo».[30] Al acudir a la prensa, Barbara Blaine los había obligado a destituirlo.

Ella veía a Bernardin con escepticismo y esperanza a la vez. Había muchas cosas que le gustaban del cardenal, pero la jerarquía se había portado tan vengativa con los sobrevivientes que se preguntaba hasta dónde podía llegar la política del clérigo. Conocía a las familias de Northbrook y lo que se siente que la Iglesia se le venga a uno encima. Lo sabían otras cuatrocientas personas que se reunieron en un hotel de los suburbios de Chicago el 16 de octubre de 1992 para la conferencia inaugural de Linkup.

Desde Nueva Inglaterra llegaron sobrevivientes de James Porter; también acudieron hombres y mujeres que habían sufrido abusos de otros sacerdotes cuando eran niños en California, el Medio Oeste y algunos lugares del sur, así como trabajadores sociales, detectives, varios sacerdotes y monjas y dos brigadas de documentales. Algunos sobrevivientes llevaban listones amarillos para advertir a los periodistas que no les pidieran entrevistas, aunque la mayoría estaban dispuestos a hablar. Tom Doyle percibió un viso de rabia entre la gente que esperaba oír al cardenal Bernardin. *Van a hacerlo pedazos,* pensó. *Este grupo lo atacará como nunca lo han atacado.*

A última hora Bernardin canceló y le mandó decir a Miller que no quería ser causa de una división. Después de todas sus reuniones y llamadas, ella se sintió decepcionada, pero tenía que dar una conferencia y dar la bienvenida a la gente.

En el pasillo, una mujer de mediana edad venida de Texas quería enfrentarse con Bernardin desde las butacas y decirle que debía arrepentirse por haberla violado en un ritual satánico cuando tenía once años en Carolina del Sur. (La primera parroquia de Bernardin estaba allí.) Jeanne Miller no quería semejante confrontación. La acusación era discutible por el momento. Cuando Jason Berry habló con la mujer, que exigió permanecer anónima, se preguntó qué habrían hecho los medios si hubieran oído tamaña acusación. Kenneth Lanning, participante de la conferencia, agente del FBI y autoridad sobre abuso de menores, cuestionaba la existencia de cultos satánicos pedófilos.

Un mar de emociones sacudió al grupo durante dos días: algunos sobrevivientes lloraron y permanecieron abrazados durante sus relatos. Otros elevaron la voz y exigieron justicia. La gente se reunió en grupos pequeños. Muchas de las personas que se reunieron con Doyle conocieron en persona al sacerdote con el que habían hablado por teléfono. Él sentía que estaba ayudando a gente que llevaba mucho tiempo lastimada y retraída. No se asombró de la cancelación de Bernardin. El cardenal detestaba la mala publicidad. Quienquiera que lo hubiera alertado sobre la intensidad emocional de la reunión le había hecho un favor a todo el mundo. Si la mujer de Texas hubiera lanzado su acusación sobre el culto satánico, los medios habrían hecho estragos precisamente cuando los sobrevivientes empezaban a definirse como movimiento.

En un discurso ese domingo, Greeley alabó a Bernardin por la Junta de Revisión de Aptitudes y por retirar a veintitrés clérigos. «Los sacerdotes pueden hacer lo que les dé la gana a los laicos y se sienten bastante confiados de que pueden salirse con la suya», comentó molesto. «El sacerdote mal adaptado sexualmente ha podido abusar de los hijos de los laicos y hasta la fecha seguir razonablemente a salvo de un castigo.» Llamó al sacerdocio una clase privilegiada, casi inmune al castigo. «Los sacerdotes nos hemos regido por un código moral distinto durante tanto tiempo, que lo damos por sentado… Cualquier delito de uno de los nuestros se debe encubrir de manera instantánea y total. Cualquier crítica fuerte a nuestro comportamiento por parte de uno de los nuestros se debe castigar de inmediato porque ése sí que es el peor pecado.»

«La reforma de la cultura clerical puede facilitarse a través de la presión financiera», concluyó. «Así como los juicios obligaron a los hospitales a imponer normas exigentes a los médicos, así parece que a la Iglesia institucional no le queda más remedio que imponer normas de conducta adecuadas a los sacerdotes. Donde falla la virtud, a veces triunfa el dinero.»

5

El papa Juan Pablo II rompe su silencio

En marzo de 1993, ocho años después de que el padre Doyle dio su informe al cardenal Oddi, el papa Juan Pablo II habló sobre el escándalo ante un grupo de obispos estadounidenses que estaban de visita a raíz de la renuncia del arzobispo Robert F. Sánchez de Santa Fe, Nuevo México. Tres mujeres jóvenes habían revelado los encuentros sexuales del prelado con ellas, iniciados a fines de su adolescencia, en el programa *60 Minutes,* de la cadena de televisión CBS. Luego de solicitar oraciones urgentes por «nuestro hermano de Santa Fe… [y] las personas afectadas por sus acciones», el Papa dijo que la caída de una persona, «en sí una experiencia dolorosa, no debe convertirse en tema de sensacionalismo… Por desgracia, sin embargo, el sensacionalismo ha llegado a ser el estilo particular de nuestra era. En contraste, el espíritu del Evangelio es de compasión, con Cristo que dice: "Ve y no peques más"».[1]

Sánchez dejó la arquidiócesis en tal atolladero de casos de abuso, que fue preciso vender importantes propiedades para evitar la bancarrota. El centro de tratamiento de los Siervos del Paráclito en Jemez Springs, Nuevo México, se encontraba tan ahogado en litigios que terminó por cerrar. Los Siervos habían permitido que James Porter hiciera labores parroquiales los fines de semana con un grupo de *veinte* pacientes que le aportó nuevas víctimas.[2] En contraste con sus declaraciones sobre Sánchez, Juan Pablo II mostró escasa simpatía por las «personas afectadas por sus acciones». Ésta fue la primera de una serie de declaraciones papales que irían mostrándose cada vez más tristes a medida que una ola de delitos sexuales desde Irlanda hasta Australia se burlaba de la llamada de atención fraternal de «Ve y no peques más».

No hubo comentario papal sobre el obispo Hubert O'Connor, de Columbia Británica. En diciembre de 1991, O'Connor estaba en Roma para asistir a la beatificación del primer santo nacido en Canadá cuando supo que lo estaban investigando en su país. Su diócesis de Prince George tenía una importante población de primeras naciones, como se llama a los indígenas en Canadá. Cuando era un sacerdote joven, en los años sesenta, dirigió un internado en Williams Lake. A su regreso de Roma, en enero de 1992, el obispo publicó una carta en la que deploraba el «feroz ataque» y las «noticias angustiantes y descorazonadoras» de la investigación policiaca. «Para colmo de males… yo me encontraba en Roma tan indefenso.»[3] Otros dos Oblatos de María Inmaculada, su orden, fueron acusados de abuso de niños durante su dirección del internado.

> Ni entonces, ni nunca en mi vida, he abusado sexualmente de ningún niño o niña… La hipótesis parece decir que como yo ocupé la dirección de la escuela durante un periodo de dos años mientras [otro] sacerdote se encontraba en la zona, yo debería haber estado al tanto de que se estaban dando esas ofensas. Si no lo sabía, entonces lo encubría o yo mismo cometía las mismas faltas… Es una suposición muy injusta y dañina.

El obispo fue acusado formalmente de violar a dos mujeres jóvenes que habían estado a su servicio muchos años antes. Una era la costurera de los sacerdotes, con la que tuvo un hijo. O'Connor se cambió el nombre de pila en el acta de nacimiento al dar en adopción a la niña. En el juicio, en 1992, la mujer dijo que O'Connor le había dado un libro para que entendiera «el ciclo del cuerpo femenino». Ella tenía veintiún años. Él había empezado a besarla en el cine. Explicó cómo escalaron las cosas.

> Yo estaba de pie junto a la esquina de la cama… me pareció una eternidad. Me pidió que me quitara la ropa. Me sentí muy asustada. Nunca había dejado que un hombre viera mi cuerpo desnudo.
>
> Sentí que no tenía más remedio y que debía hacer lo que él me decía. Así que me quité toda la ropa. Me sentía muy avergonzada, tímida… Me di vuelta y vi una toalla sobre la cama… Entonces todavía era virgen… Recuerdo que estaba muy asustada. El padre O'Connor era muy grande… Yo pensaba: *Es un sacerdote*. Lo sentí encima de mí: pesaba. Me penetró con su pene.[4]

Vigilando su ciclo menstrual, O'Connor supo cuándo era el momento de ingresarla en un hogar para madres solteras; entregaron a la criatura a los dos días de nacida. La madre, destrozada, nunca volvió a ver a su hija. Sin embargo, en aquella sociedad paternalista, su relación con O'Connor siguió siendo cordial hasta que él se fue. La mujer guardó el secreto durante treinta años, hasta que un investigador de la policía que hacía indagaciones sobre otros sacerdotes la abordó. Toda la vergüenza contenida estalló al darse cuenta de cuánto había perdido. O'Connor renunció y contrató a un abogado de primera. Se salvó de testificar cuando el juez suspendió el juicio al enterarse de que la fiscalía no había dado ciertas pruebas a la defensa. En un nuevo juicio, O'Connor declaró: «Como ustedes saben, soy un hombre célibe», insinuando que la mujer lo había seducido. El juez lo declaró inocente del cargo de violación con base en discrepancias del testimonio de la mujer. En el caso de la segunda mujer lo declararon culpable y pasó seis meses tras las rejas. La junta de libertad condicional observó: «Usted trata a sus víctimas con desdén.» El veredicto fue descartado por un tecnicismo.[5] En el furor que siguió al juicio abortado de 1992, el jefe de la Asamblea de Primeras Naciones le escribió al papa Juan Pablo II exigiendo acción canónica contra el obispo. Según el derecho canónico, un obispo será siempre un obispo, aunque no tenga diócesis. El Vaticano guardó silencio respecto a O'Connor.

En marzo de 1993, cuando la delegación de obispos estadounidenses (que incluía a los cardenales Bevilacqua, de Filadelfia, y O'Connor, de Nueva York) se reunió con el Papa, pidieron más autonomía conforme al derecho canónico para remover del sacerdocio a los abusadores de niños. Cuatro años después de que los canonistas episcopales estadounidenses se reunieron por primera vez con las autoridades del Vaticano sobre el tema, la curia romana se mantuvo firme en el uso de juicios secretos para presentar al papa información con la cual pudiera tomar una decisión. Los obispos estadounidenses disentían del uso de un ritual que muchos consideraban arcaico mientras lidiaban con costosos juicios penales y civiles. Buscaban una manera de expulsar a los malos sacerdotes. «Mis queridos obispos», dijo el Papa. «Viví muchos años bajo el comunismo, y no voy a permitir que eso entre en la Iglesia.»[6] Al equiparar la vía acelerada para secularizar a los infractores sexuales con la violación de los derechos clericales de un régimen totalitario, Juan Pablo II anteponía el pecado al delito, mentalidad a la que muchos obispos atribuían sus errores y que les permitía ver el abuso de niños como una falta moral que debía ser perdonada.[7] En Roma, los obispos hablaron de las pérdidas financieras derivadas de los litigios. El Papa les dijo que mantuvieran a los sacerdotes suspendidos en la nómina. «No obtendrán de mí ninguna solución fácil», declaró.

El 10 de marzo, el cardenal O'Connor, de Nueva York, habló ante seminaristas en la Universidad Norteamericana de Roma: «Se hace cada vez más difícil para algunos sacerdotes y obispos mantener la frente en alto. Todos son sospechosos». El prelado admitió lo que ya saltaba a la vista de algunos laicos. «En muchos casos se ha hecho auténtico daño, un daño horrendo.»[8] Sin embargo, repitió lo que había dicho el Papa al calificar de «despiadados» los ataques a la Iglesia. Los malos medios de comunicación estaban sembrando el desánimo entre los sacerdotes y ahuyentando hombres con vocaciones potenciales.

Juan Pablo II reforzó su postura en una encíclica a los obispos. Reconocía el dolor sufrido por «las pequeñas... víctimas», e insistió en que se aplicaran las disposiciones del derecho canónico. Tras un escueto análisis de las líneas de falla de la cultura clerical, el Papa culpó a los medios:

> Sin dejar de reconocer el derecho a la libertad de información, no podemos consentir que el mal moral se trate como una oportunidad para el sensacionalismo... Los medios masivos de comunicación desempeñan una función particular. El sensacionalismo lleva a la pérdida de algo esencial a la moralidad de la sociedad. Se vulnera el derecho fundamental de los individuos a no ser expuestos fácilmente al ridículo de la opinión pública. Más aún, se crea una imagen distorsionada de la vida humana.[9]

La retórica de Juan Pablo II era evasiva. Los obispos estadounidenses sacudidos por el escándalo lidiaban con un papa que ofrecía poco liderazgo en la resolución de la crisis. Detrás de los altos muros de piedra que separan a la Ciudad del Vaticano del resto de Roma, ¿qué miembro de la curia estaría dispuesto a investigar las causas de un problema que el Papa consideraba marginal? En Italia no había ningún clamor pidiendo castigo para sacerdotes abusadores de niños.

LA DIÁSPORA IRLANDESA

En mayo de 1992 Eamonn Casey, el obispo más popular de Irlanda, renunció a su posición y se fue a América Latina al saberse que en 1974 había tenido un hijo con una joven estadounidense. Él le propuso que diera al niño en adopción. Ella regresó a Connecticut y crió a su hijo con ayuda de fondos de la Iglesia irlandesa que el obispo Casey le enviaba secretamente. «La gente se quedó pasmada, sin aliento, horrorizada; no podía creerlo», escribe Mary Kenny en *Goodbye to Catholic Ireland* (Adiós a la Irlanda católica). «Nunca había sucedido algo así de manera abierta en la vida de los católicos irlandeses.»

> Los obispos, a quienes reverenciaban como hombres santos que dictaban las leyes morales y de doctrina, hombres que merecían respeto porque su celibato era un sacrificio personal, estaban manchados... Había amargura en la reacción de la gente. «Éstos son los que nos decían cómo comportarnos», me dijo una mujer en West Cork. «Son los que nos preguntaban, en la confesión, si habíamos tenido malos pensamientos.»[10]

Kenny comparó la «desbocada ira pública» causada por la partida de Casey con la «salvaje crítica del clero católico» que se dio a principios del siglo XX con el surgimiento del nacionalismo irlandés. Cuando los canadienses enfrentaban más noticias de víctimas criadas en orfanatos y el escándalo de O'Connor, Irlanda empezó a ver un aumento constante de los informes de sacerdotes que habían abusado de niños o que vivían dobles vidas con hombres o mujeres.

En Australia el centro de atención eran los orfanatos y las escuelas de oficios, en particular las administradas por los Hermanos Cristianos Irlandeses. En agosto de 1993, más de doscientos ex internos de los hogares de los hermanos en Australia Occidental entablaron una demanda en Nueva Gales del Sur alegando abuso físico y sexual, así como una negligencia grave. Ante el obstáculo de la prescripción de los delitos, el grupo terminó aceptando una compensación de cinco millones.[11] En los informes de los medios de toda Australia, hombres y mujeres criados en esas instituciones hablaban de familias perdidas. «Los trasladaron, en muchos casos sin la autorización de sus padres o tutores, a quienes por ley se debía haber consultado», escribe Alan Grill en *Orphans of the Empire* (Huérfanos del imperio). «Desde el punto de vista moderno, suena a rapto.»[12]

El envío de unos diez mil «huérfanos» de Gran Bretaña a Australia entre 1920 y 1967 rivalizó con la «extraña combinación de leyes y disposiciones de adopción y paternidad temporal de Canadá... [la cual] no ha facilitado en nada a los niños aborígenes saber quiénes son».[13] La Iglesia anglicana y otras participaban en las escuelas de oficios de Australia y Canadá y acabaron por pagar parte de las compensaciones junto con los gobiernos. El alcance de los abusos dentro de los Hermanos Cristianos Irlandeses, desde Irlanda hasta Canadá y Australia, era muy distinto. Muchos hermanos no estaban preparados para cuidar niños; algunos eran adolescentes emocionales o sociópatas. En 1935 un hermano australiano le advirtió al superior general en Dublín: «Si no adoptamos una postura decidida sobre este asunto, tendremos muchos escándalos en el futuro cercano.»[14] En 1938 el director de otro orfanato de los Hermanos Cristianos en Australia pidió al gobierno irlandés que enviara niños y apoyo financiero; le negaron ambos. A lo largo de los años noventa, después de que el gobierno canadiense pagó compensaciones a las víctimas de Mount Cashel, los Hermanos Cristianos se valieron de diversas tácticas legales para evitar la reparación financiera de los daños.

La teoría de Barry Coldrey del «submundo sexual» en la cultura clerical resonó en un estudio de 1998 de la Cámara de los Comunes sobre la migración forzada de jóvenes de Gran Bretaña a Australia, que culpaba a «órdenes de la Iglesia católica, en particular los Hermanos Cristianos Irlandeses y las Hermanas de la Misericordia», de «los peores casos de abuso criminal».

Es difícil transmitir el peso del testimonio que hemos recibido... Parte de lo que se hizo allí fue de una depravación tan excepcional que términos como «abuso sexual» no bastan para nombrarlo. Por ejemplo… el relato de un hombre que, de niño, era el favorito de algunos Hermanos Cristianos en Tardun, los cuales competían a ver quién era el primero en violarlo cien veces; su relato de haber estado en un grito, sangrando y confundido…[15]

Al divulgarse esta información se empezó a gestar una violenta reacción entre los católicos irlandeses.

El anticlericalismo no era nuevo para el papa Juan Pablo II, pero la indignación de los *católicos* hacia los sacerdotes en los países occidentales distaba un mundo de las hostilidades que la Iglesia había superado durante la vida del Papa. Tras haber sido seminarista clandestino en Polonia durante el oscurantismo nazi y arzobispo de Cracovia en la larga resistencia al comunismo, su concepto de la Iglesia como institución de oposición moral se anteponía a cualquier idea de cambio estructural, como hacer opcional el celibato. En 1993, cuando varios obispos hicieron su visita *ad límina* a Roma (reunión que cada cinco años tienen los obispos con el papa para revisar la vida de sus diócesis), Juan Pablo II estaba enterado de los casos de abuso sexual. El obispo Ronald Mulkearns, de Ballarat, Australia, le contó al papa sobre su «pesadilla» de dieciocho meses. «Se ha lastimado gravemente a mucha gente», expresó Mulkearns en una carta pastoral.[16] «Admití ante el Santo Padre que el año pasado fue el peor en mi experiencia como obispo.»

El papa estaba interesado y preocupado por todos estos asuntos y me recordó la experiencia de Cristo y de la tensión que sintió en Getsemaní, y que «al estar en agonía fue cuando más rezó».

No me pareció una respuesta trivial, ni un lugar común piadoso, sino las palabras del sucesor de Pedro, que confirmaba a uno de sus hermanos en el episcopado.

Mulkearns, quien buscó la secularización de un pedófilo,[17] se sintió obligado a defender la respuesta del papa sobre la oración. Pero la caída de los obispos en Irlanda, Canadá y Nuevo México, y las solicitudes de los cardenales estadounidenses para que se eliminara más rápidamente a los abusadores, no hicieron que Juan Pablo II profundizara en por qué se estaban diseminando los escándalos. Como señala el biógrafo papal, George Weigel, el papa en 1990 se enfocaba en el problema de las vocaciones e insistía en que los seminarios debían ser más rigurosos con una «exigencia de formación académica en filosofía y teología».[18] Weigel llamó esto una reforma clave aunque el papa no se refirió a la psicología o a la dinámica homosexual en los seminarios y las órdenes religiosas o a las prácticas generalizadas de ocultar a los ofensores sexuales dentro del mundo eclesiástico.

Con el paso del año de 1993, la Iglesia en Nuevo México fue sacudida cuando un famoso sacerdote surgió como secretario en un bufete de abogados de Albuquerque. Lane Fontenot había salido de Luisiana en 1983, sin ser secularizado, hacia la House of Affirmation en Massachusetts (que era administrada por un sacerdote que también había abusado de niños). De ahí, Fontenot se mudó a Spokane, donde trabajó como consejero de abuso de sustancias en un hospital hasta que se le arrestó en 1986 por abusar de un adolescente de su ala del hospital. Tras pasar un año en la cárcel, fue con los Siervos del Paráclito en Nuevo México, agobiado por las demandas. Ahí recibió «tratamiento» y consiguió un empleo en Albuquerque como terapeuta hasta que, en 1992, un cliente lo demandó por haberle hecho insinuaciones sexuales.[19]

Los Siervos del Paráclito también estaban acosados por demandas, y una correspondencia fascinante apareció en un archivo del tribunal. En 1957, el reverendo Gerald Fitzgerald, fundador de la orden, le escribió al entonces arzobispo de Santa Fe, Edwin Byrne, diciéndole que no le parecía sensato «ofrecer hospitalidad a hombres que habían seducido o intentado seducir a niños o niñas pequeños».[20] Fitzgerald mostró una asombrosa capacidad de previsión de la tensión que se produciría en 1993 entre el papa Juan Pablo II y el episcopado estadounidense sobre la secularización de los delincuentes sexuales del clero:

Si yo fuera obispo, temblaría si no los denunciara a Roma para que los secularizaran de manera obligatoria. La experiencia nos ha enseñado que estos hombres con demasiada frecuencia son un peligro para los niños de la parroquia y de la comunidad, y no podemos justificar el recibirlos aquí… Deben ser reducidos *ipso facto* al estado laico cuando actúan así.

El difunto padre Fitzgerald había llegado al extremo de comprar una isla desierta que concibió como limbo penitenciario para los sacerdotes pedófilos, pero los jerarcas de Roma lo obligaron a venderla. En 1966, los Siervos del Paráclito iniciaron un programa de recuperación para alcohólicos en Jemez Springs. A los pocos años empezaron a llegar los pedófilos.

George Weigel y Pio Laghi intervienen

El abuso sexual en el clero es un tema casi ausente en la biografía de Juan Pablo II, de 992 páginas, escrita por George Weigel y publicada en 1999.[21] Weigel era un escritor estadounidense con acceso privilegiado al Papa. Fue consejero del Santo Padre en la primavera de 2002, cuando los cardenales de Estados Unidos fueron al Vaticano tras la explosión del escándalo en Boston.

Para entonces, Pio Laghi había vuelto de Washington después de una década como enviado papal. Durante su estancia en Estados Unidos, los obispos enviaron a la embajada un flujo constante de información sobre clérigos abusivos. Juan Pablo II nombró a Laghi prefecto de la Congregación para la Educación Católica, que tiene autoridad sobre los seminarios, y lo hizo cardenal. ¿Qué hizo el Papa con la información de los primeros años del escándalo?

Laghi declinó nuestra petición de entrevista, aunque en una breve conversación telefónica citó la investigación de seminarios de los años ochenta (realizada por el obispo de Vermont, John Marshal, con ayuda de Donald Wuerl, ahora obispo de Pittsburgh): «No vi esos informes. Se fueron directamente a Roma».[22] Eso resulta difícil de creer. La congregación vigilaba la visitación bajo su prefecto, el cardenal William Wakefield Baum, ex arzobispo de Washington, D.C., quien fue informado de la crisis de abuso por el padre Doyle en la embajada. Cuando se le preguntó por el informe del que Doyle era coautor, Laghi espetó: «¡Ése no es asunto mío! ¡Por favor, eso es todo! No puedo decir nada más… Me quitaron de allí.»

En *The Courage to be Catholic* (La valentía de ser católico), escrito en reacción a la crisis de 2002, George Weigel culpa a la investigación de seminarios de los años ochenta «porque el grupo de visitación incluía hombres que habían sido responsables del colapso de algunos seminarios en las décadas inmediatamente posteriores al Concilio Vaticano II», pero no da nombres ni otros detalles.[23] Weigel escribe: «La Iglesia de Estados Unidos esperaba que el Vaticano experimentara junto con ella el trauma de principios de 2002 mediante información adecuada de la nunciatura en Washington y de Internet. No era así porque el Vaticano sencillamente no es parte de la cultura de Internet y el flujo de información desde Washington era inadecuado.»[24]

La afirmación de Weigel es ridícula. El «flujo de información» empezó con el informe de 1985 elaborado por Doyle y sus colegas. Doyle puso al tanto a Baum y al difunto cardenal Oddi; Michael Peterson informó a éste en Roma. En 1989 los canonistas de los obispos estadounidenses empezaron a reunirse con sus homólogos en Roma, mientras que la inteligencia de nunciaturas lejanas y la cobertura de los medios a lo largo de los años noventa crearon un torrente de información mucho antes de los reportajes del *Boston Globe* de 2002. Ni el Vaticano está atrasado respecto a la era digital como Weigel quisiera hacernos creer. La Santa Sede tiene un sitio *web,* una moderna oficina de prensa en la plaza de San Pedro, un amable personal que asiste a los corresponsales residentes de la Associated Press, el Catholic News Service, *Le Figaro* y los servicios de cable italianos y japoneses. También cuenta con computadoras para los reporteros visitantes, televisión de circuito cerrado para conferencias de prensa o la cobertura de los viajes del Santo Padre. El Vaticano publica diariamente en Internet un resumen de las audiencias y declaraciones papales. Muchos funcionarios de la Santa Sede utilizan el correo electrónico, incluidas varias de las fuentes consultadas para este libro.

En vez de cuestionar la respuesta de Juan Pablo II, Weigel culpa a los obispos: «La incapacidad de los obispos estadounidenses para abordar el problema con eficacia en su propia conferencia es comparable con la evidente falta de disposición de muchos obispos para hablar abierta y francamente sobre el problema con Juan Pablo II y con la curia».[25]

Contra la hipótesis de chivo expiatorio de Weigel, la crisis se desarrolló a partir de una historia de secretismo sexual exigido por el papado. El voto pontificio que hacen los cardenales para proteger a la Iglesia del escándalo se había convertido en la costumbre de mentir al público sobre los delitos sexuales. Mulkearns, de Australia (quien más adelante renunció en un pantano de malas noticias), no estaba solo en la discusión del abuso de menores con el Papa. El Catholic News Service informó que en las visitas *ad limina* de 1993, los obispos del Medio Oeste estadounidense «discutieron muchos asuntos pastorales, entre ellos la falta de clérigos, el celibato sacerdotal, la pedofilia... y calificaron las sesiones de productivas y alentadoras; en particular sus reuniones personales con el Papa».[26] ¿Cuál fue el resultado?

El periodista Robert Mickens trabajaba en Radio Vaticana en 1993 e informó sobre esas visitas. Las transmisiones de esa época al parecer no se han conservado, según una búsqueda en los archivos realizada en nuestro nombre. Mickens recuerda que a principios de 1993 un canonista brasileño de la Congregación para el Clero, el reverendo Fernando Guimares Montera, «recogía las políticas de distintas diócesis para lidiar con el problema».[27] Mickens nunca grabó las conversaciones con Guimares, aunque hablaron varias veces incidentalmente. «Guimares estaba atónito de que los obispos pagaran dinero para finiquitar las demandas», continúa Mickens. «Dijo: "Es un desastre. Hay políticas diferentes en todo el mundo." No podía creer lo estúpidos que eran los estadounidenses por acceder a pagar tanto dinero. Me preguntó: "¿Por qué están entregando sus archivos?"» Se refería a documentos de la Iglesia entregados en los litigios civiles.

Para entonces, el equipo canónico del episcopado estadounidense y su homólogo en el Vaticano llevaban cuatro años de agrias discusiones sobre una solución que fuera más allá de los juicios secretos. Juan Pablo II sabía que Sánchez se había ido de Nuevo México, Casey de Irlanda, y que el arzobispo de Terranova había renunciado en medio del escándalo de Mount Cashel. El obispo O'Connor, de Canadá, estaba formalmente acusado de violación. Al obispo de Honolulú, Joseph Ferrario, lo reemplazaron en 1993 después de que un joven enfermo de sida —quien lo había acusado de una historia de abuso con Pio Laghi en 1986— dio varias entrevistas públicas. Ferrario negó las acusaciones.

¿Por qué el pontífice más avanzado en el uso de los medios masivos de comunicación no resolvió una crisis que perjudicaba tanto a la Iglesia? La respuesta más caritativa es que Juan Pablo II no veía ninguna crisis *porque no tenía contacto con las víctimas.* Se preocupaba por ellas en abstracto, pero su visión de la verdad purificadora de la Iglesia no daba cabida a una introspección valiente del estado clerical. Reaccionó exigiendo juicios penales secretos y reconviniendo a los obispos.

En marzo de 1993 condenó la «selectividad para adherirse a las autorizadas enseñanzas de la Iglesia» y urgió a los obispos a «elevarse sobre el choque de opiniones contradictorias con la contundencia y el poder de la verdad». Estas palabras evocaban una orden del Vaticano de 1989 que exigía a los teólogos un juramento de fidelidad: «Preservaré el depósito de la fe en su totalidad... cualesquiera que sean las enseñanzas contrarias, las rechazaré».[28] La insistencia de Juan Pablo II sobre la obediencia a la verdad, según la definía Roma, pasaba por encima de la libertad de examen y reflexión de los teólogos. El disenso dentro de la Iglesia acaparaba su atención y daba forma a su visión del comportamiento sexual del clero. «Según nuestro proceso penal, cuando un sacerdote expresa pesar, frustra el proceso», escribió el obispo (después cardenal) Adam Maida en 1990. «Si busca la reconciliación, de acuerdo con el Derecho Canónico podemos darle la absolución y decirle "No peques más"... Estamos limitados porque una diócesis no puede proceder a una determinación final de secularizar a un sacerdote.»[29]

La idealización de Juan Pablo II de la verdad de la Iglesia distaba mucho de la realidad de las víctimas de abuso en Estados Unidos, cuyo número en 1993 Andrew Greeley calculó en cien mil.[30] Hacer caso omiso a los sobrevivientes de abuso enviaba una fuerte señal a sus obispos. Una reunión, o incluso un gesto simbólico del Santo Padre, tiene resonancias duraderas. Cuando el Vaticano publicó *Shoah: We Remember* (Shoah: no olvidamos), Juan Pablo II visitó una sinagoga en señal de reconciliación. Los obispos de muchos países empezaron a disculparse con los judíos. Varios obispos de diferentes países tuvieron sesiones con sobrevivientes del abuso del clero para escucharlos. Hasta la primavera de 2003, el Papa no lo había hecho.

Los obispos tenían razón al mostrarse escépticos con las causas penales secretas. «Llevamos ocho años enfrascados en un procedimiento de despido», dijo en 1993 Mike Jamail, padre y psicólogo de Houston. «El individuo está suspendido del ministerio. Le pagamos todos sus gastos médicos y su salario. Al principio le dije al obispo: "Hay que estar preparados para que nos lleve diez años." No me creyó.»[31]

El proceso de la Santa Sede mostró sus rasgos característicos en una disputa más complicada.

La misma semana de 1993 en que los obispos estadounidenses se reunieron con el Papa, la Signatura Apostólica, el tribunal supremo del Vaticano, emitió un fallo secreto, el 9 de marzo, que *revocaba* la suspensión de un sacerdote de Pittsburgh que enfrentaba un juicio civil por abuso sexual. El 12 de marzo, una copia del documento de nueve páginas, en latín, salió de un fax en la sala de prensa del *Pittsburgh Post-Gazette,* dirigida a Ann Rodgers-Melnick, una astuta reportera de asuntos religiosos con maestría en estudios teológicos. El abogado que representaba al sacerdote también recibió una copia vía fax de parte del consejo canónico del sacerdote en Italia. Pittsburgh era azotada por una fuerte ventisca y el tránsito rodado estaba detenido. Rodgers-Melnick llamó al obispado con la esperanza de que hubiera una traducción. «¿Que tiene *qué cosa?*», le preguntó un portavoz.[32] El documento secreto iba en camino en valija diplomática de Roma a Washington, de donde se enviaría al obispo Donald Wuerl. Rodgers-Melnick faxeó su copia al obispo, cuyo abogado canónico anduvo kilómetro y medio entre la nieve de su rectoría a casa del obispo. Wuerl estaba ansioso por hablar con él sobre cómo apelarían la decisión.

Mientras tanto, Rodgers-Melnick pidió ayuda al reverendo Ladislas Orsy, reconocido profesor de derecho canónico en la Universidad Católica. El sacerdote le hizo una traducción oral de partes esenciales del fallo. (Orsy está ahora en el cuerpo docente de la Universidad Georgetown.)

La disputa había empezado en 1988, cuando el obispo Wuerl removió al padre Anthony Cipolla de su cargo de capellán porque un joven de diecinueve años demandó al sacerdote y a la diócesis por abuso sexual de menores. Wuerl se mostró escéptico al principio porque el demandante, un ex seminarista, ya había levantado acusaciones contra otros. El fiscal se negó a imputar cargos formales a Cipolla.

Wuerl ordenó al sacerdote asistir al Instituto St. Luke, el cual recomendó que no trabajara con niños y que acudiera a un hospital psiquiátrico en Pensilvania. Cipolla se negó. En respuesta,

Wuerl le suspendió el derecho de administrar los sacramentos y le prohibió ponerse vestimenta de sacerdote. El obispo luego envió una carta a la Congregación para el Clero, en Roma: «Sería moralmente imposible asignar al padre Cipolla, que necesita un tratamiento psicológico serio, al cuidado pastoral de los fieles».[33] Tiempo después el abogado del joven desenterró un informe policiaco de 1978 en el que se afirmaba que Cipolla había manoseado a un niño de nueve años, desnudo.

Cipolla era un conferenciante popular entre los seguidores del padre Pío, el místico italiano cuyos estigmas lo hicieron objeto de culto y santo. «Mucha gente que conocía a Cipolla por su trabajo sobre el padre Pío envió cartas a Wuerl en su defensa», escribió Ann Rodgers-Melnick. «El archivo del tribunal indica que el Vaticano también recibió esas cartas.»

Cipolla fue a una institución que decidió que no necesitaba hospitalización ni medicación. Luego contrató al conde Neri Capponi, profesor de derecho canónico en Florencia y litigante curtido en los tribunales vaticanos, para que apelara la aceptación de la suspensión por parte de la Congregación para el Clero.

El derecho canónico ocupa un lugar único en Italia. En la Pontificia Universidad Lateranense de Roma, unos setecientos estudiantes —en su mayoría hombres y mujeres laicos— aspiraban a obtener un título en derecho canónico en 2002. De acuerdo con el decano de la facultad de derecho canónico de la universidad, monseñor Brian Ferme, los canónicos laicos pueden llegar a ganar 20 mil dólares o más representando clientes en complejas anulaciones de matrimonio o en divorcios que plantean problemas patrimoniales especiales, una función que suelen desempeñar los abogados civiles en los países donde rige el derecho consuetudinario.[34] En su apelación ante la Signatura Apostólica, el conde Capponi impugnó «un decreto de Su Excelencia, el obispo de Pittsburgh». El conde arguyó: «El reverendo Cipolla goza de cabal salud mental y física… Existen tantos sistemas psicológicos y psiquiátricos que… simplemente [son] ajenos a cualquier antropología cristiana.» El canonista acusó al obispo de haber aplicado equivocadamente un canon sobre los sacerdotes aquejados de trastornos mentales y que no había seguido los procedimientos adecuados. Además:

El Instituto St. Luke, una clínica fundada por un sacerdote que es abiertamente homosexual y basada en una doctrina mixta de pansexualismo freudiano y conductismo, seguramente no es una institución apta para juzgar adecuadamente las creencias y el estilo de vida de un sacerdote católico… Esta tendencia conductista resulta aún más siniestra cuando se asocia con los mitos reinantes de nuestra sociedad, del todo secularizada, y con el pansexualismo, que no podría sino considerar «anormal» el comportamiento tradicional de un sacerdote católico.

El fallo de la Signatura Apostólica anuló el de la Congregación para el Clero. «El padre Cipolla está completamente exonerado», dijo Orsy, el académico, al *Post-Gazette*. «Es una decisión bastante dura hacia el obispo. Dice explícitamente varias veces que no observó el procedimiento y que no consideró adecuadamente las pruebas.» Otros vieron en él una señal del distanciamiento de Roma de la realidad. «La Signatura Apostólica ha cometido un terrible error», declaró Andrew Greeley. «Si quieren hacer todo lo que esté en sus manos para destruir a la Iglesia en Estados Unidos, ya lo han conseguido. Si esto se convierte en precedente, tendrán que reasignar a otras parroquias a todos estos sacerdotes pedófilos. Supongo que los altos dignatarios o cardenales querrán irrumpir en Roma»… para protestar.[35]

La referencia de Capponi al fundador del Instituto St. Luke como un homosexual activo seis años después de la muerte de Peterson fue un toque amarillista para que los jueces de la Signatura fruncieran el ceño al leer la extraña descripción que el conde hizo de un hospital al que obispos y superiores religiosos recurrían cada vez más a medida que se agudizaba la crisis. El presidente del instituto, el reverendo Canice Connors, emitió un comunicado:

Aunque debemos respetar la naturaleza confidencial de los expedientes de todos nuestros pacientes, como el padre Cipolla ha decidido hacer público el suyo podemos decir que había más que suficientes pruebas, de acuerdo con nuestros rigurosos y científicos procedimientos de evaluación, para recomendar a la Diócesis de Pittsburgh que el padre Cipolla recibiera tratamiento en el hospital psiquiátrico St. John Vianney.[36]

El obispo Wuerl viajó a Washington, se reunió con el pronuncio papal, el arzobispo Agostino Cacciavillan, e hizo una petición a la Signatura Apostólica para que se reabriera el caso. La solicitud de Wuerl de que el tribunal permitiera a un canonista del obispo refutar la petición de Capponi pone de relieve el surrealismo del sistema de justicia del Vaticano, ¡que nunca comunicó al obispo que su decisión se había apelado! El veredicto, de siete páginas, no hacía referencia al litigio civil en curso. «En el sistema legal europeo», explicó el padre Orsy, «si no hay cargos penales, no puede haber un juicio civil. Tal vez no se les ocurrió [a los jueces de la Signatura] que había un litigio civil. Tal vez no pensaron en preguntar.»[37] La Signatura aceptó de inmediato la petición de Wuerl y restableció la suspensión de Cipolla.

La demanda contra el sacerdote y la diócesis terminó con un arreglo extrajudicial.

Cipolla apareció poco después en la Eternal World Television Network con vestiduras moradas, dando la comunión. «El hombre estaba sólo de paso», dijo el presidente de la cadena televisiva cuando se le habló de la condición de Cipolla. «Un pobre sacerdote tiene derecho a decir misa, ¿no?» En el otoño de 1995 la Signatura se retractó, sostuvo la decisión de Wuerl y amplió la definición canónica de «defecto psíquico» para referirse a un sacerdote que, aunque no estuviera loco, podía ser suspendido a causa de un «trastorno mental general».[38]

A pesar de la suspensión, Cipolla siguió dirigiendo retiros y peregrinaciones al extranjero, conservó su popularidad entre católicos que lo consideraban una víctima de una jerarquía indiferente ante su clamor por la restauración de la verdadera fe.[39] En mayo de 2002, cuando alguien lo reconoció mientras oficiaba misa en una iglesia de Roma, Wuerl solicitó a la Congregación para la Doctrina de la Fe pedir al Papa que destituyera a Cipolla del sacerdocio. En noviembre del mismo año se le concedió su solicitud.[40]

«Roma estaba en una fase de negación a mediados de los noventa», comentó Barry M. Coldrey, el historiador y hermano cristiano de Australia. Coldrey enviaba sistemáticamente copias de su investigación sobre las crisis de abuso a las congregaciones del Vaticano y al nuncio papal en Australia. «La gente en Roma, los que tienen buena disposición, tienen acceso a la verdad y la saben. Lo que hagan con ella... bueno, el Señor no me ha llamado por ese camino.»[41]

Aunque el Juan Pablo II no dio mayor autoridad a los obispos para expulsar a los sacerdotes, sí aprobó, el 25 de abril de 1994, una reforma del derecho canónico para el episcopado estadounidense, en la que se modificaban dos procedimientos para lidiar con las acusaciones de abuso sexual. La prescripción del delito se amplió de cinco a diez años contados a partir de que la víctima cumplía dieciocho años; y la edad del menor se elevó de menos de dieciséis a menos de dieciocho años.[42] Aunque los cambios acercaron el derecho canónico al civil de Estados Unidos, no hubo una investigación de la crisis ni de sus causas subyacentes.

En Canadá, las víctimas del obispo Hubert O'Connor lo invitaron a un círculo de curación, una tradición entre los indígenas. Lo exculparon del cargo de violación de la mujer que había tenido la hija dada en adopción. Lo dejaron en libertad bajo fianza después de pasar seis meses en la cárcel por la violación de la segunda mujer, Marilyn Belleau, la cual retiró la acusación con la condición de que el obispo participara en el rito comunitario. En un salón de reuniones en el lago Alkali, en Columbia Británica, O'Connor se sentó junto a su sucesor, el obispo Gerry Wiesner, entre un olor a humo de salvia, para fumar la pipa de la paz. Belleau, madre de siete hijos, habló largamente sobre el impacto de las violaciones de O'Connor.[43] O'Connor, que nunca había admitido su culpabilidad penal, se disculpó por su «transgresión como sacerdote... que estaba totalmente equivocada. Hice un voto de castidad y lo rompí». Belleau habló con voz entrecortada de «ser perseguida por los tribunales» y de su decisión «de participar en este círculo curativo para recuperar el control».

Durante el ritual, que duró siete horas, hablaron treinta y ocho personas; nadie podía interrumpir. «Como obispo católico, estoy avergonzado de las violaciones que han cometido personas católicas en una escuela que enseñaba nuestros valores y creencias», dijo Wiesner durante la ceremonia. «Encontramos sabiduría en las tradiciones espirituales aborígenes de justicia reparadora y reconciliación.»

Charlene Belleau, cuñada de Marilyn, explicó así el retiro de los cargos: «Preferimos sentarnos frente a frente con estas personas y decirles que han ejercido un fuerte impacto sobre nosotros, sobre nuestras mujeres, nuestros hombres, nuestros niños, nuestros hijos. Su sistema no permite hacer esto.»[44]

6

Memorias del Cardenal

El camino que cruzó a Steve Rubino con Tom Doyle comenzó en una playa del Atlántico a pocas manzanas de la casa de este abogado, en Margate, Nueva Jersey. En 1987, a sus treinta y ocho años, Rubino disfrutaba de un día en la playa cuando un amigo le preguntó si podía ayudar a su hermana con un problema serio: un sacerdote había abusado sexualmente de su hijo. *Esto no es posible,* pensó Rubino.[1]

Había litigado para demandantes en los casos de contaminación de Superfund y llevaba años representando a mujeres que se habían intoxicado con sustancias nocivas del dispositivo intrauterino Dalkon Shield. Rubino era un republicano criado en una comunidad obrera del noreste de Washington, D.C. Su padre trabajaba como despachador y mecánico en un negocio de petróleo para calefacción. A menudo iban sacerdotes a cenar a su casa. Fue monaguillo en el Templo Nacional de la Inmaculada Concepción. Cuando tenía once años, un niño amarró a un gato con una cuerda para torturarlo. Rubino lo golpeó en la cara y soltó al gato.

Egresado en 1967 de Gonzaga, un colegio de bachillerato jesuita de Washington, obtuvo la licenciatura en humanidades en el Colegio Mount St. Mary's, de Maryland. Con un título de abogado de la Universidad Católica, empezó a ejercer como fiscal en Florida, instruyendo procesos penales contra narcotraficantes y delincuentes violentos. Atraído por la pujante tecnología de bases de datos, empezó un negocio de investigación legal de contratos con especialidad en asuntos ambientales. Esto lo llevó a un empleo en un despacho de abogados de Nueva Jersey, estado muy contaminado. Su carrera iba por un camino predecible hasta que conoció al niño de trece años que había sido víctima del abuso sexual del padre Jack McElroy, de la diócesis de Camden, durante dieciocho meses.

La madre denunció al sacerdote a la policía. Algunos detalles del abuso eran tan espantosos que la víctima no pudo decírselos a su madre, pero sí al abogado. *Los sacerdotes no hacen cosas como ésta,* pensó Rubino. McElroy confesó, se arrepintió, fue procesado y encarcelado. Rubino estudió la jurisprudencia en la materia, así como la literatura jurídica y artículos periodísticos, y pidió consejo a abogados de otros estados. Nueva Jersey era uno de los pocos estados con una ley de inmunidad para instituciones benéficas que eximía a las iglesias y organizaciones de voluntarios de demandas por negligencia. Aun así, Rubino envió una carta a la diócesis de Camden exigiendo 700 mil dólares para su joven cliente. Para su sorpresa, la Iglesia no se negó. Los aseguradores de la diócesis negociaron dividir la compensación en anualidades a lo largo de varios años. *No quieren poner a prueba la ley de inmunidad,* concluyó el abogado.

El acuerdo exigía que ambas partes comparecieran ante el tribunal a una sesión de consejo. El *Philadelphia Inquirer* publicó una pequeña nota al respecto. Otra de las víctimas de McElroy llamó a Rubino. Sin pérdida de tiempo el abogado escribió a la diócesis de Camden, y esta vez exigió 800 mil dólares. Una vez más, la Iglesia aceptó.

Rubino se quedó intrigado y preocupado. La parte que le tocaba pagar a la Iglesia, 15 por ciento según sus cálculos, se tomaría del dinero que gente como sus padres, buenos católicos como él, depositaban en el cesto de los domingos o donaban al obispo. Nadie paga grandes cantidades si la ley está de su lado, a menos que tenga algo que ocultar. Conforme más víctimas acudían a él, Rubino, el ex fiscal, empezó a sospechar que varias diócesis de Nueva Jersey ocultaban una cultura de transgresores sexuales. En 1992, cuando abrió un despacho propio con un socio, Ed Ross, la cuarta parte de su clientela eran víctimas de sacerdotes. La mayoría de los religiosos no eran procesados porque las víctimas ya eran demasiado mayores. Casi ninguno de los casos se consideraba agravio indemnizable en juicio civil, sino que se arreglaban extrajudicialmente como casos de daño personal.

Cuando la gente le pedía ayuda, Rubino decía: «Lo único que puedo conseguirles es dinero, y eso no los va a hacer sentir mejor al terminar el juicio. Lo que deben hacer es recuperarse y aprender a vivir bien.»

Sus clientes venían de hogares lo mismo rotos que armoniosos; los padres sentían una gran culpa. «No me he perdido ni un capítulo del libro de la perversión», expresó en una entrevista en 1993. «Hay aspectos de esto que todavía me horrorizan por mi educción conservadora. Atendí un caso en el que dos sacerdotes se pelearon a golpes por un muchacho de catorce años.»[2] Rubino, que tiene su hogar y su familia a unos pasos de la playa y de su despacho, experimentó episodios de horror y se hizo preguntas que nunca había imaginado: *¿Qué les pasó a los obispos? ¿Por qué hay tantos abusadores? ¿Qué mal aqueja a la Iglesia católica?*

A fines de 1992 se puso en contacto con el padre Thomas Doyle en su nuevo puesto en Hurlburt Field, Fort Walton Beach, Florida, una base aérea en el Golfo de México, situada entre playas de arenas límpidas y aguas color esmeralda. Volaba por distracción y también había descubierto las maravillas del buceo. Rubino le preguntó si podían verse. «Cuando usted quiera», dijo la voz al otro lado de la línea. «Aquí lo espero.»

Cuando llegó en un coche alquilado a la pequeña casa de la base, Rubino, que tenía la complexión de un luchador y una frente amplia, tuvo sentimientos encontrados. Como buen abogado, quería saber todos los detalles sucios de su adversario, y eso lo hacía preguntarse por qué seguir siendo católico.

Doyle, vestido con una camisa hawaiana, lo saludó con una sonrisa. A Rubino lo asombró el tamaño de su biblioteca: libros de historia de la Iglesia, derecho canónico, historia militar... los ordenados estantes reflejaban una personalidad regida por la precisión. Cuando se conocieron mejor, Rubino le contó que se había criado a pocas calles de la Casa de Estudios Dominica, donde Doyle vivió mientras trabajaba en la embajada. Rubino le planteó su frustración. No le sorprendía que las tácticas de defensa se hubieran vuelto más duras; así actúan los demandados corporativos. Lo que le carcomía era la arrogancia fría, pretenciosa, de que cuando un sacerdote violaba a un niño, la Iglesia se apresuraba a defenderlo, ocultarlo y trasladarlo. Ésa no era la Iglesia católica que Steve Rubino conocía.

—Sáquese algo de la cabeza —dijo Doyle—: la jerarquía *no* es la Iglesia. La Iglesia somos *nosotros:* los sobrevivientes, usted y yo.

—Eso no es lo que aprendí de chico —repuso Rubino, criado para considerar a los sacerdotes seres humanos extraordinarios que escogían el amor de la Iglesia y la obediencia a los obispos, y renunciaban al amor de una mujer y a tener familia. Muy molesto, agregó—: Nadie me dijo que eran una pandilla de jodidos ladrones corruptos.

—¡Supérelo! —dijo Doyle riendo.

A pesar de su tenacidad natural de abogado, Rubino no podía superarlo fácilmente. A Doyle le gustaba esa cualidad. También veía a un hombre que sufría un dolor espiritual y le respondió con una muestra del concepto visionario del Concilio Vaticano II sobre los laicos como el pueblo de Dios, los creyentes sin jerarquía, que eran tan importantes como los obispos en la expresión del amor de Dios. El trabajo de Rubino en favor de las víctimas tenía que hacerse, agregó Doyle; estaba ayudando a que se hiciera justicia a la gente y obligando a la Iglesia a reconsiderar su postura moral. La crisis sexual reflejaba la mentalidad anquilosada del Vaticano y de los obispos, que se creían poseedores de una verdad que todos los demás debían seguir.

—Si el obispo no tuviera algo de responsabilidad, no entregarían el dinero así como así —comentó Rubino.

—Es un encubrimiento que ha durado años. Por eso están dispuestos a pagar.

—¿Qué clase de encubrimiento? —preguntó Rubino.

Doyle volvió al concepto del pueblo de Dios. La jerarquía se consideraba a sí misma y al sacerdocio una casta superior. Los obispos tenían una obsesión con el secretismo porque la intimidad sexual estaba prohibida. «El bien de la Iglesia» era una frase muy utilizada por los jerarcas para intentar mantener el silencio de los padres de familia cuando, en realidad, trataban de acallar a la gente para que la Iglesia pudiera ocultar su corrupción. Mientras pudieran mantener el «escándalo» en silencio, seguirían pagando… y traicionando al pueblo de Dios.

—Si los obispos abordaran el problema de manera pública, en beneficio de las víctimas, no habría esta crisis —dijo Doyle—. No saben ser honestos.

Rubino no había leído un libro de teología en años, pero el concepto de pueblo de Dios le sonaba familiar y tenía mucho sentido para él. Se preguntó en voz alta cuánto bien podría hacer Doyle a la Iglesia si no estuviera recluido en una base aérea de Florida.

—Me pusieron obstáculos —explicó el sacerdote.

Rubino reconocía la frustración que había visto en policías y fiscales que trabajaban duro para encarcelar a los delincuentes; pero ellos tenían personal y a menudo trabajaban en equipo. Nunca había conocido a nadie como aquel sacerdote con su chillona camisa floreada, que hacía incisivas preguntas sobre las diócesis y los obispos de Nueva Jersey; un sacerdote aliado con los sobrevivientes del abuso y en contra de la jerarquía; un hombre que le hacía frente al mal.

Rubino quería entender la mentalidad de los obispos: como estadounidenses, como sacerdotes, ¿cómo podían justificar moralmente el traslado de un McElroy, un Poter, un Gauthe?

Doyle citó los cánones de la Iglesia relativos a las penas para el abuso sexual de menores, y al proceso secreto que podía terminar con la secularización de un sacerdote.

Salpicaba la charla con comentarios sobre los obispos: «Saben muy bien lo que está mal, pero no tienen las agallas para enfrentarlo». Steve Rubino comparó su espiritualidad golpeada con la rabia de Doyle. *Este hombre debería ser obispo, cardenal,* pensó. Ver al complejo soldado-sacerdote redefinir su relación con la Iglesia hizo que Rubino se sintiera humilde. Entonces, como buen abogado, cambió el tema. Le dijo a Doyle que en el juicio del Dalkon Shield le había llevado años hallar documentos incriminatorios.

—En los casos de la Iglesia católica —añadió— veo una obstrucción sistemática de la justicia.

—Está usted en lo cierto —contestó Doyle.

El derecho canónico daba al obispo la opción de proteger al sacerdote. El canon 1341 sostenía que no debía removerlo sino hasta haber confirmado que el escándalo no podía «repararse». Esto no impedía que otro obispo aceptara a un abusador de menores, incluso si lo habían advertido. El problema era mantener hombres sexualmente disfuncionales en una cultura de privilegio clerical. El clericalismo —la búsqueda del poder eclesiástico a expensas de los laicos— promovía el reciclaje de los transgresores por toda la zona del escándalo. El derecho canónico tenía sus lagunas. El concepto de «corrección fraternal» estaba plagado de situaciones de abuso, ya que permitía que un obispo perdonara a un sacerdote poco preocupado por aquellos contra quienes había pecado, los niños violados y sus familias, que cargarían durante muchos años con las consecuencias del abuso. Doyle tenía muy claro lo que creía: la obsesión de la jerarquía con la protección de los sacerdotes era una burla para el pueblo de Dios.

—Siga adelante —dijo Doyle—. Tenemos que persistir en esto para que vean que la Iglesia somos *nosotros,* no *ellos.*

Palabras y actos

El 17 de junio de 1993, tras cuatro años de discusiones secretas con Roma, los obispos de Estados Unidos formaron un comité públicamente para estudiar los procedimientos para la remoción de sacerdotes y el apoyo de las víctimas. Cuando Barbara Blaine y otros líderes de grupos de sobrevivientes se reunieron con un contingente de obispos, el cardenal Roger Mahony, de Los Ángeles, lo llamó «una de las experiencias más conmovedoras que he vivido».[3] En una encíclica el Papa dijo: «Comparto totalmente su pesar y su preocupación, especialmente… por las víctimas».[4] En Los Ángeles, un sacerdote de nombre Michael Wempe fungía como capellán en el Centro Médico Cedars-Sinai, cuyas autoridades no sabían que el cardenal Mahony lo había enviado a una institución de tratamiento al enterarse de que había abusado de dos niños en 1988. Mahony no lo despidió sino hasta que los noticieros divulgaron el caso, en 2002.[5]

A raíz de las noticias de 1993, Tom Doyle, en Fort Walton Beach se dio cuenta de que los líderes de la Iglesia no harían nada sino bajo presión. El cardenal O'Connor, ex contraalmirante de la Armada, había dicho: «Hace mucho tiempo que habríamos debido arrodillar, golpear el pecho y pedir la misericordia de Dios». Sin embargo, cuando un sacerdote de Nueva York se declaró culpable de haber sodomizado a un muchacho de dieciséis años, los abogados de la Iglesia respondieron a una demanda civil diciendo que el muchacho lo había hecho «por propia voluntad». En Filadelfia, cuya diócesis regía un viejo amigo de Doyle, el cardenal Bevilacqua, los padres de un joven que había sufrido abuso durante de adolescente fueron contrademandados por no haberse enterado del momento en que sucedió. «Los abogados de la Iglesia culpan a los abogados demandantes por ventilar los juicios en la prensa», señaló el *Wall Street Journal.*

«Sin embargo, hay quienes no pueden digerir la ironía de la reacción implacable de la Iglesia.»[6]

Doyle veía en los obispos que recurrían a abogados defensores una alianza codependiente. Se hizo amigo de Rubino: compartía su indignación y admiraba su tenacidad. El abogado había finiquitado veinticinco casos con compensación monetaria y tenía otros cuarenta en proceso. (También había rechazado setenta y cinco porque el delito había prescrito.) En 1990 obtuvo una compensación de 2.3 millones de dólares para una de las víctimas de Camden. En junio de 1993 interpuso una demanda federal por extorsión contra los obispos y diócesis de Nueva Jersey, y la Conferencia Nacional de Obispos, en Washington. Uno de los demandantes, Gary Hayes, era un sacerdote que había sufrido abuso cuando era monaguillo. La demanda acusaba a dos sacerdotes mayores de crear una banda para cometer los abusos. Rubino sacudía la dinámica estructural, la manera en que el sistema clerical protegía a los infractores. Los abogados de la Iglesia negociaron un arreglo extrajudicial en el juicio de Hayes.

A fines del verano de 1993, Rubino acudió a la arquidiócesis de Cincinnati en nombre de un hombre de treinta y dos años enfermo de sida: Steven Cook, que vivía en las afueras de Filadelfia. Mientras su sistema inmune iba de mal en peor, se sometió a hipnosis para aliviar el dolor que le causaba la disentería. Durante la hipnosis empezó a recordar sus encuentros sexuales con un sacerdote cuando tenía dieciséis años. Un estudiante de leyes lo remitió a Rubino.

Cincinnati está construida sobre siete colinas. El lado este tiene cafés de moda, zonas residenciales y casas victorianas que dominan un entramado de almacenes. Cook se crió en el lado oeste, de población mayoritariamente obrera. Cincinnati corresponde a la arquidiócesis de Ohio. El complejo de seminarios llamado Athenaeum se extiende sobre una colina, con columnas toscanas y arcadas que le dan un aura neoclásica. En 1975, cuando estudiaba el bachillerato, Steve Cook pasaba los fines de semana en el seminario, en un programa para fomentar la vocación de futuros sacerdotes. Sus padres tenían una imprenta. Tenía una hermana mayor y un abuelo al que adoraba. A los siete años había sido monaguillo. Cantaba en el coro de su escuela, la Elder Catholic High, pero en general procuraba pasar inadvertido.

Alejado de su padre, que tenía dos empleos, no quiso hablarle a su madre sobre otro muchacho de dieciséis años con el que había despertado a la vida sexual. Más o menos por esa época conoció al padre Ellis Harsham.

El sacerdote enseñaba biología en el seminario y era famoso por dar fiestas en las que había alcohol, marihuana y películas pornográficas. Greg Flannery, que fue seminarista entre 1974 y 1975, asistió a una fiesta en la que Harsham pasó «una película de una mujer que tenía relaciones sexuales con un perro pastor alemán... Me pasé el rato mirando al suelo. Me hizo sentir sucio».[7] Flannery, que no conoció a Cook, dejó el seminario decepcionado por la laxitud moral. El arzobispo de Cincinnati en ese entonces era Joseph Bernardin. Rubino se preguntó cuánto sabría Bernardin sobre Harsham.

Cook entró en el seminario en 1977, precisamente cuando Harsham se cambió a un bachillerato. Cook dejó el seminario en 1979, al darse cuenta de que era homosexual. En 1980 su padre murió en un accidente automovilístico. Steven se graduó con honores en la Universidad Xavier en 1981 y se fue de la ciudad en una racha de sexo y drogas. En 1985 lo detuvieron por posesión de drogas en Filadelfia, entró en un programa de deshabituación alternativo a la pena de cárcel y llegó a ser consejero de rehabilitación.

El *Decree on Child Abuse* (Decreto sobre el abuso de niños) del arzobispo de Cincinnati, Daniel Pilarczyk, publicado en 1993, disponía una investigación conjunta con las autoridades civiles, y que el canciller de la arquidiócesis suspendiera a los sacerdotes acusados. En agosto de 1993 Rubino se comunicó con el canciller, el padre Daniel Conlon. El 1 de septiembre éste tuvo una emotiva reunión de seis horas con Rubino y Cook. Además de denunciar la conducta de Harsham, Cook dijo que en esa época se había reunido con Bernardin. Rubino le escribió después a Conlon: «Estoy muy preocupado con la incapacidad del Steven para recordar algunos detalles», refiriéndose a lo que Cook creía que había ocurrido en los aposentos privados de Bernardin. «Steven persigue estos recuerdos sabiendo que le queda poco tiempo, y me parece que el padre Harsham, en aras de la decencia, tiene la obligación ineludible de dar la cara y decir la verdad.»[8]

Un mes después Conlon escribió para decir que la acusación contra Harsham no estaba «fundamentada por lo pronto». El decreto no se aplicaría, pero la arquidiócesis estaba dispuesta a contribuir para los gastos de terapia, ya que Harsham había admitido:

> expresar su afecto con abrazos, aunque no recordaba besos... Harsham reconoce que el señor Cook y él bromeaban mucho de manera inocente sobre cosas sexuales, y que en una ocasión le dio al señor Cook una parte de una película pornográfica... Niega haber tenido contacto sexual alguno con él, haberlo llevado a cines para adultos o clubes de bailarines desnudistas o... haberle dado marihuana u otras drogas psicotrópicas.

La carta añadía, casi como una invitación para una demanda:

> El padre Harsham admite (y otros lo confirman) que lo removieron del cuerpo docente del seminario a fines del año lectivo 1976-1977 debido a un incidente de índole sexual con un seminarista adulto. Mi investigación no ha hallado ningún indicio de que las autoridades del seminario o de la diócesis supieran de la conducta sexual inapropiada del padre Harsham antes de esa fecha.

Harsham estaba recibiendo terapia de consejo e iban a reevaluarlo, concluyó el canciller, pero había dejado una puerta abierta para atacar la credibilidad del sacerdote. Si el arzobispo Pilarczyk hubiera llegado a un acuerdo monetario con Cook, no habría habido litigio, y la amenaza velada de Rubino sobre «perseguir recuerdos» de Bernardin habría cesado. Pero Pilarczyk, el único prelado que llamaba a su política «decreto», no lo habría aceptado. «El padre Harsham niega haber llevado jamás al señor Cook a visitar al arzobispo Bernardin en sus aposentos privados», escribió Conlon, y añadió que era algo «inverosímil».

La memoria retardada —la idea de que las víctimas de un trauma pueden enterrar los recuerdos que les resultan demasiado dolorosos para enfrentarlos, y que luego los van evocando poco a poco o súbitamente años después— era un asunto controvertido. La mayoría de los casos de abuso en el clero no giraban en torno a recuerdos reprimidos, aunque como señaló el doctor Bessel van der Kolk, psiquiatra de la Universidad Harvard que trabajó con víctimas de trauma: «Muchas de las víctimas de Porter tenían memoria retrasada.»[9] La memoria siempre está expuesta a la suspicacia. El olvido —o la memoria selectiva— es parte del proceso de envejecimiento. Los recuerdos provienen de «sensaciones corporales con las cuales asociamos una historia», agregó Van der Kolk. «Pero la historia puede o no ser lo que realmente representa esas sensaciones.»

Steve Cook se molestó con la carta de Conlon, y también estaba desesperado ante el progreso de su enfermedad. Las imágenes de Bernardin le acudían la mente: imágenes sexuales en las que él era la víctima. ¿Estaría recordando? El hombre tenía un libro que según él Bernardin le había dado. Rubino sentía que, pese a su memoria fragmentada, Steven decía la verdad. Después de años de litigar contra la Iglesia, el abogado estaba horrorizado de la cultura eclesiástica. En su cliente destrozado por el sida veía los estragos hechos por los delitos de la Iglesia. Después de lo sucedido en Cincinnati, Rubino no quiso llamar a los abogados de la arquidiócesis de Chicago para negociar. Había seguido el desarrollo de las contrademandas entabladas contra las dos familias de la ciudad en el litigio contra el párroco de Northbrook; un detective privado había hurgado en la basura en busca trapos sucios de personas que ya habían pasado por un infierno antes de llegar al tribunal.

Tom Doyle sentía la misma repugnancia hacia las tácticas de defensa en Chicago. Pensaba que a Bernardin le preocupaba más su imagen que una investigación veraz de la dinámica sexual del sacerdocio. Sin embargo, por otra parte, el cardenal había removido a veintitrés sacerdotes, algo que ningún otro prelado había hecho. Su informe de la comisión, aunque inexacto por los prejuicios sobre el caso de Northbrook, era más de lo que había hecho cualquier otra diócesis. Después de hablar varias veces por teléfono con Cook, Doyle aceptó ser testigo de la acusación. Estaba convencido de la culpabilidad de Harsham, pero tenía sus dudas sobre Bernardin. Su testimonio se basaría en las pruebas que Rubino proporcionara.

La ambivalencia de Doyle sobre Bernardin reflejaba sus dudas sobre la jerarquía. Desde su casa en la base aérea podía ir a pie a las blancas arenas del Golfo de México y contemplar sereno la belleza de Dios. Doyle era ya un soldado en más de un sentido. Las batallas legales se habían generalizado y aceptaba su función en aquella guerra. En cuanto a sus resquemores sobre Bernardin, no sabía qué creer.

Había otra situación legal que empañaba el pasado de Bernardin. Un joven de Dakota del Norte sostenía que un obispo de la diócesis de Winona, Minnesota, había abusado de él cuando era seminarista, a principios de los años ochenta, en una fiesta desenfrenada en la que estaban presentes otros obispos, entre ellos Bernardin. No había ninguna constancia del asunto. Varios abogados sabían de estas acusaciones, incluido Jeffrey Anderson, quien se había negado a llevar el caso. El joven de ese caso podía ser un importante testigo para Cook.

La demanda de Rubino decía que, en octubre de 1993, Cook «empezó a recordar el abuso sexual cometido en su contra cuando era menor de edad por el acusado Bernardin». Denunciaba a Harsham por haber abusado de Cook cuando era adolescente, darle marihuana, alcohol y pornografía, y haberlo llevado a los aposentos privados del arzobispo, donde éste supuestamente tuvo relaciones sexuales con él. Rubino planeó presentar la demanda el viernes 12 de noviembre de 1993 en Cincinnati, para que coincidiera con la convención nacional de obispos que se llevaría a cabo la siguiente semana en Washington.

La cadena de noticias CNN preparaba un documental sobre el escándalo en general, para televisarlo el domingo 14. La reportera Bonnie Anderson se puso en contacto con Rubino y éste le ofreció una entrevista exclusiva con Cook. Al filtrarse la noticia de la demanda, Mary Ann Ahern, de WMAQ-TV, filial de la NBC en Chicago, llamó a Bernardin, que no había visto la presentación. «Hay una cosa que sí sé —dijo con firmeza—, y lo digo categóricamente: nunca he abusado de nadie en toda mi vida, en ningún lugar ni en ningún momento».

Al día siguiente Harsham negó las acusaciones ante los reporteros en su parroquia de Dayton.

El cardenal Bernardin habló en una conferencia de prensa en Chicago, transmitida en vivo por muchas cadenas: «Todo lo que se dice de mí en ese juicio, las acusaciones, son totalmente falsas —dijo en tono tranquilo frente al mar de micrófonos—. Me reconfortan los miles de llamadas y faxes que he recibido.»[10] Hasta la primera dama Hillary Clinton lo había llamado para expresarle su apoyo.

Bernardin pidió al grupo de reporteros que lo rodeaba:

—Ténganme presente en sus oraciones.

—¿Qué pensó cuando se enteró de los cargos?

—Me quedé atónito. ¿Cómo podía ser? Sobre todo, sentí tristeza. Me preocupa más mi gente. —No renunciaría hasta que se celebrara el juicio, pero acataría cualquier decisión de la Oficina de Revisión de Aptitudes Profesionales, establecida por él.

—Mi vida es un libro abierto —añadió en medio de flashazos.

Alguien le preguntó lo inevitable:

—¿Qué se siente?

Mirando a quien le hacía la pregunta, respondió:

—Me siento herido. Soy un ser humano —se llevó las manos al pecho—. Tengo sentimientos y corazón.

—¿Lo habían acusado antes?

—Soy sacerdote desde hace cuarenta y dos años y obispo desde hace veintiocho. Cualquier persona pública con opiniones controvertidas está expuesta a ataques. Siempre hay acusaciones. Pero es curioso, sólo me han acusado tres veces, todas este año.

—¿Cuáles fueron las otras dos? —preguntó un periodista.

—Una —dijo con un suspiro— fue de una mujer de otro estado que quiso implicarme en un rito satánico supuestamente realizado hace treinta y cinco o treinta y seis años. La otra fue de un joven, también de otro estado, que me acusó a mí y a otros varios de participar en una especie de orgía con él.

—Y ésas —añadió riendo— son totalmente falsas.

Cuando empezaba otra pregunta interrumpió:

—Es todo lo que tengo que decir sobre el tema.

Un reportero le preguntó si era sexualmente activo. Con una débil sonrisa le respondió:

—Tengo sesenta y cinco años. Puedo decirle que he llevado una vida casta y célibe.

Subrayó que no recordaba haber conocido a Steven Cook. A eso se reducía todo. ¿Debía el público creer a un cardenal que alegaba castidad de toda la vida o a un joven homosexual que moría de sida? Bernardin dijo no saber nada de una foto en la que aparecían juntos.

—Un arzobispo les da la mano a incontables personas. No puedo negar que lo haya podido conocer —explicó, y salió airoso de la conferencia a pesar de la presión.

Una hora después, la cadena CNN alternaba fragmentos de la conferencia de Bernardin con otros de la entrevista de Bonnie Anderson con Cook. «Recuerdo que entré en su habitación privada», recordó el joven. «Tomamos unas Pepsis. Me dio algunos regalos muy bonitos y después me llevaron a su dormitorio y me penetró analmente.» Le temblaba el mentón; bajó la cabeza. Era bien parecido, de pelo rubio y bigote castaño. Se limpió las lágrimas. «Realmente no sé si se puede expresar con palabras cómo es ese dolor. Te destroza tu mundo, te destroza el alma, la vida.» La rabia se le dibujó en el rostro. «¡Quiero que la Iglesia se deshaga de esta plaga, de esta maldad! Pido a otros que hayan sido usados y violados por él que den la cara y cuenten su historia.»

Anderson, ex corresponsal de la NBC en Beirut, le preguntó si aceptaría una indemnización monetaria. Cook la interrumpió: «Encontré mi voz. Nadie me va a comprar. No aceptaré nada menos que su renuncia y una disculpa pública.»

En Dayton, a una hora en auto de Cincinnati, Ellis Harsham era director de ministerio en la Universidad Estatal Wright. Estudiantes y miembros de su parroquia celebraban una velada de oración. Su abogado calificó los cargos de «difamatorios». Pilarczyk, el único obispo doctorado en estudios clásicos, comentó que la demanda era «basura que no merece sino desprecio». La Radio Vaticana atacó la demanda llamándola «sucia y digna de rechazo». Una declaración de S.N.A.P. decía: «Este lenguaje hostil no le sirve a nadie: ni al demandante, ni al cardenal, y sin duda tampoco a la Iglesia».[11] La Radio Vaticana emitió una aclaración: estaba citando a Pilarczyk.

Jeanne Miller exhortó a Bernardin a renunciar conforme a la política de la arquidiócesis, pero como Cook no estaba dispuesto a hablar con la Junta de Revisión de Aptitudes, ésta apoyó al cardenal. David Clohessy, de S.N.A.P., reiteró lo difícil que era para un sobreviviente enfrentarse con la Iglesia. Barbara Blaine alabó a Bernardin por su prudencia. Cuando Clohessy vio a Bernardin detenerse a responder a la prensa (a diferencia de Porter, que había huido de las cámaras), pensó: *El cardenal no actúa como un hombre culpable.*

En Irlanda, donde estaba de viaje, el padre Greeley declaró: «No creo en las acusaciones… Nosotros [en la Iglesia] hemos protegido durante tanto tiempo a los culpables que nos resulta muy difícil proteger a los inocentes... Comenzó la temporada para cazar sacerdotes.»

La «memoria falsa» se volvió un mantra en los medios cuando empezaron a surgir las comparaciones con la caza de brujas de Salem. Los columnistas acudieron en apoyo de Bernardin. Casi de un día para otro, el escándalo de los obispos que encubrían a los abusadores se convirtió en una parábola mediática sobre la memoria. Los caprichos de la mente y los terapeutas charlatanes se volvieron el tema de conversación. La revista *Time* publicó una portada con la cara de Freud desarmándose como un rompecabezas. Con el apoyo de Roma, Bernardin asistió a la junta de obispos en Washington y recibió una ovación de pie del cuerpo episcopal que tanto le había costado construir. Al aplaudirle, se aplaudían a sí mismos, los pastores tanto tiempo vapuleados por demandas y ataques de los medios. La marea de la opinión pública se volvía ahora contra la cultura amarillista que se precipitaba a condenar a los acusados.

Sin embargo, a pesar de que Bernardin se consolaba con los aplausos y las expresiones de afecto en sus tareas diarias, las acusaciones, como escribió su amigo Eugene Kennedy, «lo habían golpeado muy duro y herido en el alma y el espíritu».[12] El cardenal confió a Kennedy y su esposa: «Me levanto a media noche y me veo sentado en el banquillo mientras me acusan falsamente una y otra vez», pesadilla extrañamente parecida a las de Mark Brooks, el ex seminarista de San Diego, aunque en sus sueños todos estaban desnudos.

Los abogados de Bernardin pidieron un juicio rápido y el juez aceptó. Se inició un acelerado proceso de aportación de pruebas. Rubino intentaba conseguir información del joven de Dakota del Norte, el ex seminarista de Minnesota que había negociado una supuesta compensación de 70 mil dólares. Una fuente de la arquidiócesis de Chicago le dijo a Berry que los documentos de viaje demostraban que Bernardin no había estado en el seminario de Winona en las fechas en cuestión. El abogado Serritella negó que la arquidiócesis hubiera pagado algo para resolver la disputa. Ése era el cargo de «orgía» que Bernardin había mencionado en su conferencia de prensa.

La esperanza de Rubino de que la cobertura de los medios animara a hablar a otras víctimas se cumplió parcialmente el 20 de noviembre, cuando el *Dayton Daily News* informó de tres hombres que habían jugado futbol en la escuela Carroll High a principios de los años setenta y que decían que el padre Harsham les había hecho propuestas sexuales. Después de ese reportaje, otros tres hombres se pusieron en contacto con el periódico.[13] Dos dijeron que Harsham «había tenido sexo oral con ellos a principios de los años setenta, después de que habían recurrido a él en busca de consejo cuando eran adolescentes... [y] que había utilizado pornografía para convencerlos de tener relaciones sexuales con él».

Harsham retó a estos hombres a informar a la arquidiócesis «si creen en esas acusaciones». El *Decree on Child Abuse* (Decreto sobre el abuso de niños) no preveía las quejas anónimas. Cuando empezaron a surgir más historias sobre Harsham, un vocero de la Iglesia pidió a las víctimas ponerse en contacto con el padre Conlon, lo cual Cook había hecho sin ningún resultado.

Mientras los reporteros investigaban a fondo el pasado de Cook, Steve Rubino estaba en el hospital, donde su esposa había dado a luz un niño. Al revisar sus llamadas, supo que la cadena WLS-TV de Chicago había desenterrado una evaluación médica de Cook de 1984, cuando fue arrestado en Filadelfia por posesión de drogas y el tribunal le ordenó ingresar en un programa de rehabilitación. A la pregunta de si había sufrido otros abusos sexuales en su vida, Cook había respondido: «Cuando tenía 16 años, un par de sacerdotes solían emborracharme y tratar de chuparme.» La cadena de televisión presentó el documento como si fuera la prueba definitiva: Cook no había olvidado el abuso. Rubino señaló que Cook había dicho «sacerdotes», no «arzobispo», pero sabía que se avecinaba un problema. Si todo era cuestión de la memoria, si Cook recordaba eso en 1984, ¿cómo podía haberlo olvidado en 1993?

«Siento una gran pena por él», dijo Bernardin sobre su acusador. «Tengo muchas ganas de conocerlo. Quisiera rezar con él y consolarlo.»[14]

Mientras la CNN disputaba una moción de los abogados de Bernardin, que pedían los videos de las entrevistas con Cook, éstos hicieron testificar a la hipnotista. Aunque tenía alguna capacitación, carecía de licencia de hipnotista y no se imaginaba que las dos sesiones para aliviarle el dolor de la disentería la pondrían entre dos fuegos. No había grabado las sesiones ni había documentado la memoria de Cook antes, durante y después de las sesiones. Su testimonio fue un revés para la causa de Cook. Aún más devastadora fue la revelación de que a Cook también lo había hipnotizado un terapeuta calificado en Cincinnati a fines de los años setenta y no había dicho nada sobre Bernardin. Cook retiró las acusaciones contra el cardenal el último día de febrero de 1994 y dijo en una conferencia de prensa: «Ahora me doy cuenta de que los recuerdos que surgieron durante y después de la hipnosis no son fiables. Mi conciencia no me permite seguir adelante con la demanda.»

Cuando se le preguntó si se había equivocado al demandar al cardenal, Rubino dijo: «En retrospectiva, sí.»[15]

Aunque Rubino cometió errores, fue la actitud de Cook, que no le dio detalles sobre su pasado —en particular las primeras sesiones de hipnosis—, lo que impidió acusar a Bernardin. La demanda contra el cardenal no debería haberse presentado, pero el cliente de Rubino tenía una parte de razón. El contenido general de la primera acusación, que Harsham había abusado de Cook, permitió que se llegara a un acuerdo extrajudicial de indemnización con la arquidiócesis de Cincinnati. En eso, Rubino le cumplió a su cliente. El cardenal Bernardin se reconcilió con Cook y ofició una misa para su ex acusador en una reunión privada. Cook murió de sida poco después.

Este drama legal obligó a muchos directores de publicaciones a preguntarse si la cobertura de los sacerdotes aberrantes había ido demasiado lejos. Después de todo, los abusadores de niños se encontraban en todos los sectores de la población, y ahora se había manchado la imagen de un cardenal.

Doyle comprendió que el movimiento de los sobrevivientes había sufrido un enorme golpe. La dura experiencia de Bernardin, a pesar de su gran interés y dramatismo, no ofrecía ninguna garantía de que los obispos cooperarían con las autoridades o ayudarían a las víctimas. La jerarquía no tenía una política coherente, como constataron David Clohessy y Barbara Blaine a juzgar por el número de sobrevivientes cuyos victimarios seguían ejerciendo el sacerdocio.[16]

Los acontecimientos que rodearon a Bernardin tuvieron consecuencias que recibieron mucha menos atención de los medios. Cuando se presentó la demanda en Cincinnati, varios hombres de Charleston, Carolina del Sur, donde Bernardin había empezado su sacerdocio, se pusieron en contacto con el abogado Denis Ventriglia. Los hombres se acordaban de Bernardin, quien vivía en la rectoría a mediados de los años cincuenta, cuando eran niños y eran víctimas del abuso del padre Frederick Hopwood. Ventriglia pronto se hizo de ocho clientes. Los funcionarios clericales de Charleston lo remitieron al despacho de James Serritella en Chicago, que realizaba las negociaciones. «Yo sabía que podíamos ser una espina», dijo Ventriglia. «Mis clientes habían sufrido graves daños. Los abogados de Chicago sabían lo perverso que era Hopwood.» La convivencia de Bernardin con Hopwood mientras este último abusaba de menores no había recibido cobertura nacional de los medios, aunque quizá no habría tenido ningún efecto. El 21 de marzo de 1994, Hopwood se declaró culpable de un cargo de acto obsceno con un menor. Ventriglia consiguió compensaciones extrajudiciales en 1995. Hopwood se mudó a Nueva Jersey. La diócesis de Charleston lo tiene registrado como «retirado», no secularizado.[17]

La estrategia legal del despacho de Chicago de atacar a los demandantes problemáticos continuó en el verano de 1994, cuando la primera familia de Northbrook perdió el juicio. El niño que tenía siete años cuando dijo a sus padres que había sido víctima de abuso ya era un adolescente fornido, se sentía incómodo en el estrado de los testigos y un experto en «memoria falsa» puso en duda su testimonio. Los padres, agotados tras una batalla legal de seis años, no rindieron declaraciones fuertes. Lo más importante para la defensa fue que al segundo niño que acusaba al párroco, Lutz, de abuso no se le permitió testificar. Ver a la familia arrasada por la aplanadora legal de la Iglesia, y obligada a pagar por las contrademandas de Lutz, bastó para que la segunda familia retirara su demanda.

Después del furor que rodeó el caso de Bernardin, la amistad de Doyle y Steve Rubino se fortaleció. Cualesquiera que hubieran sido su errores, Rubino era un luchador al igual que él. El 17 de noviembre de 1994 el sacerdote estaba en la oficina del abogado cuando vio las noticias de Irlanda. El primer ministro Albert Reynolds renunció a raíz de que un sacerdote cuya extradición de Dublín se había aplazado mucho tiempo fue declarado culpable en Belfast y condenado a cuatro años de cárcel por abusar sexualmente de menores.[18] El sacerdote, Brendan Smyth, llevaba años asediado por acusaciones y protegido por su orden, los norbertinos, y por el cardenal Cahal Daly, de Dublín. El superior de Smyth renunció después del juicio. Cuando el procurador general que se oponía a la extradición llegó al Tribunal Superior de Irlanda, los partidos de oposición protestaron; el juez renunció, al igual que el primer ministro, y el gobierno se colapsó, lo cual hizo necesarias nuevas elecciones.

Falta mucho para que esto se termine, pensó Doyle.

Barbara Blaine, después de años de frustración en su trato con la orden religiosa de Chet Warren, recurrió a Rubino, quien le consiguió una indemnización. Blaine empezó a estudiar derecho, decidida a perseverar en su campaña contra la jerarquía de la Iglesia. Rubino también negoció con la orden trapense una indemnización a favor de Sarah Wilgress por el abuso que había sufrido, como estudiante de bachillerato en California, a manos de Vincent Dwyer. Dwyer dejó la orden, pero no el sacerdocio, y se estableció en Florida.

En 2002 surgió un extraño colofón a las acusaciones contra Bernardin. El reportaje del *Boston Globe* sobre el dinero que se pagaba por el silencio de las víctimas llevó a los reporteros Stephen Kurkjian y Michael Rezendes a investigar lo ocurrido en el seminario de Winona, Minnesota, y obligó al joven que recibió 70 mil dólares a retirar sus acusaciones.[19] El *Globe* se enteró de que había acusado a cuatro obispos de forzarlo a tener relaciones sexuales. Uno de ellos, Robert Brom, de San Diego, entonces era obispo de Minnesota. Una declaración de la Iglesia de San Diego explicaba: «Después de una cuidadosa investigación por parte de muchos abogados, han salido a la luz datos contundentes que contradicen las acusaciones [del ex seminarista]… retira voluntariamente las acusaciones… y acepta la ayuda que se le brinda para alcanzar una vida sana». La diócesis de Winona y su seminario pagaron una compensación y la demanda se retiró.

¿En verdad fue «voluntario» el retiro de las acusaciones? El arzobispo John Vlazny, de Portland, Oregon, que era obispo de Winona en ese entonces, dijo al *Globe* que la retractación había sido una condición previa para la compensación. Muchos reporteros buscaron en vano entrevistas con este hombre durante años. El ex seminarista habló por teléfono con Mark Brooks y, según éste, calificó su carta de retractación de «falsa».[20] Vlazny dijo al *Globe:* «Esto no me parecía asunto de justicia sino de caridad», pero no explicó lo que había sucedido en el seminario o por qué el hombre había recibido el dinero.

En noviembre de 1995, Bernardin recibía quimioterapia para tratar el cáncer que padecía y en una visita que hizo a Greeley éste lo vio «muy débil».[21] En sus últimas apariciones públicas, Bernardin habló con elocuencia sobre su muerte inminente. El diario que llevaba se convirtió en un póstumo *best seller.* Su funeral, en 1996, atrajo grandes multitudes. A esas alturas Tom Doyle se había marchado a una base aérea en las islas Azores, frente a la costa de Portugal. Por medio de su computadora y el correo electrónico se mantenía en contacto cercano con sobrevivientes, abogados y un creciente círculo de amigos.

SEGUNDA PARTE

El surgimiento de la Legión de Cristo

7

Evangelismo a hurtadillas

En cierto modo, la distancia del papa Juan Pablo II de la crisis sexual del clero era consecuente con su estilo de gobierno. El papa más viajero de todos los tiempos tenía la mente abstracta de un filósofo. Ningún papa de la historia moderna ha sido tan prolífico. Produjo una impresionante cantidad de escritos que confirman las enseñanzas morales del catolicismo con énfasis en el papel evangelizador de la Iglesia en el mundo. Al principio de su pontificado, el Banco Vaticano se vio envuelto en un escándalo con oscuros financieros. «Si se trataba de dinero», escribió Jonathan Kwitney, «simplemente no pensaba en él».[1] Lo mismo puede decirse de la sexualidad del clero.

El Vaticano es una ciudad-Estado de 43 hectáreas, con propiedades y universidades dispersas por Roma. Su presupuesto anual de doscientos millones de dólares es minúsculo comparado, por ejemplo, con el de California.[2] El Vaticano obtiene su mayor apoyo de las jerarquías de Estados Unidos, Gran Bretaña y Alemania. Aunque los litigios por abuso en los años noventa consumía los fondos de muchas diócesis, el golpe no se sintió con fuerza en el Vaticano. Las noticias de los escándalos tampoco eran de mucho interés para los medios italianos.

Los procedimientos parlamentarios del episcopado estadounidense para conferenciar y sus cartas pastorales, investigadas por personal diocesano, habían aumentado su presencia en el ámbito público. Juan Pablo II se sentía incómodo con esa autonomía para debatir; su mayor preocupación eran los obispos que no habían corregido el disenso doctrinal. El desacuerdo entre los obispos sobre si podía permitirse recomendar el uso del condón en campañas de seguridad pública para prevenir la propagación del sida no era del agrado del Papa. La encíclica de 1968 prohibía el uso de cualquier anticonceptivo artificial. Del lado estadounidense, a muchos obispos les habían indignado el trato humillante dado por el cardenal Ratzinger al padre Charles Curran cuando lo expulsó de la Universidad Católica.

En marzo de 1989 Juan Pablo II llamó a los prelados a Roma. El Vaticano envió una limusina al aeropuerto Leonardo da Vinci para recoger al arzobispo John F. Whealon, de Hartford, Connecticut, hombre alto, delgado e introspectivo y exitoso académico bíblico. El prelado vio a Gerald Renner recogiendo su equipaje y le ofreció llevarlo. A Renner, reportero del *Hartford Courant* que iba a cubrir la conferencia, le agradó la sencillez del arzobispo. Whealon no se molestaba en llevar un vocero. Cuando los reporteros llamaban, les respondía directamente. Vivía en un departamento de dos habitaciones en la casa de retiro de la arquidiócesis y conducía un auto económico. Sus años de jugador de balonmano terminaron tras una operación de cadera y otras cinco para extirpar un cáncer intestinal. Sin embargo, helo allí, a sus sesenta y ocho años, de vuelta en Roma, donde había vivido días de gloria en el Concilio Vaticano II.

Renner, nacido en Filadelfia, se graduó en la Universidad Georgetown en 1959 y empezó a trabajar en un periódico de Reading, Pensilvania, donde cubría el crimen organizado. En 1965 consiguió empleo como funcionario de prensa en la oficina del episcopado en Washington, D.C. En la última sesión del Concilio Vaticano II aumentó la tensión en Washington entre los tradicionalistas, leales a la curia romana, y los obispos inspirados por la idea de «actualización» del papa Juan XXIII. El cardenal James F. McIntyre, de Los Ángeles, hombre despótico y ruidoso, se enfrentó con el arzobispo John Dearden, de Detroit, que contemplaba un renacimiento de la Iglesia. McIntyre quería que los obispos se reunieran a puertas cerradas y dieran las noticias desde el púlpito. Dearden veía un modelo en el Concilio Vaticano II: los obispos y teólogos debían explicar el porqué de las decisiones de la Iglesia y dar mayor alcance al Evangelio.[3] «¿Qué beneficio puede obtenerse de permitir que los reporteros asistan a estas reuniones?», gruñó el viejo cardenal de Los Ángeles. «Mejoraría la calidad del debate», respondió un joven obispo de Minnesota.[4]

La primera reunión de la naciente Conferencia Nacional de Obispos Católicos,[5] en 1966, había terminado, pero hubo resúmenes diarios al igual que en el Concilio Vaticano II. Posteriormente, la organización adoptó una política de reuniones abiertas según ciertas reglas de orden, aunque las sesiones ejecutivas eran a puertas cerradas. Al salir de la conferencia de 1967, Renner se afilió como director de información a la Conferencia Nacional de Cristianos y Judíos en Nueva York, y luego fue su director ejecutivo en Chicago y Baltimore. En 1976 volvió al periodismo como director del Religion News Service. En 1985 se incorporó al diario de Hartford como escritor de religión.

La limusina atravesó el tráfico de la vía Aurelia y enfiló hacia la plaza de San Pedro. Whealon era uno de los treinta y cinco cardenales y arzobispos estadounidenses que asistirían a la reunión, de cuatro días, que empezaba el 8 de marzo de 1989. Los obispos habían elegido delegados, pero Juan Pablo II los descartó. Llamó a los líderes de la jerarquía designados por él, salvo el secretario general de la conferencia episcopal. Juan Pablo II quería una jerarquía como la de Polonia, que mostrara un frente unido y que dirimiera las diferencias en privado. Muchos obispos se preguntaban si el Papa, que había pasado la mayor parte de su vida bajo un régimen comunista, entendía cabalmente los impulsos democráticos de la jerarquía estadounidense.

Algunos de los prelados que llegaban todavía hablaban de la decisión sin precedentes de Ratzinger, que había retirado parte de sus poderes al arzobispo de Seattle, Raymond «Dutch» Hunthausen y se los había transferido a un obispo auxiliar. A Hunthausen lo habían acusado de «falta de firmeza» en 1986 por permitir que católicos y protestantes recibieran la comunión juntos; dejar que se celebrara una misa en la catedral para una organización de católicos homosexuales; permitir que se practicaran intervenciones quirúrgicas de esterilización en hospitales católicos, y por supuesta laxitud en las anulaciones de matrimonio. Ratzinger veía poco menos que un motín entre los obispos que enviaban cartas y llamaban a la curia para quejarse de que se habían sobrepasado ciertos límites. El Papa restauró los poderes de Hunthausen después de llegar a un acuerdo, propuesto por el cardenal Bernardin y otros prelados, que permitía a Hunthausen permanecer en su cargo de arzobispo. Roma salió airosa enviando un arzobispo coadjutor para que colaborara con el arzobispo de Seattle hasta su retiro.[6]

Whealon procuraba no intervenir en estos pleitos. Cuando era un joven estudioso de la Escritura, su postura era de «desacuerdo respetuoso» respecto a la interpretación literal de la Biblia prescrita por Roma. Junto con otras personas había llegado a ver en la Biblia una guía moral y religiosa; algunas historias, como la de Jonás en el vientre de la ballena, eran alegóricas. Las investigaciones indicaban que los evangelios no fueron escritos por testigos oculares, sino al menos una generación después de la resurrección de Jesús. Cuando en 1961 lo nombraron obispo auxiliar de Cleveland, Whealon le dijo en broma a un colega: «Tal vez ahora pueda hacer algo para que no nos quemen a todos en la hoguera».[7] Un año después, durante su participación en el Concilio Vaticano II, se alegró de que Roma aceptara normas interdisciplinarias para el estudio de la Escritura, la libertad religiosa, las relaciones ecuménicas y el fin de siglos de predicación contra los judíos.

Renner, que esperaba un conflicto en Roma y con esa idea había convencido a los directores del diario de hacer el viaje, estaba muy sorprendido del buen humor del arzobispo. Whealon disfrutaba sus recuerdos.

La limusina avanzó por una atestada carretera de cuatro carriles entre edificios de departamentos, moteles y gasolineras, hasta pasar frente a un largo edificio de cuatro pisos situado detrás de un alto muro de piedra. Una señal en la reja de acero advertía a posibles intrusos con la imagen de un pastor alemán enseñando los dientes y un letrero que decía *«ATTENTI AI CANI»:* cuidado con los perros.

—Ésas son las oficinas centrales de esa controvertida orden religiosa que tiene un seminario en Cheshire —comentó Whealon. Renner frunció el ceño. Cheshire estaba cerca de Hartford.

—¿Qué orden, arzobispo?

—Los Legionarios de Cristo.

Renner hizo una nota mental para investigar sobre los legionarios al volver a casa. La nostalgia de Whealon del Concilio Vaticano II despertó el sentido de la ironía de Renner. El concilio se pensó para abrir la Iglesia al mundo; sin embargo, desde entonces la lucha por lograr el *aggiornamento* se había convertido en un martirio para los católicos. Aquel soleado día de marzo de 1989, le dio las gracias al arzobispo por haberlo llevado y se registró en su hotel.

Al recoger su credencial en la oficina de prensa de la Santa Sede, Renner se enteró de que los arzobispos estadounidenses se reunirían con el Papa y cardenales de la curia romana en una sala subterránea del Vaticano, sin ventanas.

Un autobús pasaba todos los días por los arzobispos, que se hospedaban en dos casas religiosas, y los llevaba a una zona restringida del Vaticano. Los periodistas debían esperar a que terminaran las sesiones para recibir un informe de un panel de obispos. Los resúmenes escritos diariamente estaban llenos de eufemismos eclesiásticos. Los textos preparados de los discursos eran más útiles. Los visitantes estadounidenses revelaban lo suficiente para ampliar la información, y sacaron a la luz grandes diferencias sobre la tónica y la dirección de la Iglesia.

«La reunión histórica que comienza hoy es una oportunidad para dar una expresión más clara al vínculo de comunión eclesial y ministerial que nos une», explicó Juan Pablo II en su alocución inaugural, publicada por la oficina de prensa del Vaticano. «Intentaremos aclarar nuestra idea de hacia dónde quiere guiarnos el Señor.» Según los presentes, el Papa guardó silencio y tomó notas durante la mayor parte de las sesiones.[8]

El arzobispo John L. May, de San Luis, Missouri, presidente de la conferencia episcopal, rogó al Vaticano que comprendiera la importancia de los valores democráticos en el cambiante estilo de la Iglesia de Estados Unidos. «El autoritarismo es sospechoso en cualquier área del aprendizaje o la cultura», puntualizó. «Aseverar que hay una enseñanza de la Iglesia con autoridad eternamente obligatoria es un verdadero signo de contradicción para muchos estadounidenses que consideran el derecho divino de los obispos tan anticuado como el derecho divino de los reyes.» Aun así, añadió, la religión organizada florecía porque Estados Unidos permitía «una total libertad de pensamiento». Esta libertad también toleraba un lado oscuro de la cultura popular: un materialismo y «valores hedonistas ampliamente difundidos entre nuestro pueblo en algunos medios de comunicación».[9]

Si los estadounidenses pensaban que estaban haciendo algún progreso, la participación del cardenal Ratzinger los volvió a la realidad. Los obispos no debían permitir a los teólogos estar en desacuerdo, insistió. «Los teólogos han tomado el lugar del obispo como maestro, lo cual es causa de una creciente incertidumbre… Un obispo puede quedar reducido a simple administrador y moderador de la opinión teológica. Puede perder la responsabilidad de su enseñanza.» Rechazando una concepción matizada de la tolerancia, Ratzinger los exhortó a utilizar el poder de su posición de maestros «haciendo decidir a la gente, confrontándola con la autoridad de la verdad… Creo que no se puede ceder cuando está en juego la verdad, y tampoco sólo con el fin de mantener la paz».[10]

El cardenal dejaba poco lugar al *sensus fidelium* —la opinión de los fieles— y a la idea de que los laicos deben confirmar una enseñanza para darle autoridad. ¿Cuántos arzobispos podían pedir a los fieles obediencia a la encíclica de control de la natalidad de 1968 y esperar aceptación?

El cardenal Edouard Gagnon, un canadiense que presidía el Consejo Pontificio para la Familia, reprendió a los arzobispos por no protestar todo lo que debían sobre los programas de televisión que eran una forma de «pornografía sutil». Los valores morales se iban socavando por culpa de «películas y programas de televisión que fingen representar el estilo de vida normal en Estados Unidos». Gagnon condenó la degradación de la vida estadounidense a causa del divorcio, el aborto, la anticoncepción, el feminismo radical y enfermerías escolares que son «clínicas de aborto apenas disfrazadas».

Ningún estadounidense respondió a la retahíla de Gagnon.[11]

El cardenal Achille Silvestrini, que en ese entonces era prefecto de la Signatura Apostólica, el tribunal supremo de la Iglesia, se quejó de que los tribunales diocesanos estadounidenses concedían más anulaciones de matrimonio que los demás países del mundo juntos. Tres de cada cuatro anulaciones se concedían en Estados Unidos.[12] La curia consideraba que los tribunales diocesanos de este país eran demasiado indulgentes con los católicos divorciados. Antes de la revisión de 1983 de los códigos canónicos, las solicitudes de anulación se dirigían al Vaticano. El procedimiento era engorroso, caro y llevaba demasiado tiempo. Las recientes reformas permitían que las diócesis locales tomaran la decisión definitiva. «Se puede deducir que varios tribunales en Estados Unidos han adoptado su propio método», concluyó Silvestrini en tono cáustico.

El cardenal Edmund Szoka, de Detroit (quien después llegaría a ser funcionario de la curia), consideró que el argumento de Silvestrini era «de cifras y no de sustancia».

El arzobispo de Los Ángeles, Roger Mahony, dijo que los casos se estudiaban cuidadosamente. El año anterior su arquidiócesis había concedido mil anulaciones... y rechazado trece mil solicitudes de audiencia. Whealon, confiado en su tribunal de Hartford, se preguntó si otros países funcionarían peor. ¿Se realizaba el proceso «según las normas de justicia? Creemos que sí. Por lo tanto, pedimos que no se nos critique ni señale como algo fuera de lo común».

La conferencia terminó sin declaración formal. Los obispos estadounidenses pusieron su mejor cara, pero a los reporteros les quedó claro que la jerarquía de este país tenía órdenes estrictas: bajar el tono del debate público, mostrar un frente unido y utilizar la autoridad para criticar a los teólogos que no sostuvieran las enseñanzas de la Iglesia.

Cuando seis meses después Juan Pablo II rechazó las peticiones del episcopado estadounidense de que se le concediera autoridad para remover a los pedófilos del sacerdocio de manera menos engorrosa que como lo mandaba el derecho canónico, los representantes de la jerarquía de este país fueron a Roma a negociar el asunto. Los funcionarios del Vaticano se opusieron. Dijeron que la forma deficiente en que los tribunales estadounidenses manejaban las anulaciones de matrimonio mostraba que simplificar el proceso canónico para lidiar con los acusados de abuso de niños podía ser una amenaza para sus derechos.

La Legión en Connecticut

En los archivos del *Hartford Courant,* el periódico más grande de Connecticut, Renner no encontró una sola mención de los Legionarios de Cristo. La orden había mantenido una existencia casi subterránea desde que establecieron sus oficinas centrales en Estados Unidos, en 1965. Renner llamó al seminario, situado a cuarenta kilómetros de distancia, en Cheshire, con la esperanza de escribir un artículo especial.

«Tendrá que consultarlo con el padre Bannon y ahora no

está», le dijo el recepcionista. El reverendo Anthony Bannon era el director nacional de la orden. Renner le dejó su nombre y teléfono. Nadie le devolvió la llamada, y cuando llamaba él Bannon no podía atenderlo. El reportero fue personalmente al seminario, un inmenso edificio de piedra en medio de 47 hectáreas de bien cuidados jardines. El recepcionista, turbado, telefoneó a otra persona, y acudió un hombre vestido con alzacuello y sotana. Sin dar su nombre, le dijo a Renner que no podía estar allí sin el permiso de Bannon. Renner dejó su tarjeta.

Un día, en 1993, dio la casualidad de que Bannon respondió el teléfono. Tenía acento irlandés.

—Los legionarios no quieren publicidad —dijo.

Renner explicó que a sus lectores les gustaría saber sobre una orden cuyas oficinas centrales estaban en Connecticut.

—Nos hemos llevado decepciones con la prensa —repuso Bannon—. Lo que se dice se ha malinterpretado y distorsionado. Si no podemos ver el producto final, no nos interesaría.

Renner respondió amablemente que dar derecho a revisar un texto era periodísticamente inaceptable, pero le aseguró que escribiría un artículo especial, sin intención de avergonzar al grupo de Cheshire. Bannon dijo que no y se despidió.

¿Qué ocultarán?, se preguntó Renner. Tenía el escritorio lleno de comunicados de grupos religiosos ansiosos de publicidad. ¿Cómo atraían seminaristas los legionarios? ¿Y por qué tanto secreto?

La religión fascinaba a Renner tal como las campañas aceleran el pulso a los escritores de política. Veía a la Iglesia como un gran organismo propenso a los excesos de la humanidad. Había realizado varios reportajes sobre las prácticas de culto de los grupos religiosos secretos. Más allá de los principales credos había toda clase de líderes carismáticos que aprovechaban las necesidades espirituales de sus seguidores para obtener un control total, y creaban así un culto a la personalidad. El suicidio masivo en 1978 de Jim Jones y unos novecientos de sus seguidores en Jonestown, Guyana, era el ejemplo más impresionante entonces.

Los cultos de vez en cuando aparecían también en la Iglesia católica. La abadía benedictina de Regina Laudis, en la zona boscosa de Bethlehem, Connecticut, obtenía apoyo financiero de seguidores laicos que la visitaban para hacer retiros. A mediados de los ochenta, los críticos acusaron a la abadesa fundadora y a un sacerdote jesuita, el director espiritual de la abadía, de utilizar prácticas psicológicas coercitivas y manipuladoras para dominar a las monjas y a los creyentes laicos. Reunían a la gente en una docena de «comunidades cerradas», con un puñado de miembros dirigidos por «figuras de autoridad», generalmente un hombre y una mujer no casados entre ellos, y con monjas como «mentoras espirituales». En estas reuniones la gente revelaba detalles muy personales, incluso de su vida sexual. Así lo averiguó Renner para una serie de artículos publicados en el *Courant* en 1987. Se «desafiaba» a la gente a realizar un cambio radical. Una pareja dio un hijo en adopción para que el padre pudiera ser sacerdote y la madre monja, y dejaron a los abuelos llenos de dolor. Otra pareja renunció cuando les pidieron que entregaran a su bebé. En Regina Laudis se destruía a las familias y se le sacaba dinero a los fieles para empresas cuestionables.

La denuncia del *Courant* y otros informes llamaron la atención nacional hacia la abadía. El arzobispo Whealon defendió a la congregación, pero en privado pidió una investigación al delegado papal en Washington. Al no obtener respuesta, Whealon envió a un sacerdote de su personal a Roma para que hiciera indagaciones, lo cual atrajo a un grupo de «visitadores apostólicos» encabezado por el obispo Joseph J. Gerry, de Portland, Maine. En 1994, siete años después de las primeras quejas, el Vaticano designó a un monje benedictino para que supervisara la abadía, expulsó al jesuita y obligó a la abadesa a retirarse. El reverendo James J. LeBar, consejero del cardenal John O'Connor y del Vaticano sobre sectas y cultos, citó a Regina Laudis como una comunidad religiosa católica transformada en culto.[13]

Renner empezó a llamar a los sacerdotes de la zona. Un párroco había aceptado a dos seminaristas de la Legión para que catequizaran a los niños. «Los eché», dijo. «Parecían más interesados en que los niños participaran en actividades de la Legión.» Un funcionario de la arquidiócesis llamó a los legionarios «un grupo derechista pre-Concilio Vaticano II» orientado hacia los católicos tradicionalistas, sobre todo los ricos. «Su llamado vocacional se parece al de los infantes de Marina: Venga con nosotros, la vida es dura, somos estrictos, un ejército de Cristo. Todos en sotanas, cantos gregorianos, misa en latín.»

La tradición tiene su atractivo. «Trabajamos para ellos porque son de la vieja escuela», dijo Gloria Montano, de Milford, donde los legionarios se establecieron primero. «Cuando empezaron no sabían de dónde venía la comida. Necesitaban ayuda financiera, comida, todo.» Un sacerdote de la Legión había acudido a la parroquia de Montano a fines de los sesenta. Los parroquianos hicieron donaciones y colectas, y organizaban comidas los días festivos. En 1971 la Legión asentó su base en el pueblo contiguo de Orange, en una vieja escuela Montessori de cinco hectáreas que compró por 200 mil dólares.

El seminario de Cheshire originalmente había sido sede de una orden francesa, los Misioneros de Nuestra Señora de La Salette, que llegó a Estados Unidos en 1892 y prestaba sus servicios ministeriales a los católicos francocanadienses de Nueva Inglaterra. Al llegar los setenta, el número de católicos francófonos declinaba, al igual que las vocaciones. El 5 de noviembre de 1982, los Legionarios de Cristo compraron el terreno y el seminario por 2.9 millones de dólares. La orden de La Salette tenía una hipoteca de 2.7 millones. Los legionarios se atrasaron en los pagos y los padres de La Salette pensaron en demandarlos. Whealon, que no iba a permitir que dos órdenes católicas entablaran un pleito judicial en su jurisdicción, pidió ayuda a una agrupación católica laica, Los Caballeros de Colón, con sede en New Haven, adinerados a causa de su participación en el negocio de los seguros. Los caballeros absorbieron 2.3 millones de la hipoteca de la propiedad en 1990.

Sin embargo, sin la cooperación de los legionarios, no había mucho de qué informar. Un grupo se atrasó con su hipoteca; hubo algunas críticas hacia una orden que gastaba el dinero que no tenía para conseguir lo que quería. En marzo de 1996, el *Los Angeles Times* informó de un grupo de laicos asociados con los legionarios que habían comprado por 500 mil dólares al empresario multimillonario Patrick Frawley, de Encino, California, el semanario *National Catholic Register* y el tabloide *Twin Circle*, que presentaba artículos para toda la familia. En la última década el *Register* había disminuido su circulación de 57 mil a 22 mil ejemplares, y el *Twin Circle* de 52 mil a 15 mil. El *L.A. Times* informaba de la transacción sin la cooperación de la Legión. Los periódicos se trasladaron a Hamden, a veinte minutos en coche de las oficinas de la Legión en Orange, en un edificio de un solo piso y de 2 230 metros cuadrados adquirido por 780 mil dólares en 1992. En 1995 la Legión transfirió el título de propiedad a una asociación no lucrativa, Rossotto Inc., que se constituyó para administrar la operación de recaudación de fondos de la Legión, según los documentos de incorporación que se presentaron a las autoridades estatales. Bannon y otros dos sacerdotes se mencionaban como directivos de Rossotto.

Renner decidió arriesgarse y llamó al *National Catholic Register*. Joop Koopman, uno de los tres editores que se mudaron desde California, era demasiado nuevo en los legionarios para conocer su inclinación al secretismo, respondió como colega e invitó a Renner a que los visitara. Nacido en Holanda, Koopman hablaba un inglés perfecto y con gusto lo guió en un recorrido de las oficinas redecoradas, en un viejo almacén, con computadoras Macintosh nuevas. El edificio también albergaba la institución de recaudación de fondos. Operadoras con auriculares respondían los teléfonos. La Legión compraba listas de suscriptores a revistas católicas y de contribuyentes para las causas de la Iglesia y enviaba cartas en las que solicitaba donativos para capacitar seminaristas o financiar misiones para los pobres en México. En muchas de las peticiones, el sorteo «Lottery sweepstakes» ofrecía diez números para participar por premios de hasta cinco mil dólares por una donación de cinco.

Koopman explicó que el dinero para comprar los periódicos había salido de gente rica de una institución no lucrativa de Nueva York llamaba Circle Media. «Los legionarios no están dispuestos a participar en el trabajo cotidiano de los periódicos», agregó. Las publicaciones serían independientes y pagarían alquiler a la Legión. Koopman esperaba que el *Register* y el *Twin Circle* prosperaran con la inyección de dinero, energía e ideas de los nuevos propietarios.

En el lapso de un año, el reverendo Owen Kearns, de la Legión, se convirtió en director y despidió a Koopman, que llevaba diez años trabajando en el periódico. «Si no estás con ellos al ciento por ciento, te sacan», comentó el editor después. «Cuando se me pasó la conmoción, me sentí libre… No estoy amargado, pero desde luego no soy fanático de ellos.» Entró a trabajar en Nueva York para Cablevision.[14]

No se mencionaron nombres de directivos en los documentos de incorporación de Circle Media en 1995 en Albany, como lo permite la ley estatal. Un abogado de Manhattan, agente designado para la correspondencia, le dijo a Renner: «Si los padres no son abiertos, yo no puedo darle más informes.»

El reportaje de Renner en el *Courant* del 25 de marzo de 1996 fue el primero con alguna sustancia publicado en un periódico estadounidense sobre los Legionarios de Cristo:

> Una orden de sacerdotes moldeados al estilo militar evita la publicidad, pero prospera silenciosamente en el estado y tiene una creciente influencia en la Iglesia católica. Estrictamente disciplinados y tradicionalistas, los Legionarios de Cristo, fundados en México, atraen a los católicos que extrañan el estilo de la Iglesia anterior al Concilio Vaticano II… Los legionarios dirigen un seminario en Cheshire, donde doscientos jóvenes de sotana negra realizan sus estudios preparatorios para el sacerdocio antes de proseguir con su educación en España e Italia. El seminario está certificado por el Departamento de Educación del estado para emitir diplomas de bachillerato.[15]

Se presentaba a la Legión, entonces con 350 sacerdotes y dos mil seminaristas en dieciséis países, como una orden creciente. La Escuela Apostólica de la Inmaculada Concepción, en Center Harbor, New Hampshire, tenía setenta niños de entre séptimo y noveno grado que consideraban la posibilidad del sacerdocio.

Renner empezó a recibir llamadas de gente que le fue aportando más información.

ESCAPE DEL SEMINARIO

Stephen Jeffries, de Bristol, Connecticut, dijo que había escapado de un seminario de la Legión cuando los superiores le negaron el permiso para irse. Era una aseveración extraordinaria, dado el énfasis de la Iglesia, a raíz del Concilio Vaticano II, en el libre albedrío y la primacía de la conciencia contenidos en el derecho canónico.[16]

Jeffries, un teniente de treinta y dos años de la Guardia Nacional de Connecticut que había participado en la Guerra del

Golfo Pérsico, estaba sentado frente a Renner en un restaurante y le relató cómo había planeado su fuga de la Legión. Dijo que estaba atrapado en un sistema cerrado en el que los sacerdotes le decían que si perdía su vocación como sacerdote de la Legión, su alma enfrentaría la condenación eterna. «Eran un poco más que extraños», comentó con franqueza.

Jeffries se había criado en una familia devota y conservadora, y pasó el verano de 1995 en el seminario de Cheshire con otros candidatos para «poner a prueba su vocación». En septiembre los invitaron a hacerse novicios, primer paso de un proceso que puede llevar hasta trece años, según la edad de inicio y el grado de educación y madurez antes de la ordenación. Los legionarios llaman «hermanos» a los seminaristas desde el momento en que entran a hacer el noviciado de dos años.

Como novicio, Jeffries se encontró con que cada minuto del día estaba programado, desde que despertaban, a las 4.30 de la mañana, hasta que se iban a dormir a las 10.30 de la noche. Las clases de religión, latín, griego y español eran normales, pero los estudiantes tenían que memorizar 368 versos de reglas de un libro de rojo de tapas duras que regía todo, desde cómo comer (nunca comer una manzana entera, hay que pelarla en un plato) hasta la manera correcta de peinarse (con la raya del lado izquierdo). Se debía pedir permiso hasta para tomar una aspirina. Estaba prohibido hacer preguntas, las órdenes siempre debían obedecerse y no se podía hablar de manera crítica sobre la Legión. Los superiores leían toda la correspondencia. Las cartas que se enviaban a casa tenían que subrayar los aspectos positivos de la vida. Había que escribir cartas a seminaristas que no se conocían, «en otros frentes» (legionarios en otros países) y decirles lo mucho que se disfrutaba la vida dentro de la Legión. Sólo se tenía acceso al teléfono por un conmutador supervisado y con permiso de un superior.

Algunos novicios florecían con la disciplina. Los que se adaptaban mejor eran los más jóvenes, los que venían del internado de séptimo a noveno grado de la Legión en New Hampshire. Algunos hermanos de Cheshire estaban terminando el bachillerato y otros se preparaban para ir a seminarios de la Legión en España e Italia.

Jeffries fue enviado de Cheshire a una mansión del condado de Westchester, Nueva York. La propiedad, de cuarenta hectáreas, estaba en una colina detrás de una atalaya en una región boscosa de New Castle, cerca de Mount Kisco. La casa, con pabellones de dormitorios, estaba al final de un sinuoso camino privado de ochocientos metros de largo. Los legionarios pagaron 3.1 millones de dólares por la propiedad en 1994. La adquirieron de la Iglesia de la Unificación del reverendo Sun Myung Moon: los *moonies*. «Me enviaron a Mount Kisco y las cosas tomaron un cariz muy de secta», dijo Jeffries. Veintiocho hermanos vivían allí. La Legión había pedido un permiso de construcción a la ciudad para extender sus instalaciones. Una noche llegó un sacerdote de Orange para cenar y dijo a los seminaristas que los visitaría un comité del Ayuntamiento para reunir información sobre la solicitud de la Legión de cambio de uso del suelo. «Si les preguntan cuántos hermanos son, digan que doscientos», instruyó el padre a los novicios.

«Querían que mintiéramos», agregó enfurecido. Tenía la firme convicción de que el engaño estaba mal. Cuando la Legión convenció a los párrocos de permitir que los hermanos enseñaran religión a los niños de la feligresía, los sacerdotes legionarios dijeron a los seminaristas: «Su misión es reclutar a tres estudiantes de cada clase para que ingresen en el ECYD [Educación, Cultura y Deporte: programa juvenil de la Legión]. Jueguen con ellos al basquetbol con ellos, interésenlos en nuestros programas. El objetivo es el reclutamiento.»

A Jeffries, que estuvo en el Ejército, no le molestaba el duro entrenamiento. «Pero en el noviciado nunca explicaban nada», explicó. «Tenías que aceptar todo con una fe ciega. La voluntad del superior era la voluntad de Dios. Si te mandaban saltar de un puente porque ésa era la voluntad de Dios, saltabas.»

En noviembre de 1995, Jeffries llevaba seis meses en la Legión. Aún quería ser sacerdote, pero le dijo a su director espiritual, un sacerdote mexicano, que quería salirse de la Legión. «Me respondió que fuera más generoso. Una semana después insistí y me dijo que tuviera fe, que perseverara. No dejaba de decir cosas así. Nunca fue específico.» Ante la insistencia de Jeffries, el sacerdote le dijo: «Mi alma está pura frente al Señor, así que soy el único que puede tomar esa decisión.»

Jeffries se dijo para sus adentros: *Al diablo con esto.*

Tenía un amigo de veintiún años llamado Joseph Williams,

de Minnesota, que también quería salirse. «Tenía tantas ganas de salirse, que lloraba», contó Jeffries. Las maletas de ambos, con su ropa de civil, estaban guardadas en el desván, en el tercer piso. Sus habitaciones estaban en el piso de abajo. ¿Cómo recuperarlas? En un gran armario que se empleaba como maletero, Jeffries vio una puerta. La abrió y descubrió un cuarto con maquinaria de un ascensor que no se utilizaba... y una escalera al desván. Subió para ver las maletas, y después le enseñó a Williams cómo recuperar las suyas.

Ahora el problema era cómo llevarlas a sus habitaciones sin ser vistos. La noche que Jeffries debía lavar platos, mientras los demás estudiaban, subió corriendo al ático, sacó sus maletas y las metió bajo su cama. Su amigo hizo lo mismo en cuanto tuvo la oportunidad. El 11 de noviembre de 1995 tenían que rezar en la capilla después del almuerzo. Los otros estudiantes estaban en una clase de deportes y los dos hombres aprovecharon para ponerse la ropa de civil, dejaron las sotanas en la cama, escondieron las maletas bajo unos arbustos fuera de la casa y anduvieron los cinco kilómetros que los separaban de Mount Kisco. En la ciudad, Jeffries llamó a un amigo. Inexpresivo, recuerda que le dijo:

—Acabo de escaparme del seminario y estoy con un amigo. ¿Puedes pasar por nosotros?

—Claro.

Jeffries pidió que no se usara su nombre en el artículo de Renner. Quería entrar a otro seminario y temía la publicidad. Tras un año en un seminario diocesano decidió que el celibato no era compatible con su proyecto de vida. Luego se casó, tuvo hijos, y accedió a que se usara su nombre en este libro. Su compañero, Joseph Williams, también pidió el anonimato porque tenía un hermano, Michael, en la Legión, y declinó una entrevista.[17]

Hugh McCaffery puso a prueba su vocación en el programa de verano de Cheshire, y en 1995 fue a la mansión cercana a Mount Kisco, donde, al igual que Jeffries, se sentía atrapado en el secretismo y la coerción. «Se reían de mí», contó. «Decían: "Está bien, quéjate, desahógate, pero se te va a pasar." Me pidieron que escribiera lo que no me gustaba para discutirlo. Les di una página y media y les dije que era intolerable.» Los superiores no lo dejaron ir. «Están aleccionados para decirte que ésa es la opción fundamental en la vida, y que si no la eliges te irás al infierno.»

Una tarde un sacerdote les dijo a los novicios: «Ustedes creen que les estamos lavando el cerebro. Creen que les estamos robando su personalidad.» *Eso es exactamente lo que están haciendo*, pensó McCaffery. En noviembre, durante un retiro al aire libre, dobló su sotana en el suelo y se fue. «En cuanto llegué al bosque me puse a correr como un gamo», recordó. «Se me cayeron los lentes para el sol. Me habían costado ochenta dólares, pero no me detuve a recogerlos.» Corrió cinco kilómetros hasta la ciudad. Con su tarjeta de crédito alquiló un coche; condujo mil novecientos kilómetros a su hogar, en Pensacola, y sólo se detuvo para cargar gasolina y dormir en un motel. Su regreso sorprendió a sus padres. McCaffery estaba contento de haberse liberado de la Legión, pero se sentía confundido. «Sigo tratando de averiguar cómo es que el Espíritu Santo supuestamente obra a través de este grupo.»

Un estadounidense que habló a condición de que no se revelara su nombre estuvo en un seminario de la Legión en Monterrey, México, de septiembre de 1994 a febrero de 1995. «No podía creer que me hubiera metido en una secta», dijo. Él también había pasado por Cheshire y por la mansión de Mount Kisco, de donde se fue a Monterrey. Cuando pidió permiso para irse, los legionarios tardaron semanas en dárselo. Se quedaron con su dinero, su pasaporte y su ropa. Como dijo en una carta al *Courant:*

> Me da miedo que haya represalias si se menciona mi nombre completo en su artículo porque la Legión es una organización poderosa, rica y secretista. Me desilusioné y me salí de la orden por sus lavados de cerebro —que convierten a la gente en una especie de robots—, sus expectativas poco realistas, su presión sobre los miembros para que obedezcan las reglas y cumplan con sus tareas, sus burlas, su secretismo, su manipulación y su presión sobre los miembros para recaudar dinero para la organización.

Cuando el *Courant* publicó la historia, el padre Bannon envió una carta por fax al periódico: diecinueve días después de que se le enviaron preguntas a él. «No me considero en libertad de hacer comentarios públicos sobre ex seminaristas», explicó. En respuesta a las quejas de Jeffries y McCaffery de que la Legión todavía tenía sus artículos personales, Bannon dijo: «Le agradeceré que diga a quienquiera que crea que le debo algo que se ponga en contacto conmigo… Ayudaré en todo lo que pueda a cualquier ex seminarista».[18] Siete días después Bannon volvió a escribir, reconociendo que la Legión había cometido errores. «Somos humanos y sin duda habrá pruebas de errores ocasionales en nuestro ejercicio de la razón y la prudencia… [los cuales] luchamos por corregir.» Se quejó de «muchas inexactitudes», pero sólo citó «la acusación de privación de sueño», la cual negó.[19]

La declaración de la arquidiócesis de Hartford decía que no se habían recibido quejas sobre el seminario de la Legión. Renner no pudo hablar con el arzobispo Whealon, que había muerto el 2 de agosto de 1991. En su lugar el Papa nombró a Daniel A. Cronin, sacerdote que de joven pasó once años en la Secretaría de Estado del Vaticano. En contraste con el modesto ascetismo de su predecesor, Cronin hizo que la arquidiócesis intentara comprar una casa de 430 mil dólares, con doce habitaciones y piscina, para que fuera su residencia. Al final se retractó por la mala publicidad que recibió en una colecta de cuatro millones de dólares para instituciones de beneficencia católicas.[20] Cronin terminó por irse a vivir a una mansión que Whealon había vendido a los padres vicentinos. La prensa siguió siéndole desfavorable cuando, en diciembre de 1993, rechazó los planes de un comedor para los pobres en una iglesia del centro de la ciudad por miedo a que las personas sin hogar tuvieran un efecto adverso en el desarrollo urbano de la zona, sobre todo en las propiedades de la Iglesia. «Lo que puede parecer una inversión muy secular es con frecuencia lo que genera empleos en el mercado, pone comida sobre la mesa y da techo a las personas que lo necesitan», señaló en tono resuelto.[21]

Cronin visitó Cheshire después de la publicación de los artículos del *Courant* para demostrar su absoluta confianza. «Incluso dijo en broma que daba las gracias a los legionarios porque suponía que ahora que Renner los había escogido como blanco, a él lo dejaría un rato en paz», reveló uno de los presentes.

En agosto de 1996 un sacerdote a quien Renner había conocido casualmente lo llamó por teléfono para darle una pista: «Corren rumores de que al líder de esa orden, el padre Maciel, se le van los ojos por los niños. Póngase en contacto con Jason Berry. Él sabe todo sobre el asunto.»

Cuando a fines de 1993 recibió la primera llamada, el escritor, que vivía en Nueva Orleans, nunca había oído hablar de los Legionarios de Cristo. Un hombre en California, Arturo Jurado, estaba al tanto del trabajo de Berry; le habló de cosas terribles que había hecho el padre Maciel. Berry, absorto en la tormenta legal que rodeaba al cardenal Bernardin, prometió leer todo lo que le enviara Jurado, pero como escritor independiente, no podía garantizar que se publicara algo. Tras invertir siete años casi completos a escribir su libro de 1992, estaba cansado de los secretos de obispos que actuaban como gángsters. Era católico porque no encontraba una alternativa espiritual a lo que había sido desde su niñez. Lo avergonzaba e indignaba la conducta de la jerarquía. También era historiador del *jazz,* y empezaba a enfocar sus esfuerzos en esa dirección cuando el profesor José Barba, en la Ciudad de México, lo llamó por teléfono con información sobre el estatus de Maciel en Roma. Berry le pidió declaraciones notariadas de todos los hombres que acusaran a Maciel, en las que dieran detalles de las conductas sexuales, sus edades en el momento de los hechos y dónde habían ocurrido.

Con su poco conocimiento del español y un diccionario a la mano, Berry leyó durante meses el altero de papeles, escritos a renglón sencillo, con una creciente tristeza por México. Su bisabuela materna se había criado en Jalapa, en el estado de Veracruz; la hija de ella, madrina y abuela favorita de Berry, también había nacido ahí. Ambas le cantaban una canción de cuna en español cuando era niño, en Nueva Orleans. Berry se quedó absorto en la carta que Juan Vaca dirigió en 1978 al papa Juan Pablo II, en la que le pedía la dispensa de sus votos y *le decía que Maciel había abusado sexualmente de él.* El escritor llevaba algún tiempo preguntándose hasta qué alturas de la jerarquía llegaba el abuso de poder. Habló largamente con Vaca por teléfono para sondear su veracidad. Le sorprendía que Vaca, Barba y los demás no hubieran presentado una demanda.

«Éste es un asunto moral para nosotros», le explicó Barba. «Queremos que el papa remueva a Maciel.» Llevaban años debatiéndose con sus traumáticos recuerdos y el dominio psicológico que Maciel ejercía sobre sus vidas. México, son sus arraigada idiosincrasia machista, no era una sociedad en la que un hombre admitiera fácilmente que de niño había sido víctima de abuso sexual. «Estamos en un archipiélago de silencios», reflexionó Barba.

Berry sabía que el tema que un editor le exigiría para un libro o reportaje sería la falta de acción del Papa. Tras el caso de Bernardin era difícil vender la idea de una investigación destinada a poner una sombra de duda sobre Juan Pablo II. Las palabras de Greeley —«Es temporada para cazar sacerdotes»— habían resonado en muchas salas de redacción. Los medios de Estados Unidos pasaban por grandes cambios. Los directores se preguntaban si la cobertura había sido injusta con la Iglesia. Los abogados de Bernardin y algunos obispos presionaban a CNN para que editara las entrevistas con Steven Cook y el cardenal en el documental de Bonnie Anderson en noviembre de 1993.

Varios meses después de que Steven Cook retiró la demanda, Berry propuso la idea a reporteros y productores de ABC, NBC, CNN y *Frontline,* y no llegó a ninguna parte. Las cartas a editores de periódicos y revistas importantes también fracasaron. En el transcurso de dos años escribió sobre *jazz* y otros temas, sin perder el contacto con Barba y Jurado. Les explicó que las noticias se movían en ciclos, y que pensaba que llegaría el día en que un editor vería los méritos de una investigación. Empezó a llevar un archivo sobre Maciel y habló con varios sacerdotes para ver quién sabía mucho sobre él. Lo último que Jason Berry esperaba un día de fines del verano de 1996 era una llamada de Jerry Renner, desde Hartford, para darle el nombre de una fuente clerical que ambos conocían. Renner quería hablar sobre la Legión de Cristo.

Berry había conocido a Renner en una convención de obispos en 1989 en Baltimore. Como colegas distantes, habían hablado de vez en cuando mientras Renner cubría los casos de abuso de Connecticut. Berry, que apenas empezaba a familiarizarse con Internet, no conocía los artículos de Renner sobre las finanzas de la Legión y los hombres que habían escapado del seminario. Cuando Renner le preguntó por Maciel, Berry le insistió en que su conversación no trascendiera, y entonces le hizo su propuesta. «No tengo autoridad para asignarte el trabajo», respondió Renner, «pero el periódico está muy interesado en Maciel. Voy a consultarlo con los directores.» Al poco tiempo Berry envió un memorando y copias de las declaraciones juradas. David Barrett, director, y Clifford Teutsch, director administrativo del *Courant*, aprobaron una tarea conjunta de Renner y el escritor independiente. Teutsch, con su amplia experiencia en reportajes de investigación, le dijo a Renner: «Si en algún momento sientes que estas acusaciones no se pueden sostener, déjalo.»

El 31 de octubre de 1996, Jason Berry voló a la Ciudad de México para entrevistar a Barba y a otros seis hombres que le habían enviado declaraciones personales. Arturo Jurado voló también a México desde Monterey, California, donde vivía.

Gerald Renner, mientras tanto, conoció a Juan Vaca, que vivía en una casa de un solo piso en Holbrook, Long Island. Recibió a Renner vestido con una camisa roja a cuadros y pantalones oscuros. Hombre delgado, de pelo cano y anteojos de armazón dorado, era bien parecido y tenía una profunda tristeza en los ojos. «Nunca había hablado con la prensa», dijo nervioso. Trabajaba como consejero vocacional en la Universidad de la Ciudad de Nueva York. Le había escrito a Juan Pablo II en papel membretado de la parroquia de San Cristóbal, en la vecina población de Baldwin, el 28 de octubre de 1989. Subrayó que no era la única víctima. Renner le dijo para tranquilizarlo que el periódico citaría parte de las entrevistas que sus ex compañeros estaban dándole a Berry. Aun así, se daba cuenta de que Vaca estaba asustado. Tenía el cuarto de estar adornado con imágenes religiosas, entre las que destacaba un cuadro de Nuestra Señora de Guadalupe. Había juguetes de niño en el estudio. Vaca y su mujer tenían una hija de dos años a la que en ese momento cuidaba la nana. La mujer estaba en su trabajo. Vaca también trabajaba en su doctorado en psicología, con ánimo de dilucidar «la forma en que me atraparon».

«Amo a mi Iglesia, pero no a los humanos que la dirigen», explicó. Sin embargo, habló con cariño del obispo James J. Daly, auxiliar de la diócesis de Rockville Centre, quien lo había animado a casarse por lo civil. Su esposa, divorciada y con un hijo del matrimonio anterior, había conseguido una anulación de la Iglesia. Cuando Vaca recibió la dispensa papal de sus votos, Daly ofició en su boda.

El mayor de cuatro hijos, se crió en Zitácuaro, Michoacán, a unos ciento sesenta kilómetros al oeste de la Ciudad de México.

Las fotos de su infancia muestran a un niño excepcionalmente bien parecido, de grandes ojos negros y expresión confiada, monaguillo y *boy scout* en un grupo organizado por su párroco. Su padre, sepulturero y carpintero, era presidente en Zitácuaro de Acción Católica, un movimiento laico aliado con la jerarquía para promover las enseñanzas sociales de los papas. Michoacán era un estado profundamente católico. Cuando Maciel visitó al párroco, en 1947, dio la casualidad de que Juan estaba en la iglesia.

—¿Qué hay de éste? —preguntó el fundador de la Legión.

—Creo que sería bueno —respondió el párroco.

Vaca recuerda las primeras palabras que le dirigió Maciel:

—Estoy buscando niños como tú.

Se fueron a casa para hablar con sus padres, que se emocionaron con la idea de que Juan recibiera una buena educación en la Ciudad de México y se hiciera sacerdote. «Yo quería ser piloto, torero o sacerdote», cuenta Vaca sonriendo ante la ingenuidad. Su madre le hizo la maleta. Maciel llevó a Juan y a otros cuatro reclutas al seminario de Tlalpan, en la Ciudad de México. La facilidad con que sus padres lo dejaron ir reflejaba su confianza en el clero. Enviar un hijo al seminario era motivo de orgullo. «Me pasé la primera semana llorando de nostalgia», recuerda. El sacerdote que dirigía la escuela bajo el mando de Maciel telefoneó al padre de Juan y juntos lo convencieron de quedarse otra semana para ver si le gustaba. Así pasó la semana y muchas más.

En 1949, Maciel les dijo a los padres de Vaca que lo habían elegido para estudiar en España, prestigiosa distinción que hizo a Juan hincharse de orgullo. El 3 de octubre de 1949 los niños tomaron un autobús rumbo al puerto de Veracruz, de donde, en tercera clase, hicieron la travesía de veintiséis días a Bilbao en un barco llamado *Magallanes*. Su destino era la universidad jesuita de Comillas en la provincia de Santander, en el norte del país. Más adelante la universidad se trasladaría a Madrid.

Tenía doce años cuando un hermano legionario lo levantó inmediatamente después de la hora de acostarse.

—Nuestro Padre quiere hablar contigo —le dijo.

En el dormitorio de Maciel éste le dijo que le dolían los órganos internos. «Dijo: "Frótame, frótame", y me enseñó a hacerlo describiendo un círculo en su vientre», contó Vaca. «Yo temblaba de miedo, pero empecé a frotarlo. Me dijo: "Hazlo más abajo, más abajo." Maciel empezó a tener una erección. Yo no sabía nada sobre la masturbación. Estaba entrando a la pubertad. Me llevó la mano hacia su pene. Yo estaba aterrado. Por fin sintió alivio y fingió quedarse dormido.»

«Me quedé conmocionado», explicó Vaca. «Era un hombre santo… un hombre muy amoroso. Era mi padre. La primera vez que me lo hizo fue con las luces apagadas y, en lo sucesivo, con las luces encendidas. A veces me usaba como mujer. Ponía su pene entre mis piernas. Una vez quiso penetrarme por atrás, pero no lo dejé. Me hizo llamar a otro y abusó de los dos al mismo tiempo.»

Vaca, que dependía de Maciel para todo, se sentía atrapado. «Le dije que no me sentía bien. Quería ir a confesarme. Me dijo: "No hay nada malo. No tienes que ir a confesarte"». Pero eso no lo tranquilizó. «Maciel dijo: "Mira, te absuelvo"», y le dio la bendición con la señal de la cruz. Fue el principio de una relación psicosexual que, al decir de Vaca, duraría más de doce años. Nadie, salvo algunos de sus compañeros que sufrieron las mismas vejaciones, le creería jamás… no entonces. A pesar de todo, se sentía «atraído como por un imán hacia el sacerdocio», el sueño que no podía dejar, lo que sus padres querían para él.

Mientras hacía unos sándwiches para almorzar, habló sobre su solitaria adolescencia y el voto que hacían los hermanos legionarios: no sólo los votos tradicionales de pobreza, castidad y obediencia, sino un cuarto voto. Vaca hablaba como si volviera a vivir su angustioso pasado. «No hablaremos ni escribiremos en contra de los Legionarios de Cristo, ni criticaremos a nuestros superiores. Si alguien piensa que algo está mal, no saldrá de la Legión. Eso es porque el diablo quiere destruir a los Legionarios de Cristo.»

Vaca intentó llamar la atención de las autoridades eclesiásticas en la apertura del Concilio Vaticano II, en 1962. Los legionarios invitaron a los obispos mexicanos a vivir en sus oficinas centrales. Vaca, que entonces tenía veinticinco años, dirigía a los seminaristas que atendían a los obispos. Con la intención de confiarle lo que pasaba a uno de los obispos mexicanos, empezó a escribir un relato de su vida en la Legión, incluyendo el abuso sexual. Dejó una docena de páginas en su habitación. «Ése fue mi error», dijo con un suspiro. «Ningún legionario podía aspirar a la privacidad.» Vaca sospecha que Maciel hizo registrar su habitación. «Estaba a punto de ordenarme», explicó. El descubrimiento de la carta frustró su sueño y terminó bruscamente con sus doce años y medio de contacto sexual intermitente con Maciel. «Mirándome con ojos de tiburón, ávidos y fríos, me dijo: "Creo que no estás listo para ordenarte."»

Maciel lo envió a España a enseñar en el seminario menor de Ontaneda, Santander. Vaca permaneció seis años exiliado de Roma, primero en Ontaneda y después en un nuevo noviciado de la Legión en Dublín. Llegó a los treinta años como orientador vocacional, maestro, decano de disciplina y decano académico. Los legionarios hacían grandes esfuerzos por reclutar niños irlandeses. «Todo era pagado por los legionarios», dijo, como si recordara un folleto. «Las instrucciones que recibí de Maciel fueron conseguir "a los niños más bonitos y más listos".»

—¿Por qué no se salió? —preguntó Renner.

—No sabía cómo —contestó suspirando, los ojos cerrados.

En 1969 Maciel lo llamó a Roma. Con su buen historial general se había redimido. «Supongo que el padre Maciel pensó que yo no abriría la boca.» Se ordenó sacerdote junto con otros legionarios el 25 de noviembre de 1969. Tras veintidós años alejado de su familia, la vida religiosa era el único mundo que conocía. No le cabía en la cabeza dejarlo.

Lo enviaron a Ontaneda, esta vez como vicerrector del seminario. Allí, cuatro niños se quejaron ante él de que el rector los «tocaba». «En seguida llamé a Maciel en Roma», contó Vaca. «El superior ordenó que se expulsara al rector en el acto. El padre de uno de los niños era policía: no querían tener ningún problema.» Vaca añadió que al rector, que a su vez había sido víctima de Maciel de niño, lo enviaron a Chetumal, Quintana Roo, lugar conocido como el «gulag» de los sacerdotes descarriados de la Legión.

En 1971 Maciel envió a Vaca a Connecticut como presidente de los Legionarios de Cristo en Estados Unidos y rector del seminario, que entonces se encontraba en Orange. Vaca consideró la promoción como un premio por haber encubierto el abuso del rector en Ontaneda. Abrió casas satélites de la Legión en Camden, Nueva Jersey; Larchmont, Nueva York; Silver Springs, Maryland, y Haddonfield, Michigan, cerca de Detroit. Sin embargo, junto con el sentimiento de culpa que lo corroía, sabía que uno de sus predecesores en Connecticut, el padre Félix Alarcón, también había sido víctima de Maciel durante sus años en el seminario. Alarcón había dejado la Legión menos de un año antes de que él llegara a Estados Unidos, en 1965, y era sacerdote de la diócesis de Rockville Centre. En 1976 Vaca decidió que estaba listo para seguir los pasos de Alarcón.

8

El mito del fundador

El 26 de enero de 1979 Juan Pablo II hizo su primer viaje al extranjero como papa. Fue a México, el segundo país en número de católicos después de Brasil. En el avión un reportero le preguntó qué favor le pediría a la Virgen de Guadalupe, la patrona nacional. «Le pediré que rece por los mexicanos, que han sufrido mucho, al igual que los polacos», respondió el Santo Padre.[1]

Los clérigos del siglo XVI que ayudaron a colonizar México en nombre de la corona española siguieron las sanguinarias huellas de los conquistadores en la construcción de un imperio feudal que no hizo caso de las necesidades materiales de las masas indígenas. Para 1800 en todo el país —que entonces comprendía Texas y una porción del suroeste de Estados Unidos— había sólo diez escuelas primarias.[2] Tras los once años de la guerra de Independencia, consumada en 1821, la Iglesia mexicana sufrió una larga y violenta reacción. *El poder y la gloria,* de Graham Greene, es un clásico retrato de los años treinta situado en Tabasco, estado cuyo gobernador hacía que sus empleados lo saludaran todos los días con el grito: «¡Dios no existe!», a lo cual él respondía: «¡Ni ha existido jamás!»[3]

Pese a la carta de acusación enviada por Juan Vaca al Papa en 1978, el padre Maciel viajaba en el avión con el círculo íntimo del Santo Padre, en premio a su labor. Maciel había tendido un puente con José López Portillo. En Los Pinos, la residencia presidencial en la Ciudad de México, un sacerdote legionario, el padre Carlos Mora Reyes, era director espiritual de la madre de López Portillo y oficiaba misa en su capilla privada en la propiedad. Esto distaba mucho de la Iglesia sufrida de la que hablaba el Papa. Sin embargo, México no tenía relaciones diplomáticas con el Vaticano. López Portillo mantenía una calculada distancia con la Iglesia. Maciel logró que la madre y las hermanas del

Presidente le facilitaran el viaje. «Pasando por encima de las protestas de su anticlerical secretario de Gobernación, López Portillo extendió la invitación, estipulando tan sólo que no se recibiría al Papa como jefe de Estado y tendría que usar una visa como cualquier otro visitante», escribe George Weigel.[4]

Se creó tal expectación, que López Portillo fue al aeropuerto. Una vez que Juan Pablo II besó el suelo, el presidente de un país donde hacía menos de un siglo se perseguía y asesinaba a los sacerdotes lo saludó con una cálida sonrisa y palabras irónicas: «Bienvenido a su casa». Un millón de personas bordearon los ocho kilómetros de recorrido del Papa por la ciudad.

Juan Pablo II veía a los Legionarios de Cristo como una orden caballeresca aliada con una Iglesia nacional en resurgimiento. Mientras en Guatemala y otros países latinoamericanos los protestantes evangélicos convertían a las clases medias católicas, México parecía un modelo regional. Tenía una Iglesia que no se adhería a la teología de la liberación, un movimiento aliado con los pobres, sobre todo entre las comunidades cristianas de Brasil. Aunque Juan Pablo II llegaría a ser un defensor de los derechos humanos, con frecuencia se pronunciaba de manera elocuente por que los movimientos teológicos se sometieran a la autoridad del Vaticano. Mientas el cardenal Ratzinger iniciaba una investigación de los partidarios de la teología de la liberación, que alegaban inspiración en las Escrituras para buscar alternativas a la pobreza y a la persecución, los Legionarios de Cristo frecuentaban funcionarios en Argentina y Chile, donde la tortura era parte de la estrategia política.[5]

Maciel les vendió el atractivo de la Legión a los católicos que estaban inconformes con la «opción preferencial» de la Iglesia «por los pobres». Muchos intelectuales ortodoxos veían a los legionarios como una señal de renovación en la Iglesia restaurada de Juan Pablo II. Sin embargo, incluso los mexicanos de buena posición están conscientes de su papel como educadores de niños de las clases altas y llaman a la orden los «millonarios de Cristo».

Maciel es un caso ejemplar de desinformación y culto a la personalidad.

La historia de Marcial Maciel Degollado comienza el 10 de marzo de 1920 en Cotija de la Paz, población del estado de Michoacán, a 350 kilómetros al oeste de la Ciudad de México, conocida como «el pueblo de las sotanas» por la cantidad de sacerdotes que ha producido.[6] Allí se yergue una estatua del obispo Rafael Guízar y Valencia, tío de Maciel. En 1995 monseñor Guízar entró en el camino de la santidad cuando el papa Juan Pablo II lo declaró beato, en un acto que reflejaba la influencia de Maciel sobre el pontífice.[7] La casa de piedra donde nació el obispo en 1878 es una atracción turística.[8] La casa donde nació Maciel se ha ampliado y hoy es un centro de retiro y museo de los legionarios. En las alturas que dominan la población hay un extenso centro de retiro para las «mujeres consagradas» de los legionarios, las cuales hacen votos de pobreza, castidad y obediencia, pero no son una orden formal de monjas.

El padre de Maciel, Francisco Maciel Farías, «amasó su fortuna poco a poco» con un ingenio azucarero y un rancho.[9] En una reciente autobiografía oral, *Cristo es mi vida,* Maciel dijo de su padre que era «un hombre honesto, fiel a sus compromisos personales y cristianos, un hombre de gran conciencia».[10] Los habitantes de Cotija en la época en que nació Marcial «en su mayoría no eran mestizos» porque las diez familias españolas que fundaron la población mantuvieron su pureza racial sin contaminarla con sangre indígena.[11] Marcial (al que apodaban Güerito) tenía seis hermanos y cuatro hermanas; algunos ex legionarios dicen que estaba tan unido a su madre, Maura Degollado Guízar, que rara vez hablaba de su padre. Ha propuesto su proceso de canonización en el Vaticano, aunque, curiosamente, lo hizo con su nombre de soltera.[12]

Un folleto de la Legión lo retrata como un niño que se levanta temprano a ordeñar las vacas y por las tardes va a cuidar a los pobres y los enfermos. Algunas veces «ha llegado descalzo a casa porque regaló sus zapatos. Mamá Maurita ha terminado por tener que prohibirle que lo vuelva a hacer».[13] En una ocasión su madre lo encuentra temblando de frío porque ha regalado toda su ropa.

La campaña que puso al tío y a la madre de Maciel en el camino de la canonización debe considerarse como la preparación para su propia candidatura póstuma a la santidad. En una ceremonia de beatificación en 1992, Maciel dijo a sus colaboradores cercanos: «No inicien mi proceso de canonización hasta que lleve muerto treinta años».[14] Evidentemente no quería que examinaran su vida demasiado pronto para ver si era buen candidato a santo, mientras siguiera viva cierta gente de buena memoria. Las historias que llenan su biografía oficial exageran su heroísmo y cuestionable humildad hasta el grado de superar los textos de cualquier estampita de santo.

Glenn Favreau, un estadounidense nacido en 1964, ingresó en la Legión en 1984 y salió en 1997, después de ordenarse diácono. Dice que no fue víctima de abuso sexual, pero sentía que lo estaban despojando de su personalidad mediante tácticas de control.[15] Recuerda lo impresionado que estaba a su entrada a la Legión cuando un instructor de sacerdotes le dijo cómo el padre Maciel, en los años cuarenta, iba de puerta en puerta pidiendo dinero. En una casa, un hombre le escupió a la cara, y Maciel le respondió sin inmutarse: «Muy bien, eso fue para mí. ¿Ahora qué tal si me da algo para mis seminaristas?» Favreau descubrió más tarde que esta historia era idéntica a la que se contaba de San Felipe Neri, el fundador, en el siglo XVI, de la congregación del Oratorio de Roma.[16]

La madre de Maciel lo protegía de la dureza de su padre. Don Francisco pensaba que su hijo era demasiado blando. El reverendo Rogelio Orozco, un párroco de Cuernavaca, Morelos, que de joven vivió con la familia de Maciel durante dos años, dijo: «La relación de Marcial con su padre no era buena. El hombre no consideraba a su hijo muy inteligente». Orozco vio a uno de los hermanos mayores golpear a Marcial y sospecha que el padre también lo hacía.[17]

Muchos abusadores de menores fueron víctimas de abuso cuando eran jóvenes. «Su padre quería que fuera un hombre duro, no un niño afeminado», dijo Juan Vaca. «Lo hacía dormir con los hombres en cabañas, en los campos de siembra. [Maciel] dijo que en una ocasión, mientras dormía, uno de los hombres abusó de él. Me lo contó cuando yo tenía unos dieciocho o diecinueve años, durante uno de esos incidentes, usted sabe, que teníamos».[18]

Maciel ha dicho: «Una de las cosas más destacadas de mi educación en casa, sobre todo bajo el ojo vigilante de mi madre, era el gran respeto y veneración por la condición sacerdotal».[19] Cuatro de sus parientes cercanos eran obispos, y otra docena sacerdotes o monjas.[20] Aguantaron las persecuciones anticlericales que traumatizaron a la sociedad mexicana a principios del siglo xx. La fe militante de Maciel está arraigada en esta historia convulsionada.

Comenzó cuando las tropas españolas que conquistaron México a principios del siglo xvi abrieron a las misiones un extenso territorio donde «los clérigos eran de hecho miembros de la burocracia real. Después del virrey, el arzobispo era la figura más importante del país».[21] Mientras los soldados subyugaban a los indígenas, los sacerdotes españoles estaban divididos entre aquellos que se aliaban con los militares y la aristocracia terrateniente, y los franciscanos y otras órdenes que protegían a los conquistados. El catolicismo caló muy hondo en el alma de los indios. Los misioneros «les permitían cantar y bailar frente a las imágenes cristianas como lo habían hecho ante sus dioses. Les dieron autos sacramentales, música y coros, pinturas murales, fachadas y retablos exquisitamente elaborados», escribe el historiador Enrique Krauze.[22]

Se forjó una espiritualidad común a partir de la divulgada aparición, en 1531, de la Virgen de Guadalupe a un indio de nombre Juan Diego en el sitio donde los aztecas en otro tiempo adoraban a Tonantzin (madre de los dioses). Aunque algunos historiadores han puesto en duda la existencia de Juan Diego,[23] la Virgen de Guadalupe se ha arraigado tanto en la sensibilidad religiosa de los mexicanos, que «guadalupano» ha llegado a ser sinónimo de «católico». La bandera guadalupana se enarboló en la lucha independentista contra España.[24] La jerarquía estaba tan entremezclada con el gobierno colonial que a raíz de la consumación de la Independencia, en 1821, la Iglesia católica fue despojada de muchas riquezas, tierras y fincas. Pero la política no pudo erradicar la fe entre los indígenas, los grandes hacendados ni la creciente población mestiza.

A lo largo de todo el siglo xix y hasta la primera mitad del xx, entre sangrientas revoluciones y contrarrevoluciones, la persecución de la Iglesia arreciaba y amainaba. Al promulgarse la nueva Constitución de 1917, se proscribieron las escuelas católicas, se expulsó a los sacerdotes extranjeros, se despojó a los clérigos del derecho al voto, se prohibieron los monasterios y se cerraron los periódicos católicos.

La revolución cristera
y los tíos de Maciel

A dos tíos de Maciel y otros dos parientes cercanos los nombraron obispos en un momento en que muchos sacerdotes, como el personaje de la novela de Graham Greene, vivían en la clandestinidad y decían misa en casas particulares. Maciel tenía cuatro años cuando el fanático presidente Plutarco Elías Calles subió al poder y, excediendo la autoridad que le otorgaba la Constitución, exilió a los obispos y mandó multar a los clérigos y monjas vistieran como tales en público. Los Caballeros de Colón de la Ciudad de México organizaron la Liga Nacional Defensora de la Libertad Religiosa (LNDLR).[25]

El 31 de julio de 1926, los obispos cerraron las iglesias en protesta por los decretos de Calles. En Guadalajara, cuatrocientos hombres se atrincheraron en el Santuario de Nuestra Señora de Guadalupe y dispararon a las tropas federales hasta quedarse sin municiones. Así estalló la revolución cristera, que se extendió por los estados centrooccidentales de Jalisco, Colima, Michoacán, Zacatecas y Nayarit. La jerarquía, que en su mayoría se había escondido, estaba dividida en cuanto a las tácticas de la LNDLR. Los campesinos descontentos con la intromisión del gobierno en la vida religiosa rural se aliaron con los terratenientes al grito de «¡Viva Cristo Rey!» Maciel tenía seis años al comenzar la revolución cristera y vivió en su epicentro. El hermano de su madre, Jesús Degollado Guízar, era un farmacéutico de treinta y cinco años que, en 1927, reclutado por la LNDLR, se hizo general de las fuerzas rebeldes. El historiador estadounidense Jim Tuck escribe:

> Degollado perdió sus tres primeras batallas, y en una sufrió la humillación de ver que sus tropas escapaban a la desbandada. Pero el farmacéutico de carácter bondadoso perseveró. Endureció la disciplina y demostró ser un líder militar nato. Hizo tan buen papel como comandante de la División del Sur Cristera, que al término de la guerra era líder de todas las fuerzas rebeldes… Era el más humanitario y caballeroso de los jefes cristeros. Con la excepción de un brutal líder [del bando enemigo], se abstenía de fusilar a los prisioneros.[26]

En busca de la estabilidad económica, Estados Unidos hizo que el embajador Dwight Morrow negociara un acuerdo entre el gobierno mexicano y la jerarquía católica de Roma. La tregua de 1929 tenía la aprobación expresa del papa Pío XI, que quería terminar con el derramamiento de sangre. Morrow contó con la ayuda de monseñor John J. Burke, secretario general de la Conferencia Nacional de Bienestar Católico (hoy Conferencia Estadounidense de Obispos Católicos) y del reverendo Edmund A. Walsh, S.J., vicepresidente de la Universidad Georgetown, fundador de su Facultad de Servicio Exterior y consejero papal.[27]

Ningún líder cristero participó en las negociaciones. Cuando el general Degollado supo del acuerdo, el 21 de junio, protestó en un telegrama a Pío XI diciendo: «Libertades como la vida, la propiedad y el derecho legítimo de quienes participaron en esta lucha… no se han considerado».[28] Suplicó al Papa que reconsiderara y no olvidara «a sus fieles hijos». No hay constancia de alguna respuesta. Emilio Portes Gil, que ocupaba el cargo de presidente interino desde 1928, aseguró a los obispos que no tenía intención de «destruir la identidad de la Iglesia católica» y prometió restaurar iglesias, casas parroquiales y seminarios y conceder una amnistía a los cristeros. Degollado, disfrazado de ranchero pobre, viajó en tren a la Ciudad de México para entrevistarse con los directores de la LNDLR.[29] A él le correspondía acordar los términos de la rendición. El gobierno había tomado a su esposa como rehén mientras él luchaba. El general exigió su libertad antes de deponer las armas. Portes Gil accedió a otorgar una garantía de no represalias a los oficiales, soldados y partidarios civiles de la rebelión… entre otras promesas que no cumplió.

En una emotiva despedida, el general Degollado elogió a sus tropas por su valentía y lealtad. Resentido contra los obispos, les dijo a sus hombres que no habían perdido, sino que los habían abandonado «aquellos que habrían sido los primeros en recibir los valiosos frutos de [nuestros] sacrificios». Degollado no solicitó la amnistía. Se mantuvo oculto durante varios años mientras que a otros cristeros y líderes de la LNDLR los perseguían y asesinaban. El 29 de septiembre de 1932 Pío XI protestó por la persecución de la Iglesia en México.

Obispos, sacerdotes y católicos fieles siguen sufriendo castigos o en la cárcel, contra el espíritu con que se había establecido el *modus vivendi*. Vemos con gran desolación que no sólo no se ha llamado a todos los obispos exiliados, sino que se ha expulsado a otros sin siquiera una apariencia de legalidad... A pesar de promesas explícitas, sacerdotes y laicos que han defendido firmemente la fe fueron abandonados a la cruel venganza de sus adversarios.[30]

Otro tío de Maciel por parte de su madre era Rafael Guízar y Valencia, obispo de Veracruz, el hombre inmortalizado en la estatua del pueblo. Él se opuso al uso de fuerza de los cristeros. El papa Juan Pablo II lo beatificó el 29 de enero de 1995 —último paso previo a la santidad— por su «caridad heroica hacia los pobres».[31]

Nacido en 1878, Guízar era uno de diez hermanos varones. Se ordenó en 1901, pasó la mayor parte de su vida perseguido e incluso huyó de México cuando se puso precio a su cabeza. Exiliado a Cuba en 1919, el papa Benedicto XV lo nombró obispo de la diócesis de Veracruz y lo consagró en la catedral de La Habana. Guízar regresó a México en 1920, el año en que nació Maciel, y reconstruyó un seminario en Jalapa para reemplazar otro que el gobierno había cerrado. «Un obispo puede funcionar sin mitra, sin báculo y hasta sin catedral, pero nunca sin seminario», dijo. «El futuro de esta diócesis depende del seminario.»[32] Cuando el gobierno se incautó del nuevo seminario, Guízar se mudó a la Ciudad de México. Disfrazado de comerciante de baratijas, restableció su seminario. Era un hombre obeso, aquejado de diabetes y otros males, y se ganó la reputación de santo por vender lo que podía —incluso su cruz pectoral y su anillo episcopal— para ayudar a los demás. Las persecuciones de Calles volvieron a exiliarlo, y contribuyó a la fundación de seminarios en Cuba, Colombia y Guatemala. En 1929, cuando terminaba la guerra de los cristeros, Guízar volvió a su seminario clandestino en la Ciudad de México. A todo lo largo de los años treinta, los sacerdotes que ejercían sin autorización del gobierno corrían el riesgo de ser perseguidos.[33]

Maciel ha hecho muchas referencias a un recuerdos de su infancia de hombres colgados en la plaza de Cotija por defender la fe. En semejantes circunstancias, es difícil creer que su protectora madre hubiera permitido al niño de nueve años acompañar al médico del pueblo para «atender a los soldados de ambos bandos que habían caído durante la guerra de los cristeros».[34] El folleto de la Legión antes mencionado también tiene una fotografía de Maciel de niño, en la que posa con una dulce sonrisa y lleva puesto un sombrero vaquero, un cinturón de balas y una pistola enfundada a la cintura. Está allí para confirmar la versión de la Legión de que Maciel siguió los heroicos pasos de sus tíos como guerrero y sacerdote.

El obispo Rafael Guízar preparó seminaristas en una casa de la Ciudad de México. Maciel tenía dieciséis años cuando se incorporó al grupo de su tío, en 1936. Dice no haberse considerado digno del sacerdocio durante su infancia, hasta que, en 1934, tuvo una revelación:

> Un día de mayo, en el pueblo donde nací, al regresar de la iglesia parroquial, donde había rezado el rosario, de camino a casa me encontré con dos monjas conocidas de mi familia y que debido al conflicto religioso vivían fuera del convento. Cuando se detuvieron a saludarme, una de ellas se sorprendió de verme porque pensaba que me había ido al seminario que mi tío Rafael Guízar y Valencia, obispo de Veracruz, tenía en la Ciudad de México. Me preguntó por qué no me había hecho sacerdote. «¿Yo también puedo ser sacerdote?», repuse, y ella me contestó que sí… Dios utilizó lo que llamamos «confusión» para hacerme entender que me llamaba. Entonces me resultó muy claro que había puesto sus ojos en mí, que me elegía como sacerdote suyo, a pesar de mi indignidad y mi vileza.

La humildad que expresa aquí es lo que se espera de la vida de los santos. Para un adolescente criado por una madre devota y con parientes cercanos que eran obispos y sacerdotes, el seminario parecería una elección natural más que una revelación traída por un encuentro fortuito.

La vida en el seminario secreto de su tío era dura. «Los estudiantes no tomaban leche ni comían carne.»[35] El joven que hacía tan poco se sentía indigno de su vocación tuvo una revelación en misa el 12 de junio de 1936, «un llamado de Dios para formar un grupo de sacerdotes que entusiasta y generosamente se dedicarían a difundir el reino de Jesucristo».[36] Maciel dice haber «discutido con Dios» sobre fundar una orden religiosa a sus dieciséis años y sin experiencia alguna. Qué salto tan importante desde su tímido encuentro con las monjas. Sus objeciones «fueron inválidas para el Señor... Era como un segundo llamado».

La «voz interior» de Maciel lo sigue hasta el estado de Veracruz durante las vacaciones de invierno. Una noche, mientras monta a caballo por un profundo cañón, habla con Dios, «tan absorto en la conversación, que pierde la noción del tiempo y la distancia, confiado en que el caballo sabe el camino».[37]

El folleto (escrito por J. Alberto Villasana, sacerdote de la Legión) sitúa a Maciel el 11 de febrero de 1937 en Orizaba, Veracruz. Estuvo a punto de estallar un motín tras la muerte a tiros de una mujer durante una redada de la policía en un hogar donde un sacerdote decía misa. El folleto incluye fotografías de manifestaciones, pero ninguna imagen identificable de Maciel. Villasana escribe que el seminarista de dieciséis años marchó con una multitud dirigida por sacerdotes hasta el palacio municipal para exigir que volvieran a abrir las iglesias. En un pasaje reminiscente del tío de Maciel, el general cristero, Villasana escribe:

> Desde el balcón Marcial calma a la multitud, demostrando así la organización y cohesión del movimiento. Luego se encarama en un camión del ejército en mitad de la plaza y dice a la gente que se han escuchado sus demandas.
>
> Algunos lo elogian y otros lo amenazan creyendo que se ha vendido al gobierno. Cuando llega a la parroquia muestra la verdad de sus palabras sacando las llaves de la rectoría y abriendo la iglesia. Una vez que la multitud de fieles ha entrado, rezan el rosario.[38]

La fuente de estos hechos (un álbum hecho en 1937 por un sacerdote) no proporciona ninguna cita ni confirmación de la participación de Maciel. El pasaje no cita ningún artículo, diario, entrevista ni trabajos académicos, *pero intenta parecer riguroso* al otorgar reconocimiento a los archivos de la Legión de Cristo y a recuerdos grabados de Maciel. En realidad, estamos leyendo lo que Maciel le dijo al padre Villasana.[39] Con una pierna herida por una bayoneta, arrestado en Jalapa por órdenes del gobernador, el joven Marcial es llevado a Tierra Blanca. «¿Asustado? En absoluto. El 13 de marzo volvemos a encontrarlo organizando, junto con los demás líderes del movimiento, el tercer y definitivo levantamiento.»[40]

Liberado a finales de marzo, regresa a la Ciudad de México, lo vuelven a arrestar y una de sus tías lo saca de la cárcel pagando una fianza de veinte pesos. Bajo las órdenes de su tío, el obispo Guízar, regresó al seminario en la Ciudad de México en el mes de junio.

El folleto se distribuye a los miembros de Regnum Christi, la organización de católicos laicos que apoyan y obtienen alimento espiritual de la Legión. Curiosamente, el libro de historia de la Legión conmemorativo del quincuagésimo aniversario de la orden no hace mención alguna del heroísmo de Maciel cuando tenía diecisiete años, en 1937.

El obispo Guízar murió el 6 de junio de 1938. La historia de la Legión dice que surgieron «malentendidos». «Marcial tuvo que dejar el seminario.»[41] Dos meses después de la «santa muerte» de su tío, cuenta Villasana, «el vicario general de la sede vacante y el nuevo rector provisional expulsan del seminario *al sobrino consentido del obispo, que está planeando una fundación*»: una orden religiosa. Las cursivas son de Villasana; la cita es claramente la interpretación de Maciel de lo que los dos clérigos de la diócesis de su tío pensaban de él.[42] Al ensimismado Maciel se le escapa la implicación de dos jerarcas de la Iglesia, en una tierra perseguida, que se lavan las manos de un seminarista venido de una familia influyente. Lo de «consentido» suscita una pregunta mayor: ¿qué rasgo de su carácter los hizo rechazarlo?

La expulsión podría tener un motivo aún más serio. La víspera de la muerte del obispo Guízar, lo oyeron gritarle muy irritado a Maciel. Estaba dando a su sobrino de dieciocho años una reprimenda luego de que dos mujeres acudieron a la casa del obispo a quejarse de Maciel, del que eran vecinas. El padre Orozco, que se encontraba entre el grupo original de muchachos que formaron la Legión en 1941, dijo haber escuchado que las mujeres se quejaban del «ruido» que Maciel había hecho con unos niños a los que había llevado a su casa para enseñarles religión. Añadió que los funcionarios del seminario culparon a Maciel del infarto que sufrió su tío.[43]

Los actos de heroísmo creados por Maciel —el niño que atendía a los cristeros heridos, el adolescente que dirigía las protestas contra el gobierno— lo ponen tras los pasos de su tío. Maciel está creando su personaje: una máscara heroica, santa, para ocultar sus inclinación mundana de sacar dinero a los ricos mientras esconde las relaciones sexuales con niños en el clóset de los secretos eclesiásticos. Despreciado por su propio padre, Marcial Maciel Degollado se rehará a sí mismo como Padre, triunfante.

En 1937 los obispos estadounidenses abrieron un seminario para mexicanos en Montezuma, Nuevo México, con maestros jesuitas. El seminario funcionó durante treinta y cinco años, hasta que México pudo reabrir los suyos. Maciel, de dieciocho años, ingresó allí en 1938 con la ayuda de otro tío, Antonio Guízar y Valencia, obispo de Chihuahua.

Villasana escribe que Maciel hizo un viaje especial a México a fin de reunir fondos para becar a treinta jóvenes. De regreso en Montezuma, «su rica personalidad» lo hace congraciarse con otros seminaristas. «Sigue la costumbre de regalar a los demás todo lo que tiene» (difícilmente rasgo de un sobrino consentido). «Su mente funciona como un laboratorio, traduciendo todo a los términos de la misión que lleva a cabo».[44] No obstante, antes de la Navidad de 1939, dice Maciel, el obispo Guízar le advirtió que debía renunciar a la idea de fundar una congregación si quería seguir en Montezuma.[45] Maciel recurrió de nuevo a una relación familiar, el obispo Francisco González Arias, quien aceptó patrocinarlo como seminarista de Montezuma para su diócesis de Cuernavaca.[46] Pero sigue sin ser bienvenido allí.

El 17 de junio de 1940 un jesuita toca a su puerta y le dice que debe irse. «Le da a Maciel media hora para preparar sus cosas. Le dice que un coche ya lo espera en la puerta». Marcial pide ver al rector. No, debe marcharse de inmediato.[47]

Aun si al rector le parecía que «no era prudente» que planeara fundar una orden religiosa en un seminario diocesano, eso no explica la humillación que lo echaran avisándole con treinta minutos de anticipación, sin siquiera una despedida o bendición. Dos años de estudio —¡para colmo recaudando fondos para becas de treinta seminaristas!— y te echan a la calle.

La Legión dice que se fue debido a «malentendidos».

«Lo expulsaron porque no lo consideraban apto para el sacerdocio», dijo un jesuita mexicano que estudiaba en el seminario y pidió que se respetara su anonimato. «No era lo bastante listo y no estaba equilibrado ni emocional ni psicológicamente: eso es lo que me dijeron sus profesores.»[48]

Regresó a México el 17 de junio de 1940 y se dirigió a Cuernavaca y a su compasivo patrocinador, el obispo González. Durante los siguientes meses, Maciel y el obispo escribieron a varios seminarios o los visitaron. Como una fila de fichas de dominó que cayeran, rectores de Puebla, Morelia, San Luis Potosí y la Ciudad de México no lo admitieron. Maciel concluyó que los jesuitas de Montezuma enviaban informes suyos a «todos los seminarios del país... para que no lo aceptaran». Se va a San Antonio, Texas, donde un provincial franciscano lo admite. «Pero poco después él también recibe una carta de Montezuma. Lo habían descubierto.» Una vez más, lo rechazan.[49]

¿«Descubierto» de qué? La lógica narrativa es fascinante. Maciel quiere que los lectores —miembros de Regnum Christi que donan dinero a la Legión— vean las profundidades de su lucha, las barreras que tuvo que superar para fundar la Legión. «¡Cuánto sufrimiento moral carga consigo! A los veinte [sic] lo expulsan de un segundo seminario y es objeto de muchas calumnias y difamaciones por parte de religiosos.»[50]

Ahora los malentendidos están enturbiados por «calumnias» y surge otra pauta: conspiraciones clericales para frustrar la búsqueda de Maciel, la fundación de una orden religiosa.

¿Por qué las autoridades de un seminario en Nuevo México habrían de vetar a un aspirante que quería fundar una orden religiosa? Descarrilar su vocación no tendría sentido, a menos que hubiera ofendido gravemente a los sacerdotes de Montezuma. ¿Por qué otra razón los clérigos de Nuevo México, ávidos de vocaciones ante los asesinatos de sacerdotes, lo habrían expulsado del seminario?

El obispo González le asignó profesores particulares. Libre de los machacones juicios de los superiores del seminario, Maciel se puso a buscar reclutas adolescentes para su orden religiosa, aún sin nombre. Encontró acomodo en un sótano de tres cuartos de una vieja casa, en la calle de Turín, número 39, en la Ciudad de México. Se dice que dormía sobre periódicos, se tapaba con una toalla, y por almohada usaba sus zapatos envueltos en su pantalón. Como san Francisco de Asís, había que verlo en esta fase como un joven de buena familia que elegía la gracia de la pobreza.

A los veinte años, sin una educación completa, empieza a enseñar. El ejemplo de sus tíos obispos y el orgullo natural de un sobrino de un general cristero fortalecieron su confianza, y reunió a trece muchachos para prepararlos.[51] La dueña de la casa les dio acceso al comedor y la sala, en los pisos superiores, para que los usaran como capilla y sala de estudio. También les dio dinero. El obispo González instaló a uno de sus sacerdotes, el reverendo Daniel Santana, como rector, y nombró a su sobrino «director permanente» de la nueva orden religiosa. Santana celebró misa en su primera reunión formal el viernes 3 de enero de 1941, que la Legión conmemora como la fecha de su fundación.[52]

El seminario del sótano quedó en peligro al difundirse rumores sobre su propósito, e hizo que la casa fuera sujeta de incautación gubernamental. Maciel mostró su flexibilidad y su genio para recaudar fondos al conseguir dinero para comprar una casa pequeña con jardín en la zona sur de la Ciudad de México, en la calle Victoria, 21, al lado del seminario diocesano. Los muchachos instalaron tiendas de campaña para tener comedor y lavar los utensilios de cocina, y comían por turnos. A veces la cena consistía sólo en pan y sardinas.

El joven fundador se levantaba a las tres de la madrugada para ordeñar la vaca y salía a vender parte de la leche para comprar huevos, pan o fruta. Luego despertaba a sus muchachos, les preparaba el desayuno y dirigía su meditación matutina. Después de eso les daba algunas clases y pláticas. Estaba con ellos en los momentos de recreación, atendiendo siempre a su formación humana y espiritual. A menudo salía a pedir de puerta en puerta lo que necesitaban los hermanos. Otras veces salía a buscar nuevas vocaciones para la Congregación. Por la tarde, frente a la imagen de la Virgen Bendita, les daba algunas reflexiones espirituales para infundirles ánimo antes de que se acostaran; hablaba de proyectos apostólicos por todo el mundo… y cuando la casa por fin quedaba en silencio, Marcial se iba a estudiar durante algunas horas. Tenía que prepararse para sus exámenes de teología. Luego, a las tres de la mañana siguiente, volvía a comenzar el día.[53]

Había llegado lejos después de la expulsión de dos seminarios. El padre Santana renunció, no se explica por qué. Maciel tuvo conflictos con un nuevo rector nombrado por su tío, por razones que no se citan. El 26 de noviembre de 1944, Marcial Maciel Degollado, de veinticuatro años, fue ordenado por el obispo González Arias en la Basílica de Nuestra Señora de Guadalupe.

Había recibido mucha menos formación que el promedio de los sacerdotes diocesanos o miembros órdenes religiosas en la mayoría de los países del mundo.

Compensó esa deficiencia con buenas relaciones. De varios benefactores obtuvo doscientos mil pesos, suma considerable en la época,[54] y llamó a su orden los Misioneros del Sagrado Corazón. Marcó al grupo con lo que había aprendido de niño en los años de persecución de la rebelión cristera: una religiosidad militante.

Debemos defender con decisión los intereses del reino de Cristo, dejando a un lado nuestros juguetes y usando armas reales para aniquilar al enemigo, que está tan bien equipado, y volver sus armas en su contra. Tenemos que defender los derechos de Jesucristo y conquistar para Él la mente de la ciencia, el fuego de la juventud y la fuerza de los trabajadores.[55]

El niño con armas de juguete en la fotografía del vaquero se convertirá en el hombre que lucha por la Iglesia, con el «fuego de la juventud» en el centro de su búsqueda.

«Maciel tenía un carisma increíble», dijo un hombre que se contaba entre el primer grupo de legionarios.[56] «Es un mago con el dinero e impresiona a la gente más rica, que no siempre es muy lista.» Su carisma aumentó con los recuerdos católicos de la guerra civil y los años de terror de la Iglesia mexicana. Maciel admiraba al dictador español Francisco Franco, que en 1936 dirigió a las tropas nacionalistas contra el gobierno de izquierda democráticamente elegido. A esto siguió una guerra civil de tres años en la que Franco recibió apoyo de Hitler y Mussolini, mientras Franklin Roosevelt y gobernantes de otras democracias occidentales se mantenían neutrales. El catolicismo de Franco estaba imbuido de fascismo y empeñado en restaurar la monarquía española, un plan con gran atractivo para los conservadores latinoamericanos. Franco mantuvo a España neutral en la Segunda Guerra Mundial.

Los mexicanos, venezolanos y españoles adinerados en México quedaron impresionados con el plan de Maciel de crear un cuerpo de sacerdotes preparados como educadores en un ambiente casi militar. Alfonso Torres Robles hace una crónica de la red de contactos financieros de Maciel en *La prodigiosa aventura de los Legionarios de Cristo*. Maciel moldeó su orden a semejanza de los jesuitas; sin embargo, el aprendizaje de los legionarios no era afín al énfasis de los jesuitas en el cuestionamiento riguroso y el pensamiento analítico. Maciel creó un culto de adoración a sí mismo, Nuestro Padre. Al recaudar fondos subrayaba la obediencia de la orden al papa. Al crear su red de benefactores, Maciel presentó a los legionarios como un bastión contra el comunismo en los países del sur. Su primer apoyo vino de algunos de los hombres más poderosos de la posguerra en México, entre ellos Miguel Alemán Valdés, presidente de México (1946-1952), los industriales textiles Guillermo y Luis Barroso, así como Jorge Pasquel, conocido entre los aficionados al beisbol por sus esfuerzos con la Liga Mexicana.[57] En 1948 la Legión se mudó de su casa alquilada al sector periférico de Tlalpan, donde restauró una mansión cuyo dueño anterior había sido Luis Napoleón Morones, líder de la Confederación Revolucionaria de Trabajadores Mexicanos, de influencia comunista, personaje legendario famoso por usar anillos de diamantes y dar fiestas desenfrenadas con mujeres hermosas.[58] Maciel llamó a la escuela Quinta Pacelli en honor de Eugenio Pacelli, el papa Pío XII.[59]

Un extraño incidente ocurrido en junio de 1949 alimentó la mística de Maciel. Varios seminaristas oyeron fuertes detonaciones; momentos después, Maciel entró por una ventana con expresión de susto, el sombrero en la mano con un agujero de bala. ¡Los comunistas habían tratado de matar a Nuestro Padre! Salvó la vida de milagro: a juzgar por la posición del agujero, le habían disparado en la sien. Más adelante, en una recepción para benefactores, un sacerdote dio unas palmadas a una pistola que llevaba al cinto debajo de la sotana y dijo: «Por si vuelve a pasar algo por el estilo».

Muchos años después dos antiguos legionarios, Vaca y Barba, en conversaciones separadas, se enteraron de que Maciel había hecho que uno de sus seguidores en la orden le perforara el sombrero para impresionar a los donantes. Ante los jóvenes versados en leyendas de los mártires cristianos, el roce de Nuestro Padre con un asesino lo exaltaba como un cruzado enviado por Dios. José Barba, que a los doce años, en 1951, salió de Tlalpan para ir al seminario de España, recuerda: «Íbamos a luchar contra nuestro enemigo personal, el comunismo, inspirándonos en las historias de atrocidades cometidas contra sacerdotes, monjas y católicos en la guerra civil española».[60]

A ciertos seminaristas selectos se les mostraba una fotografía de Nuestro Padre como joven cristero —la foto con el atuendo de vaquero—, y se les contaba cómo Maciel cabalgaba a las montañas para encontrarse con sacerdotes que le daban hostias consagradas para los campesinos de las aldeas. Eso sucedió en Veracruz en 1937, según el folleto de Villasana.

Un puente de México a España

Con el fin de la Segunda Guerra Mundial, la ambición de Maciel de crear una orden religiosa internacional remontó el vuelo. Se encontró con «la mano de Dios» en una reunión casual con el rector de la Pontificia Universidad de Comillas, en España, donde los jesuitas formaban sacerdotes diocesanos.[61] El reverendo Francisco Javier Baza, de la Compañía de Jesús, estaba viajando por América Latina con la oferta de becas del gobierno español para estudiantes aventajados. A Maciel le interesaban las becas; también tenía un complejo de amor-odio hacia los jesuitas desde su expulsión del seminario de Nuevo México. Dijo a los benefactores que los jesuitas se habían rebelado contra el papa, mientras que su orden era totalmente fiel. Hacía que sus seminaristas lo llamaran Nuestro Padre, tal como llamaban al fundador de los jesuitas, san Ignacio de Loyola (un soldado vasco).[62] En Madrid se agenció una reunión con el ministro del Exterior, Alberto Martín Artajo, quien le dijo que las becas eran posibles si su orden tenía la aprobación del Papa.[63]

Para un sacerdote mexicano desconocido que todavía no llegaba a los treinta años, reunirse con Pío XII era una empresa mayor. Encontró alojamiento en Roma en el Colegio Pío Latinoamericano y se enteró de que una audiencia privada era imposible sin una carta de recomendación, y que aun así podía tardar semanas.[64] En junio de 1946 el ascético y espiritado Papa era uno de los hombres más venerados y buscados del mundo.[65] Los periódicos elogiaban la santidad de Pío XII, su «heroísmo» de negarse a dejar Roma y su «implacable defensa de los derechos del hombre ante las amenazas de Hitler y Mussolini».[66] Tal era la visión pública del quisquilloso pontífice, que habitualmente se limpiaba las manos con loción médica para eliminar los gérmenes contraídos por el contacto humano.[67] (Su silencio ante las atrocidades nazis se volvió tema de debate en 1963, con la controversia suscitada por la publicación de la obra de teatro de Rolf Hochhuth *The Deputy* (El diputado). Para conseguir la audiencia, Maciel tenía los nombres de dos tíos obispos importantes, aunque su versión es que él mismo eludió a los guardias de la puerta de la curia. Mientras «Pío XII oficiaba una misa solemne de beatificación en la basílica de San Pedro», Maciel esperó con una sobrepelliz doblada sobre el brazo hasta que terminó la ceremonia. Cuando Pío XII bajó a una fila para saludar, Maciel le dijo: «Santo Padre, soy un sacerdote mexicano y tengo algo importante que decirle, pero no cuento con nadie que me recomiende con usted.»[68]

Supuestamente el Papa se volvió hacia su secretario y dijo: «Mañana al medio día.»

Sin embargo, es difícil saber la verdad. No hay constancia alguna de que Pío XII haya oficiado una «misa solemne de beatificación» en junio de 1946.[69] En realidad, en el curso de todo su pontificado beatificó sólo a seis personas.[70] Quizá el horror de una guerra en la que murieron millones lo dejó sin ánimo de hacer santos. Realizó una sola canonización en 1948: la de la madre Francisca Javier Cabrini, el 7 de julio. Una interpretación benévola es que Maciel fabricó la historia para aumentar su proximidad a un beato en vías de ser santo. En cualquier caso, a Pío XII le habría interesado escuchar lo que un sacerdote mexicano tenía que decir. Hablaba bien español, y no hacía mucho había nombrado cardenales de Chile, Cuba y Perú.[71]

Maciel cuenta que en la audiencia, el 12 de junio de 1946, el Papa se entusiasmó con los planes de la nueva congregación y lo animó a pedir la aprobación canónica de los cargos correspondientes a la curia romana. Armado con el estímulo y cartas de recomendación de Pío XII, regresó a España, obtuvo las becas y más. El ministro del Exterior lo recomendó con el banquero y empresario *sir* Claudio Güell Churruca, conde de Ruisenada, quien ofreció transporte gratuito para los seminaristas mexicanos en un barco de su Compañía Trasatlántica Española.[72]

El 20 de agosto de 1946, el pariente y protector de Maciel, el obispo González Arias, de Cuernavaca, murió a la edad de setenta y dos años. El 2 de septiembre Maciel llevó a treinta y cuatro de sus discípulos de la Ciudad de México a la Habana, donde tomaron el barco para hacer la travesía de veintiocho días a Bilbao. De allí eran 145 kilómetros a Comillas, un hermoso pueblo con vista al golfo de Vizcaya. El conde permitió a Maciel usar la mansión de verano de su padre como seminario. A principios de diciembre les exigieron que se fueran.[73]

Al igual que con los «malentendidos» que hubo tras sus expulsiones del seminario, la razón que se dio del desalojo es nebulosa. Un conde español da transporte en su barco a un sacerdote y treinta y cuatro jóvenes, les presta una casa de recreo de la familia... ¿y luego los echa? La Legión afirma que su concienzuda formación espiritual había causado «envidias», presumiblemente entre los jesuitas que enseñaban en Comillas. Es difícil de creer.

Maciel encontró una casa en las afueras de la ciudad; convirtieron los establos en dormitorios. Luego hallaron alojamiento en el monasterio cisterciense del vecino poblado de Cobreces. Los estudiantes iban a la universidad en un autobús que Maciel había comprado como desecho de guerra en Nueva York.[74] Maciel empezó a viajar de ida y vuelta a México, lo que se hizo un hábito de toda la vida. Alfonso Torres cuenta: «En los años cincuenta, el entonces presidente de México, Migue Alemán Valdés, uno de los grandes protectores de Maciel, enviaba a los jóvenes seminaristas costales de frijoles, café, azúcar y otros víveres».[75]

Mientras tanto, se enviaron a Roma informes sobre Maciel «llenos de calumnias de todo tipo», según la historia de la Legión, que no dice quién envió los informes ni a quién.[76] El propio Maciel dice de las acusaciones: «Me catalogaban como un mentiroso, borracho y ladrón y decían que mantenía a los seminaristas prácticamente como prisioneros, sin permitir que se confesaran con nadie más que yo». Se demostró que eran falsas, dijo.[77] La trayectoria de Maciel se ha visto sistemáticamente empañada por conspiradores que manchan su reputación. Las vagas razones de la Legión aduce para que haya recibido semejante trato no tienen sentido; las «calumnias» sí que tendrían sentido si otros clérigos supieron de su abuso sexual de los seminaristas. ¿Qué «malentendido» podía ser tan grave?

El destino presumible de las quejas era la Congregación para los Religiosos, la oficina responsable de las órdenes. La historia de la Legión afirma que Maciel «había previsto que su juventud iba a provocar objeciones, pero nunca pensó que habría personas tan decididas a bloquear la aprobación» con informes calumniosos enviados a Roma.[78] Tales informes, si no se han destruido, estarían en los archivos de la congregación. A principios de mayo de 1948 Maciel fue a Roma. Escribió a casa: «Humanamente hablando no hay esperanza» de que la orden obtenga la aprobación canónica: un revés considerable después de su reunión con el papa Pío XII dos años antes.

Maciel recurrió a una figura poderosa cuya amistad había cultivado, el cardenal Nicola Canali, gobernador de la Ciudad del Vaticano, de setenta y tres años, que tenía fama de ser un genio financiero. Canali había apoyado a Eugenio Pacelli (Pío XII) en el cónclave que lo eligió papa en 1939.[79] «Corpulento, empelucado e intratable», Canali fue uno de los principales simpatizantes del fascismo en el Vaticano durante la guerra.[80] Tal simpatía hacía de Maciel, admirador de Franco, su alma gemela política. Según la historia de la Legión, Canali concertó una audiencia con Pío XII, presumiblemente en mayo de 1948, aunque no se da ninguna fecha. Maciel esbozó sus planes para la orden religiosa. Se dice que el Papa le dijo: «Líderes, padre Maciel: debemos formar a los líderes de América Latina y el mundo, y ganarlos para Cristo… Usted debe ser *sicut acies ordinata:* un ejército en formación de batalla».[81] Maciel decidió cambiarle el nombre a su orden (originalmente registrada como Misioneros del Sagrado Corazón y Nuestra Señora de los Dolores). Primero pensó llamar al grupo Legionarios del Papa, pero varios prelados consideraron presuntuoso identificar a una orden con el pontífice. Se quedó, pues, como Legionarios de Cristo.

«Apruebo y bendigo las formas de apostolado que usted propone», escribió Pío XII en carta fechada el 12 de mayo de 1948. La Congregación para los Religiosos aprobó a los legionarios como una orden de la diócesis de Cuernavaca. El Código de Derecho Canónico exigía una fundación formal bajo la autoridad del nuevo obispo de Cuernavaca, Alfonso Espino y Silva. Maciel volvió en avión a México y fijó con el obispo una ceremonia para el 29 de junio. Se encontraba en la escuela apostólica de Tlalpan el 13 de junio cuando «una voz interior» le dijo: «Hoy. La fundación tiene que ser hoy.» Se fue a Cuernavaca y le reveló el mensaje al obispo Espino.[82] La Legión sostiene que esa misma noche «el obispo firmó el decreto que daba vida a la nueva congregación en el seno de la Iglesia». Maciel, como superior general, recibió los votos de los primeros dos legionarios.

La Legión afirma que los «malos informes» de los enemigos anónimos pero persistentes de Maciel en Roma llegaron a Cuernavaca y pidieron al obispo que rescindiera su aprobación... demasiado tarde. ¿Por qué algunos funcionarios de la curia romana habrían de intentar detener el último paso de una fundación que el Papa supuestamente había aprobado? En la historia de la Legión no entraba nada que Maciel no hubiera dictado o aprobado. La historia es desinformación para presentar a Maciel triunfante sobre sus enemigos anónimos, o bien, una señal de que su pasado sexual le iba pisando los talones.

En 1950, las autoridades de la Universidad de Comillas expulsaron a los seminaristas de Maciel.[83] Según Juan Vaca, Maciel se ausentó la mayor parte del verano, de modo que cualquier número de seminaristas pudo hablar con confesores o consejeros jesuitas de sus insinuaciones sexuales. Los legionarios estudiaron durante un tiempo en un monasterio en el pueblo vecino de Cobreces. En 1952 Maciel fundó una residencia permanente en lo que antes era un hotel de cuatro pisos en Ontaneda, provincia de Santander. Ningún jesuita iba a meterse en la vida que Maciel tenía prevista para sus estudiantes.

En 1949 Federico Domínguez, un seminarista jesuita de veintidós años de Comillas, se cambió de bando y se incorporó a los legionarios.[84] Domínguez consideraba a Maciel «un hombre extremadamente carismático». Dejó la Legión después de siete años. En 1996 era maestro de estudios hispánicos en Los Ángeles. «Me parecía que el demonio andaba detrás de ese hombre por ser tan santo», declaró. Sin embargo, pronto se dio cuenta de que Maciel «estaba mal preparado. Tenía muchas faltas de ortografía». En la práctica, Domínguez llegó a ser el secretario de Maciel: escribía sus cartas al dictado. «Aprendí cómo le gustaban las cartas, pero lo que comenzó a molestarme es que siempre exageraba.» En las cartas a los patrocinadores de México «prácticamente les mentía. Decía que teníamos trescientos estudiantes cuando sólo éramos cien. Para las mujeres, las cartas siempre eran floridas. Yo tenía que inventar la mitad para hacerles ver lo maravilloso que era Maciel. Empecé a tener mis dudas sobre él».

Sin embargo, veía el genio de Maciel. «Tenía una manera muy extraña de sacale dinero a la gente. Se presentaba como un hombre impulsado por una idea.»

Una noche Maciel se disculpó del dictado diciendo que tenía que leer el breviario, el texto que los sacerdotes debían leer una hora diaria. Domínguez necesitaba aclarar una cifra en una carta y fue al cuarto de Maciel. «Estaba oscuro», contó. «Ya estaba en la cama. Juan Vaca estaba allí. ¿Por qué [Maciel] no pudo decirme que estaba muy cansado? Me dio la cifra y salí de allí.»

Pero ver al chico mexicano, en plena adolescencia, solo en el cuarto de Maciel lo hizo sospechar. No tenía prueba alguna de contacto sexual, pero se dijo: *Este hombre miente demasiado.*

Las sospechas de Federico Domínguez sobre Maciel aumentaron cuando fue a México para ayudar a reclutar estudiantes para la escuela apostólica de Tlalpan. «Maciel me dijo que la idea era conseguir chicos inteligentes sin aspecto indígena», dijo Domínguez mientras intercambiaba comentarios con una docena de ex legionarios que sostienen que a Maciel lo obsesionaban los chicos de tez blanca: una proyección narcisista o un concepto de los indígenas como inferiores a los europeos. Domínguez agregó: «Lo que me hacía sospechar más es que siempre se rodeaba de chicos muy bien parecidos.»

9

La guerra contra los enemigos internos

Finalmente llegaron al Vaticano informes de nueve hombres que habían sufrido, en sus años de seminario, abuso sexual por parte de Marcial Maciel. Hablaron después de una odisea ensombrecida por el miedo a las represalias de la Legión y de su fundador. Juan Vaca, apoyado por el padre Alarcón, hizo las acusaciones en 1976, 1978 y 1989. El líder del grupo mayor era el profesor José de Jesús Barba Martín.

De los muchos jóvenes que ingresaron al seminario de Tlalpan en los años cuarenta, José Barba sobresalía por su inteligencia excepcional. Barba pasó trece años como legionario y se salió de la orden a los veinticuatro. En 1978 se doctoró en estudios latinoamericanos en la Universidad Harvard. Regresó a la Ciudad de México y a principios de los ochenta trabajó en la Universidad Anáhuac, plantel norte, perteneciente a los legionarios. Como parte del paquete de prestaciones, sus dos hijos asistían a una escuela primaria de los legionarios. José Barba nunca olvidó el abuso sexual de Maciel; la lógica de la supervivencia le impidió una confrontación abierta con el superior de la orden, al que rara vez vio en años subsecuentes. Su silencio estaba mezclado con un hambre de justicia que fue creciendo conforme él se hacía mayor. En 1989 ocupó un puesto de profesor en el Instituto Tecnológico Autónomo de México (ITAM). Mientras reunía una biblioteca personal de veinte mil libros, combinó su pasión por la lengua española con un buen conocimiento del inglés, el italiano y el francés.

Documentar los abusos de Maciel fue un proceso lento y doloroso que le supuso restablecer el contacto con algunos hombres a los que no había visto en años. En México no tenían recursos legales; Maciel había abusado de ellos en España y en Roma. Y lo que buscaban no era un pleito civil.

La cobertura mediática de los escándalos del clero estadounidense en 1993 desencadenó un torrente de emociones en el grupo de Barba. «¿Cómo hace para salirse con la suya?», se preguntaban respecto a Maciel. El 5 de diciembre de 1994, un anuncio de media página que apareció en *El Universal* y otros seis diarios importantes de la Ciudad de México mostraba una fotografía de Maciel besando el anillo de Juan Pablo II, así como una carta abierta del Papa en la que celebraba el quincuagésimo aniversario de Maciel como sacerdote llamándolo «un eficaz guía de la juventud».[1]

A José Barba el anuncio le revolvió el estómago. Las palabras del Papa eran demasiado profanas para dejarlas pasar, y fortalecieron su decisión de poner manos a la obra. Pero los escándalos que estremecieron a las comunidades católicas de Estados Unidos, Canadá, Irlanda y Australia apenas habían tocado a las de América Latina. En México los legionarios eran una institución nacional. Maciel había recolectado enormes cantidades de dinero en España, con las que se estableció la Universidad Francisco de Vitoria en Madrid, a través de una coalición de benefactores que incluían a la acaudalada familia Oriol, cuatro de cuyos hijos se habían convertido en sacerdotes legionarios. Maciel convenció al tenor Plácido Domingo para que se presentara en actos de recaudación de fondos. Cuando Chile resurgió de la sanguinaria dictadura de Augusto Pinochet, la Legión tenía dos universidades, dos escuelas privadas y una estación de radio en ese país.[2] El seminario de la Legión en Irlanda tenía cada vez más adeptos en Foxrock, población situada al sur de Dublín, a donde los mexicanos acaudalados mandaban a sus hijos a aprender inglés. En 1988 la orden vendió ocho hectáreas de terreno por veinticinco millones de libras irlandesas.[3] En 1996 la Legión compró a IBM un complejo de oficinas de 110 hectáreas en Mount Pleasant, estado de Nueva York, por treinta y tres millones de dólares, para usarlo como centro religioso. Un portavoz dijo que la Legión tenía deudas considerables.[4] A pesar de todo, a Maciel no le costó ningún trabajo pagar un boleto de nueve mil dólares para cruzar el Atlántico a bordo del Concorde ni alquilar un helicóptero para asistir a unas citas en México, Colombia y Connecticut.[5]

Al acceder a hacer declaraciones públicas en noviembre de 1996, Barba y sus seguidores sabían que se arriesgaban a la condena de la Legión y quizá al ridículo en las sociedades latinas. Sin embargo, querían que el Papa reconociera lo que Maciel les había hecho y que investigara a la orden.

De los nueve hombres, uno había muerto a principios de 1995: Juan Manuel Fernández Amenábar, ex rector de la Universidad Anáhuac. Conforme su salud se deterioraba, Amenábar, como era mejor conocido, les confesó a varias personas el abuso sexual de Maciel y dictó una declaración personal. Había nacido en España al igual que Félix Alarcón, el único de los nueve que seguía siendo sacerdote. Alarcón trabajaba en una parroquia en Venice, Florida, cuando Renner abrió el diálogo. Los otros siete acusadores, todos mexicanos, provenían de familias de clase media o alta y habían tenido éxito profesional. Casi todos tenían hijos; cuatro se habían divorciado. Ninguno había tomado acciones legales contra la Legión ni la Iglesia.

«El Papa ha reprendido a los alemanes por su falta de valor durante la era nazi. Nosotros estamos en una situación similar», dijo Barba. «Durante años guardamos silencio. Después tratamos de ponernos en contacto con las autoridades de la Iglesia. Ésta es una declaración de conciencia.»[6]

José Barba nació en el estado de Jalisco el 16 de abril de 1937, el sexto de ocho hermanos. Sus padres eran de ascendencia española; la genealogía de su padre se remontaba hasta Castilla. La Revolución mexicana obligó a la pareja a refugiarse en la Ciudad de México en 1918. En Tabasco y Veracruz, donde la lucha era feroz, las víctimas resultaban mutiladas y decapitadas.[7] Al llegar los años treinta, la familia había recuperado sus tierras. El padre de José tenía una hacienda con cincuenta trabajadores. «De niño me gustaba montar a caballo, y ver a los hombres mayores, mis tíos, que disfrutaban con los caballos y las peleas de gallos», recuerda Barba.

José tenía cuatro años cuando la familia se mudó a la Ciudad de México para darles una mejor educación a sus hijos. México tenía el mismo calendario escolar que España, con vacaciones en diciembre y enero. Cerca de Navidad se hacían posadas con piñatas para los niños. Pero los gobiernos mexicanos de izquierda no tenían relaciones diplomáticas con España. La dictadura de Franco tenía una intrincada red de espionaje policiaco. Aun así, en 1953 Pío XII accedió a un concordato que dio a Franco la última palabra en la designación de obispos y nuevas diócesis. Después del Concilio Vaticano II, el papa Paulo VI suspendió el acuerdo.[8] No obstante, para muchos mexicanos España era una tierra de fe restaurada. El clero mexicano era muy respetado por los creyentes que recordaban las persecuciones del gobierno. La madre de Barba quería que su antepenúltimo hijo, ávido lector al que le encantaban las lecciones de piano, ingresara en la Compañía de Jesús; pero los jesuitas no aceptaban niños.

En el otoño de 1948, José Barba acompañó a su madre y a su hermana a visitar el seminario de la Legión en Tlalpan, en el sur de la Ciudad de México. Detrás de la barda y a la sombra de los cedros, el lugar parecía el paraíso, con piscina, lago, cancha de futbol, campo de tiro, pista de bolos y caballerizas. José, entonces de once años, tenía un primo que había entrado al seminario pero que pronto lo abandonaría. «Sentí mucha angustia», recuerda Barba. «Yo quería mucho a mi hermana Nina —era como una madre para mí—, pero no deseaba herir a mi madre, que quería un sacerdote en la familia.»

Barba ingresó al seminario el 3 de diciembre de 1948, cuatro meses antes de cumplir los doce años.

Por tradición, un nuevo seminarista era recibido por otro de edad similar. El niño que recibió a Barba tenía grandes ojos negros y una expresión confiada, abierta. Llevaba un palo de golf en la mano. Era Juan Vaca.

Las visitas familiares a los internos eran el primer domingo de cada mes. «Yo sentía que mi padre estaba triste», cuenta Barba. «Pero parecía haberse resignado, y yo reprimía mis sentimientos.» Barba lloraba en la cama, extrañando a su familia. Pero conforme pasaban los días en la hermosa propiedad, con un programa de estudios que le gustaba, José empezó a hacer amigos y a sentirse bien con su uniforme de suéter rojo, pantalones azules y camisa blanca, rodeado de sus compañeros de seminario.

Un enorme retrato de Maciel —pelo castaño, facciones galas— colgaba en la pared del vestíbulo. Siguiendo la tradición de las órdenes religiosas francesas, los jóvenes seminaristas de entonces se referían a él como *Mon Père*. En 1948 Maciel tenía veintiocho años. Barba lo conoció una mañana de febrero de 1949. Los niños empezaron a correr de emoción: ¡había llegado *Mon Père!* «Maciel jugó a las canicas con nosotros, rodeado por un nuevo grupo», recordó Barba. «Ése fue el día en que llegó Arturo Jurado.»

Arturo Jurado Guzmán, al que le faltaba un mes para cumplir once años, se había criado en el pueblo colonial de Salvatierra, enclavado en la sierra del estado de Guanajuato. El padre Maciel había ido allí a buscar niños con vocación. El padre de Arturo trabajaba era director de la oficina de Hacienda del pueblo; su madre era una activista laica; Arturo tenía un hermano mayor en el seminario del estado de Michoacán. El párroco del pueblo le recomendó a Maciel su monaguillo favorito. Por alguna razón su madre no quería dar su autorización para que Arturo se fuera. «¿Qué habrá percibido en los ojos de Maciel?», se preguntó Jurado años después. «No lo sé. Mi madre ya murió.»[9]

Maciel la regañó en la sala diciéndole que la ira del cielo caería sobre su alma si se negaba a permitir que el niño hiciera caso del llamado de Dios. Educada para mostrar obediencia a los sacerdotes, su madre cedió. Cuando Arturo entró en el coche junto con otros reclutas para emprender las cinco horas de camino a Tlalpan, no tenía la más remota idea de lo que le esperaba.

ESPAÑA, A UN MUNDO DE DISTANCIA

Como «escolar apostólico» en España, Barba descubrió una profunda espiritualidad en la tierra donde se originó su lengua. Amaba el lirismo de Enrique González Martínez y las «fuentes sombrías» del verso de Antonio Machado. «Aquellos años maravillosos fueron también intensos, llenos de caminatas y ascensos a montañas», recordó Barba. «Cerca de allí, las campanas de la Abadía Cisterciense de Santa María de Via Caeli —blanca y mansa como un cordero— repicaban en el verde y ondulante valle.»[10] Pero pese a todas las nuevas experiencias de esas mentes que despertaban a la vida, Barba y sus compañeros perdían poco a poco el contacto con sus familias. Las cartas que escribían y recibían eran leídas por Maciel o sus subalternos; a los estudiantes se les pedía que escribieran sólo cosas favorables cuando se refirieran al seminario. No tenían acceso a un teléfono.

Por órdenes de Maciel, ciertos jóvenes mantenían correspondencia con personas que le daban dinero a la Legión. Utilizar a los seminaristas de esa forma es totalmente inconcebible entre dominicos, franciscanos, jesuitas y otras órdenes religiosas. Una importante mecenas de la Legión, Flora Barragán de Garza, esposa de un industrial, vivía en Monterrey, en el estado mexicano de Nuevo León. Una carta fechada en 1952 y dirigida a la señora Barragán por un joven legionario del Colegio Mayor, en Santander, España, la llama cariñosamente «Mamacita»[11] y le cuenta: «Nuestro muy querido padre Maciel, después de pasar un breve tiempo con nosotros, tuvo que irse a Roma... pero prometió regresar a principios de mayo. Se encontraba en buenas condiciones de salud... En nuestras jóvenes venas sentimos el flujo de la pasión por entregarnos totalmente [al Señor]... con un amor ardoroso, santo y viril.»

Los seminaristas irlandeses reclutados después siguieron este modelo. Paul Lennon, que ingresó a la Legión en Dublín en 1961 y la abandonó en 1984, les escribía a Flora Barragán y a la madre de Maciel. «Les escribíamos a nuestras madrinas y les agradecíamos la ayuda financiera que nos daban para apoyar nuestra vocación», explicó Lennon. «A veces le escribíamos a una benefactora durante uno o varios años y luego cambiábamos de destinatario. Nunca nos decían por qué. Algunas de las madrinas más famosas o ricas venían a visitarnos y al menos podíamos conocerlas en persona.»[12]

La erosión de los lazos familiares se producía tan gradualmente que los estudiantes no entendían su vulnerabilidad. «Teníamos adoración por el padre Maciel», recuerda Arturo Jurado. «Lo que decía era para la gloria de Dios.»

Los profesores decían de Nuestro Padre que era «un santo en vida», un hombre que cumplía una misión contra el comunismo y purificaba a la Iglesia con un ejército espiritual. Para aquellos adolescentes arrancados de sus familias, Maciel era un Big Brother en el sentido orwelliano, supremo y sobreprotector. La mayoría de las familias de los internos carecían de medios para viajar a Europa. Podían pasar hasta cinco años sin contacto directo con sus padres. Les inculcaron una ideología particular por medio de películas que presentaban los actos heroicos del general

Franco, y en iglesias que conmemoraban a sacerdotes y monjas muertos en la guerra civil española. «Éramos como soldados, Legionarios de Cristo», señaló Jurado. «No se nos permitía siquiera imaginar que nuestro superior pudiera estar en un error y, desde luego, mucho menos poner en duda cualquier orden que viniera de él.»[13]

Les decían que desertar de la Legión implicaba que sus almas se irían derecho al infierno. «Vocación abandonada, condenación asegurada» era el mantra que hacía a muchos quedarse allí mucho después de que quisieran irse, lo que les producía un sentimiento de culpa que exigía una terapia años después.

El culto a la personalidad de Maciel era el motivo del cuarto voto: nunca hablar mal de Nuestro Padre y denunciar al que lo haga. Las órdenes religiosas hacen votos de pobreza, castidad y obediencia. El cuarto voto de la Legión significaba que espiarse los unos a los otros se premiaba como expresión de fe. Este voto proporcionaba a Maciel información muy personal de aquellos que pudieran divulgar su comportamiento. (Algunos años después la Legión añadió un quinto voto, un juramento de no buscar jamás puestos de liderazgo y denunciar a quien tuviera tales ambiciones.)

«Nos lavaban el cerebro», dijo Alejandro Espinosa Alcalá. «Vocación abandonada, condenación asegurada... la idea me inspiraba terror.»[14]

Alejandro Espinosa, de 59 años en 1996, un ranchero que vivía cerca de Brownsville, Texas, pertenecía a una familia de seis hermanos y dos hermanas que se habían criado en Michoacán, el estado natal de Maciel. Espinosa ingresó al seminario de Tlalpan en 1950. «Era un niño extrovertido y totalmente inquieto, que amaba y extrañaba a mis padres», dice con un suspiro. «[Los sacerdotes] no me dejaban estar con los demás... Si me expulsaban, quedaría condenado al infierno.»

Espinosa recibía azotes de uno de los sacerdotes por infracciones disciplinarias. Era un castigo común en el seminario, aunque a ninguno de los hombres entrevistados le parecía que el ambiente fuera demasiado sádico.

A principios de los años cincuenta, todos los seminaristas se habían trasladado a España.

En el seminario de Ontaneda se esperaba que los niños que

entraban en la pubertad mantuvieran la pureza sexual. Los profesores les decían que las mujeres eran tentaciones que debían evitarse. La masturbación era un pecado mortal que se castigaba con la condenación eterna, a menos que uno se arrepintiera durante la confesión. Todavía hoy, la enseñanza oficial de la Iglesia católica dice que la masturbación es un pecado mortal, aun cuando muy pocos teólogos serios la consideran una causa de pérdida del cielo. En los años cincuenta otros seminarios católicos adoptaron una postura misógina, pero la Legión era una cultura de extremos. Las ilustraciones de las enciclopedias de la *Venus* de Botticelli y otras obras de arte clásicas que representaban el cuerpo femenino desnudo se tapaban con papel negro pegado con cinta adhesiva.

Los niños recibían látigos para que se escudriñaran la conciencia. Por la noche, el silencio de los dormitorios se rompía con el restallido del cuero contra las piernas y las espaldas. La otra herramienta de autocastigo era el cilicio, una faja de cuero erizada de púas que se llevaba ceñida al muslo. La autoflagelación es una práctica ascética iniciada por los monjes en los primeros siglos del cristianismo, pero se generalizó en la Edad Media como medio para expiar lo mismo pecados propios que ajenos. Se consideraba una imitación piadosa del sufrimiento de Cristo, que fue flagelado antes de la crucifixión. Muchas órdenes religiosas, entre ellas la Compañía de Jesús,[15] siguieron practicándola, pero a raíz del Concilio Vaticano II (1962-1965) se ha suprimido o abandonado casi en todas partes.[16]

«Las púas se me clavaban en la carne y me causaban un gran dolor, y aun así los malos pensamientos seguían acosándome», dijo Fernando Pérez Olvera, un ingeniero que en 1996 tenía 62 años.[17] Con las heridas infectadas, Pérez escuchó un sermón de Maciel «que nos hizo temblar en una iglesia oscura, iluminada con una sola vela». Maciel presentaba a Dios «como un ser implacable que nos arrojaría a las llamas del infierno si moríamos en pecado mortal».

RITUALES DE SEDUCCIÓN

Fernando Pérez tenía catorce años cuando Maciel lo invitó a dormir en un colchón en el suelo, junto a su cama. Lo hizo así durante un año. Una noche, cuenta Pérez, Maciel «estaba acostado en la cama, desnudo, cubierto con una sábana, retorciéndose de dolor. Me dijo que le diera un masaje en el estómago. "Me duele más abajo", dijo, "abajo del estómago." Entonces con la mano le toqué el pene, que estaba erecto».

Para un seminarista católico cuya sexualidad apenas despertaba, esa traición a la castidad a manos de su idealizado superior resultaba aplastante. A la mayoría de los afectados, las traumáticas experiencias les dejaron recuerdos dolorosos que duraron años. Fernando Pérez decidió irse «porque no tenía voluntad para vencer mis tentaciones». Se rebeló... para que lo expulsaran. Maciel «me encerró en un cuarto con una cama y una mesita de noche, y una ventana que tenía que mantenerse cerrada... era muy duro estar en esa cárcel»: aislamiento total durante un mes. «Si hubiera sido más tiempo, me habría vuelto loco.» Aun así persistió en su indisciplina. Maciel le ordenó hacer la maleta e irse a pie a la estación del tren del pueblo. Se fue a las diez de la mañana, «y llegué a la estación a las siete de la noche, rendido, muerto de hambre», sin un centavo. Estaba solo y desesperado cuando, a las once de la noche, Maciel apareció con otro estudiante y lo llevó en coche de vuelta al seminario.[18]

Fernando Pérez regresó a México en barco en 1950. Se encontraba entre los varios jóvenes que abandonaron a los legionarios en la época en que los jesuitas empezaban a sospechar de los abusos sexuales de Maciel. «Después de haber sido un niño feliz, me convertí en un joven introvertido, negativo», agregó Pérez, «lleno de miedos, sentimientos de culpa, depresión constante... recordando siempre las amenazas del infierno de Maciel». Fernando reconoce que la mujer con la que más adelante se casó lo ayudó a rehacer su vida.

Su hermano menor, José Antonio Pérez Olvera, también estuvo en el noviciado de España y continuó sus estudios en Roma. Hombre de espaldas anchas, de 59 años en 1996, abogado, José Antonio explicó que no supo sino hasta años después por qué se había marchado su hermano. Una vez, durante la misa matutina, lo llamaron a la habitación de Maciel, en donde el fundador le dio a conocer su preocupación de que su hermano hubiera regresado a México. «Agregó que Fernando se masturbaba con frecuencia y que era urgente apartarlo del pecado...

rescatarlo del vicio. Yo no sabía qué pensar. Nunca había hablado de esto con mi hermano.»[19]

Maciel dijo necesitar una muestra de semen de José Antonio para enviársela a un eminente médico de Madrid que lo ayudaría a remediar el problema de su hermano. José Antonio, de 16 años, creía que «la castidad era la virtud más importante del ser humano». Sin embargo, no opuso resistencia cuando Maciel le bajó los pantalones, lo masturbó hasta producirle el orgasmo y vertió el semen en un frasco. A continuación el superior le dijo para tranquilizarlo: «El fin era correcto.» Lo envió a recibir la Sagrada Comunión y le pidió «nunca mencionar a nadie este acto heroico».

Como recuerda José Antonio: «Este acto, después de seis años de formación rigurosa, fue devastador… como si me hubieran desflorado».

«Como hijos de familia cristianos, como mexicanos, nos habían enseñado a obedecer a nuestro padre —agrega—. Dejar el seminario significaba la condenación eterna… Dios era vengativo.» Aquel encuentro sexual lo hizo sentir «como un cómplice». Desde entonces empezó a rehuir a Maciel. Ante la ausencia de su hermano, sufría insomnio crónico, ansiedad y estrés. «No dejaba de rezarle a Dios: *Si he de volverme loco, aquí me quedo, siempre y cuando sea por mi salvación.*» Finalmente abandonó el seminario a los 26 años, cuando un sacerdote español en el que confiaba le dijo que si era infeliz allí lo mejor era irse y no preocuparse en absoluto por su alma. Llegó a recibirse de abogado, pero la vergüenza ensombrecía sus lazos con la posesiva cultura de la Legión. Le llevaría años quitarse el sentimiento de culpa con el que cargaba.

José Antonio Pérez Olvera considera la autoflagelación de los seminaristas «una forma de transferencia psicológica»: se castigan a sí mismos por la enfermedad sexual de Maciel. «Hay muy poca conciencia de la doble personalidad en las culturas latinas.»

Para justificar sus abusos, Maciel les decía a algunos que su médico le había prescrito evitar la acumulación de semen por medio de eyaculaciones; a otros, que tenía la próstata aumentada de tamaño. También les decía que el papa Pío XII le había otorgado una dispensa especial que le permitía tener actividad sexual a causa de un dolor crónico.

Los rituales de seducción son comunes entre los pedófilos. Llamar muchachos a su habitación, presentarse como aquejado de dolores insoportables, buscar su contacto curativo eran las técnicas del engaño. Algunos se resistían; de otros abusaba pocas veces y después caían de su gracia. A los que lo complacían con regularidad se les daba una posición privilegiada. «Nos pasábamos la vida burlándonos de que Vaca tenía sueño todo el día», dice Barba, sin darse cuenta de que Vaca estaba rendido por las noches que pasaba con Nuestro Padre.

Alejandro Espinosa, el inquieto niño que recibía azotes por su hiperactividad en Tlalpan, con frecuencia fue víctima del abuso de Maciel en España.[20] «El general de ese ejército —se trataba estrictamente de un ejército, éramos los legionarios— no dejaba de decirme que tenía grandes esperanzas para mí en su estrategia general para el reino de Dios», recuerda. «Yo le escribía dos veces a la semana, y recibía varias cartas de él. Era un signo de prestigio… me llamaba a su habitación. De su dolor decía: "Es la cruz que Jesucristo me puso sobre los hombros". Yo pasaba la noche en su habitación.»

Al fornido Alejandro a menudo lo llamaban al cuarto de Maciel. «Era muy repulsivo para mí, pero mi problema me parecía poco comparado con el suyo. Tenía que ser fuerte… yo me consideraba un enfermero y aceptaba su confianza como una gran distinción.»

Uno de los que se resistieron al abuso de Maciel fue Saúl Barrales Arellano, apodado El Caritativo por sus compañeros, quienes pensaban que su bondad haría de él un sacerdote nato. Sentado en su casa en la Ciudad de México, Barrales, que durante muchos años fue maestro de primaria, era un hombre de serena dignidad. Según reveló: «Maciel me pidió unas cinco o diez veces que le tocara el pene y me negué».[21] Pero el fundador seguía llamándolo.[22] «Todos los días le pedía con fervor a Dios que no permitiera lo que estaba pasando… ¿Cuántas veces tuve que dormir en el suelo frío de un cuarto casi totalmente a oscuras, adonde me llamaba, cerca de la cama en que él dormía, para evitar que otros jóvenes cayeran en esa tentación?»

Saúl Barrales pudo evitar que otros jóvenes compartieran el cuarto de Maciel sólo las noches en que él durmió en el suelo. Pero Maciel dejó de llamarlo.

Vaca y Espinosa eran como víctimas de incesto: hijos con un anhelo natural de amor paternal torcido en servicio sexual a la tiranía narcisista de Nuestro Padre. Muchos años después, Vaca recordó las palabras que Maciel le había dicho dentro de un auto, en España: «Juan, sé que ahora me amas mucho, pero llegará el día en que me odies.»[23] El comentario le pareció muy extraño, pero se quedó en su pensamiento como por implante quirúrgico.

La Ciudad Eterna

En Roma, donde Maciel estableció la casa de estudios superiores de la Legión, a los mexicanos se les dijo que ya no debían tutearse entre sí. De entonces en adelante deberían tratarse de *usted*... o bien de *carissime frater*, «muy querido hermano en latín. El Collegio Massimo, localizado en la vía Aurelia 677, se encontraba a varios kilómetros del Vaticano. «Todo lo que había aprendido con tanto entusiasmo de la Roma imperial y cristiana se cristalizó como en un sueño al contemplar la cúpula de la basílica de San Pedro», escribió José Barba en *L'espresso*, el semanario noticioso italiano. «Eso era lo que estaba buscando: Roma, arte, virtud y santidad.»[24]

Se les ordenó evitar la convivencia con los internos del Colegio Español y del Colegio Pío Latinoamericano; en otras palabras, seminaristas de habla española—. Como explicó Barba: «Aquellos seminaristas —nos dijeron— carecían de la elegancia social y el "estilo de Cristo" típicos de los legionarios. Supuestamente nosotros nos distinguíamos de los demás "como príncipes y al mismo tiempo siervos de todos".» Los legionarios tenían permitido hablar con los seminaristas canadienses y estadounidenses, pero la mayoría no había estudiado inglés. El latín era la lengua franca en las clases de la Universidad Gregoriana —dirigida por jesuitas, situada a unos pasos de la famosa Fuente de Trevi—, pero difícilmente servía para conversar. Los jóvenes legionarios tenían que transportarse varios kilómetros para ir y venir de sus clases, como si fueran un regimiento.

Embebidos en una espiritualidad militante y en un entorno de castidad punitiva, los seminaristas aún tenían muy poca noción de sí mismos como seres sexuados.

Para Félix Alarcón la Legión fue una tabla de salvación después de un trauma de su niñez. El menor de seis hermanos, Félix nació el 3 de febrero de 1934 en Madrid. Apenas tenía dos años cuando comenzó la guerra civil española y su padre y un hermano de 18 años fueron sacados de su casa por comunistas y fusilados en la calle. La Iglesia se convirtió más que nunca en un santuario para su afligida madre y demás hermanos. Mientras se criaba con tan terrible pérdida, lo único que quería era ser sacerdote, aunque tenía sus dudas respecto a su capacidad para serlo. «Estaba ayudando a la misa un día cuando alguien me tocó el hombro», dijo Alarcón. Era el seminarista Federico Domínguez, que por entonces fungía de secretario de Maciel. Su invitación para visitar el noviciado de la Legión parecía venir de la mismísima mano de Dios.

Alarcón ingresó en la Legión con «deseos de convertirme en un sacerdote fiel y totalmente devoto, pero muy pronto el padre Maciel me obligó a… caricias, masturbaciones y sexo oral». El abuso lo hundió en «una total confusión psicológica y espiritual… hasta que todas las opciones convergieron en un solo camino: escapar… salvar lo más que se pudiera salvar».[25]

Maciel nunca le dio referencias favorables para cambiarse de seminario. «Vocación abandonada, condenación asegurada.» Alarcón tenía que ordenarse para poder escapar, o sacrificar su sueño de ser sacerdote. En 1966, enviado a Connecticut para establecer las oficinas centrales de la Legión en Estados Unidos, el padre Félix Alarcón, de 32 años, abandonó la Legión e ingresó en la diócesis de Rockville Centre, en Long Island. Había pasado más de la mitad de su vida con los legionarios. En una carta dirigida a Barba después del reportaje del *Courant,* hizo las siguientes reflexiones:

> Yo francamente creía que en los años que pasé allí con ustedes, era el que había sufrido la peor experiencia de todos. Me arrepiento de que en mi inocencia y aislamiento no haya estado en condiciones de ayudar a nadie más. No sabía que el abuso se extendía a tantos de ustedes… Admiro su valentía y su integridad. En lo que a mí respecta, habría preferido guardar silencio, pero ahora está claro que no me queda otro remedio que hacer causa común con nuestro sufrimiento. Puede ser que nuestras vidas se

consideren poca cosa o insignificantes, pero estamos diciendo la verdad, sin odio, sin buscar ganancia, abrazando la Cruz de Nuestro Señor Jesucristo, en cuya fe queremos vivir y morir. Espero que de toda esta agitación pueda surgir una Iglesia renacida, una Iglesia más sensata, coherente y humilde, menos arrogante.[26]

En la primavera de 1955 Barba cumplió 18 años. Las historias del heroísmo y la santidad de Maciel se habían enredado con una realidad: su precaria salud. Nuestro Padre a menudo se encontraba en la enfermería del Collegio Massimo o recluido en su habitación, si no es que estaba de viaje. Una mañana un hermano de la Legión llamó a Barba para que fuera a ver a Maciel. Al entrar vio salir a un niño con expresión de pánico. Maciel estaba en cama, con las persianas cerradas. Le hizo una seña a Barba para que se acercara. Una almohada separaba al sacerdote del novicio. Barba estaba sudoroso porque venía de trabajar al aire libre. Maciel le reveló su permiso especial del papa Pío XII para que lo masturbara y le llevó la mano hasta su órgano sexual mientras a su vez tocaba el del novicio. «El pene se me puso erecto», dijo Barba. «Nunca me había masturbado… Luego Maciel apartó mi mano diciendo: "¡No tienes idea de cómo se hace!" Yo quedé doblemente avergonzado:» por no saber lo que Maciel quería y porque haber cometido un pecado mortal. «Fue la primera vez que tuve una eyaculación.»[27]

Barba se echó a llorar. «Me sentí derrotado. Me levanté para irme, pero él dijo que me quedara… Fui al baño a limpiarme. Cuando regresé, Maciel se había puesto una bata blanca y me hizo salir con él de la habitación. "No le digas nada al padre Arumi [jefe de novicios]. Los españoles no entienden nada de esto", me dijo. Y fuimos a almorzar. Se frotó las manos, bendijo la comida y empezó a platicar conmigo de muy buen humor.»

Maciel hizo otro intento con Barba el Sábado Santo de 1955, víspera de Pascua. Por la tarde, Barba estaba por reunirse con otros novicios para preparar la ceremonia de bendición de la primera piedra de una iglesia dedicada a Nuestra Señora de Guadalupe. Maciel decidió construir la iglesia al darse cuenta de la cantidad de mexicanos que visitaban Roma en esos años. «Acompáñame», le dijo a barba tomándolo de la mano. «No me siento bien.» En esta ocasión, relata Barba, los dos pasaron toda la tarde en un cuarto privado de la enfermería. Vio que otro legionario le inyectaba un analgésico en una nalga. Cuando se quedaron solos, Maciel empezó a acariciar las piernas y nalgas del novicio «como si fuera yo una mujer», obligándolo a besarlo, hasta que se dio cuenta de que Barba no estaba dispuesto. Entonces oyeron cantos gregorianos en la capilla. «Ve a reunirte con la comunidad», dijo Maciel.[28]

Dos días después el cardenal Clemente Micara, vicario de Roma, bendijo la primera piedra de la nueva iglesia de Nuestra Señora de Guadalupe ante una distinguida concurrencia.

DÍAS DE DOLANTINA

A los niños se les decía en repetidas ocasiones que Pío XII había animado a Nuestro Padre para que fundara la orden. Cuando entraban en la adolescencia, veían que Maciel recibía inyecciones para un dolor crónico en la enfermería, en habitaciones privadas y en hoteles. «Llegué a verlo inyectarse dos o tres veces al día», dijo Alejandro Espinosa. «Tenía el brazo lleno de moretones dejados por la aguja, y sus nalgas parecían un alfiletero... Una vez lo vi furioso porque no pudo conseguir la medicina. En una ocasión, al volver Saúl con un maletín, Maciel se lo arrebató desesperadamente.»

Saúl Barrales, El Caritativo, el que dormía en el suelo en el cuarto de Maciel, fue enviado en coche al hospital de Isola Tiberina, un islote en el río Tíber, para conseguir la dolantina, un narcótico sumamente adictivo que en el comercio se conoce como Demerol.[29] Si un hospital se negaba a dárnoslo, el chofer se dirigía a otro. «Vivíamos en un mundo de total ignorancia», explicó Barrales. «Yo iba a las farmacias a pedir las medicinas, pero no me las daban porque estaban prohibidas. Si iba a hospitales de monjas, algunas me daban las medicinas para que se las llevara a Maciel.»

Arturo Jurado tenía 16 años cuando Maciel lo llamó a su cama, gimiendo de dolor por un trastorno abdominal. Arturo pasó una semana entera viéndolo sufrir. «En esa época yo era terriblemente inocente», dijo Jurado. «Le teníamos una gran veneración a Maciel.»

Arturo Jurado, de pelo negro y complexión delgada, tenía cincuenta y ocho años en noviembre de 1996. Con un doctorado en letras españolas de la Universidad de Illinois-Urbana, era profesor de soldados y diplomáticos en la Escuela de Idiomas del Departamento de Defensa de Estados Unidos, en Monterey, California. Según el *modus operandi* que describió, Maciel reunía a los niños para que presenciaran su sufrimiento y luego los escogía para abusar de ellos individualmente. «Me enseñó y obligó a masturbarlo. Era una orden de un hombre santo y obedecí sin chistar.»[30] Cuando los encuentros se hicieron más frecuentes, «Maciel me dijo que el rey David tenía una mujer en la Biblia, a la que llamaba para que durmiera con él, de manera que era correcto [que yo] durmiera con Maciel.» Jurado calcula que el superior abusó de él unas cuarenta veces en el transcurso de varios años.

Durante un tiempo hice las veces de enfermera. Muchas veces le puse inyecciones, lo mismo intramusculares que intravenosas... En una ocasión me dijo: «No te gusta mi cuerpo, ¿verdad?»... más o menos de la misma manera en que una mujer se lo dice a su pareja, sólo que una mujer suele plantear la pregunta de manera afirmativa: «¿Te gusta mi cuerpo?» Me quedé sin sin saber qué decir.

Jurado cuenta que en Roma fue enviado al hospital Salvator Mundi por lo menos una docena de veces para conseguir dolantina para Maciel.

«Para mí, la tortura psicológica derivada de su abuso de drogas era mucho peor que todo lo demás», reflexionó el padre Alarcón.

Recuerdo de memoria la fórmula de la medicina de la misma manera en que me sé el padrenuestro: «clorhidrato éster etílico de ácido carbónico metil-fenil-piperidina». Aquellos años se volvieron una interacción perpetua de sexo y drogas. Conseguir la dolantina era un verdadero drama: a través de hospitales y médicos, buscando en las guías telefónicas, viajando fuera de Roma con los choferes Tarsicio [Samaniego] y creo que [Guillermo] Adame también. Una vez tuve incluso que tomar un avión Constellation de TWA de Roma a Madrid para conseguirla. Se supone que Maciel era un hombre bueno, un elegido y un santo, pero al mismo tiempo había en él un lado oscuro que empezaba a volverse impenetrable y contradictorio.

En España, el comportamiento de Maciel se salió tanto de control que los expulsaron de un hotel en San Sebastián, cuenta Alarcón. «Nos escapamos en tren hacia Salamanca.»

Se habían criado creyendo que Maciel era un guerrero espiritual. En su aturdimiento narcótico y su carne picada veían al hombre sufriente que los llevaba a ser figuras de Cristo. Su humanidad defectuosa, tan fuerte, les impedía hacerse conscientes de lo que Maciel les estaba haciendo a *ellos*.

Según la historia de la Legión, varios informes «plagados de calumnias de todo tipo» se enviaron a Roma durante los primeros años de la orden.[31] Pero la Legión insiste en que no hubo quejas de abuso sexual y, como explicamos en el capítulo 10, niega categóricamente el uso de drogas por parte de Maciel.

El Vaticano interviene

La historia de la Legión de 1991 omite cualquier referencia a la investigación que el Vaticano llevó a cabo entre 1956 y 1958. Dentro de la orden, ese periodo se conoce como «la Guerra». Más recientemente Maciel se refirió a él como «la Gran Bendición». En realidad se trató de una guerra: una guerra contra los enemigos internos.

Federico Domínguez, el seminarista español que se encargaba de manejar la correspondencia de Maciel, se había dado cuenta de que éste se inyectaba analgésicos y sabía que se encontraba en dificultades.[32] Durante un viaje a México en 1955, Domínguez se alarmó al notar el contacto constante que Maciel mantenía con los jovencitos de la escuela apostólica de Tlalpan. Le confió sus sospechas al padre Luis Ferreira Correa, legionario que dirigía el seminario. Ferreira había oído confesiones de los seminaristas. El derecho canónico prohíben que un sacerdote revele cualquier cosa que oiga en confesión, pero Ferreira podía alentar a los jóvenes a que hablaran con un superior. Domínguez pidió consejo a un sacerdote benedictino, Gregorio Lemercier, del Monasterio de la Resurrección, en Santa María Ahuacatitlán, cerca de Cuernavaca, a fines de diciembre de 1955. Lemercier se reunió entonces con Ferreira y propuso a ambos escribir al Vaticano. Mientras tanto, un seminarista legionario de mayor edad filtraba información a la curia.[33] Las quejas llegaron hasta la Congregación para los Religiosos, dirigida por el cardenal Valerio Valeri, un hombre erudito y diplomático del Vaticano antes de que en 1953 lo nombraran cardenal.

En octubre de 1956 Maciel dijo con lágrimas en los ojos a sus seminaristas de Roma que les había enseñado a ser obedientes al papa, y que ahora él debía mostrar su obediencia haciéndose a un lado, aun cuando los funcionarios del Vaticano estuvieran en un error. No especificó de qué forma el Vaticano se había equivocado. La confusión se extendió por la comunidad. Quienes no habían sido víctimas de abuso se preguntaban por qué el papa Pío XII, quien había aprobado la condición de los legionarios, debía suspender al padre Maciel de sus deberes. El superior se fue a un hospital fuera de Roma, con la prohibición de entrar en el Vaticano y en el seminario.

El cardenal Valeri y el más poderoso cardenal Alfredo Ottaviani, secretario del Santo Oficio, tenían graves dudas sobre la integridad de Maciel. Según Vaca, Valeri había visto a Maciel en el Hospital Salvator Mundi en la primavera de 1956. El cardenal «entró en su cuarto a las siete de la mañana con un secretario y lo vio narcotizado».[34]

Por lo menos dos investigadores apostólicos —visitadores— acudieron al lugar: el reverendo Anastasio Ballestero, un italiano que era el superior general de la orden Carmelita, y el reverendo Benjamin Lachaert, un belga vicario general de la orden. Años después Ballestero llegaría a ser arzobispo cardenal de Turín. Ambos han muerto. La Legión, en una carta del 20 de diciembre de 1996 dirigida al *Hartford Courant,* declaró que Ballestero había muerto. Los autores creyeron a pie juntillas en lo dicho por la orden, pero después se enteraron de que el cardenal no había fallecido sino hasta el 21 de junio de 1998.[35]

Un tercer sacerdote, monseñor Alfredo Bontempi, era un observador oficial del seminario, cuya supervisión encomendó al padre Antonio Lagoa, de la Legión. La investigación se realizó con una considerable preocupación por los estudiantes. Monseñor Bontempi se presentó ante los seminaristas reunidos. «Dijo que lo habían nombrado supervisor de la rectoría y que a su vez había delegado el cargo al padre Lagoa, pero que nos visitaría una o dos veces al mes», recuerda José Barba, que por entonces llevaba un diario. «Nuestras comunicaciones con él eran siempre en grupo.»

A más de cincuenta seminaristas los interrogaron en el Colegio Massimo. La presión que tenían era enorme. Como Legionarios de Cristo habían jurado mantener el cuarto voto: jamás hablar mal del padre Maciel ni de la Legión, y delatar a quienes lo hicieran. Y de repente tenían que escoger entre el voto y los visitadores, gente externa de gran autoridad. Para los estudiantes mayores, admitir haber tenido contactos sexuales de cualquier índole podía significar que tuvieran que dejar la vida eclesiástica, para la cual se habían preparado durante años. Como en innumerables estudios sobre el incesto, la tentación de guardar los secretos familiares sucios era como una fuerza magnética. ¿Quién los había hecho ascender desde sus campos y pueblos en el lejano México hasta el camino de la ordenación en Roma? *Nuestro Padre.*

El padre Lagoa les dijo que los visitadores del Vaticano eran «gente perversa, de malas intenciones», cuenta Arturo Jurado.

«Nos dijeron que eran enemigos de Dios decididos a hacer caer a Maciel», recuerda Juan Vaca. «Negué [su] abuso de drogas. Hice una gran defensa y elogio de Maciel.»

Los visitadores carmelitas al parecer no hicieron las mismas preguntas a cada uno. A unos les preguntaron sobre actividades sexuales y a otros no. Cada estudiante ponía la mano en la Biblia y juraba decir la verdad, so pena de excomunión. Cuando le preguntaron qué opinaba de Maciel, José Barba contestó:

—Es un santo.

—¿Por qué?

—Porque lo he visto sufrir en la enfermería.

Ante un interrogatorio más intenso, Barba se arredró. «Estaba aterrado. No dije nada de mis experiencias. Les mentí.»

Arturo Jurado también mintió. «Para mí, era obediencia», fue su explicación de por qué no reveló el abuso sexual.

José Antonio Pérez Olvera dice que le hicieron una sola pregunta: «¿En algún momento el padre Maciel te hizo algo impropio y te pidió que no se lo dijeras a nadie, ni siquiera en confesión?» Contestó que no. Después de reflexionar en aquel perjurio, Pérez, que es abogado, agrega: «Me sacrifiqué por él. Internamente, siento que quedé excomulgado.» Después de años de analizar su pasado, Pérez dice considerarse «suficientemente católico».

«Yo sabía que estaba del lado equivocado», dice Alejandro Espinosa de Maciel. «Pero no me atrevía a juzgarlo… Mi voto consistía en no decir nada malo sobre él y delatar a cualquiera que lo hiciera.» Espinosa también mintió.

Durante dieciocho meses Maciel flotó en un limbo eclesiástico entre las afueras de Roma, España y México. Tres sacerdotes de la Legión —Lagoa, Rafael Arumi, el superior de los novicios, y Ferreira, el vicario general— supervisaban las operaciones diarias en Roma, asistidos por Federico Domínguez. «Ninguno de mis viejos amigos me hablaba», dijo Domínguez. «Habían cerrado filas en torno a su líder… El carmelita no estaba obteniendo ninguna información de los seminaristas. El padre Ferreira y yo éramos *personae non gratae*.»

Todas las mañanas Vaca y un compañero adulteraban el café de Ferreira con laxantes. Éste buscó atención médica, pero no se curaba con nada. Después de tres meses regresó a México. La supervisión del seminario recayó entonces en Lagoa y Arumi; ambos estaban del lado de Maciel.

Maciel seguía moviendo los hilos. Mandaba llamar a los seminaristas desde Roma para hablar con ellos de cosas personales. Castigó o expulsó a aquellos de cuya lealtad dudaba. En 1957 mandó a Saúl Barrales, El Caritativo, a las islas Canarias para evitar que los carmelitas lo interrogaran. Barrales pasó nueve meses en el exilio. Después Maciel lo expulsó y lo envió en un barco de vuelta a México. El joven estaba tan deprimido que tardó más de un año en poder contárselo a sus padres, quienes ya tenían planeado el viaje a Roma para la ceremonia de ordenación de su hijo.

En el transcurso de la investigación Vaca recibió una llamada de Maciel, en España, en mayo de 1957, diciéndole que le pidiera dinero a Lagoa y tomara un avión a Madrid. Cuando llegó, Maciel le pidió un informe completo de lo que estaba pasando. También necesitaba dolantina, cuenta Vaca. Temerosos de la policía de Franco, se fueron al Marruecos español, donde abundaban las drogas y la aplicación de la ley era menos estricta. Vaca habló en detalle de su visita a Ceuta y otras dos ciudades de la costa mediterránea. En Tetuán se quedaron en un hotel donde Maciel perdió el conocimiento en la bañera. «Se habría ahogado si yo no hubiera entrado», recordó. A sus veinte años, Vaca empezaba a sentirse «todo desgarrado por dentro». Durante casi la mitad de su vida Maciel había sido su padre, su amante y su supervisor religioso.

Maciel envió a Arturo Jurado al seminario de España en 1958 para impedir su ordenación. Jurado cree que su resistencia, a los 20 años, contra el intento de Maciel de penetrarlo sexualmente fue un desafío al control del superior. Con la frase «Vocación abandonada, condenación asegurada» retumbándole en la cabeza, Jurado le anunció a Maciel su decisión de dejar el seminario, y agregó en tono sarcástico: «No se preocupe, usted no es el responsable».

Los carmelitas concluyeron sus indagaciones a fines de 1958. Aunque la Legión afirma que la investigación limpió el nombre de Maciel, conforme a las políticas del Vaticano el informe nunca se ha hecho público. Marcial Maciel Degollado regresó a su puesto de autoridad cuatro días después de la muerte del papa Pío XII, el 9 de octubre de 1958, y quince días antes de la elección de su sucesor, el papa Juan XXIII, el 28 de octubre.

En un documento presentado por la Legión, fechado el 6 de febrero de 1959, el cardenal Clemente Micara —que había sido vicario de Pío XII en Roma— declara que el 13 de octubre de 1958, ejecutando las instrucciones de la Sagrada Congregación para los Religiosos, rehabilitaba a Maciel.[36] Es común que un documento de la Santa Sede se publique mucho después de la fecha en que surte efecto. Sin embargo, la Legión no tiene en su poder el documento del 13 de octubre que ordena la rehabilitación. Micara había dado la bendición a la primera piedra de la iglesia de Nuestra Señora de Guadalupe, para la cual Maciel había recaudado los fondos. Ahora Micara le hacía a Maciel el favor más grande de su vida.

Maciel recuperaba el poder durante el raro lapso en que la sede pontificia estuvo vacante.

«Todos los cardenales encargados de los departamentos de la curia romana, incluido el secretario de Estado, pierden sus puestos cuando muere el papa», escribe Thomas J. Reese, S.J., en su libro *Inside the Vatican* (Dentro del Vaticano).[37] Hay tres excepciones. Uno es el camarlengo papal, que organiza el funeral, el cónclave de cardenales y la designación del nuevo papa. Otro es el penitenciario mayor, que se ocupa de asuntos muy delicados de confesión, y el tercero, el vicario de Roma, permanece como pastor de esta diócesis. La Congregación para los Religiosos era teóricamente inoperante con la muerte de Pío XII, pero debía cumplir cualquier acuerdo que el Papa hubiera contraído. Si el Vaticano no tiene un documento con el sello de Pío XII en el que se ordene la rehabilitación de Maciel, hay que preguntarse cómo éste convenció a Micara de utilizar su influencia durante la sede vacante para salvar su carrera.

Los funcionarios del Vaticano sin duda estaban preocupados por el uso de drogas de Maciel. Aunque las adicciones no eran un problema social tan importante como en la actualidad, no cabe duda de que los visitadores carmelitas, así como los cardenales Valeri, Ottaviani y Micara, deseaban cerciorarse de que el problema estuviera bajo control. Pero la farmacodependencia de Maciel no terminó cuando la firma de Micara lo reintegró al control de la orden. En 1961 Maciel envió a Vaca y a otros dos legionarios a México para que visitaran importantes benefactores. Ese verano, declaró Vaca, acompañó a Maciel a un centro médico en Temple, Texas. «Lo acompañé al hospital, pero él estuvo solo con el médico. Nos quedamos en un hotel; pagamos en efectivo. Él siempre pagaba en efectivo. Nunca usaba tarjetas de crédito... Al día siguiente regresamos al hospital a recoger los resultados de sus exámenes. Dijo que el médico le había dado algo para desintoxicarlo. Le resultó muy doloroso dejar de tomar drogas. Empezó a usar otros medicamentos para aminorar las reacciones.

»Trató de dejarlas muchas veces. Se sometió a muchas revisiones médicas. Dejaba de usar las drogas dos o tres meses, y luego recaía. Solía ir al hospital para hacerse una limpieza sanguínea.» Vaca añade que Maciel llegó a utilizar insulina en algún momento, no porque tuviera diabetes. Las insulina se ha empleado en la terapia de choque para adictos a las drogas; induce un coma momentáneo que cambia el metabolismo del cuerpo y supuestamente aumenta la probabilidad de superar la adicción.[38]

Maciel celebró la Navidad de 1958 junto con sus seminaristas en Roma. El padre Ferreira dejó la orden; fue párroco en México hasta su muerte, en 2001. Federico Domínguez fue transferido de Roma al Seminario Maynooth, cerca de Dublín, durante la investigación. Dejó la Legión cuando rehabilitaron a Maciel. Estudió en el University College de Dublín, donde conoció a la mujer con la que se casó. Se establecieron en Los Ángeles, donde Ferreira se dedicó a la enseñanza en el bachillerato.

En 1958 Maciel envió a José Barba a México para que diera clases en el seminario de Tlalpan. De vuelta en la exuberante finca a la que había llegado a los once años, Barba, de veintiún años, restableció los lazos con su familia. Estaba confundido por los abusos sexuales de Maciel y no tenía idea de lo que les había ocurrido a Vaca, Jurado y otros. En el otoño de 1959 conoció a una viuda inglesa de mediana edad, Janet Collin, mujer de profunda espiritualidad, con la que tomó clases de conversación en inglés. La Legión buscado el apoyo de la dama como madrina. Se trataba de una mujer cerebral que había encontrado en los escritos del místico español San Juan de la Cruz un paliativo para superar la reciente pérdida de su esposo. Barba percibía en el lenguaje una belleza que reflejaba la esencia de la mujer. No se enamoró, pero cuando ella le dio a conocer la obra de Rilke y otros poetas, comprendió que se podía amar a Dios y a la vez tener una visión alegre de la vida. Cuando los libros empezaron a apilarse en su habitación, un superior lo regañó por ser tan pretencioso: «¡No necesitas tanto libro!» La sumisión a la Legión ponía freno al mundo de ideas abierto por aquella mujer, que se convirtió en una especie de mentora. Un día Barba se dio cuenta de que ya no quería ser sacerdote.

De manera muy cortés Maciel le dijo que volvería a recibirlo si cambiaba de opinión. Barba dejó la orden el 24 de octubre de 1962. «Nunca cambiarán», le dijo Janet Collin, que a su vez empezaba a distanciarse de la Legión.

Barba trabajó como traductor independiente, y a principios de los años sesenta empezó a dar clases de literatura y cultura españolas en San Miguel de Allende, un pueblo colonial y meca turística de México. En 1964, un antiguo compañero de la Legión, Alejandro Espinosa Alcalá, fue a visitarlo a San Miguel. Alejandro, proveniente de una familia de rancheros, tenía el carácter recio del charro, hombre de callada fortaleza. En Roma, Alejandro y José nunca habían sido particularmente cercanos. Barba se quedó perplejo cuando Alejandro le contó que Maciel había tenido prácticas masturbatorias con él y otro seminarista, y se enfureció ante la supuesta dispensa papal para el alivio sexual de Maciel.

¡Así que no era yo el único!, reflexionó José Barba.

La idea de hablar abiertamente como víctima del abuso sexual de un sacerdote era impensable a mediados de los sesenta, sobre todo en México, donde el catolicismo estaba en pleno resurgimiento y persistía un profundo machismo. El mismo Barba le escribió a Maciel tres cartas muy cordiales desde la universidad. Para quienes se iban, haber sido legionario era una excelente referencia para estudiar o trabajar. Los hombres también le temían a Maciel. Aquellas realidades aplazaron la larga lucha de estos hombres para hacer declaraciones públicas. La primera dificultad era reconocerse como prisioneros psicológicos y víctimas de agresiones sexuales.

En 1967 Barba iba en un trolebús en la Ciudad de México con José Antonio Pérez Olvera, que iba un año adelante de él en el seminario de Roma y que ahora estudiaba derecho. Barba le recordó el día en que José Antonio se había presentado en su cuarto y con expresión sombría le había dicho que su hermana gemela había muerto en México. No se dijo ni una misa de difuntos por ella en el seminario. Cuando José Antonio le confió a Barba lo que Maciel le había hecho, el académico se preguntó cuántos otros habrían sido víctimas de Nuestro Padre.

Más adelante Barba se reunió con Arturo Jurado. Reflexionaron sobre el peso del silencio que los envolvía. A principios de los noventa, mientras leían las cartas dirigidas al Papa por Juan Vaca en 1978 y 1989, su determinación creció.

Querían que también Juan Pablo II rompiera su silencio.

10

La Legión defiende al padre Maciel

«Están empeñados en destruir mi carácter», reflexionó en voz alta Juan Vaca.

Ni Gerald Renner ni su colega de la redacción, que se hallaban en la sala de Vaca a principios de 1997, contestaron. El ex legionario estaba muy nervioso mientras revivía un pasado lleno de dolor, atendía las muchas llamadas telefónicas que le hacían para verificar los hechos y mostraba cartas que antes pensaba que sólo la curia romana leería. No quería arriesgar a un ataque de la Legión la vida que había construido con su mujer y su hija.

Aunque el *Hartford Courant* no era conocido por realizar cruzadas, poseía una orgullosa tradición. Fundado en 1764, era el periódico más antiguo de Estados Unidos y una vez había publicado un anuncio en el que George Washington ofrecía en venta un terreno en Virginia. El *Courant* era el diario más influyente de Connecticut. En 1978 la Times Mirror Company compró el periódico sin privarlo de total independencia para las noticias locales y las decisiones editoriales.[1] En 1992 el diario ganó un premio Pulitzer por un reportaje sobre los múltiples defectos que plagaban al telescopio espacial Hubble, construido por una compañía de Connecticut.

Con una circulación de 300 mil ejemplares en la edición dominical, los directores del *Courant* abordaron los artículos de denuncia de Maciel con cautela y tenacidad. Más de la mitad de los 3.3 millones de habitantes de Connecticut eran católicos.[2] A finales de los noventa, los medios estadounidenses en general opinaban que el fenómeno del abuso sexual en el clero era «historia antigua». Muchos medios impresos, de radio y televisión ya habían difundido esas noticias, algunas de ellas excepcionalmente bien investigadas. Pero la magnitud nacional del encubrimiento sexual en la cultura eclesiástica nunca fue objeto de todo el escrutinio que merecía, sobre todo desde las críticas hacia la cadena CNN por su cobertura del caso del cardenal Bernardin. En su reportaje sobre el litigio en Bridgeport, Renner había quedado muy frustrado después de que se emitió una orden judicial que impedía el acceso a ciertos documentos de la Iglesia. Las dudas empañaban la manera en que el obispo Edward Egan, abogado canónico con una larga experiencia en Roma, había abordado el asunto de los abusadores de menores. Más adelante el Papa nombró a Egan arzobispo de Nueva York, y después cardenal.[3]

A finales de noviembre de 1996, Renner le escribió a Maciel una carta de dos páginas en la que resumía las acusaciones y nombraba a los acusadores, y le solicitaba una entrevista grabada; envió la carta por fax a las oficinas centrales de la Legión en Roma. La respuesta vino en una carta de cuatro páginas, fechada el 6 de diciembre de 1996, del abogado James F. Basile, de la oficina en Washington, D.C., de Kirkland & Ellis. El despacho, fundado en Chicago, era uno de los mayores del país, y uno de sus socios más antiguos era Kenneth W. Starr, fiscal especial en la investigación del presidente Clinton.

«El padre Maciel y los legionarios niegan totalmente estas acusaciones», escribió Basile. «Mi cliente desea ofrecer algo más que una simple negación que acalle los rumores.» Sin embargo no hablaba de una posible entrevista. El abogado solicitaba las declaraciones, la documentación pertinente, las acusaciones específicas que el periódico tenía intenciones de publicar, todo en el plazo de una semana. Negarse a proporcionar lo anterior, agregó Basile, constituiría una «prueba de sesgo y malicia, y plantearía el riesgo de que se publicaran falsedades y declaraciones sin sustento». La palabra «malicia» era una amenaza velada de una posible demanda por difamación.

«Muchos de los mismos individuos que ahora hacen acusaciones contra el padre Maciel incurrieron en falsas declaraciones —*no relacionadas con éstas*— contra él en 1956 y en varias ocasiones subsecuentes», agregaba Basile. En otras palabras, al grupo de Barba, que en su mayoría eran adolescentes en 1956, ahora se le acusaba de haber declarado en falso ante los investigadores del Vaticano, aun cuando en nuestras entrevistas admitieron, avergonzados, que habían mentido entonces con la intención de *defender* a Maciel.

Basile envió copias de la carta al director y al editor del *Courant,* y al consejo de administración de Times Mirror en Los Ángeles, clara señal de que Maciel no quería que la historia se publicara jamás. Basile envió más cartas en las que exigía documentación conforme a las disposiciones de aportación de pruebas de una demanda civil, pero Maciel no había presentado tal demanda. El periódico le concedía la justa oportunidad de rebatir las acusaciones y entonces decidiría qué publicar. El 20 de diciembre Basile envió una impugnación de diecinueve páginas del reverendo Owen Kearns, vocero de la Legión en Connecticut y director y editor del *National Catholic Register.* El padre Kearns incluía un apéndice de cuarenta y cuatro páginas de cartas, documentos y declaraciones para desacreditar a los acusadores. El periódico inició una intensa labor de verificación de hechos.

Irlandés que se había incorporado a la Legión en los años sesenta, Kearns tenía dos argumentos de defensa. Los nueve hombres mentían como «parte de una campaña coordinada para calumniar al padre Maciel», «para darle una lección» y «castigarlo por su orgullo». En segundo lugar, el Vaticano había exonerado a Maciel después de una investigación de dos años concluida en 1958. Como habían fallado entonces, los viejos enemigos hacían *nuevas* acusaciones de abuso sexual. Kearns reconocía que a Maciel lo habían acusado de abuso de drogas en los años cincuenta… y exonerado.

Cualquier conspiración necesita un motivo y un objetivo. El objetivo —que el Papa reconociera los abusos sexuales de Maciel y actuara en consecuencia— estaba claro. ¿Cuál era el motivo? ¿«Castigar su orgullo» era motivo suficiente para tramar una conspiración y «darle una lección»?

Kearns descalificó a Juan Vaca como «un hombre soberbio, consciente del estatus y frustrado por sus fracasos profesionales», que quería «mayor poder en la Legión». Kearns pasaba por alto el hecho de que Vaca había *renunciado* en 1976, en una carta dirigida a Maciel con crudas acusaciones y enviada a Roma por el abogado canónico de Rockville Centre.

«Ésa es la forma en que trabajan», refunfuñó Vaca. Dijo que había rechazado la oferta de Maciel de hacerlo vicario general de la orden para evitar que la abandonara. Stephanie Summers, directora administrativa adjunta del *Courant,* se había unido a

Renner para interrogar a Vaca sobre la impugnación de la Legión y evaluar su grado de credibilidad. «Tratan de destruir a sus enemigos como puedan», continuó Vaca. «A quienes abandonan la Legión se les considera traidores y se les trata como si no fueran personas. Está prohibido mencionar el nombre de los desertores.» Vaca admitió que los años de abuso sexual lo habían afectado. Miró a Summers con los ojos humedecidos y se disculpó por aquellos detalles de su vida. Habló de la psicoterapia a la que se había sometido después de dejar la Legión. *Qué difícil debe de resultarle hablar de esto,* pensó Summers.[4] En los documentos que sostenían la inocencia de Maciel, las declaraciones de otro hombre que alguna vez se enredó con el superior de los legionarios adquirieron particular importancia.

Acusación desde la tumba

El español Juan Manuel Fernández Amenábar se había incorporado a la Legión en Santander en los años cincuenta. Como joven sacerdote, era ayudante de Maciel. En los años setenta llegó a ser director del Instituto Irlandés de los legionarios, situado cerca de la acaudalada zona de Las Lomas en la Ciudad de México. Amenábar era un orador nato muy querido por aquellos a los que servía. Los muy ricos de la Ciudad de México enviaban a sus hijos al Instituto Irlandés; algunos llegaban en coches conducidos por guardaespaldas.

«Los apellidos de quienes estudiaban en el Instituto Irlandés pertenecían todos a la alta sociedad mexicana», recordó Paul Lennon, un ex legionario que tiene un consultorio de terapia familiar en Arlington, Virginia.

Pero algunas familias sólo intentaban comprar algo de clase, como el corrupto jefe de policía Durazo, apodado El Negro, que enviaba a sus hijos allí. Maciel pidió a Amenábar que alternara con familias ricas que pudieran «ayudar» a la Legión. Amenábar disfrutaba esas misiones. Era un tipo tan agradable que los menos privilegiados le perdonábamos su buena suerte. Admiraba la pasión de los extranjeros por la lengua y la cultura españolas. No tenía miedo de hablar con los que no pertenecían a la orden, un tabú para la Legión.[5]

Amenábar había sufrido el abuso sexual de Maciel cuando era seminarista, y a la mitad de su vida intentó escapar de su control.[6] El momento decisivo fue el viaje de Juan Pablo II a México en 1979. Cuando el Papa fue a Oaxaca, Amenábar iba en la comitiva. Quedó impresionado por la alegría con que el pontífice saludaba a la gente. En los meses siguientes, Amenábar se sintió obsesionado por su recuerdo de los secretos de Maciel. Sin embargo, en 1982 la Universidad Anáhuac Norte, insignia de la Legión en la Ciudad de México, lo nombró su presidente. La popularidad de Amenábar en los medios pudientes de la Ciudad de México sería una bendición para la recaudación de fondos. Pero finalmente, en 1984, Amenábar pidió a Maciel que lo transfiriera fuera de la Legión. Llamado a Roma, Amenábar le echó en cara al superior el conflicto moral que sentía: no podía seguir siendo sacerdote «sin causarme un grave daño en el alma», como lo refirió en una declaración escrita. En el mismo documento asevera que Maciel le ofreció dinero para que permaneciera en la orden.[7]

Amenábar renunció a la presidencia de la universidad, colgó los hábitos, se fue de México y encontró trabajo en un suburbio de San Diego, California. Se casó, pero su relación fracasó. Sufrió dos ataques de apoplejía y en 1989 regresó a la Ciudad de México en un estado lamentable, el pelo revuelto, las uñas largas y sin poder hablar. Ingresó con grandes dificultades en el Hospital Español. En 1990, durante su larga terapia de rehabilitación, recibió la dispensa papal de sus votos sacerdotales.

Una joven médica, Gabriela Quintero Calleja, estaba haciendo su internado en otorrinolaringología en el hospital. A sus 52 años, Amenábar tenía paralizada la mitad del cuerpo. La doctora Quintero, proveniente de una familia católica de seis hijos, era una generación menor que Amenábar. Con la ayuda de ella, su capacidad para hablar mejoró. Empezó a visitarlo después de sus rondas y a veces le leía poemas de García Lorca. «Fui la persona más cercana a él durante sus tres últimos años de vida», dijo en una larga entrevista en la Ciudad de México.[8] Amenábar le mostró su diario, en donde relataba lo que Maciel le había hecho.

Como había estado en California tanto tiempo, muchos de sus amigos no sabían que había vuelto a la Ciudad de México, pero poco a poco empezó a saberse. «Algunos de los hombres más ricos de México eran grandes amigos de Juan Manuel», continuó la doctora. Cuando la esposa del dueño de Televisa, la cadena de televisión más importante del país, lo visitó y le mandó flores, el padre Maciel empezó a preocuparse.

José Barba, que había sido su compañero en la universidad, iba al hospital a leerle a Amenábar. Los amigos de Barba también iban a verlo para dar apoyo moral a su compañero sobreviviente. Otro visitante, el reverendo Alberto Athié, fue al hospital a petición de varias esposas de ex alumnos de escuelas de la Legión. En su calidad de secretario ejecutivo de la Comisión de Concordia y Pacificación del episcopado mexicano en Chiapas, un estado muy pobre del sur del país, Athié, hombre culto de barba blanca, había realizado una labor de mediación con los indígenas chiapanecos sublevados contra el gobierno. También era vicepresidente de Cáritas, la institución de beneficencia pública del episcopado mexicano. El padre Athié quedó conmocionado después de escuchar lo que Amenábar, desilusionado de la fe, le dijo sobre Maciel. Pero su objetivo no era investigar la veracidad de sus acusaciones, sino escucharlo «como parte de un proceso de reconciliación», señaló después.[9] Él sólo quería que Amenábar estuviera en paz con Dios, consigo mismo y con los demás.

En julio de 1994 el padre Maciel fue a ver al enfermo. Gabriela Quintero estuvo presente mientras el general de los legionarios hablaba con Amenábar en un quiosco en el jardín. Ella no pudo pasar por alto las refinadas maneras del padre Maciel, su elegante apariencia.

—¡Ah, usted es la doctora! —dijo.

—Ah, y usted es el padre Maciel —respondió ella.

Maciel respondió a su sarcasmo «con una mirada competitiva, como cuando se encuentran dos mujeres», recordó ella.

Maciel había llegado con el psicólogo Raúl de Anda Gómez, que ya había ido a ver a Amenábar. «Creo que Maciel quería que otra persona le informara de su estado», continuó la doctora. Le parecía que De Anda era un espía de Maciel. A los legionarios «no les importaba Juan Manuel; lo único que querían era llevárselo para que la gente no pudiera ir a verlo».

Según Quintero, Raúl de Anda le dijo a Maciel: «La doctora quiere ir a España a hacer estudios de posgrado.»

La Legión tenía una universidad en Salamanca. Maciel propuso: «Podríamos ayudar a los dos a mudarse a Salamanca.»

«La idea de Maciel no era descabellada: alejarnos a Juan Manuel y a mí de México», dijo ella. «Se oía muy relajado cuando nos hizo el ofrecimiento. Me dijo que lo pensara. "Estarían cerca de la Legión, y tendrían un departamento."»

Ella de inmediato declinó la oferta.

Cuando los visitantes se fueron, Amenábar le dijo de Maciel: «Ten cuidado. Es un zorro».

«La alegría del Papa [en 1979] fue un catalizador en la decisión de Juan Manuel de dejar la orden», continuó Quintero, «porque el Papa era de los que hacen las cosas con alegría, y Juan Manuel no era feliz. Muchas veces dijo que Maciel engañaba al Papa. "El día que el Papa se entere…", decía moviendo la mano como diciendo "que Dios nos proteja", como si se fuera a armar un escándalo.»

El 6 de enero de 1995, Amenábar firmó su declaración ante Barba y otros varios ex legionarios por testigos. En ella menciona el consumo de drogas de Maciel, el abuso sexual de que fue objeto, los casos de «otros religiosos y novicios que también fueron sus víctimas», así como la artimaña a la que acostumbraba recurrir diciendo que el papa Pío XII lo había dispensado para tener actividad sexual.

En los últimos días de Amenábar el padre Athié, preocupado por su alma, le propuso que, para morir en paz, debía perdonar de corazón a Maciel. Amenábar lloraba. «Perdono al padre Maciel, *¡pero al mismo tiempo exijo que se haga justicia!»*, bramó. Luego se confesó. Athié lo absolvió de sus pecados y le dio la comunión. Amenábar le pidió que oficiara su misa fúnebre. El sacerdote le prometió que así lo haría. Juan Manuel Fernández Amenábar murió el 7 de febrero de 1995 en el Hospital Español, a la edad de 57 años.

Al día siguiente, un sacerdote no identificado entró en su habitación y robó sus papeles personales.

En la misa del difunto, el padre Athié dijo que había muerto albergando perdón en su corazón… pero agregó que también había clamado justicia, aunque no entró en más detalles. Después de la ceremonia, José Barba se presentó con Athié. Así comenzó un diálogo.

El padre Owen Kearns escribió que Amenábar era incapaz de hablar, escribir ni emitir un juicio racional debido a los ataques de apoplejía. El sacerdote envió al *Courant* una carta escrita por un hombre al que identificaba como el «médico» de Amenábar: Raúl de Anda Gómez, el cual afirmaba que el agonizante «era una posible víctima de personas sin principios». Sin embargo, De Anda era psicólogo, no médico... y ex legionario. Amenábar nunca fue paciente de De Anda, de acuerdo con la doctora Gabriela Quintero, quien dijo a Jason Berry que Amenábar «hizo su declaración [contra Maciel] en pleno uso de sus facultades mentales». En opinión de la Legión, la doctora Quintero y el padre Athié —que apenas conocían a Maciel— debían de ser unos mentirosos indignos de todo crédito.

Francisca Toffano del Río, psicóloga y amiga de Amenábar que iba a verlo con frecuencia, respaldó la evaluación de Quintero en una declaración notariada para el *Courant*. Quintero dijo que tenía «deseos de revelar la verdad que se ha mantenido oculta durante tantos años, ya que muchos miembros de la Iglesia católica y de la sociedad en general parecen desconocer la calidad moral del padre Marcial Maciel Degollado».

En su afán de desacreditar la confesión «hecha en el lecho de muerte», la campaña de desinformación de la Legión no hizo sino sacar a la luz más mentiras y más pistas de Maciel.

En noviembre de 1996 apareció un décimo acusador, Miguel Díaz Rivera, hombre de 62 años, profesor de filosofía del derecho y ex sacerdote de la Legión, que vive en Oaxaca. En una entrevista telefónica de dos horas con Jason Berry, Díaz le contó con todo detalle sus encuentros sexuales con Maciel y lo declaró un hombre de «personalidad dividida». Díaz respaldó la entrevista con una declaración jurada en 1997.

Casi un mes después, cuando el *Courant* estaba a punto de imprimir el largo reportaje para la edición dominical del 23 de febrero de 1997, el abogado de Maciel hizo una última jugada: una *nueva* declaración jurada de Miguel Díaz —en la que se retractaba de sus afirmaciones anteriores— llegó el sábado a la redacción del periódico por fax desde Washington. Comparada con la entrevista, llena de detalles de una experiencia sobrecogedora, la retractación, que duraba once horas, sonaba falsa. Renner llamó por teléfono a casa de Díaz y éste no le devolvió a la llamada. Los directores del periódico decidieron hacer una corrección de último minuto: cambiar de diez a nueve el número de acusadores. Renner agregó al reportaje la retractación de Díaz.[10]

—¿Cuál de las dos declaraciones podemos citar —preguntó Renner a Ralph G. Elliot, consejero jurídico del diario y abogado especialista en la materia.

—Las dos —fue la respuesta—. En alguna de las dos Díaz cometió perjurio.

La Legión mandó declaraciones juradas de otros cuatro hombres que decían haberse negado a participar en la conspiración.[11] Dos de ellos resultaron estar en la nómina de la Legión en la Ciudad de México; otro más era empleado de un hermano de Maciel; el cuarto era un hombre de negocios con hijos en una escuela de la Legión. Uno de los hombres, en una entrevista telefónica, no pudo recordar los detalles de las supuestas reuniones para fraguar la conspiración. Aun así, con una sorprendente falta de lógica, insistió en que había participado en reuniones cuyos detalles no recordaba.

Al desmoronarse las acusaciones de conspiración, Cliff Teutsch, el director administrativo del periódico, dijo del grupo de Barba: «No tengo la menor duda de que estas personas dicen la verdad».

La Legión y el Vaticano

La investigación del Vaticano de los años cincuenta desapareció como por arte de magia de la historia oficial de la Legión. Irónicamente, Kearns citó aquellos hechos faltantes al sostener que a Maciel nunca lo habían acusado de abuso sexual, sino «de abuso de drogas, mala administración financiera y rebelión contra la Santa Sede».[12] El silencio del Vaticano en relación con Maciel no permite corroborar las declaraciones de Kearn. El abogado de Maciel envió al *Courant* copia de una carta, sin fecha y sin membrete, aparentemente escrita en 1958 por un «visitador apostólico», el reverendo Polidoro Van Vlierberghe, al nuncio papal en México. Como su apellido era difícil de pronunciar, este franciscano, nacido en Bélgica, era conocido simplemente como Polidoro. Lo nombraron obispo de Illapel, Chile.[13] Polidoro no fue uno de los visitadores en Roma; entrevistó a legionarios en España y México. La carta sin fechar que la Legión atribuye a Polidoro dice lo siguiente:

> Durante la visitación, que fue llevada a cabo con todo rigor y detalle, pude confirmar que, además de ser una completa exageración de los hechos, las acusaciones contra el padre Marcial Maciel y su obra estaban basadas en calumnias y en las ambiciones personales del vicario general [Ferreira] del instituto [el seminario de la Legión], y respaldadas —por razones indecibles— por dos miembros del Episcopado Mexicano y por la Compañía de Jesús…

En vista de que a la novata Legión de Maciel la habían expulsado de la universidad jesuita de Comillas —la historia oficial de la Legión explica este hecho como «calumnias» enviadas desde España a Roma—, las «razones indecibles» de Polidoro hacen pensar que algunas de las acusaciones eran en efecto de índole sexual. Su referencia a los dos obispos mexicanos se remonta a los primeros años de Maciel, cuando fue rechazado por los seminarios mexicanos. La supuesta carta de Polidoro pedía al nuncio interceder por Maciel ante la Sagrada Congregación para los Religiosos, en Roma, a fin de exonerarlo:

> Habiéndome dado cuenta de lo infundadas que eran las acusaciones contra el padre Maciel y visto con mis propios ojos que la Legión de Cristo es una institución fervorosa con gran vigor en las esferas espiritual, económica e intelectual, declaro con la conciencia tranquila que la Santa Sede debe terminar de una vez por todas con la situación actual del instituto reintegrando a su puesto al padre Maciel…

Polidoro habló de acudir al cardenal Valeri, prefecto de la Congregación para los Religiosos, «para que el buen vino no se convierta en vinagre… [y no] se prive a la Iglesia de América Latina de una fuente de ayuda… una enorme esperanza». A Maciel lo habían suspendido cuando Valeri lo vio drogado en el Hospital Salvator Mundi. Polidoro encomió a los seminaristas de la Legión diciendo que eran un «selectísimo grupo que produce magníficos frutos», y criticó a «dos miembros del instituto [que] expresan desacuerdo e incluso hostilidad manifiesta, lo cual es tanto más sospechoso si se consideran los virulentos e indecibles motivos que los inspiran…»

Los miembros no identificados eran Federico Domínguez, el seminarista español, y el padre Ferreira, los hombres que habían presentado la queja ante la Congregación para los Religiosos. *Polidoro nunca entrevistó a los nueve hombres que hicieron las acusaciones.* Uno de esos nueve, Fernando Pérez Olvera, abandonó la Legión varios años antes de la suspensión de Maciel y nunca fue entrevistado por la Santa Sede. La carta hace pensar que Polidoro se creyó la historia de Maciel de una conspiración. Pero la postura del obispo quedó empañada por un segundo documento que la Legión presentó. En él, una carta con fecha 12 de diciembre de 1996, el obispo Polidoro, en Santiago de Chile, aseveró: «Se hicieron muchas acusaciones contra el padre Maciel en los años cincuenta, pero… en ningún momento de nuestra amplia investigación sobre su carácter y obras surgió una sola acusación de abuso sexual.»

Polidoro tenía 87 años en 1996. La carta añade que ahora Maciel era «acusado de abuso sexual por algunos de los mismos individuos que no dudaron en acusarlo, en los años cincuenta, de muchas otras faltas y graves crímenes que resultaron ser totalmente falsos».

El hombre que hizo que se iniciara la investigación, Federico Domínguez, abandonó la Legión en 1958, y en 1996 era profesor en California.[14] Domínguez insistió en que la cuestión del abuso sexual era fundamental en los cargos que discutió con el padre Ferreira, quien se ocupó de enviar la queja a la Congregación para los Religiosos. José Barba, el estudioso con tenacidad de hierro, y Arturo Jurado, quien fue profesor en la Escuela de Idiomas del Departamento de Defensa de Estados Unidos, sospechaban que las cartas de Polidoro eran falsas, y decidieron probarlo. Pero para su disgusto, el periódico publicó las afirmaciones de Polidoro como parte de la defensa de Maciel.

El periódico evaluó las declaraciones de tres médicos enviadas por la Legión para respaldar lo dicho por Owen Kearns y el abogado de Washington en el sentido de que las acusaciones de abuso de drogas eran espurias y parte de un complot.[15]

La primera carta —una nota manuscrita y sin fecha del doctor Ricardo Galeazzi-Lisi— decía que había examinado a Maciel en su seminario de Roma y «no encontré en su organismo indicio alguno de dependencia de ningún fármaco. Su constitución es sana y normal, y por lo tanto no necesita ningún tratamiento para llevar a cabo sus ocupaciones normales. Expido el presente documento para uso legal». Dejando a un lado la dudosa validez de una carta «para uso legal», Galeazzi-Lisi, médico especializado en oftalmología, era un avaro comerciante que en 1958 se dedicaba a vender de puerta en puerta fotografías y otros artículos del agonizante papa Pío XII. El Vaticano lo declaró persona non grata y el gobierno italiano le revocó la licencia para ejercer la medicina.[16]

La segunda carta, del doctor Luigi Condorelli, fechada el 5 de octubre de 1956, señala:

> Certifico que el día de hoy he visitado al reverendo padre Marcial Maciel: es un hombre que goza de buena salud, con una actitud psicológica perfectamente normal, un carácter resuelto y ningún estigma que pudiera indicar alguna neurosis hereditaria. Su historia familiar a este respecto es, de la misma manera, completamente negativa.
>
> Un examen físico general y específico no ha demostrado ni la más mínima señal de dependencia de sustancias químicas, o más específicamente, un estado tóxico producido por morfina o barbitúricos. No se encontró ningún elemento que indique una predisposición psicológica, en forma de un trastorno que manifieste un estado tóxico, a la dependencia de sustancias… sus órganos internos funcionan normalmente (aunque parece que ha tenido una historia previa de trastornos abdominales causados por un cólico).

El lenguaje de esta carta es cuestionable. El «carácter resuelto» de un paciente no tiene absolutamente nada que ver con un diagnóstico médico serio. La referencia a la historia familiar de Maciel tampoco viene al caso; el médico no tenía manera de conocer esta información, salvo por lo que le haya dicho el propio paciente.

La última carta, fechada el 10 de octubre de 1956, del doctor Enrico Gambini, en la clínica Villa Linda de Roma, decía que Maciel «se ha sometido a exámenes médicos diarios desde el quinto día del mes en curso y se le ha encontrado en perfecto estado de salud física y psicológica».

Las dos cartas fechadas —con un intervalo de cinco días— dicen que Maciel no tenía drogas en el organismo en octubre de 1956, precisamente cuando el Vaticano lo suspendió. Maciel presumiblemente utilizó esas cartas para tratar de persuadir al Vaticano de que se encontraba en condiciones aptas para el ministerio. De cualquier manera el Vaticano lo suspendió. A la luz de las detalladas descripciones de su abuso de drogas hechas por Vaca, Arturo Jurado y otros, antes y después de la suspensión, surge la pregunta de si los exámenes son dignos de confianza… y si en realidad los resultados fueron negativos.

«En los años cincuenta el abuso de drogas difícilmente se consideraba un problema», explicó Michael Massing, escritor que dedicó años a investigar el asunto y las políticas de drogas para su libro *The Fix*. «Se hacían muy pocos análisis químicos. No fue sino hasta finales de los sesenta cuando comenzaron las pruebas clínicas propiamente dichas. Todavía hoy el conocimiento de los médicos es tan limitado que los investigadores en el campo de las drogas tratan de hacerlos conscientes de cómo descubrir el abuso de drogas.»[17]

José Barba sostiene que la carta de Gambini es falsa porque Maciel estuvo en el seminario desde el 5 hasta el 10 de octubre, día en que está fechada la carta. Ese día Maciel se presentó ante los legionarios reunidos a las nueve de la mañana, «turbado emocionalmente, llorando», explicó Barba.[18] «Dijo que tenía que demostrar su obediencia al Vaticano haciéndose a un lado. Preguntó: "¿Cómo puede el tronco de un árbol estar podrido y dar buenos frutos?" Ese día comenzábamos los ejercicios espirituales de san Ignacio, y lo que dijo Maciel causó un gran caos emocional. Al día siguiente fui a ver al padre Arumi [el director de los novicios] y le dije que quería abandonar la orden. Si expulsaban a nuestro líder, ¿cuál sería nuestro destino? "Eres un cobarde", replicó Arumi. Pero la única manera en que yo estaba dispuesto a seguir era hablando con Nuestro Padre.»

Arumi lo llevó en coche a la clínica Villa Linda, continuó Barba. Mientras Arumi iba y venía nerviosamente por el pasillo, Barba entró en la habitación. Llamándolo «hijo mío», Maciel le dijo que esa mañana habían ido a verlo tres cardenales. Maciel parecía lúcido. Le pidió que no se preocupara, que la Legión seguiría adelante, que él regresaría. Barba salió de allí profundamente aliviado.

PREPARACIÓN PARA EL ATAQUE

Mientras el *Hartford Courant* seguía investigando, los lacayos de Maciel se preparaban para el ataque. En Roma, la comunidad de la Legión fue convocada a una reunión especial. Glenn Favreau, un estadounidense que estudiaba por entonces en un seminario de la Legión, cuenta que el reverendo Luis Garza, vicario general de la orden —y sucesor designado de Maciel—, tomó la palabra. Garza se crió en Monterrey, descendiente de una de las más ricas familias de industriales mexicanos y estudió en la Universidad Stanford. Maciel lo había frecuentado asiduamente; sus padres eran generosos benefactores de la orden. Dirigiéndose a los legionarios congregados en Roma, Garza dijo que los medios estaban a punto de publicar acusaciones contra el carácter de Nuestro Padre, las cuales eran producto de una conspiración. La Legión ya tenía investigadores que trabajaban para determinar quién estaba detrás de aquello. Los presentes recibieron la orden de no leer el artículo en caso de que llegara a sus manos, y si así ocurría, debían entregarlo a sus superiores.

Favreau, originario del estado de Nueva York, tenía entonces 31 años. «Nos ordenaron decirle a la gente que lo mencionara [el reportaje]: "Éste no es más que otro ataque contra la Legión porque somos fieles a la Iglesia y al Papa"», recordó. «Teníamos la consigna de nunca discutir el tema con otros legionarios, y de acusar inmediatamente a quien lo hiciera con los superiores.»

A finales de 1997 Favreau, que tenía dudas sobre su vocación, se reunió en privado con Maciel. No había leído el reportaje del

Courant, pero Maciel trajo a colación el tema. «Dijo: "Incluso a mi edad hacen estas acusaciones en mi contra. ¿Por qué no las hicieron antes? Durante los años de la Gran Bendición [el término acuñado por Maciel para designar el periodo de la investigación del Vaticano y de su suspensión] me hicieron muchas acusaciones, pero ninguna de este tipo. El cardenal O'Connor de Nueva York hizo que realizara una investigación y averiguó que los jesuitas estaban detrás de las acusaciones y de su divulgación en los medios. Pero esta clase de cosas, después de todo lo que he vivido, ya no me afectan."»

El domingo 23 de febrero de 1997 —casi seis meses después de la primera llamada telefónica de Renner a Berry—, el reportaje se publicó en el *Courant:* de seis mil palabras, empezaba en primera plana y abarcaba dos páginas interiores y parte de una tercera, acompañado de un recuadro sobre el ataque de la Legión contra los acusadores y su supuesta conspiración.

Vaca, Barba y los demás se desanimaron mucho ante el poco impacto del reportaje en los medios noticiosos estadounidenses. Aunque el *Los Angeles Times* puso una versión muy resumida en su cable, la Associated Press, en Nueva York, no la colocó en su cable internacional, pese al informe de la investigación del Vaticano y su silencio al respecto. ¡Un editor de la AP le dijo a Renner que se era una historia local de Connecticut!

Cinco años después, cuando el *Boston Globe* inició una reacción en cadena de reportajes de investigación, la historia del *Courant* dio mucho que hablar. En el momento de su publicación, la mayoría de los medios de Estados Unidos habían marginalizado la crisis de la Iglesia.

«Este esfuerzo por difamar a un distinguido líder de la Iglesia católica nos recuerda las acusaciones falsas dirigidas contra el difunto cardenal Joseph Bernardin», escribió Owen Kearns en una carta publicada en el *Courant*. «Para cualquier observador imparcial, las pruebas eliminaron la credibilidad de las acusaciones.»[19] Maciel, después de meses de negarse a hacer comentarios directamente, envió una carta de su puño y letra, que el periódico publicó.[20]

Quiero declarar que en todos los casos [las acusaciones] son difamaciones y falsedades sin ningún fundamento en absoluto, ya que durante los años en que estos hombres estuvieron en la Legión nunca en modo alguno cometí esos actos con ellos, ni les hice tales insinuaciones, ni se mencionó jamás la posibilidad de semejantes hechos. Durante el tiempo en que estos hombres estuvieron en la Legión de Cristo y aun después de que la dejaron, no escatimé sacrificios para ayudarlos en la medida de mis posibilidades como siempre lo he hecho con todas las personas que el Señor ha puesto a mi cuidado. Ignoro las causas que los han llevado a hacer estas falsas acusaciones 20, 30 o 40 años después de haberse ido de la congregación. Mi sorpresa es tanto mayor cuanto que conservo en mi poder cartas de algunos de ellos, fechadas bien entrados los años setenta, en las que expresan su gratitud y nuestra mutua amistad.

Pese al sufrimiento moral que esto me ha causado, no les guardo rencor. Antes bien, ofrezco mi dolor y mis oraciones por cada uno de ellos, con la esperanza de recobren la paz de espíritu...

El *National Catholic Reporter* publicó el reportaje independiente más largo enfocado en los acusadores.[21] El Servicio Católico de Noticias, una división autónoma de la conferencia episcopal estadounidense, abordó la negativa de Maciel y Kearns a informar de las acusaciones a su red de periódicos y revistas diocesanos.[22] El *New York Times,* el *Washington Post,* el *Boston Globe* y las cadenas de televisión hicieron caso omiso de la historia hasta los hechos de 2002.

En México, los medios más importantes descartaron la noticia al principio. En abril *La Jornada,* un diario de izquierda, publicó un reportaje en cuatro partes del periodista Salvador Guerrero Chiprés, que se basaba en el informe del *Courant* en cuanto a las semblanzas de Barba y sus compañeros, y agregaba nueva información.[23] Cuando el reportero pidió sus comentarios al prelado de la Ciudad de México, el cardenal Norberto Rivera Carrera, éste respondió bruscamente: «¡Debería decirnos cuánto le pagaron!» La serie de *La Jornada* desencadenó coberturas en otros periódicos mexicanos menos importantes. En mayo el Canal 40, una estación de televisión independiente, transmitió un documental que incluía entrevistas con Barba y otros, pero, por supuesto, sin declaraciones de Maciel. En cuestión de días una importante compañía retiró su presupuesto de publicidad, que ascendía a cientos de miles de dólares. En el mes siguiente, otros veinticinco importantes anunciantes retiraron su dinero. El Canal 40 se habría ido a la quiebra si otra estación no le hubiera hecho un préstamo de emergencia.[24]

Como la AP no insertó la historia en su cable internacional, los hallazgos del *Courant* prácticamente quedaron sin conocerse en Europa. En Italia, hasta donde sabemos, el primer reportaje sobre la conducta de Maciel apareció dos años después en *L'espresso,* la revista semanal de noticias, en un artículo firmado por el respetado columnista de temas religiosos Sandro Magister.[25]

El *Courant* jamás volvió a saber del bufete de abogados Kirkland & Ellis. Lo que hizo la Legión fue contratar a un consultor en relaciones públicas. Después de entrar en Internet, la Legión reanudó su ataque contra la «confesión en el lecho de muerte» de Amenábar en una página *web* con enlaces, sólo que esta vez el comentario de Raúl de Anda había desaparecido. En una carta fechada el 6 de diciembre de 2001, el cardiólogo José Manuel Portos Silva afirma que fue médico de Amenábar de 1978 a 1995, y que su paciente había perdido totalmente la capacidad de hablar o escribir durante los seis últimos años de su vida, sin hacer el menor caso de cuanto habían declarado tanto la doctora Gabriela Quintero, quien lo ayudó a recuperar el habla, como su confesor, el padre Athié.

Muchos destacados católicos conservadores acudieron en ayuda de la Legión con testimonios que aparecen en el sitio de Internet.[26] Deal W. Hudson, en una carta abierta publicada en la revista *Crisis,* la cual dirigía, pidió al *Courant* que «retirara» su falso artículo y ofreciera disculpas al padre Maciel, los Legionarios de Cristo y los católicos fieles que financian sus muchas y fructíferas obras de caridad en Estados Unidos y el resto del mundo.

William Donohue es presidente de la Liga Católica para los Derechos Religiosos y Civiles en Nueva York, un organismo que se presenta como observador de los sesgos anticatólicos en el mundo de las noticias y el entretenimiento. Donohue aparece con frecuencia en televisión. En una carta que escribió al *Courant* el 3 de marzo de 1997 dice: «La idea de que un sacerdote le diga a otro que cuenta con la aprobación papal para tener relaciones sexuales con un tercer clérigo —todo para aliviar al pobre hombre de una enfermedad— es la clase de tontería que no convence ni al editor amarillista menos escrupuloso.»

La declaración de Donohue era una flagrante distorsión de lo que los hombres habían referido. La artimaña de Maciel de que había obtenido el permiso del papa Pío XII para aliviar sus urgencias sexuales no la utilizaba, desde luego, con «otro sacerdote», sino con confundidos seminaristas, algunos recién entrados en la pubertad, a fin de abusar de ellos y satisfacerse.

El reverendo Richard John Neuhaus, editor de la revista *First Things,* intervino en el debate con una carta de fecha 8 de marzo de 1997, en la cual se quejaba de «los calumniosos cargos que se han hecho contra el padre Maciel». Neuhaus «conocía y respetaba profundamente la obra de los legionarios, tanto en su país como en Roma», y rezaba por que «el apostolado de Maciel sobreviviera y floreciera mucho después de que estos ataques se hubieran olvidado».

Neuhaus ha sido profesor en el Regina Apostolorum, el seminario de la Legión en Roma. Después publicó en *First Things* un ensayo en el que nos atacaba por alimentar el escándalo. Llamaba a Maciel «un hombre que combina una fe sencilla con bondad, autodisciplina militar, y una determinación infatigable por hacer lo que cree que Dios le ha encomendado... una santidad vigorosa de tenacidad férrea, acrisolada con los frecuentes fuegos de la oposición y el malentendimiento».[27] Neuhaus agrega: «Después de una acuciosa investigación de las declaraciones de ambas partes, he llegado a la *certeza moral* de que los cargos son falsos y maliciosos».

Neuhaus llegó a esa «certeza moral» sin conocer a ninguno de los hombres que hicieron las acusaciones. Nunca habló con la doctora Gabriela Quintero, que estuvo a lado de Amenábar en sus últimos días, ni con la psicóloga Toffano, ni con su confesor, el padre Athié. En su certeza moral, Neuhaus se parece a los muchos obispos que durante años rehuyeron las confesiones de las víctimas de abuso sexual y premiaron a los clérigos pedófilos.[28]

Maciel también obtuvo el apoyo de Mary Ann Glendon, profesora de derecho de la Universidad Harvard, que en una carta fechada el 23 de mayo de 2002, acepta la postura de Owen Kearns sin haber hecho ningún hallazgo de hechos por cuenta propia. Glendon —extraño en una experta universitaria en leyes— basa su análisis en sentimientos, en su impresión personal de Maciel como un hombre que «irradia santidad». Explica la profesora: «La irresponsabilidad de esos periodistas que siguen removiendo viejas calumnias quizá deba verse como un homenaje al éxito del Regnum Christi y los Legionarios de Cristo en la promoción de la Nueva Evangelización».

George Weigel y William Bennett fueron más precavidos.

Weigel, biógrafo del papa Juan Pablo II y consejero suyo durante la asamblea de cardenales realizada en Roma en abril de 2002, envió su carta el 24 de junio de ese año. En ella prodiga elogios a la Legión sin decir que crea en la inocencia de Maciel:

> Me ha impresionado profundamente la obra de los Legionarios de Cristo en Estados Unidos, México y Roma... En México, las universidades de la Legión ayudan a preparar a la Iglesia para asumir un papel en la vida pública mexicana que no ha sido posible en más de un siglo... Si el padre Maciel y su carisma como fundador han de ser juzgados por los frutos de su trabajo, son frutos en verdad sobresalientes.

William Bennett, ex secretario de Educación, zar antidrogas y escritor, ganaba 50 mil dólares por discurso como comentarista sobre virtud y valores antes de revelarse que había perdido ocho millones de dólares en un casino.[29] Bennet dio un discurso en una conferencia de Regnum Christi en Baltimore, poco después de enviar su carta del 30 de abril de 2002, en la cual expresaba su apoyo a la Legión... sin mencionar a Maciel.

> Mientras el escándalo de abuso sexual sigue sacudiendo a la Iglesia católica, una de las cosas que los católicos creyentes deben ser capaces de hacer es confiar en los sacerdotes a los que conocen. Yo tengo la fortuna de conocer y confiar en los sacerdotes de los Legionarios de Cristo. Hacen un excelente trabajo con los jóvenes de mi comunidad al ofrecerles modelos de conducta ejemplar para la vida cristiana. Y hacen un trabajo parecido en todo el mundo al exhortar a los católicos a llevar una vida mejor siguiendo su ejemplo. El florecimiento de los legionarios es causa de esperanza en estos tiempos de gran oscuridad.

El papa Juan Pablo II dio su opinión en el otoño de 1997 al designar a Maciel uno de los veintiún delegados papales para el

Sínodo de América, celebrado en Roma durante noviembre y diciembre de ese año.[30]

En el sínodo —en el cual Mary Ann Glendon y el padre Neuhaus se sentaron cerca de Maciel— participaron doscientos cincuenta líderes de la Iglesia de América del Norte y del Sur para discutir la evangelización, la justicia económica y la cooperación de la Iglesia. Casi todos los participantes eran obispos elegidos por sus colegas; también había cardenales, varios líderes de órdenes religiosas y el grupo que el Papa seleccionó.

El nombramiento de Maciel fue una noticia devastadora para Barba y sus compañeros, después de la larga lucha para lograr que sus acusaciones llegaran al escenario público. Barba redactó una carta abierta al Papa, de casi cinco mil palabras, que se publicó en la revista semanal del diario *Milenio* dos semanas antes de la Navidad de 1997 en la Ciudad de México.[31]

«Le hemos parecido tan insignificantes a la jerarquía católica, Santo Padre», comenzaba la carta. «A pesar de la enorme gravedad de los hechos que hemos revelado, entonces y ahora, no hemos recibido respuesta alguna, ni siquiera burocrática...»

Si ha habido una conspiración... no ha sido de nuestra parte porque consideramos que nuestra acción es un difícil y arriesgado servicio para la Iglesia y para la sociedad. Se trata más bien de una conspiración de gente investida de autoridad dentro de la Legión de Cristo y la jerarquía eclesiástica... una conspiración de encubrimiento descarado y una nueva y más que injusta persecución contra nosotros por parte de personas de la jerarquía de Roma, de gente ya informada de los hechos en el Vaticano.

Las palabras impresas en la página reflejaban el carácter de Barba, el distinguido profesor que no está dispuesto a ceder en su indignación moral. Uno podía imaginarlo: un hombre de alrededor de 1.75 metros de estatura, mirando desde abajo a los jueces eclesiásticos con sus togas, al poder y a la historia de la Iglesia, insistente al escribir: «Porque si no se investiga la verdad y no se hace una nueva justicia, se extenderá un escándalo mucho mayor y la credibilidad del magisterio de la Iglesia quedará para siempre en duda en la mente de muchas personas.»

11

En las cortes del Vaticano

El Palazzo del Sant'Uffizio (Palacio del Santo Oficio) es un edificio rojizo de varios pisos que parece erguirse con poder propio detrás de la imponente columnata de la plaza de San Pedro, justo a la izquierda de la gran basílica. La fachada del primer piso está cubierta de ventanas enrejadas, cinco a cada lado del macizo portón de madera. Una fila de ventanas más pequeñas encuadra el porche y un balcón. El edificio alberga espaciosos departamentos que sirven de vivienda a los miembros más importantes de la dependencia. La entrada de diario se encuentra al fondo de un estacionamiento adoquinado, del lado más próximo a la basílica de San Pedro, más allá de los guardias suizos con sus trajes renacentistas de franjas rojas, azules y amarillas. En la arcada que lleva al patio, un hombre que custodia la entrada telefonea a la persona interesada antes de permitir el acceso a los ascensores.

Construida en los años 1540, la Suprema y Sagrada Congregación del Santo Oficio fue la sede de la Inquisición en Roma y llevó a cabo juicios por herejía. Cuando en 1559 murió el papa Paulo VI, una muchedumbre enardecida tomó por asalto «su más preciada institución, liberó a los prisioneros y quemó sus archivos».[1] Éste es el edificio donde en 1663 se condenó a Galileo por sostener que la Tierra gira alrededor del Sol, contrariamente a la tradición de la Iglesia según la cual la Tierra no se movía.[2] La Inquisición era un mecanismo para imponer la autoridad de la Iglesia en muchos lugares de Europa, cuya historia es más compleja que su reputación de emplear crueles castigos, el peor de los cuales consistía en quemar brujas y herejes en las plazas públicas. Irónicamente, la disposición del Santo Oficio de que el acusado contara con un abogado defensor en los casos de herejía influyó en los procedimientos penales romanos del siglo XVI, mientras que los tribunales ingleses, todavía en el año 1836, negaba a los reos el derecho a la defensa.[3] Mientras las guerras en Europa debilitaban el poder secular de la Iglesia, el Santo Oficio se convertía en el tribunal eclesiástico más importante, el poderoso árbitro de la doctrina… y de los destinos profesionales de los eclesiásticos.

En 1860, la Italia republicana se anexó los territorios conocidos como Estados Pontificios y dejó en control del papa tan sólo una pequeña zona que luego recibió el nombre de Ciudad del Vaticano. Cuando en 1870 los nacionalistas italianos ocuparon Roma, el papa Pío IX, desprovisto de la protección de un ejército, convocó el Concilio Vaticano I a fin de apuntalar su poder. Aquejado desde la infancia por un trastorno epiléptico, tenía fuertes oscilaciones anímicas. Su *Syllabus Errorum* «era genial dentro de su locura; trataba de ciencia, secularismo, materialismo, relativismo, democracia, libertad de expresión, y de la competencia de todos los gobiernos modernos», escribe Garry Wills.[4] Este Papa presentó al Concilio Vaticano I la doctrina de la infalibilidad, es decir, que el papa no puede equivocarse cuando se pronuncia solemne y definitivamente en asuntos de fe y de costumbres. Cuando unos obispos alemanes acudieron a una audiencia, preocupados por la decisión, el Papa retiró el anillo pontificio y en su lugar extendió el pie, que uno a uno se inclinaron a besar. La primera votación del concilio sobre la infalibilidad fue de 88 votos en contra, 62 a favor y unas 85 abstenciones, y muchos obispos se fueron de Roma a causa de la guerra que sacudía a la ciudad. Como se fueron más disidentes, la minoría se volvió mayoría. «Hubo algo falso en esta victoria, tanto así que ni siquiera los más conservadores mostraron verdadero entusiasmo», agrega Wills.[5]

Suele aceptarse que la infalibilidad papal se ha invocado de manera explícita una sola vez desde 1870: cuando en 1950 Pío XII proclamó la asunción de María en cuerpo al cielo. Pero la doctrina imbuyó al papado y a la curia de una idea de superioridad. Ese elitismo ha alimentado una corriente aún vigente de teólogos atrapados entre el disenso y la libertad académica.

«En ciertos casos el Santo Oficio condena la obra de un escritor, le prohíbe publicarla e incluso decir que se lo han prohibido», escribió en 1963 el renombrado corresponsal en el Vaticano Robert Blair Kaiser.[6] El jesuita francés Pierre Teilhard de

Chardin fue tan vituperado por el Santo Oficio por su visión de una espiritualidad en armonía con la evolución humana, que sus obras más importantes, que han llegado a millones de lectores, estuvieron prohibidas durante su vida. Karl Rahner, quien argüía que la teología debe desarrollarse conforme al espíritu de los tiempos, e Yves Congar, quien subrayaba el papel de los laicos en una Iglesia en evolución, fueron marginalizados en los años cincuenta por Pío XII, quien no veía utilidad alguna en sus puntos de vista. El papa Juan XXIII rehabilitó a ambos hombres y permitió que sus ideas se convirtieran en influencias vitales del Concilio Vaticano II.

Las tensiones entre la conformidad irreflexiva y la visión renovadora de Juan XXIII cristalizaron en el Concilio Vaticano II el 8 de noviembre de 1963. El cardenal alemán Joseph Frings condenó las tácticas secretas del Santo Oficio como «causa de escándalo para el mundo». Los asistentes prorrumpieron en aplausos. «No debe condenarse a nadie», declaró Frings, «sin que antes se le haya oído, sin que sepa de qué se le acusa y sin que tenga la oportunidad de corregir aquello de lo que razonablemente se le acusa». El cardenal llamó a la curia (excedida de personal, en su mayoría obispos italianos) a dar más empleos a los laicos. Un observador describió este hecho como «el discurso más adecuado, por la persona indicada, en el momento oportuno»[7].

El secretario del Santo Oficio, el cardenal Alfredo Ottaviani, habló al día siguiente. Mientras los gruesos carrillos y la papada le temblaban de rabia, el prelado descalificó las críticas de Frings como producto de la ignorancia; defendió el procedimiento de los consultores anónimos, que escriben críticas e interrogan por correo a teólogos que desconocen su identidad. Si las preguntas no quedaban respondidas a plena satisfacción del Santo Oficio, se llamaba al teólogo a una audiencia, y su carrera pendía de un hilo. Sin embargo, cada caso se estudiaba con cuidado, añadió Ottaviani. «Al atacar al Santo Oficio se ataca al papa mismo, que es su prefecto», declaró.

En el último día del concilio, Paulo VI le dio al Santo Oficio el nuevo nombre de Congregación para la Doctrina de la Fe (CDF). «El amor ahuyenta el miedo», dijo, dando a entender que el estímulo de los teólogos fortalecería la doctrina. Pero los hábitos anquilosados de poder no se eliminan tan fácilmente.

Paulo VI encomendó a Ottaviani la misión de establecer nuevas normas en la congregación, lo que un teólogo belga equiparó con «pedirle a la mafia que se reformara a sí misma».[8] Ottaviani supervisó la abolición del *Índice de libros prohibidos,* vestigio del ánimo censurador del siglo XVI que amenazaba de excomunión a los lectores que osaran leerlos. Al tiempo que abandonaba el espíritu de cambio sistemático en la CDF, Ottaviani dirigió sus esfuerzos hacia Paulo VI y le suplicó mantenerse firme en la resolución sobre el control de la natalidad. Las huellas del cardenal son inconfundibles en la encíclica de 1968; el revuelo suscitado por esta carta desmoralizó tanto a Paulo VI que no volvió a escribir ninguna en sus diez últimos años de pontificado. Ottaviani murió en 1979, un año después que Paulo VI.

El padre Joseph Ratzinger era consejero del cardenal alemán que había enfurecido a Ottaviani. Como escribió John Allen, los propios ensayos de Ratzinger de ese periodo están llenos de comentarios peyorativos sobre los «teólogos romanos». En 1965 Ratzinger criticó a «la oficina central de enseñanza, que con demasiada ligereza prejuzgaba cualquier cuestión casi antes de que ésta surgiera a la discusión».[9]

Sin embargo, Ratzinger se había vuelto un pensador profundamente conservador cuando, en 1981, Juan Pablo II lo nombró prefecto de la CDF. Si las batallas doctrinales que Ratzinger libró para marginalizar a Hans Küng, Charles Curran y a los partidarios de la teología de la liberación de América Latina, entre otros, le produjeron algún remordimiento al pasar los años, nunca lo demostró. Ratzinger creía en la supremacía de la verdad expresada por la Santa Sede. «Para él, la Iglesia trasciende a la historia», escribió el estudioso australiano Paul Collins. «Su enfoque fundamental es el Cristo resucitado y ascendido que preside en su gloria el proceso del mundo, como salvador y como juez.» El cardenal tomaba el almuerzo con Juan Pablo II todos los viernes, cuando el Papa estaba en Roma. Compartía un departamento con su hermana, y tocaba el piano para relajarse. Gobernaba la CDF como si fuera una ciudadela, emitiendo órdenes e investigaciones de estudiosos de la religión. Aquellos que no daban respuestas satisfactorias o no cambiaban sus puntos de vista sabían que les esperaba un destino similar al de Küng, quizá el más importante teólogo del mundo occidental. Su visión de una Iglesia imbuida de la gracia renovadora del Concilio Vaticano II y liberada de las pretensiones romanas de superioridad arraigadas en la doctrina de la infalibilidad, le habían costado su licencia para enseñar teología católica. Küng —sacerdote, profesor, conferencista internacional y prolífico escritor de la Universidad de Tubinga, Alemania— era un teólogo despojado de la aprobación del Vaticano.

Los libros de entrevistas de Ratzinger, escritos en colaboración, le permitieron llegar a un amplio público.[10] Declinó nuestra solicitud de entrevista y las de miles de reporteros, incluso la de un biógrafo tan escrupuloso como John Allen, que leyó sus obras en alemán. Al rechazar la conversación espontánea en que uno defiende sus ideas y las pone a prueba mediante el diálogo franco con otros, Ratzinger se pronunció defensor de la «verdad» oficial, que mantiene a raya las preguntas del mundo. Küng llamó amargamente a Ratzinger un «Gran Inquisidor», como el famoso personaje de Dostoievski en *Los hermanos Karamazov:* un eclesiástico cuya oscura visión de la libertad humana choca con la moral de un Cristo reaparecido. En una de las más poderosas escenas de la literatura occidental, Jesús da al inquisidor un beso de perdón y luego se marcha, dejando que el mundo ajuste cuentas con aquellos que poseen el poder de exigir obediencia a los demás.

La crisis del abuso sexual del clero llegó como un negro nubarrón a la vida de Ratzinger a fines de los años noventa. El letrero del edificio aún decía Palazzo del Sant'Uffizio.

LOS MEXICANOS LLEVAN SU CAUSA A ROMA

José Barba a menudo había pasado frente al Santo Oficio en sus días de joven legionario. Recordaba las palabras que el padre Maciel había pronunciado un fresco día de principios de mayo de 1956, mientras caminaban en un grupo pequeño, con sus sotanas negras, al salir de una audiencia colectiva con el papa Pío XII. «Vámonos pronto, que aquí no me quieren», dijo Maciel con una risita cínica. Andando el tiempo, sus palabras cobraron sentido: el cardenal Ottaviani se contaba entre los miembros de la curia romana enterados de su drogadicción, por la cual habrían de suspenderlo pocos meses después.

El 7 de octubre de 1998 José Barba, junto con un experto en derecho canónico de la Ciudad de México, viajaron a Roma. Allí se reunieron con Arturo Jurado Guzmán, que llegaba desde California. Su objetivo era presentar cargos contra el padre Maciel por delitos graves, o crímenes, como los definía el Código de Derecho Canónico. Barba no había puesto un pie en Roma en cuarenta años. Sus recuerdos de Maciel contrastaban con el placer de volver a ver la belleza de la ciudad. Delante de él, dos guardias suizos cuidaban la entrada del Palacio del Santo Oficio como arlequines en un baile de máscaras.

Arturo Jurado había cargado con su dolor psicológico durante cuatro décadas después de haber dejado la Legión; sus encuentros sexuales con Maciel habían sido mucho más numerosos que los de Barba. El cuarto voto le había producido años de una vergüenza contenida. Ambos tenían hijos adultos y atribuían el fracaso de sus matrimonios en parte a la crueldad psicológica de Maciel. Jurado, de 58 años, tenía un permiso de acceso de la Escuela de Idiomas del Departamento de Defensa de Estados Unidos en Monterey, California, donde impartía clases a militares y diplomáticos. Barba y él representaban al grupo de ocho hombres que habían financiado el viaje del reverendo Antonio Roqueñí, un canonista del tribunal de la arquidiócesis de la Ciudad de México.

Barba había restablecido el contacto con Juan Vaca en 1993. El entierro de Amenábar, en 1995, fue el momento decisivo en que se forjó la solidaridad del grupo.

Después de la misa de inhumación, José Barba le preguntó al padre Alberto Athié por su mención de las palabras de Amenábar en la homilía: «Perdono al padre Maciel, pero al mismo tiempo exijo que se haga justicia». El sacerdote no había especificado de qué perdonaba Amenábar a Maciel. Barba le dijo que él y otros querían esa justicia en vida. Athié se mostró comprensivo, pero no quiso hablar con los periodistas.[11] En la primavera de 1997, después del reportaje de *La Jornada*, Athié, vicepresidente de Cáritas, la sociedad de beneficencia del episcopado de México, se reunió con el cardenal Norberto Rivera Carrera y le reveló lo que Amenábar le había dicho de Maciel.

Rivera estaba cortado con la misma tijera que Juan Pablo II. Como crítico de la globalización por sus efectos sobre los pobres, se había enfrentado al gobierno del presidente Carlos Salinas.

También había cerrado un seminario por considerar que simpatizaba demasiado con las ideas de la teología de la liberación. En 1997 el cardenal Rivera tenía cincuenta y cinco años, y se empezó a barajar su nombre junto con el de los posibles sucesores del papa Juan Pablo II. El cardenal deploraba las críticas de los medios hacia Maciel, que era un aliado tanto del Papa como del mismo Rivera. El arzobispo de México había sido huésped de Maciel en Roma. Una vez que Athié le expuso las revelaciones de Amenábar, Rivera contestó que Maciel era víctima de un complot. El sacerdote insistió en que Amenábar no había hecho sino confirmar lo que los otros hombres habían declarado. «¡Es un complot!», repitió el cardenal, mientras le mostraba la puerta a Athié.

El sacerdote se sentía desmoralizado. Le había prometido a un hombre en su lecho de muerte que promovería su causa para lograr justicia, y ahora resultaba que el propio cardenal tildaba la verdad de conspiración.

Un sacerdote en quien el canoso Athié confiaba era, en muchos sentidos, su opuesto. Antonio Roqueñí, un canonista alto, de pelo negro, con una confianza aristocrática en sí mismo, no toleraba las tonterías. Nacido en 1934, se había criado en uno de los barrios más antiguos de la ciudad, cerca del Zócalo, y había estudiado con los jesuitas. Al igual que su padre, se había recibido de abogado. A los 24 años decidió hacerse sacerdote y se incorporó al Opus Dei, el controvertido movimiento religioso iniciado en España en los años treinta, famoso por sus acaudalados patrocinadores, por sus relaciones con la gente más poderosa y por el estilo de vida ascético de sus más dedicados miembros seglares.

En 1958 Roqueñí viajó a Roma con una beca del Opus Dei para estudiar derecho canónico en el Angelicum. Ordenado en 1963, fue a Madrid y durante ocho años fue capellán de una universidad del Opus Dei en la que también impartía la cátedra de derecho canónico. En 1977 regresó a la Ciudad de México, invitado por el arzobispo para trabajar en el tribunal. Era canonista y no desempeñaba el trabajo para el que se había preparado. «No comparto las críticas que se hacen al Opus Dei», le dijo a Berry más adelante. «Entré voluntariamente al Opus Dei y salí de la misma manera.»[12]

Las anulaciones matrimoniales ocupaban la mayor parte de su trabajo en el tribunal. Menos del uno por ciento de sus procesos tenían que ver con delitos de sacerdotes. Después de ayudar a varias mujeres a obtener pensiones para niños engendrados por clérigos, Roqueñí se dio cuenta de que demasiados mexicanos ignoraban sus derechos canónicos dentro de la Iglesia, o tenían miedo de demandar a los sacerdotes. Comparaba su mentalidad con la de soldados de infantería obedientes a sus superiores, y no la de seres humanos que se considerasen pueblo de Dios.

Cuando Roqueñí leyó el reportaje sobre Maciel en *La Jornada,* recordó a Amenábar, que una vez lo había ayudado con una anulación matrimonial. A Roqueñí le caía bien el ex presidente de la Universidad Anáhuac, y le daba el trato fraternal de un sacerdote hacia un ex sacerdote. En 1994 Amenábar había visitado a Roqueñí para decirle que se iba a vivir a España, pero su decadencia física era evidente llegó y murió antes de que poder realizar el viaje.

Roqueñí era bien conocido en los medios por su enfrentamiento con el nuncio papal, el arzobispo Girolamo Prigione. El canonista aprobaba la manera en que en 1992 Prigione ayudó a restablecer las relaciones diplomáticas entre México y el Vaticano; sin embargo, ese logro se le subió a la cabeza. Prigione trató de erigirse en amo y señor de la conferencia episcopal mexicana, lo que le valió «una bien merecida reputación como figura controvertida en los asuntos religiosos y políticos de México», según los escritos de un intelectual.[13] Roqueñí presentó una queja de derecho canónico en representación de los católicos mexicanos ante la Secretaría de Estado del Vaticano, acusando a Prigione de abuso de su cargo. Aunque la causa nunca se resolvió judicialmente, fue uno de los muchos factores que hicieron que el Vaticano sustituyera a Prigione en 1997.

Cuando Roqueñí leyó la carta abierta de los ex legionarios a Juan Pablo II publicada el 8 de diciembre de 1997 por la revista semanal del diario *Milenio,* las palabras le sonaron verdaderas. Uno de los productores del documental del Canal 40 sobre Maciel le propuso a José Barba que acudiera a Roqueñí. A finales de diciembre, el canonista cenó con Barba y su amigo José Antonio Pérez Olvera. Roqueñí se quedó estupefacto ante las revelaciones de los dos sobrevivientes. Les ofreció ayudarlos a instruir un proceso canónico contra Maciel. Roqueñí no pasó por alto la ironía de que un sacerdote educado en el Opus Dei planeara un proceso canónico contra el ultraortodoxo Maciel. Pero como reflexionó mucho después: «Para mí era un asunto de derecho: derecho eclesiástico».

Para que una causa canónica prosperara, les explicó Roqueñí, tenían que dejar trabajar a Roma sin darles toda la información a los medios. Siguiendo el consejo, Barba y Saúl Barrales acudieron a la residencia del nuevo nuncio, el arzobispo Justo Mullor García, y le entregaron la carta original al Papa con las ocho firmas. Una monja permitió a Barba hablar con Mullor por teléfono. «Le prometo que la carta llegará a manos del Santo Padre», le dijo el embajador del Papa.[14]

Llegó el verano de 1998 sin que recibieran respuesta alguna. En julio, Barba telefoneó a Mullor y hablaron durante casi treinta minutos. El nuncio le aseguró que había entregado la carta al Papa, y puntualizó que si querían obtener una respuesta de la Iglesia, tenían que dejar de hablar con los medios. «La Iglesia tiene sus propios tribunales», remató, repitiendo así el consejo del padre Roqueñí.

Después de más planeación e investigación, decidieron apersonarse en Roma: Barba, Jurado y Roqueñí. La causa canónica tenía que presentarse en el Vaticano para tener repercusiones. Roqueñí sabía que necesitarían un canonista con experiencia ante los tribunales del Vaticano, así que obtuvo una lista de 130 abogados canónicos acreditados ante la Signatura, la suprema corte, y la Rota, el tribunal de apelaciones. También ciertas congregaciones de la curia tienen tribunales. Roqueñí concertó una cita procedimental con el reverendo Vicente Carcel Orti, presidente de la Signatura. Español bajo y robusto de casi setenta años, el padre Carcel los recibió cordialmente y escuchó con atención mientras Roqueñí exponía el caso, con cuidado de no mencionar el nombre de Maciel. Carcel hizo notar que tal acusación corría el riesgo de ser desechada en una apelación del acusado, insinuando que los mexicanos buscaran otro tribunal. A petición de Roqueñí, Carcel recomendó a varios canonistas del Vaticano, entre ellos a Martha Wegan. El encuentro duró media hora.

Los mexicanos estaban intrigados con el nombre Martha Wegan. Barba pensó que el hecho de que una mujer los representara podía desconcertar a Maciel. Cuando la llamaron, aceptó verlos ese mismo día. Originaria de Austria, Wegan era una mujer de casi sesenta años, con credenciales académicas muy sólidas y experiencia en esos casos. Tenía una actitud abierta y amable, y estudió a quienes pretendían ser sus clientes, sopesando la gravedad de las acusaciones. Les dijo que había representado a una pareja de canadienses que querían separar a su hijo de la Legión de Cristo; creían que lo habían metido con engaños en una secta. Barba escuchaba con gran interés. El caso fue desechado, explicó ella, porque la Congregación para los Religiosos e Institutos Seculares, se había presentado, decidió que el hijo tenía suficiente edad para decidir por sí solo.

«Ustedes tendrán que aceptar lo que el Vaticano decida», aclaró Wegan. Ella podía tramitar la causa ante los tribunales, pero los funcionarios del Vaticano decidirían si procedía o no. El padre Roqueñí asintió. Él ya se había llevado decepciones con el resultado de otras causas en las que había participado; pero los cánones eran la ley de la Iglesia.

La causa contra Maciel se enfrentaba con una traba burocrática difícil de salvar. Habían pasado cuatro décadas desde la investigación de los visitadores carmelitas. El derecho canónico establecía un plazo de prescripción de diez años para los crímenes sexuales cometidos por un clérigo. Roqueñí pretendía utilizar un recurso llamado *absolutionis complicis*. Juan Vaca, Arturo Jurado y otros varios habían recibido la absolución de Maciel, en calidad de confesor, después de que éste había abusado sexualmente de ellos. El que un sacerdote absolviera a su propia víctima (concepto incluido en el término más amplio «cómplice») constituía una violación del sacramento de la penitencia, y podía ser asunto de la competencia de la Congregación para la Doctrina de la Fe. Para ese delito y otros crímenes canónicos imputados a Maciel no existía plazo de prescripción.

Wegan conocía al cardenal Ratzinger y estaba en buenos términos con su personal. No tenía acceso privilegiado, pero pensaba que les concederían una audiencia justa. Barba y Jurado quedaron satisfechos, y lo más importante, Antonio Roqueñí también. Los dos profesores se quedaron sorprendidos ante los honorarios que cobró la abogada por la consulta: cuatrocientos dólares. «Trabajo para la Iglesia», explicó ella con una sonrisa.

Wegan consiguió una cita con el padre franciscano Gianfranco Girotti, uno de los tres secretarios de Ratzinger, el 17 de octubre de 1998.

En la plaza de San Pedro, tropeles de turistas tomaban fotografías en las fuentes. Barba tenía sentimientos encontrados. Ante sus ojos estaba el Palacio del Santo Oficio… cuarenta y dos años después. Wegan habló con los guardias suizos para que los dejaran pasar. Al entrar en la arcada vieron al cardenal Ratzinger, con el pelo plateado casi diáfano a la luz del sol. Hablaba con un hombre en el patio. Momentos después tomaron un ascensor a la oficina del padre Girotti.

Barba, Jurado y Roqueñí hablaban bien la lengua materna del franciscano, al igual que Wegan, así que conversaron en italiano. Girotti escuchó con paciencia e hizo algunas preguntas mientras los canonistas exponían el caso. Entonces, dirigiéndose a Barba y a Jurado, les preguntó en español:

—¿Por qué ahora?

Preguntándose si esas mismas palabras, escritas por él en la carta conjunta al Papa, habrían trascendido, Barba le habló a Girotti de los años que habían pasado sin saber cuántos otros miembros del grupo habían sido víctimas de abuso; le hizo notar las palabras de encomio que el Papa había hecho publicar sobre Maciel a media plana en varios periódicos en 1994. Más aún, Juan Vaca había enviado cartas a la Santa Sede ya en 1976, y a Juan Pablo II en 1978 y 1989. Más adelante, ya como grupo, le habían escrito en dos ocasiones al Santo Padre. Girotti parecía satisfecho con la respuesta. La reunión se enfocó entonces a las cuestiones canónicas exigidas por la congregación.

—Deben abstenerse de mencionar una palabra de esto a los periodistas —dijo el padre Girotti.

—Así lo hemos hecho—contestó Barba y explicó que la semana anterior se habían reunido con Sandro Magister, el corresponsal de asuntos religiosos de *L'espresso,* antes de saber que la congregación admitiría la causa. Girotti tenía entendido que las acusaciones se habían hecho públicas. No quería por ningún motivo que los medios intentaran cubrir un juicio canónico: debían guardar silencio. Todos prometieron hacerlo.

Martha Wegan entregó a Girotti una acusación formal de dos páginas que invocaba el canon 977 («la absolución de un cómplice en un pecado contra el sexto mandamiento... es inválida») y el canon 1378 («un sacerdote que cometa un acto contra el canon 977 incurre en la excomunión automática»). El canon que se citó en último lugar, el 1362, se refería a la prescripción —causas de tramitación oportuna conforme a un plazo de prescripción—, la cual puede no tenerse en cuenta en caso de «ofensas reservadas a la Sagrada Congregación para la Doctrina de la Fe».

En esencia, acusaban a Maciel de sacrilegio, de haber profanado el sacramento de la confesión. El proceso para excomulgar a Maciel —es decir, declararlo no católico— estaba ahora en manos de Ratzinger.

Le dieron las gracias a Girotti y se despidieron. Al llegar al pasillo vieron salir del ascensor al cardenal Ratzinger, que sonrió al reconocer a Martha Wegan. Ella se arrodilló a besarle el anillo en señal de deferencia ante un príncipe de la Iglesia.

El padre Roqueñí también se arrodilló y besó el anillo, al igual que Arturo Jurado y José Barba. Después de todo, este último no tenía nada contra Ratzinger. El cardenal, vestido de negro, les dio las gracias en un susurro, entró en su oficina y cerró la puerta.

Animados por la receptividad de Girotti, Barba y Jurado fueron a cumplir otra misión pendiente en Roma. Las dos cartas del obispo Polidoro que la Legión había enviado al *Courant* les parecían falsas. El obispo tenía más de noventa años. Para averiguar su paradero, visitaron las oficinas centrales de los franciscanos, la orden religiosa a la que pertenecía el obispo. El reverendo Gerald Moore les dio la dirección y los teléfonos del prelado en Santiago de Chile.

Barba y Jurado decidieron que Arturo sería el primer demandante de la lista. Así, toda la correspondencia llegaría sin contratiempos a su oficina en el Departamento de Defensa de Estados Unidos en California. Partieron de Roma con el padre Roqueñí llenos de optimismo. A pesar de su clara lealtad al Vaticano, Martha Wegan había encendido el motor de la justicia eclesiástica. Roqueñí estaba impresionado con su experiencia. En diciembre enviaron un expediente de declaraciones del grupo junto con una declaración de la doctora Gabriela Quintero que certificaba la lucidez de Amenábar en sus últimos años.

Poco después del Año Nuevo de 1999, José Barba llamó por teléfono a Wegan para ver cómo iba el asunto. Quedó muy contento con la evaluación de la canonista: Girotti parecía simpatizar con su causa. Maciel estaba «evasivo»: la congregación tenía dificultad para localizarlo. Pero a Girotti le había molestado un reportaje de tres páginas que Sandro Magister había publicado en *L'espresso* relatando las acusaciones contra los legionarios con citas recientes de Barba.[15] El mexicano le recordó a Wegan que Arturo Jurado y él se habían reunido con Magister inmediatamente después de llegar a Roma, más de una semana antes de que los recibieran en la CDF. Desde entonces no habían hablado con ningún reportero y respetarían el silencio al que se habían comprometido.

Ese mismo mes Juan Pablo II hizo su tercer viaje pastoral a México. Las multitudes que lo adoraban le dieron la bienvenida una vez más; obispos, clérigos y monjas estaban jubilosos. Maciel no acompañó al Papa en el avión como en otras ocasiones. «Maciel no se dejaba ver en público», dijo en 2001 el profesor Elio Masferrer Kan, antropólogo de la religión y columnista de la prensa mexicana. Un cardenal, diez arzobispos y un obispo formaron el comité de despedida. «En mi opinión, la ausencia de Maciel tenía dos motivos: primero, el impacto de la causa canónica presentada en su contra. El segundo tiene que ver con su reserva… La jerarquía católica lo ve como un competidor que ha roto con la estructura de colegialidad».[16]

En Roma, sin embargo, la Legión había encontrado un nicho en los hábitos colegiales de la curia al patrocinar conferencias en su universidad, Regina Apostolorum; a través de su servicio de noticias católico, Zenit, enviado gratis a los suscriptores por correo electrónico, y por la favorable opinión que el Papa tenía de la orden. Maciel también se congraciaba con personajes influyentes de la curia invitándolos a espléndidas cenas. Entre ellos se contaban el cardenal Ratzinger, el cardenal Angelo Sodano, secretario de Estado y fuerte aliado desde sus años de nuncio en Chile, así como los cardenales Pio Laghi, Roger Etchegaray, de Francia, y Francis Arinze, de Nigeria. «Aunque no fueran particularmente afectos a la Legión, era un símbolo de estatus ser invitado de honor de esas reuniones», recordó Glenn Favreau, quien dejó la Legión en 1997.[17]

Cuando tales invitados cenaban en el Regina Apostolorum, los hermanos legionarios ponían la enorme mesa con vajilla y cristalería finas, y un carro con cocteles y licores. «Formábamos filas en el comedor como un ejército perfecto, con los brazos cruzados, en silencio», dijo Favreau. «A veces nos hacían esperar hasta media hora. Si pasaba mucho más tiempo, nos permitían hablar.» Después de la cena la orquesta de la Legión tocaba canciones mexicanas, y también alemanas en honor de Ratzinger. Cuando el cardenal se levantaba para irse, los legionarios salían por la puerta trasera, rodeaban corriendo el edificio y formaban dos filas en la entrada y aplaudían mientras Ratzinger subía a su coche y se iba.

«A algunos cardenales los recogían en el Mercedes de Maciel», añadió Favreau.

«Aunque son objeto de las críticas habituales, no hay nada torcido en los legionarios», escribió el Padre Neuhaus.[18]

Las reuniones con sus seminaristas y sacerdotes tienen un carácter festivo que incluye vino en abundancia y alegres bandas de mariachis, lo cual expresa el júbilo de haber sido invitados a dedicar su vida a Cristo y a su Iglesia… Algunos obispos se quejan de que los legionarios «roban» financiamiento y vocaciones sacerdotales de sus diócesis, y puede que tengan algo de razón, aunque uno no puede menos que preguntarse si no consiguen gente y dinero que de otra manera no se conseguirían.

Este Papa ha apoyado mucho a los legionarios, así como a los muchos otros movimientos de renovación que encienden el fuego de la devoción hacia la nueva evangelización.

El 20 de febrero de 1999, a un mes escaso del viaje de Juan Pablo II a México, Martha Wegan escribió a sus clientes con noticias alentadoras. La Congregación para la Doctrina de la Fe consideraba su queja bien fundada y la había admitido oficialmente como causa en su tribunal.

«UN ASUNTO MUY DELICADO…»

Mientras Barba, Jurado y Roqueñí esperaban más noticias de Roma, el padre Athié continuaba con sus esfuerzos propios. En su oficina de Cáritas se reunió con el arzobispo Mullor. El nuevo embajador del Vaticano estaba restableciendo el contacto con quienes despreciaban a su ambicioso predecesor. Después de terminar con los asuntos de la agenda común, Athié, que estaba por partir a Roma como parte de su trabajo, le habló a Mullor de su contacto con el fallecido Fernández Amenábar. Así se desahogó de la frustración que sintió cuando el cardenal Rivera defendió a Maciel diciendo que era víctima de un complot. El nuncio le pidió que escribiera todo lo que había dicho, «sin emitir ningún juicio», en una carta al cardenal Ratzinger, que le diera una copia a él, y que entregara el original personalmente al cardenal en su próximo viaje.

Athié en efecto entregó a Mullor una copia de la carta y en junio de 1999 partió a Roma con el original. Durante su estancia de varias semanas, la oficina de Ratzinger le dijo que el cardenal estaba demasiado ocupado para recibirlo. Athié sabía que si dejaba la carta corría el riesgo de recibir una respuesta prefabricada por correo, con lo que no llegaría a ninguna parte. Quería que Ratzinger leyera el contenido. Ya que no podía entregarle la carta en mano, decidió confiársela a alguien que tuviera la influencia necesaria para ver al cardenal. A su regreso a México, se reunió con el obispo Carlos Talavera Ramírez, de Coatzacoalcos, Veracruz, amigo suyo de toda la vida que estaba por hacer un viaje a Roma. Talavera, a pesar de no ser amigo de Maciel, declinó nuestras solicitudes para entrevistarlo. Sin embargo, en conversaciones por separado con Athié y con Roqueñí, el obispo hizo un relato idéntico de su encuentro con el prefecto de la Congregación para la Doctrina de la Fe.

Después de leer la carta, Ratzinger preguntó a Talavera si el padre Athié era persona «digna de crédito».

—Por supuesto que sí —respondió el obispo.

Era una cuestión muy delicada, expresó Ratzinger. El padre Maciel había hecho tanto bien a la Iglesia al atraer tantos jóvenes al sacerdocio, que el cardenal se preguntaba si era «prudente» abordar el problema en ese momento.

«No era tanto una pregunta como una respuesta», comentó el padre Athié. «Y el obispo se sintió molesto y sorprendido ante semejante respuesta.»

El contraataque no se hizo esperar.

El cardenal Rivera despidió al padre Roqueñí del tribunal arquidiocesano, donde llevaba veinte años trabajando. Athié perdió su empleo en Cáritas. En ningún caso se citó oficialmente como motivo del despido el caso de Maciel. Como sacerdotes tenían otras opciones dentro de la Iglesia y se esperaba que las buscaran. Roqueñí encontró trabajo en una fundación. Athié tomó un año sabático para estudiar en la Unión Teológica de Chicago.

En la Nochebuena de 1999, Martha Wegan le escribió a Arturo Jurado:

> Por fin tuve la suerte de poder hablar con el padre Girotti. En realidad hablé con él dos veces, pero el resultado no fue muy bueno.
>
> «Por el momento», el caso está cerrado. Hicieron indagaciones sobre el asunto y me confirmaron que algunas personas han perdido su trabajo, que el cardenal de México es la persona que es, etc., etc.
>
> Malas noticias, pero por otra parte, tratándose de un asunto tan delicado, debemos dar tiempo al tiempo, y quién sabe qué pueda pasar más adelante.
>
> Es mi deber informarles… Siempre pueden llamarme por teléfono o escribirme; estoy a su entera disposición.
>
> Que la paz de la Navidad llene sus corazones y sus hogares ahora y en el año que comienza.

La referencia de Wegan («el cardenal de México es la persona que es, etc., etc.») casi responsabilizaba a Rivera de haber despedido a Athié y a Roqueñí en represalia por su apoyo a los hombres de los que Maciel había abusado. Pero Wegan dejaba la puerta abierta para sus clientes en un «asunto tan delicado».

En marzo de 2001 Roqueñí, abogado hasta la médula, le escribió una carta al secretario de Ratzinger, el padre Girotti, diciéndole que la Congregación para la Doctrina de la Fe no estaba haciendo su trabajo:

> El hecho es que han pasado más de diecisiete meses y el único aviso que los demandantes tienen, a través de la abogada de la congregación [Martha Wegan], es que el asunto es muy delicado, que hay otras demandas relacionadas y que el juez [Ratzinger] está so-

pesando el escándalo que su resolución judicial causaría si fuese condenatoria del acusado, o favorable a los querellantes.

Los demandantes temen que, pese a la acumulación de pruebas aportadas hasta ahora con respecto a los actos ilícitos denunciados, se siga aplazando el asunto y termine sin resolverse.

Roqueñí expresaba su sorpresa de que no se hubieran seguido los procedimientos «habituales de cualquier procedimiento formal». «Las autoridades competentes están obligadas por las reglas de la Iglesia a dejar a un lado cualquier discrecionalidad arbitraria en la observancia de esas reglas, sin pretexto alguno.»

Girotti guardó silencio. Ni una carta, ni una palabra del sacerdote.

ROMA, OTRA VEZ

El 17 de mayo de 2000 se realizó una vigilia de oración en la plaza de San Pedro por la celebración papal del Jubileo para los Sacerdotes. Si el juicio canónico lo había vuelto un inconveniente durante la visita del Papa a México el año anterior, Maciel en Roma gozaba del favor de Juan Pablo II. Dos meses después de cumplir ochenta años, el fundador de los legionarios, sano y fuerte como un roble, dijo a la multitud: «Dos sentimientos invaden mi espíritu: por un lado, el miedo a violar los secretos del alma, que se configuran en una relación muy personal con Jesucristo; por el otro, el deseo de proclamar las maravillas del Señor, que en Su misericordia nos eligió como sacerdotes para prolongar Su obra de redención y santificación… También doy gracias al Santo Padre Juan Pablo II por el magnífico ejemplo que nos da viviendo cada día su sacerdocio.»[19]

En julio Barba fue a Italia de vacaciones y en Roma llamó por teléfono a Martha Wegan para preguntarle por el asunto estancado en la CDF. Ella le propuso que hablara directamente con Ratzinger. Después de dos años de no haber hablado con ningún periodista, el profesor Barba dijo que prefería entrevistarse con el padre Girotti.

Wegan le aconsejó encomendarse a Santa Felicia, «intercesora en los problemas difíciles». Barba, siempre cortés, se quedó atónito de que una canonista le hiciera semejante recomendación en un asunto serio de derecho canónico. Ataviada con un vestido muy colorido, Wegan acompañó a Barba al imponente edificio de piedra que ostentaba el nombre Palazzo del Sant'Uffizio. Pasaron los guardias suizos vestidos con sus uniformes de verano. El padre Girotti los recibió en un salón decorado con pinturas religiosas.

Después del intercambio de saludos Barba dijo:

—¡Queremos que nos juzguen!

—No son ustedes a quienes hay que juzgar, sino él —replicó Girotti, y subrayó la seriedad de los cargos contra Maciel, pero en su tono de voz Barba adivinó algo de exasperación por tener que volver a hablar del asunto.

—Dimos nuestra palabra de guardar silencio, pero eso se termina ahora —anunció Barba.

—¿Por qué? —preguntó el franciscano frunciendo el ceño.

Barba explicó que en México circulaban rumores falsos de que sus compañeros y él no hablaban con la prensa porque la Legión había comprado su silencio.

—Ya hemos sufrido demasiado —añadió, y le reveló a Girotti el comentario que Ratzinger hizo al obispo Talavera respecto a si sería «prudente» someter a juicio a un sacerdote que había hecho tanto por la Iglesia.

Girotti cruzó los brazos en actitud defensiva.

Habían pasado dos años desde que el nuncio apostólico en México había aconsejado a Barba presentar la demanda ante los tribunales de la Iglesia, y ahora, ante la inacción de la congregación, se quedó pasmado al oír la sugerencia de Girotti:

—Entablen un juicio civil contra Maciel.

Ése fue el fin de la reunión.

De regreso en México, Barba y sus compañeros reanudaron las conversaciones con los autores y con otros periodistas. Mientras tanto, Alejandro Espinosa escribía un relato de la pesadilla que había vivido con Maciel.[20] A pesar de todo esto, la Congregación para la Doctrina de la Fe no desechó las acusaciones. La causa simplemente se quedó estancada en el silencio de un tribunal eclesiástico.

La Oficina de Prensa del Vaticano negó que el cardenal Ratzinger le hubiera dicho al cardenal Talavera las palabras que éste le atribuyó en sus conversaciones con Roqueñí y Athié.[21]

El cardenal Rivera también hizo algo que sólo puede llamarse una «negación de la no negación». En respuesta a una pregunta que Renner le había hecho acerca de su papel en el asunto, el 6 de diciembre de 2001 el cardenal escribió un mensaje electrónico diciendo que le «sorprendía» enterarse de que «dos sacerdotes mexicanos... habían perdido sus puestos en la Iglesia porque decían que yo estaba molesto por la ayuda que habían prestado a los hombres que presentaron las quejas». Y continuaba: «Digo que me sorprendió porque esa afirmación es totalmente falsa, dado que, hasta donde yo sé, el caso del "Rev. Marcial Maciel" no se ha presentado en esta jurisdicción eclesiástica, y no sé si los sacerdotes en cuestión están interesados personalmente en el caso».

El cardenal sabía perfectamente que la demanda se había presentado en Roma, no en su «jurisdicción eclesiástica».

La desmoralización del padre Alberto Athié era palpable cuando Renner lo entrevistó un frío día de abril de 2001 en una sala revestida de tableros de madera en la Unión Teológica de Chicago. De barba blanca, el pelo del mismo color, tenía una actitud serena. Athié no se sentía cómodo al discutir secretos de la Iglesia, pero su reserva se disipó al revelar su propia odisea en este laberinto. Cuando se le preguntó por la la manera en que Ratzinger abordó el juicio canónico, respondió simplemente: «Es una cosa inmoral».[22]

TERCERA PARTE

Testigos para el pueblo del Señor

12

Encierro religioso

Me encuentro ahora en una isla que es un placer contemplar, atrapado a principios del siglo XIX... La base es pequeña, lo que me gusta porque conozco a todos. La vida en la Fuerza Aérea se pone cada vez mejor. El ministerio es magnífico, totalmente práctico y sin burocracia eclesiástica que estorbe. Tengo poco o nada que ver con la Iglesia católica institucional y así me parece bien. Disculpa que sea tan breve, pero tengo que prepararme para salir esta noche a Alemania. Los ejercicios militares nunca empiezan a una hora normal... Paz.

THOMAS P. DOYLE, *a un*
amigo, desde las Azores, 21 de mayo de 1996

Explorar la flora y las formaciones rocosas con su equipo de buceo era lo más cercano al misticismo que el padre Doyle había experimentado en su vida. Le encantaban los abanicos de mar y las cortinas de peces radiantes de prodigio celestial. Pero la «Iglesia institucional» era su problema. Doyle buscaba ejercer un ministerio libre entre sobrevivientes de abuso mediante mensajes electrónicos y, si el tiempo se lo permitía, daba asesoramiento a abogados que demandaban a la Iglesia.

Steve Rubino había usado la frase «encierro religioso» para explicar por qué las víctimas tardaban años en romper el silencio. La declaración del obispo de Camden, James McHugh, el 3 de noviembre de 1994 —que algunos clérigos leían al oficiar misa— llamaba a una de las demandas colectivas entabladas por Rubino «un nuevo tipo de terrorismo contra sacerdotes y obispos». La diócesis acabó indemnizando a los veinticinco demandantes con 960 mil dólares, luego de que Rubino filmó a uno de los curas, supuestamente enfermo, conduciendo su auto en Florida.[1]

Doyle pensó en el «encierro religioso». ¿Por qué los sobrevivientes guardaban silencio durante tanto tiempo? ¿Por qué protegían los obispos a los delincuentes sexuales, rehuían a las víctimas o equiparaban a un abogado con un terrorista desde el púlpito? El concepto lo embarcó en una larga travesía de investigación. Utilizó el término en sus declaraciones ante los tribunales y en un ensayo académico que se basaba en su propia experiencia para elaborar un análisis.[2] La ley de la Iglesia era producto de la evolución de ideas medievales, reelaboradas por obispos que forjaban legislaciones en diócesis muy apartadas unas de otras. Un hilo conductor de esa historia eran las graves penas impuestas a los clérigos que abusaban de niños; la pederastia era una seria preocupación para los obispos en el Concilio de Trento, convocado en el siglo XVI a raíz de la Reforma de Lutero. Cuando en 1917 se codificó el derecho canónico, «los clérigos quedaron protegidos contra cualquier daño que pudieran infligirles los laicos», escribió Doyle.[3] El canon 119 establecía: «Todos los fieles deben reverencia a los clérigos de acuerdo con sus diversos grados y cargos, y cometen un sacrilegio si le causan un daño real.» Otro canon del antiguo código decía que citar a un clérigo para que compareciera ante un tribunal civil sin permiso eclesiástico era motivo de excomunión. Sólo el Papa podía dar permiso a los cardenales, obispos y abades para que testificaran en un juicio.

Aunque el código de 1983 eliminaba dichas exenciones, Doyle escribió:

Una enseñanza tradicional de la Iglesia sostiene que los obispos son seleccionados individualmente por el Espíritu Santo, que a su vez inspira al papa para que los nombre... [como] descendientes directos de los doce apóstoles a quienes Jesucristo confió originalmente la misión de dirigir la Iglesia... La percepción generalizada de la elevada condición de obispos y sacerdotes no es simplemente parte de la teología popular, sino que está arraigada en la enseñanza teológica oficial de la Iglesia católica, así como en su disciplina legal (canónica).[4]

A pesar de todas las reformas del Concilio Vaticano II, la curia romana no había cambiado mucho.

Los funcionarios del Vaticano están obligados a hacer un juramento solemne de que siempre mantendrán el «Secreto Pontificio»... De la mano con el secretismo viene un miedo generalizado de que cualquier imperfección del sistema o de sus funcionarios se haga del conocimiento público. La alta jerarquía aborrece los errores involuntarios, la incompetencia, la negligencia y los delitos realizados con plena intención. Por eso todos se niegan, encubren y racionalizan con el mismo celo. El mundo clerical en verdad se considera instituido por Dios y cree que a sus miembros los escoge y favorece el Todopoderoso... A las altas figuras de autoridad, todos quienes les están subordinados las perciben con una mezcla de temor y reverencia. Los círculos de poder son cerrados, más aún aquellos que se forman entre los obispos... El secretismo proporciona una coraza de aislamiento entre los que ocupan puestos de autoridad y cualquiera que pudiera atreverse a cuestionar su ejercicio.[5]

EL ESPECTÁCULO DE HANS GROER

En el otoño de 1994, el cardenal Hans Groer, de Viena, envió al Papa una carta de renuncia pro forma para cuando cumpliera los setenta y cinco años, la edad de jubilación. Juan Pablo II se mostró contento por la intención del prelado de seguir adelante. Su predecesor, el cardenal Franz König, se había retirado a los ochenta, indicio de la deferencia del Santo Padre hacia el hombre que había sido clave en la organización de su elección como papa. Los católicos austriacos «sentían que nadie podía hablar por ellos con la misma fuerza y elocuencia» que König en el Concilio Vaticano II.[6] Nuestra reseña se basa en el libro del periodista Hubertus Czernin sobre Groer.[7]

Groer nació en 1919 y a los catorce años ingresó en el seminario menor de Hollabrunn, a sesenta y cinco kilómetros al norte de Viena. Más adelante estudió teología en la Universidad de Viena. Se ordenó en 1942, realizó un servicio militar que tuvo que interrumpir por enfermedad y sirvió tres años como párroco. En 1946 regresó a Hollabrunn como prefecto de estudios y después como profesor de religión, mientras terminaba una tesis para doctorarse en teología en la Universidad de Viena. También se unió a la Legión de María, un movimiento evangelizador de laicos que promovía la oración y la peregrinación. En 1970 König lo designó director de peregrinaciones al santuario mariano de Roggendorf. Sus sermones atraían a grandes multitudes; el pueblo se cambió el nombre al de Maria Roggendorf.

En 1974 Groer ingresó en la abadía benedictina de Gottweig y tomó el nombre religioso de Hermann. Lo acompañaban ocho seguidores de la Legión de María. Esto impresionó al abad, Clemens Lashofer. Nunca en los novecientos años de historia de la abadía se había admitido a tantos candidatos a la vez. Groer tenía cincuenta y cuatro años; Lashofer, de treinta y tres, se había criado en la abadía (donde ingresó a los diez). Para 1980 habían llegado unos diecisiete hombres inspirados por Groer, quien era su confesor y director de la escuela de enseñanza media asociada con la abadía. Los visitantes, entre ellos obispos y nuncios, atestaban la capilla para escuchar los sermones de este monje delgado con el pelo cortado al rape.

En el verano de 1985, un monje que había ingresado en la abadía a instancias de Groer le reveló al abad Lashofer y a otros dos monjes que había rechazado insinuaciones sexuales de Groer años antes. Éste era extremadamente popular en la capilla. La situación, dijo Lashofer, era «delicada». Cualquier conversación al respecto permaneció dentro del cerrado círculo de la abadía. En la primavera de 1986, König se retiró. Ante la vacante de la sede arzobispal, el nuncio papal en Viena envió a Roma seis nombres entre los que no figuraba el de Groer. Dos cardenales —un italiano que había sido nuncio en Austria y un austriaco de la Biblioteca Vaticana— dieron el nombre de Groer a la Secretaría de Estado: Groer tenía credenciales que al Papa, admirador de los ascetas, le encantarían.

Viena es una arquidiócesis importante. Austria, con un alto nivel educativo, tiene 80 por ciento de católicos, que pagan un impuesto especial para los salarios del clero y los obispos. Las encuestas mostraban que la mayoría de los austriacos querían una Iglesia con un enfoque más moderno de los asuntos sexuales; sin embargo, respetaban a Juan Pablo II por su piedad y apoyo de los derechos humanos, sobre todo en Polonia.

Groer pasó fácilmente por el proceso de veto del Vaticano. Lo consagraron arzobispo de Viena el 15 de septiembre de 1986.

Diez días después se reunió con el Papa por primera vez en una audiencia privada en el Vaticano. En 1988 lo designaron cardenal. Groer era lo opuesto a König: un fundamentalista en lo que respecta a la autoridad de la Iglesia, clásico ejemplo de los hombres designados por Juan Pablo II. De acuerdo con Christa Pongratz-Lippitt, una autoridad en el tema de la Iglesia en Austria, Groer parecía «terriblemente inseguro de sí mismo y muy susceptible. En ocasiones rompía a llorar cuando los sacerdotes lo criticaban; era una persona totalmente inadecuada para ocupar el cargo de obispo».[8]

En el verano de 1988 otro monje, el padre Emmanuel Bauer, empezó a hablar en la abadía del ambiente homosexual que había rodeado a Groer. Durante un retiro en 1991 otros religiosos se quejaron de las amargas insinuaciones sexuales implícitas en el abuso de poder de Groer. El abad Lashofer, que entonces llevaba cuarenta años de ser benedictino, prohibió que se hablara más sobre el asunto.

El 6 de marzo de 1995 el cardenal Groer emitió una carta para que se leyera en misa, en la que insistía en no administrar la comunión a todos los católicos que volvieran a casarse sin una anulación previa. También citó la primera carta de san Pablo a los Corintios, capítulo 6: «Ningún fornicador, idólatra o adúltero, ningún sodomita... heredará el reino de Dios.» En alemán, el término «sodomía» también se refiere al abuso sexual de niños. Una semana después, el semanario *Profil* recibió una carta de Josef Hartmann, de treinta y siete años, diciendo que Groer había incurrido en el juicio de Dios por haber abusado de él cuando era un seminarista adolescente. Llamaba a Groer «mi madre, mi padre, mi confesor, mi amante».[9] *Profil* le pidió a Groer una respuesta. El cardenal no comentó nada sobre la declaración jurada de Hartmann. Cuando se publicó el artículo, los obispos austriacos denunciaron «una conspiración contra la Iglesia»,[10] mientras que otros hombres empezaban a llamar a la prensa para denunciar cómo Groer los había manoseado y se les había insinuado años antes. Siete de los diecisiete hombres que Groer había llevado a la abadía lo acusaron de abuso sexual.

Los principales teólogos exhortaron a los obispos para que hicieran un pronunciamiento público.

Groer se negó a responder.

Dos obispos auxiliares (uno de ellos Christoph Schönborn, teólogo dominico y protegido del cardenal Ratzinger) emitieron una declaración conjunta en la que recordaban a los austriacos que a los sacerdotes se les había acusado falsamente de homosexuales durante la ocupación nazi y los exhortaban a respetar la honorabilidad de Groer. El 4 de abril los obispos se reunieron para elegir un presidente de conferencia y Groer resultó elegido por ocho votos contra siete. Dos días después una encuesta de Gallup reveló que 69 por ciento de los católicos que iban a misa querían que Groer renunciara.[11] Él así lo hizo, aunque sólo a su puesto de presidente de la conferencia. El 8 de abril el padre Bauer le escribió a un obispo diciéndole que había rechazado las insinuaciones de Groer.

El obispo envió una carta al Papa y al cardenal Ratzinger. Sin comentario sobre las acusaciones, el 13 de abril el Vaticano designó a Schönborn obispo coadjutor; es decir, sucesor de Groer. En la abadía, Lashofer se enfrentaba con los monjes que se quejaban de los abusos de Groer. Ante la creciente indignación pública, Groer hizo una breve declaración negando «el contenido y la forma de estas críticas difamatorias y destructivas».[12] Para el Domingo de Ramos ya había una enorme división entre los conservadores, que apoyaban a Groer, y una creciente mayoría indignada por el evidente encubrimiento. El cardenal König, de noventa años, dijo que el proceso de selección de obispos del Vaticano era anticuado e inadecuado. Los católicos acudieron en tropel a las oficinas del gobierno para renunciar oficialmente a la Iglesia. Al negarse a pagar el impuesto estatal de apoyo a la Iglesia, perdían el derecho a recibir los sacramentos. Más de cuarenta mil lo hicieron ese año.[13] En junio se formó en Innsbruck un grupo llamado Nosotros Somos la Iglesia, con un pliego petitorio de participación laica en la selección de obispos, celibato opcional, un papel más equitativo para las mujeres y una mayor tolerancia en los asuntos de sexualidad humana. En tan sólo unas cuantas semanas, la petición reunió quinientas mil firmas entre seis millones de católicos. «Tenemos que estar dispuestos a escuchar», afirmó König mientras Nosotros Somos la Iglesia se expandía a Alemania. Dijo que esperaba que algún día el clero pudiera contraer matrimonio, por inconcebible que esto le pareciera a «un papa de Polonia».[14]

En junio el obispo Hansjörg Vogel, de Basilea, Suiza, renunció tras admitir que se había enamorado de una mujer y que ella estaba embarazada. Una encuesta reveló que noventa por ciento de los católicos suizos apoyaban el matrimonio en el clero.

El 14 de septiembre Groer anunció su renuncia como arzobispo de Viena y lo nombraron prior de la abadía de Maria Roggendorf. En una entrevista con *Profil* condenó el «asesinato del carácter» como un «delito premeditado».[15]

El Papa emitió una declaración en la que defendía a Groer de los «violentos ataques», le daba las gracias por su servicio «generoso y fiel» y aceptaba su renuncia debido a sus setenta y cinco años de edad, sin mención alguna de los cargos sexuales.

Los hechos del caso de Groer aparecieron brevemente en las noticias en Estados Unidos, donde los obispos rechazaron una solicitud del presidente de su propio subcomité sobre abuso sexual en el clero, en la que pedía averiguar el número de casos y las pérdidas financieras de cada diócesis. Aunque en 1992 la conferencia episcopal de Estados Unidos había expresado su compasión por las víctimas y había prometido un trato estricto para los sacerdotes abusivos, no se había estructurado una verdadera política. La inercia marcó la reserva del Vaticano hacia la solicitud de los estadounidenses de simplificar el proceso de secularización (o dispensa obligatoria) de los pedófilos.

Juan Pablo II insistía en que los juicios fueran secretos. Ningún juicio impidió que Groer regresara al santuario de Maria Roggendorf como prior, o segundo en jerarquía.

El 3 de enero de 1998 el abad del monasterio benedictino de Gottweig, en respuesta a presiones internas, admitió en la radio que había más acusaciones sobre el pasado del cardenal. En febrero el arzobispo Schönborg, de Viena, fue a Roma para que se le invistiera de cardenal. En tan festiva ocasión se llevó la desagradable sorpresa de ver que su predecesor de escandaloso pasado estaba allí, reunido con el Papa. Schönborn quería que Groer admitiera sus faltas. El Papa no hizo ningún comentario en público, pero el Vaticano envió al abad Marcel Rooney, superior de la orden benedictina, a que investigara. Juan Pablo II iba a hacer un viaje pastoral a tres ciudades austriacas en junio; el Vaticano no emitió declaraciones que explicaran por qué Groer había dejado su cargo tres años antes.

El recién investido cardenal Schönborn se reunió con secretario de Estado de Juan Pablo II, cardenal Angelo Sodano, un italiano tozudo que durante su nunciatura en Chile, bajo el régimen de Pinochet, adoptó una actitud de hacer la vista gorda ante las violaciones de los derechos humanos. Sodano reconoció la importancia de deshacerse de Groer antes del viaje del Papa, pero quería que se hiciera de manera delicada; a final de cuentas, Groer era un cardenal.

A principios de marzo, otros tres prelados austriacos hicieron una declaración conjunta con Schönborn, en la que afirmaban su «certidumbre moral» de que las acusaciones contra Groer eran «en esencia ciertas». Admitieron que la Iglesia estaba «agobiada por el peso de las sospechas de que la reputación de un cardenal es más importante que el bienestar de la gente». Schönborn solicitó a Groer «abstenerse por el momento» de ordenar sacerdotes y confirmar niños. Sin embargo, el ultraortodoxo obispo Kurt Krenn apoyó a Groer y dijo a las «supuestas víctimas» que examinaran su conciencia.

El 7 de abril de 1998 el Papa, junto con los arzobispos más importantes de Austria, entre ellos Schönborn, y los cardenales Sodano y Ratzinger, se reunieron en Roma para discutir el caso de Groer. Una semana después, la embajada papal en Viena emitió la declaración de Groer: «En los tres últimos años se han hecho muchas acusaciones a menudo inexactas contra mi persona. Pido a Dios y a los humanos que me perdonen si he sido culpable. Sobra decir que estoy preparado para obedecer la solicitud del Santo Padre de renunciar a mi actual esfera de actividades.»

El 30 de abril, Groer y su secretario de largo tiempo, también sacerdote, partieron a Alemania.

El viaje de Juan Pablo II a Austria hizo poco por remediar la división. Las multitudes eran menores; una sensación de traición por la inercia del Vaticano sobre Groer flotaba en el ambiente como un nubarrón. Juan Pablo II no reflexionó sobre el daño causado por Groer. Lejos de eso, en una reunión privada con la dividida jerarquía austriaca —obispos que se sabían vulnerados en su credibilidad—, les pidió que no ventilaran sus problemas en público. Comparó a la Iglesia con una «casa que tiene habitaciones especiales que no están abiertas a todos los visitantes». La Iglesia necesitaba «habitaciones para tener conversaciones que requieren privacidad». Antes de despedirse les aseguró que estaban en sus oraciones.[16]

Poco después, los líderes de Nosotros Somos la Iglesia se enfrentaron con Ratzinger al dar a conocer sus planes de participar activamente en una conferencia nacional de la Iglesia austriaca. Al notar la atmósfera volátil, Ratzinger se retiró y permitió «la participación cuidadosamente circunscrita de miembros» en la reunión, siempre y cuando no tuvieran «reconocimiento oficial».[17]

En un bastión de la Europa católica, el escándalo de Groer dejó ver las grietas entre una mayoría laica adherida a los ideales de libertad religiosa del Concilio Vaticano II, una jerarquía nacional ahogada en el encierro religioso y un Vaticano incapaz de reconocer la desgracia de un hombre muy inadecuado para ser cardenal. Cuando Juan Pablo II salió de Austria, un sacerdote comentó: «El Papa visita una casa en llamas, y en vez de hablar del incendio, comenta sobre las bellas flores de la entrada.»[18]

EL VATICANO INTERVIENE EN ARIZONA

El 20 de marzo de 1997 el arzobispo Agostino Cacciavillan, pronuncio en Washington, escribió una carta al obispo Anthony Pilla, de Cleveland, entonces presidente de la conferencia episcopal de Estados Unidos:

> La Congregación para el Clero ha recibido numerosas peticiones, originadas en el mundo angloparlante, de clérigos acusados de abuso sexual o a los que por alguna otra razón se les ha privado de sus facultades, mediante la aplicación de ciertas políticas y procedimientos empleados por muchas diócesis... [los cuales] pudieran ser canónicamente nulos... Agradecería a Su Excelencia que proporcionara [a la congregación] las copias más actualizadas de todas sus políticas, procedimientos o lineamientos operativos en este país en los niveles nacional y arquidiocesano.

«Roma alega que el obispo no debe ser abogado acusador, juez y jurado», dijo en esa época el reverendo Thomas J. Reese, sociólogo jesuita y autoridad sobre el Vaticano.[19] Los obispos estadounidenses, que seguían oponiéndose a los juicios secretos por ser engorrosos y un impedimento en los juicios civiles, utilizaban el canon 1044, que permitía a un obispo remover a un hombre del ministerio por locura o por un «defecto psíquico». ¿Qué se debía hacer entonces con él? «Por las visitas que he hecho, sé que al Vaticano le preocupa mucho la protección de los derechos de los sacerdotes», dijo Anthony Bosco, obispo de Pensilvania, al *Pittsburgh Post-Gazette*.[20]

El prefecto de la Congregación para el Clero era el arzobispo Darío Castrillón Hoyos, originario de Colombia. Nacido en Medellín en 1925, Castrillón enseñó derecho canónico de joven y su purismo doctrinal le abrió paso en la jerarquía. Severo crítico de los capos del narco, también se oponía a la teología de la liberación. Del padre brasileño Leonardo Boff, cuyos escritos hicieron que Ratzinger le ordenara guardar silencio un año, dijo: «Boff tendrá que pedir perdón a Dios, y cuando Dios le responda, entonces el Papa y yo sabremos si lo perdonaremos o no.»[21] En 1996 Juan Pablo II llamó a Roma al colombiano, que en el Vaticano se ocupaba de asuntos relacionados con los sacerdotes diocesanos, normas de predicación y enseñanza del catecismo. En 1998 Juan Pablo II lo nombró cardenal. «Para quienes buscan augurios sobre qué clase de papa sería Castrillón Hoyos», dijo secamente el escritor John Allen, «el hecho de que duerma en el lecho de muerte de Pío XII puede darles una idea».[22]

Los escándalos de sacerdotes en Irlanda, Estados Unidos y Canadá tuvieron poco impacto en Colombia, azotada por la guerra civil y los gángsters de las drogas. Mientras su personal en Roma reunía políticas diocesanas, Castrillón intervino en favor de un famoso sacerdote de Arizona.

Robert Trupia, graduado del seminario de Los Ángeles, se había ordenado en 1973. En su primera parroquia, en Yuma, Arizona, «casi de inmediato empezó a abusar sexualmente de monaguillos de once y doce años en la rectoría, después de la misa de los domingos», escribiría el periodista Ron Russell.[23] En 1976, un hermano lego llamado Ted Oswald ayudó a varias familias a denunciar a Trupia con el obispo. Trasladaron a Trupia a Tucson, «donde, sorprendentemente, le asignaron la tarea de impartir educación sexual». Oswald envió las quejas de las familias a Tucson. La diócesis las destruyó y el canciller reprendió a Oswald (quien más tarde se ordenaría sacerdote) por causar problemas.

Trupia se congració con el obispo de Phoenix, James Rausch, que había sido secretario general de la conferencia episcopal. Rausch también tenía en su haber secretos indecorosos. En 1979 acababa de romper con un drogadicto con quien tenía relaciones sexuales y al que remitió a Trupia para recibir terapia.[24] Trupia también tuvo relaciones sexuales con el joven. Como vicecanciller para anulaciones matrimoniales, Trupia ayudó a rehabilitar al joven dándole empleo en la cancillería. Rausch designó a Trupia monseñor; el obispo murió en 1981. Mientras tanto, Trupia pasaba los fines de semana en su antiguo seminario de Los Ángeles con jóvenes bachilleres que consideraban la posibilidad de ser sacerdotes. En 1982, una empleada de limpieza lo encontró en la cama con un estudiante. La noticia lo metió en problemas con el nuevo obispo de Tucson, Manuel Moreno, quien se limitó a llamarle la atención. El seminario de Los Ángeles también fue tolerante hasta que, en 1988, un incidente sexual con otro joven le ganó a Trupia calidad de persona non grata. En 1989 entró en la Universidad Católica de Washington, D.C., para estudiar derecho canónico.

A principios de 1992, cuando Trupia ya estaba de vuelta en Tucson como vicario judicial, la madre de un monaguillo en Yuma lo denunció a la Iglesia y a la policía. El obispo Moreno llamó a Cacciavillan, el embajador papal en Washington, y lo puso al tanto de la situación. El 1 de abril el obispo y un ayudante pidieron a Trupia que ingresara en una clínica para recibir tratamiento. Trupia se negó. Describiéndose como una persona «sin control», amenazó con revelar que había tenido relaciones sexuales con el difunto obispo Rausch, y que ambos y un tercer sacerdote habían copulado con el drogadicto, que entonces era un adolescente.[25] A cambio de su silencio, Trupia, de cuarenta y dos años, propuso jubilarse, con pensión, para conservar su condición de sacerdote. Ignorando la petición de Moreno de internarse, regresó a Washington. En una carta fechada el 25 de junio le dijo a Moreno: «Usted no tiene derecho, ni civil, ni canónico, ni pastoral, a pedirme... que busque evaluación». Se acogió a la ley de prescripción. En una carta posterior dijo que «no estaba sujeto a ninguna pena» conforme al derecho canónico.

Moreno respondió a su irritable canonista que le había dado un permiso administrativo «para proteger el bien común de Tucson mientras se realiza una investigación». Trupia se negó a someterse a una evaluación psiquiátrica; Moreno lo suspendió. Trupia viajó a Roma y presentó a la Signatura Apostólica —la suprema corte del Vaticano— una apelación en la que impugnaba a la Congregación para el Clero por el apoyo que prestaba a la suspensión dictada por Moreno. Mientras tanto, la diócesis de Tucson indemnizó a dos de sus víctimas.

En mayo de 1994 un funcionario del Vaticano le escribió al obispo Moreno: «Si Su Excelencia quisiera participar en este proceso como parte interesada —lo cual recomienda encarecidamente la Signatura Apostólica—, deberá elegir a otro [canonista aprobado por el Vaticano] de la lista adjunta.» Al convertirse en el centro del litigio, que incluía a once hombres que habían sido víctimas de abuso cuando eran niños, Trupia se amparó en la ley eclesiástica. «Hasta el momento en que la Signatura Apostólica tome una decisión», le dijo a Moreno el 27 de julio de 1995, «su mandato más reciente junto con sus plazos es debatible y no surte efecto».

La apelación canónica de Trupia invocaba un tecnicismo: que Moreno no había realizado suficiente investigación canónica para justificar su suspensión.[26] Cuando la abogada Lynn M. Cadigan, representante de las víctimas de Trupia y otros sacerdotes, obtuvo los documentos del Vaticano por orden judicial, se dio cuenta de que tenía una gran venta. Tom Doyle leyó la correspondencia en calidad de asesor y vio en Trupia a un hombre que, como abogado de cárcel, sabía manipular el sistema.

El tribunal prohibió que los documentos clave se hicieran públicos. Michael Rezendes, del *Boston Globe,* logró ver el expediente completo y sostiene que una carta de 1997 de Castrillón Hoyos «ordenó a ‘Moreno reevaluar la propuesta de retiro ventajoso de Trupia y añadió que la diócesis debía rembolsarle los gastos judiciales. El fallo no mencionaba las acusaciones de abuso sexual».[27] El *Globe* también informó que Castrillón aconsejó a Moreno «considerar una propuesta de Trupia… de retirar del sacerdocio en condiciones ventajosas y que trabajar de asesor para otras diócesis».[28]

Moreno apeló la decisión del Vaticano y le escribió a Castrillón Hoyos: «Si hago lo que usted me dice y él comete una ofensa en esa diócesis, tanto mi diócesis como yo seríamos personalmente responsables, por no mencionar el escándalo que causaría entre el pueblo de Dios y el daño que pueda causarse a un inocente». He ahí el encierro religioso con toda su ironía: ¡un obispo chantajeado con la amenaza de publicar el libertinaje sexual de un colega apela a Roma para que retire su apoyo a un pederasta! Con su pensión mensual de 1 475 dólares de Tucson, Trupia logró que la diócesis de Monterey, California, lo contratara como asesor en anulaciones y otros asuntos canónicos. Acudía de su departamento, en un suburbio de Washington, D.C., un mes sí y otro no.[29] En 2001, la policía de Yuma lo detuvo y encarceló brevemente, pero retiró los cargos por el plazo de prescripción. Aun así, la diócesis de Monterey decidió cancelar sus servicios de consultoría. La diócesis de Tucson accedió a pagar una indemnización de catorce millones de dólares a los clientes de Cadigan. Cuando el *Monterey Herald* supo del contrato de consultoría de Trupia, el vicario general, monseñor Charles G. Fatooh, renunció «con gran pesar». Trupia pagaba 1 100 dólares mensuales de alquiler en un departamento de Fatooh en Maryland. Según la diócesis de Tucson, en 2003 Castrillón Hoyos aún no respondía a la petición de Moreno de 1997 sobre el peligro que Trupia representaba. Once años después de una orden de suspensión, Trupia seguía siendo sacerdote... al estilo romano.

DOYLE EN DALLAS

> Ahora soy un campesino sureño como el que más. Tengo una vieja *pickup*. Sólo me falta una barriga cervecera, una gorra de beisbol, un *six-pack* o dos y una lobotomía. Si los obispos pensaban que aquí dejaría de causarles problemas, se equivocaron.
>
> Doyle, *en una carta de 1995 desde las Azores*

Sylvia Demarest era una abogada demandante de Dallas, ciudad petrolera, de grandes negocios de bienes raíces, y una de las diócesis de crecimiento más rápido en Estados Unidos. Demarest, criada en el medio pobre de los inmigrantes franceses de Luisiana, era una feminista dada a llevar pantalones y botas vaqueros. Investigadora incansable, manejaba la aportación de pruebas como un esgrimista un florete. Cuando conoció al padre Doyle en una conferencia sobre derecho canónico, en 1993, él llevaba su uniforme de la Fuerza Aérea. En ese entonces ella estaba en un litigio contra tres sacerdotes y reuniendo una base de datos de transgresores sexuales del clero. Dos de los juicios que llevaba incluían al Ordinariato Militar, la jurisdicción eclesiástica de la que dependían Doyle y otros capellanes católicos. «Son tipos buenos y rectos», le dijo el sacerdote a la abogada.[30] Aun así, accedió a ayudarla. Después de leer los documentos, se dio cuenta de que los tentáculos del encierro religioso llegaban más allá de lo que se había imaginado.

A fines de mayo de 1982 un abusador, Robert Peebles, llegó a un centro de orientación de capellanes en una casa del Ordinariato Militar en la costa de Nueva Jersey. Con él iba Kristopher Galland, de quince años, que había sido uno de sus monaguillos en Dallas, en la adinerada parroquia de Todos los Santos. El joven dormía en el cuarto de Peebles en la casa de Nueva Jersey. Peebles tuvo relaciones sexuales con él durante el periodo de adiestramiento. Galland era el menor de cinco hijos; su padre viajaba mucho. Peebles lo llevaba de campamento «como un gran amigo; me emborrachaba y después teníamos relaciones sexuales», recordó Galland.[31] La técnica de Peebles era emborrachar a los jóvenes para seducirlos. En Nueva Jersey, donde iniciaba cursos de candidato a oficial, dijo a los sacerdotes militares que Galland era su sobrino. Éste había pasado por varias escuelas en Dallas y luego se graduó en una academia militar. No se libró de su adicción a las drogas y el alcohol hasta que tenía más de treinta años. Para entonces estaba furioso.

En 1984 uno de sus compañeros de bachillerato, Mike Miglini, fue a Fort Benning, Georgia, a visitar al capellán Peebles, a quien la madre de Miglini había cosido una vez su uniforme de líder de *boy scouts*. Peebles lo atiborró de cerveza y empezó a manosearlo; Miglini huyó del cuarto. La policía militar lo encontró medio desvestido en los alrededores de la base.

«Pero, conforme a los hábitos de deferencia que protegen a los sacerdotes, los oficiales que lo arrestaron no avisaron a los padres de Mike ni lo llevaron ante las autoridades civiles», observa Garry Wills. «En vez de eso, lo pusieron bajo la vigilancia de otro sacerdote.»[32] Miglini no habló con sus padres en las treinta y seis horas que el sacerdote de la base tardó en llevarlo a tomar un avión y llamar a un sacerdote en la parroquia de Todos los Santos para que lo recibiera en el aeropuerto. Sus padres lo recogieron en la parroquia; estaba demasiado traumatizado para contarles lo que había sucedido. El monseñor de la parroquia (que también era el canciller diocesano) hizo a los padres un escueto relato de la falta de Peebles y les pidió que no «causaran un escándalo en la Iglesia». Los padres recurrieron a un psicólogo que, sin que ellos lo supieran, estaba en la nómina de la diócesi dando terapia de consejo a otros sacerdotes abusadores y pronto empezó a tratar también a Peebles. Ante las presiones de la estructura de poder de la diócesis, los Miglini accedieron a no hacer acusaciones contra Peebles, en el entendido de que éste ya no seguiría ejerciendo el sacerdocio.

Los documentos que Demarest obtuvo por orden judicial en otro caso le mostraron a Doyle el grave alcance de la corrupción. Peebles había abusado de tres niños cuando era sacerdote en Dallas, antes de incorporarse al ejército. La diócesis había violado el derecho canónico al no investigar y enviarlo a los militares. Demarest cotejó una lista de capellanes entre 1970 y 1982 con su base de datos e identificó a veinte sacerdotes que se incorporaron al ejército después de que las autoridades de la Iglesia se habían enterado de que abusaban de niños. Éstas fueron tristes noticias para Doyle. Los capellanes «están sujetos al Código Uniforme de Justicia Militar», le escribió a Demarest en un análisis. «Un comandante militar no notifica sistemáticamente al supervisor eclesiástico de la conducta de un sacerdote.» Sin embargo, el ejército se había tragado el cuento de que «un consejo de guerra causaría más daño que beneficio». A Peebles no lo juzgaron.

El capellán regresó a Dallas; después de un mes de terapia, estrenó parroquia. Surgieron nuevas acusaciones. La diócesis lo envió al Instituto St. Luke; admitió haber abusado sexualmente de entre quince y veinte jóvenes durante sus años de sacerdote. La diócesis lo ayudó a solicitar a Roma que lo secularizaran, le facilitó 22 mil dólares para sufragar sus estudios en la Facultad de Derecho de la Universidad Tulane, en Nueva Orleans, y una pensión de ochocientos dólares al mes durante dos años. Además, la diócesis nunca lo denunció a la policía. Cuando se presentaron las demandas contra él, la diócesis y el vicariato, Bob Peebles ya se había recibido de abogado en Nueva Orleans, y la

Asociación de Abogados del Estado de Luisiana no tenía ninguna idea de su pasado. (Con el tiempo Demarest terminó por conseguir indemnizaciones para Galland y Miglini por un total de 1.8 millones de dólares.)

La familia Miglini no sabía que otro de sus hijos, Tony, se contaba entre un grupo de niños de la parroquia de Todos los Santos a quienes otro sacerdote, Rudolph Kos, seducía valiéndose de videojuegos, alcohol y marihuana.[33]

Kos, nacido en 1945 en Louisville, tenía cuatro años cuando su madre abandonó a la familia. Criado por parientes y durante un tiempo por monjas en un orfanato de Milwaukee, un tío abusó sexualmente de él. De adolescente buscaba relaciones sexuales con otros muchachos del vecindario y abusó de uno de sus hermanos menores.[34] Apartado de sus hermanos, se casó con una amiga de la infancia y entró en la Fuerza Aérea; nunca consumaron el matrimonio, pero permanecieron juntos cinco años. Se divorciaron cuando ella encontró cartas de amor de varios chicos. Fuera del ejército, se recibió de enfermero. Mientras trabajaba en el Centro Médico Metodista de Dallas a principios de los años setenta, se hizo amigo de un niño de ocho años, huérfano de padre, que padecía asma crónica. Convenció a la madre rusa del niño de permitirle compartir con ella los deberes paternales, sin reconocimiento legal.[35]

Cuando Kos solicitó el ingreso al seminario de Dallas, la Iglesia le pidió que anulara su matrimonio. Las autoridades del seminario se pusieron en contacto con su ex esposa, quien les reveló que estaba obsesionado con los niños. A pesar de todo, se aprobó la petición de anulación matrimonial de Kos. «Este caso demuestra la farsa del procedimiento del tribunal de anulaciones», escribió Doyle en un análisis de los documentos. La ex esposa de Kos «estaba dispuesta a proporcionar un testimonio escrito… Si le hubieran dado la oportunidad de apelar la decisión, sin duda se habría declarado el equivalente canónico de un juicio nulo».[36] El memorando de Doyle respalda las quejas del Vaticano de que los tribunales de la Iglesia conceden las anulaciones sin seguir un procedimiento adecuado, aunque no como argumento para restringir la capacidad de los obispos para destituir de manera expedita a los abusadores de niños contra los que se tengan pruebas.

El seminario en el que ingresó Kos era un ejemplo de descomposición institucional. El reverendo Joseph F. Wilson, que estudió allí de 1977 a 1986, escribió:

> Bajo la influencia del vicerrector encargado de los colegiales, el ala académica del seminario se deterioró drásticamente, la disciplina se relajó, las situaciones sexuales escandalosas proliferaron, y hombres buenos abandonaron su vocación con repugnancia. Ese vicerrector dejó el sacerdocio un año después de que yo me gradué, para «casarse» con el presidente de la Alianza Homosexual de Dallas... Yo tuve la experiencia de haber asistido a una clase del padre Paul Shanley, el sacerdote de Boston recientemente aprehendido en California. Como el público sabe hoy, la oficina de la cancillería de Boston tenía un expediente de mil seiscientas páginas sobre Shanley, que incluía diarios en los que describía cómo enseñaba a los niños a inyectarse drogas, y cartas... de protesta contra conferencias en las que promovía activamente la pedofilia como algo útil y sano... Yo estaba sentado detrás del entonces obispo de Dallas, Thomas Tschoepe, quien se rió y bromeó durante toda la horrenda presentación.[37]

El «hijo» de Kos se quedaba con él periódicamente en el seminario y en la rectoría de Todos los Santos, su primer trabajo. Kos tenía relaciones sexuales con él y seducía a otros jóvenes de la parroquia con videojuegos, regalos y cerveza. En 1986 lo enviaron a otra parroquia. Un sacerdote que compartía la rectoría con él escribió a funcionarios de la Iglesia: «Hay un visitante que pasa las noches en su habitación cuatro veces a la semana, en promedio.» Monseñor Robert Rehkemper, el vicario general, le pidió a Kos que dejara de recibir niños. Sin embargo, en 1988 el obispo promovió a Kos y al puesto de párroco en otra iglesia. Sus jóvenes visitantes preocupaban al párroco adjunto, Robert Williams. En julio de 1991 el padre Williams logró que monseñor Rehkemper se reuniera con él y con un terapeuta que trataba a transgresores sexuales. El terapeuta les dijo a los religiosos que Kos correspondía exactamente con el «clásico pedófilo de libro de texto».[38]

La Iglesia ordenó a Kos que se sometiera a una terapia. En junio de 1992, cuando el abuso en el clero era el pan de cada día en los titulares de la prensa estadounidense, el padre Williams envió una carta de doce páginas al nuevo obispo, Charles Grahmann, sobre la lista de niños que desfilaban por la habitación de Kos: «Los abrazaba con fuerza... y después se los restregaba en el cuerpo como si fueran una toalla con la que se estuviera secando.» Sin embargo, no fue hasta que una víctima se quejó cuando el obispo Grahmann mandó a Koss al Instituto St. Luke para que lo evaluaran. El prelado no permitió a los médicos usar el instrumento que mide los hábitos de excitación sexual con imágenes en una pantalla. Kos terminó en el centro de tratamiento de los Siervos del Paráclito en Nuevo México en el otoño de 1992. Regresó a Dallas en las vacaciones de Navidad y abusó de otro adolescente antes de volver al tratamiento a Nuevo México.

Para entonces una de sus víctimas de la parroquia de Todos los Santos se había suicidado de un tiro y otra se había puesto en contacto con el abogado Windle Turley.

Turley alojaba su despacho jurídico y una buena colección de cuadros en un gran edificio del centro de Dallas que ostentaba su nombre. Era como una leyenda entre los litigantes del estado de Texas; había ganado demandas multimillonarias entabladas por los familiares de las víctimas de un accidente aéreo y contra compañías automovilísticas por fallas en los tanques de combustible. Con el tiempo, siete jóvenes —y los padres del que se suicidó— se hicieron sus clientes en contra de Kos y la diócesis. Sylvia Demarest representaba a otros tres sobrevivientes. Turley y Demarest hicieron causa común en los litigios contra Kos.

Entre tanto, la diócesis había pagado una indemnización extrajudicial a la familia de una adolescente seducida por un tercer sacerdote en la parroquia de Todos los Santos.

Armados con una serie de documentos internos condenatorios, los abogados propusieron una indemnización de once millones de dólares. «Habríamos aceptado algo menos», dijo Turley después,[39] pero el obispo Grahmann se empecinó en respaldar al defensor de la Iglesia, Randal Mathis, en ir a juicio. Los tribunales de Dallas son mucho menos benévolos con los demandantes que los de Houston o Beaumont, ciudades petroleras con jurados propensos a otorgar veredictos más generosos.

Rudy Kos trabajaba como auxiliar jurídico en San Diego cuando empezó el juicio.

Cuando Tom Doyle viajó a Dallas en junio de 1997 para testificar, su estancia de trabajo en las Azores estaba a punto de terminar. Su nuevo destino sería la base Tinker de la Fuerza Aérea en Oklahoma, a tres horas en coche de Dallas, donde vivía su hermana Kelly con su familia. Extrañaría la base de las islas, pero se alegraba de estar más cerca de su familia.

El meollo del juicio contra Kos era la conducta institucional: ¿qué hace falta para que la Iglesia investigue? La diócesis alegaría que no sabía lo suficiente sobre la enfermedad de Kos. Si se demostraba negligencia, el jurado podía imponer una pena indemnizatoria. Tom Doyle testificó vestido de sotana y alzacuello, con un aire de clérigo reflexivo que atenuaba su gravedad característica. Tras pedirle su opinión sobre la anulación del matrimonio de Kos y la calidad moral del seminario de Dallas, Turley le preguntó:

—Padre, con base en su estudio del asunto, ¿por qué rayos no actuaron para destituir a este hombre antes de 1992?

—¿Pregunta usted qué hacemos aquí hoy?

—Exactamente.

—Creo que tenían miedo de lo que habrían descubierto si se hubieran enfrentado con él —dijo Doyle—; miedo a que se violara ese secretismo tan esencial para el funcionamiento de la Iglesia católica.

Turley preguntó si la diócesis había mostrado una «indiferencia flagrante» hacia los derechos de los niños.

—No sé cuál sería la palabra correcta —respondió Doyle—, pero puede hablarse de un fraude, una obstrucción y una mentira descarada a la gente.

—¡Eso es pura especulación! —intervino furioso Mathis—. Son conclusiones jurídicas inapropiadas.

El juez denegó su objeción.

—¿Decía usted que había habido una obstrucción? —continuó Turley.

—Todos estos problemas se plantearon en un momento u otro, de manera sistemática, a la jerarquía diocesana, desde las autoridades del seminario hasta la gente de la oficina de la cancillería —explicó Doyle—. Y no se hizo nada hasta que uno de estos jóvenes levantó la voz.

Cada vez que el tribunal tomaba un receso, Demarest se veía en dificultades para encontrar a Doyle, que se ponía a hablar en salones vacíos con los jóvenes demandantes y sus familias, se disculpaba por lo que habían soportado y escuchaba sus palabras, en una de las experiencias más desgarradoras de su vida.

Cuando terminó su testimonio, al cabo de dos días, la sala quedó en silencio. El jurado salió. Cuando se levantó la sesión, los sobrevivientes y sus padres esperaron a que el juez bajara del estrado. Cuando Doyle salió de la barra de los testigos prorrumpieron en aplausos como si fuera una estrella de *rock* y se apiñaron a su alrededor para darle las gracias y despedirse.

El juicio continuó con la angustiosa declaración de la madre del suicida. En contraste destacaba el clericalismo surrealista del obispo Grahmann, la frente amplia y el entrecejo arrugado, totalmente incapaz de medir el peso de sus palabras. Para justificar su decisión de no haber depuesto antes a Kos, dijo no haber leído la carta de advertencia de doce páginas del párroco adjunto.

—Defiendo lo que hice… En retrospectiva, quizá ustedes no estén de acuerdo con esas decisiones.

—¿Qué hay de las muchas advertencias que se hicieron sobre el comportamiento de Kos? —objetó Turley.

—No pasaban de meras sospechas —insistió Grahmann.

Cuando Demarest y Turley pronunciaron sus alegatos finales, la crítica de Doyle a la diócesis por «defraudadora y obstructora» tuvo amplias repercusiones. El 24 de julio de 1997 el jurado impuso a la diócesis una pena indemnizatoria de 18.6 millones de dólares y otorgó a las víctimas la asombrosa suma de 101 millones —un total de 119.6 millones de dólares— con una nota manuscrita que recomendaba a la diócesis de Dallas hacer «cambios significativos a sus políticas… El dinero por sí solo no puede reparar el daño hecho a los querellantes. Por favor reconozcan su culpa y permitan que estos jóvenes sigan adelante con su vida». La noticia del veredicto sin precedente figuró en primera plana en todo el mundo, e hizo patente que el «problema estadounidense», como lo veían muchos en Roma, estaba lejos de resolverse.

«A veces no estamos alertas, en guardia», declaró Grahmann. «Tenemos que mostrar a las víctimas nuestra más profunda compasión.»[40] Pero la sugerencia del jurado para la reparación del daño iba contra los hábitos del encierro religioso. Monseñor

Rehkemper —el vicario general retirado que vivía en la parroquia de Todos los Santos, donde Kos inició su sacerdocio, y que convenció a los Miglini de que no levantaran cargos contra Peebles— hizo una declaración asombrosa al *Dallas Morning News:* «Nadie dice nada sobre el papel de los padres en todo esto. Ellos son quienes deberían estar más al tanto porque se encuentran más cerca de los niños.»[41]

El obispo Grahmann sostuvo una reunión privada con sus consejeros, incluidos varios dinámicos abogados, que consideraron la posibilidad de persuadir a un juez de apelaciones católico de fallar que el juez de primera instancia había actuado con prejuicio. La minuta de esta reunión llegó a manos del reportero Brooks Egerton, cuyo informe en el *Morning News* obligó al juez de apelaciones a hacerse a un lado.[42] La diócesis se movilizó para transferir sus activos a fin de reducir su obligación final. La estratagema terminó con una indemnización negociada de 30 millones de dólares.

Rudy Kos regresó a Dallas, se declaró culpable de los delitos contra las víctimas más jóvenes y empezó a purgar una larga condena de cárcel. El Vaticano designó un obispo coadjutor, Joseph Galante, para que ayudara a renovar la atribulada diócesis de Dallas. Pero el obispo Grahmann se negó a irse, y nadie en Roma le pidió que lo hiciera. La tensión entre los dos obispos se convirtió en un secreto a voces, y la diócesis de Dallas siguió siendo un espectacular ejemplo de las consecuencias del encierro religioso.

13

Ortodoxia y engaño

La Legión de Cristo es uno de los nuevos movimientos evangélicos de la Iglesia católica cuyo fundamentalismo y dinámica organizacional chocan con el espíritu de colegialidad del Concilio Vaticano II. Los críticos de estos movimientos, especialmente los ex miembros, suelen llamarlos cultos. La Legión, aunque está erigida sobre el culto a la personalidad de Maciel, es considerada por los críticos más como una secta, una rama torcida que parte del tronco del catolicismo genuino y que utiliza prácticas engañosas y de coerción psicológica.

El movimiento nuevo más notable es el Opus Dei (la Obra de Dios), fundado en 1928 por el sacerdote español José María Escrivá de Balaguer. Los orígenes de Escrivá tienen algunos rasgos comunes con los de Maciel. Un cronista del Opus Dei cuenta sobre Escrivá a los dieciséis años:

> El repudio del padre, la identificación con la madre y una incesante incertidumbre sobre el futuro fueron las fuerzas motivadoras de [su] creciente espiritualidad. Poco a poco dejó a un lado los objetos de su niñez para experimentar con el cilicio, una faja de eslabones con púas que se lleva ceñida al muslo, y con la disciplina, un instrumento de castigo, de varias cuerdas, parecido a un látigo.[1]

Escrivá se escondió durante la guerra civil española; no fue hasta la consolidación de Franco en el poder, en los años cuarenta, cuando el Opus Dei cobró fuerza. La intención de Escrivá era resucitar la supremacía católica en Europa como un baluarte contra cualquier futura persecución. Llamó a la santificación del lugar de trabajo, alentó a los laicos a llevar una vida de santidad en sus ocupaciones y defendió el celibato para quienes pudieran hacer el sacrificio. Su agenda completa, que se iba revelando poco a poco a los miembros nuevos, llamaba a formar una milicia espiritual que lograra «una penetración profunda para proteger y colocar a la Iglesia en la cúspide de la actividad humana».[2] España era un país pobre, si no es que en quiebra, durante los años cuarenta y cincuenta. Escrivá construyó el Opus Dei afianzando vínculos con personas adineradas partidarias de Franco. Los jesuitas ejercían gran influencia en el dictador y sus asesores más cercanos, que cada año asistían a retiros para hacer los ejercicios espirituales de san Ignacio de Loyola. En 1944 Escrivá, pese a no ser jesuita, dirigió el retiro de Franco.[3]

Los disciplinados miembros del Opus Dei «se parecen a los mormones en su gusto por los ritos privados y las sociedades secretas, en su obsesión con la vestimenta apropiada y la conducta circunspecta y, sobre todo, en su arrogante actitud de que sólo ellos han descubierto la forma que el catolicismo debe adoptar», escribió Kenneth L. Woodward, de *Newsweek*.[4] Uno de los laicos célibes del Opus Dei, el doctor Joaquín Navarro-Valls, psiquiatra y periodista, llegó a ser el portavoz del Vaticano y del papa Juan Pablo II. El Opus Dei ha desempeñado un papel esencial en el salvamento de las finanzas de la Santa Sede tras el escándalo del Banco Vaticano.[5] Juan Pablo II concedió al movimiento el estatus único de «prelatura personal», lo cual permite a sus miembros actuar bajo obispo del Opus Dei sin tener en cuenta las fronteras diocesanas.[6] Al igual que las órdenes religiosas, el Opus Dei sólo responde al papa. En 1992 Juan Pablo II beatificó a su fundador tan sólo quince años después de su muerte, un paso meteórico hacia la santidad. En 2002 Escrivá fue declarado santo, medida que lo hizo adelantarse al papa Juan XXIII, que demuestra la política de la canonización, y que constituye un impulso a la influencia del Opus Dei en la Iglesia.[7]

La Legión de Cristo, mucho más pequeña y menos conocida que el Opus Dei, tiene una espiritualidad hispana mesiánica similar, así como una fidelidad absoluta al papa. Ambos grupos creen en el dinero y el poder como medios para promover las metas de la Iglesia, trabajan arduamente para reclutar católicos ortodoxos y se consideran rivales uno de otro. El Opus Dei tiene 82 700 laicos, 1 819 sacerdotes y 16 obispos, con centros en sesenta países.[8] La Legión, con 500 sacerdotes y 2 500 seminaristas en veinte países,[9] tiene una organización afiliada, el Regnum

Christi (Reino de Cristo), que dice contar con «decenas de miles de hombres y mujeres laicos, así como diáconos y sacerdotes».[10] Son la célula formada por Maciel para infiltrarse y «recristianizar» las organizaciones católicas existentes. Maciel dice que pensó fundarlo en 1949. Según varios ex legionarios, la idea del «apostolado laico» la copió del Opus Dei en los años sesenta, y que tomó el nombre de una extinta asociación piadosa europea.[11]

La estrategia de infiltración está arraigada en la historia mexicana. En los años treinta, después de que el gobierno aplastó la rebelión cristera, los activistas católicos recurrieron a tácticas terroristas. En un pueblo le cortaron las orejas a un hombre cuyas dos hijas eran maestras socialistas. Los obispos, temerosos de las represalias del gobierno, colaboraron con activistas laicos en un grupo clandestino llamado las Legiones. Con un juramento secreto de fidelidad a los obispos, las Legiones se infiltraba en los grupos católicos radicales y los purgaba de sus líderes.[12] El alto mando de las Legiones colaboró con un estrato secundario de líderes en la formación de alternativas a los sindicatos socialistas y en la creación de una organización de pequeños terratenientes aliados con el capital y el trabajo, llamado el sinarquismo, como contrapeso para el comunismo y la dictadura, al tiempo que fortalecía los derechos de los católicos.[13]

Una lección de las Legiones fue el valor de la cautela. Nadie la aprendió mejor que el padre Maciel. La Legión se ha propuesto la misión de convertir católicos a su causa para contrarrestar a los progresistas de la Iglesia. Los miembros del Regnum Christi deben obedecer órdenes y aportar dinero a la Legión. El proselitismo es de gran prioridad, como lo es disimular sus metas de ganar más adeptos.

Así como los seguidores del Opus Dei leen *Camino,* una colección de máximas de Escrivá, los del Regnum Christi meditan sobre *El enviado,* una recopilación de cartas de Maciel que circula entre sus seguidores. «La unidad es el bien supremo», escribe, «porque el Movimiento es un cuerpo y un ejército al servicio del Reino de Cristo… El director representa la autoridad de Cristo cabeza, y el súbdito la obediencia redentora de Cristo.»[14] «El Movimiento» cuenta con veinticinco volúmenes de las cartas de Maciel. Estos manuales exponen con minucioso detalle cómo se debe reclutar a los jóvenes, cómo deben vestirse los sacerdotes, cómo deben organizarse las escuelas, cómo se debe rezar y cómo deben llevarse a cabo las reuniones del Regnum Christi. La uniformidad es tan totalizadora que algunos bromistas del Vaticano llaman a los legionarios «los sacerdotes de Stepford».

Los mecanismos de control hacen que algunos integrantes se salgan de la Legión quejándose de una mentalidad conspiratoria. Peter Cronin, un sacerdote irlandés que dejó la Legión después de veinte años, dijo que el adiestramiento y el reclutamiento de seminaristas en Connecticut era «más propio de las sectas o cultos». Cronin escribió una mordaz crítica de la Legión en una carta dirigida en 1996 a un popular conductor de radio en Irlanda, Pat Kenny, de la RTE:

El número de reclutas es importante; se considera prueba de la validez de la Legión y una manera de impresionar a las autoridades eclesiásticas. Sin embargo, el proceso de selección es mínimo y no hay un verdadero discernimiento de las vocaciones, de si esta forma de vida es buena o sana para el individuo en cuestión... Todo el mundo tiene una vocación dentro de la Legión hasta que ésta decida lo contrario. Una vez que la orden tiene acceso a un joven, todos sus poderes de persuasión y atracción se enfocan en el incauto objetivo.[15]

Cuantos más jóvenes, tanto mejor, añadió Cronin, porque «la inmadurez del candidato lo hace más vulnerable al lavado de cerebro».

El lavado de cerebro se consigue a través de una combinación de distintos elementos que influyen y controlan a la persona con gran eficacia: tomemos por ejemplo la «dirección espiritual» y la «confesión». El derecho canónico establece que los seminaristas y religiosos deben gozar de total libertad para elegir a su confesor y director espiritual. En la Legión... no existe esta libertad: todos los legionarios reciben dirección espiritual y confesión de sus superiores en el noviciado, durante sus años de formación e incluso como sacerdotes. Esto es una aberración porque pone a la persona bajo el control total del superior. Significa que aquel superior que recomiende o no a una persona para promoción a votos, órdenes o puestos de responsabilidad en la orden tiene acceso a su conciencia íntima… La confesión y la dirección espiritual, en manos de la Legión, son esencialmente herramientas para lavar el cerebro a los individuos de tal manera que se queden en la orden.

Cronin enumeró otras características que la Legión niega con vehemencia: secretismo obsesivo, separación sistemática de la familia, de la Iglesia en sentido amplio y de la sociedad, desconfiar de todos los que estén fuera de la Legión, fomentar el espionaje de los demás, que los superiores abran y lean la correspondencia, obediencia incondicional a las reglas como si fueran mandamientos divinos, aislamiento o destierro de los disidentes «a algún lugar remoto (como las misiones de Quintana Roo, México)… Cuando nos unimos a la Legión pensamos que era una orden importante como los dominicos, franciscanos o jesuitas. Nos engañaron… Tardaríamos años en darnos cuenta cabal de la situación».

En 1985 Cronin llegó a ser sacerdote de la arquidiócesis de Washington, D.C. El arzobispo (luego cardenal) James Hickey, figura demasiado poderosa para prestarse al manipuleo de Maciel, dio la bienvenida a otros refugiados de la Legión. En su parroquia en Bethesda, Maryland, Cronin proporcionó una «vía secreta de escape» a otros hombres que dejaban la Legión despreciados por ella. Cronin, que periódicamente enviaba un boletín a los ex legionarios, murió de prematuramente de un infarto en 1999, a los cincuenta años.

Paul Lennon, un hombre menudo que se encontraba entre los ocho primeros adolescentes reclutados por la Legión en Irlanda, continuó el trabajo de Cronin. En 1961 tenía diecisiete años y en 1969 se ordenó en Roma, un avance veloz dentro de la orden, pero Maciel estaba ansioso por utilizar al irlandés como medio para llevar el movimiento al mundo de habla inglesa. El «espíritu y la mística» de la Legión suponía aplaudir cualquier acción de Maciel, refirió Lennon, incluidas «sus dudas sobre la decisión del papa Juan XXIII de convocar un concilio ecuménico y sus críticas a teólogos católicos a los que consideraba liberales. A cualquier miembro de la Iglesia o el Estado que no contara con su aprobación se le trataba con desdén y sarcasmo. Los presentes se reían y celebraban todas las opiniones de Maciel: "Por supuesto que sí, Nuestro Padre".»

Lennon le estaba agradecido por el amplio conocimiento que adquirió de la lengua y la cultura españolas. En 1971 lo enviaron a Chetumal, Quintana Roo, en la península de Yucatán, para establecer una parroquia. En 1975 Maciel le pidió que fundara una «Escuela de Fe» en la Ciudad de México para que los obispos enviaran católicos laicos a recibir catequesis. Allí prestó sus servicios durante siete años, hasta que empezó a tener diferencias con Maciel por el uso que se daba a la escuela para reclutar seguidores del Regnum Christi y no como herramienta de capacitación de los laicos para las diócesis y los obispos. La Legión lo envió a una parroquia paupérrima en otra localidad del estado de Quintana Roo.

En 1984, cuando Lennon ya no se encontraba a gusto en la Legión, asistió a un retiro de sacerdotes en Cotija, el pueblo natal de Maciel. A un amigo que había renunciado a la Legión lo relegaron a la condición de «no persona». Lennon se puso de pie en una reunión de la comunidad y cuestionó a Maciel sobre el maltrato a quienes dejaban la orden. «Cuando se van, siempre son los malos», se quejó. Los asistentes se sorprendieron de que alguien se atreviera a contradecir a Nuestro Padre. Lennon salió de la reunión y por primera vez en su vida se quedó en un hotel. Con dinero que le prestaron unos amigos viajó a la Ciudad de México y poco después a Estados Unidos. En 1985, lo admitieron como sacerdote en Washington, D.C. En 1989 dejó el sacerdocio. Obtuvo una maestría en terapia de consejo y empezó a trabajar como consejero familiar en Alexandria, Virginia. Fundó el grupo Regain, un grupo de apoyo que se comunica por Internet, para quienes se sienten víctimas del trato coercitivo y abusivo de la Legión. La primera conferencia se realizó en Dallas en junio de 2002.[16]

REVUELTA EN SAINT PAUL

A Lennon le preocupaba en particular la forma en que la Legión cultivaba el trato con católicos laicos, usando una fachada de tradicionalismo piadoso para atraerlos. Así, los críticos más acerbos de la orden no son los católicos progresistas, sino aquellos que son firmemente conservadores y concluyen que la agrupación viola las más elementales normas de honestidad. Cuando ingresa un miembro, sus familiares se convierten en blancos de reclutamiento para el Regnum Christi. Así sucedió con Bob y Mary Helmueller, de Saint Paul, Minnesota, que criaron tres hijos y una hija en su hogar ortodoxo. La pareja se sintió orgullosa cuando John, su hijo menor, entró al seminario de la Legión en Cheshire, Connecticut, en 1991. Mary pronto accedió a dirigir un grupo de doce mujeres del Regnum Christi; se sintió halagada cuando un sacerdote le dijo que la conocían como «la madre del Regnum Christi en Saint Paul».

El Regnum Christi tiene tres grados. El primero, o principal, está constituido por la mayoría —hombres, mujeres e incluso sacerdotes y diáconos no legionarios—, que se reúne con regularidad para rezar y reflexionar. Los miembros de segundo grado se entregan al «Movimiento»: son parejas e incluso familias enteras dispuestas a mudarse, como misioneros, a donde se les necesite más. Los miembros de tercer grado, en su mayoría mujeres, están «consagradas» al «Movimiento». Viven en comunidad, aunque no como monjas de una orden religiosa. A diferencia de éstas, no requieren el permiso del obispo para mudarse a determinada diócesis. Las mujeres consagradas obedecen a la Legión y al padre Maciel.

Mary Therese Helmueller, enfermera titulada, vivía con sus padres. Rara vez faltaba a la misa diaria, detalle que no se les escapó a los sacerdotes de la Legión que pasaban por su casa a saludar. Al poco tiempo, varias mujeres consagradas empezaron a visitar a Mary Therese, que era soltera y, por tanto, una recluta potencial. «Me presionaron —recordó— para que pensara en irme a Rhode Island», donde el Regnum Christi tenía un centro de capacitación.[17] Le parecía poco claro qué era exactamente lo que hacían. «Pasé tres horas con ellas en la sala, seguía sin entender y ellas no me lo podían explicar.» Pero las visitas no cejaban y le decían que le debía Dios irse con ellas. Finalmente se echó a llorar. Una mujer le dio un *kleenex* y le dijo:

—¿Lo ves? Te estás resistiendo a lo que Dios quiere que hagas.

Ella sintió repulsión; intuía que algo andaba mal con aquellas mujeres.

Steve Helmueller, uno de sus hermanos, había trabajado durante seis meses como administrador en la Escuela Highlands, perteneciente a la Legión, en Irving, Texas, y luego un año como contador en Orange, Connecticut. Se negó a hablar con su madre y su hermana sobre lo que ellas consideraban experiencias tristes que había tenido en la Legión. Dos miembros de la familia —el padre de Mary Therese, Bob, y su hermano casado, Mark— se mantenían al margen del Regnum Christi y la Legión. Bob Helmueller, ingeniero electrónico jubilado, dijo sin ambages: «Nunca me creí todo lo que decían».

Mary Therese y su madre administraban una agencia de viajes durante medias jornadas en casa y organizaban peregrinaciones a Roma y a lugares de devoción mariana aprobados por la Iglesia: la basílica de Guadalupe, en México; Lourdes, en Francia; Fátima, en Portugal, y Knock, en Irlanda. En 1994, el quincuagésimo aniversario de la ordenación del padre Maciel, se planeaba la ordenación de un grupo grande de legionarios en México. La familia de un joven que se ordenaría pidió a las Helmueller que se ocuparan de los arreglos del viaje porque resultaba demasiado caro utilizar la agencia de viajes de la Legión: cada familiar que quisiera asistir a la ceremonia debía contribuir con una cuota adicional de doscientos dólares para beneficio de la orden. Mary Helmueller llamó a las oficinas centrales en Orange y un sacerdote le dijo que si quería organizar los viajes, debía cobrar la cuota de doscientos dólares por persona. «Nosotras estábamos dispuestas a no cobrar comisión», dijo Mary Therese. «Lo que ellos hacían era un crimen y les respondimos que no queríamos tener nada que ver con eso.»

A raíz de esto les surgieron dudas sobre la manera de operar de la Legión. Pero como John estudiaba para sacerdote en Connecticut, no hicieron ruido con la esperanza que aquello no fuera más que una falta de ética pasajera.

A principios de 1995 Norma Peshard, una mexicana del Regnum Christi, telefoneó a Mary Therese y le dijo:

—El Santo Padre te escogió para participar en un proyecto como reportera en la Conferencia de Pekín.

Se trataba de una conferencia sobre la mujer de las Naciones Unidas. ¿Por qué la invitaría a ella el Papa? Pensó entonces que su activismo en la Iglesia y los ocasionales artículos que había escrito en periódicos católicos conservadores podrían haberla colocado en la selecta lista de recomendados por los legionarios.[18]

Mary Therese Helmueller era una entusiasta promotora del movimiento provida. Las noticias la hacían pensar que la conferencia de la ONU en China sería un «gran ataque contra la vida familiar». La primera dama, Hillary Clinton, encabezaría la delegación estadounidense; la Santa Sede, en su calidad de observador permanente en la ONU, enviaría una delegación encabezada por Mary Ann Glendon, una católica conservadora y profesora de leyes en la Universidad de Harvard. Norma Peshard le dijo a Mary Therese que debía ir a Roma para recibir información de funcionarios del Vaticano.

Mary Therese acudió a Al Matt, un amigo de mucho tiempo, director del *Wanderer* y compañero suyo en la parroquia de Santa Inés. La hermosa iglesia barroca, con un campanario de más de sesenta metros de altura rematado por una cruz dorada de cuatro metros, imitaba un monasterio de Austria, de donde provenían muchos de los parroquianos originales. La parroquia era el hogar espiritual del *Wanderer,* semanario católico ultraconservador fundado en 1867. Matt le dio las credenciales de prensa.

El siguiente paso para su viaje era un retiro en la casa del Regnum Christi en Greenville, Rhode Island, donde se le dijo que iba a reunirse con otras mujeres de la delegación papal. En vez de eso, se encontró con un retiro de Semana Santa con «mucha presión para ingresar en la vida consagrada». Una vez más se negó. Empezaba a volverse más escéptica… y más curiosa. En agosto viajó a Roma con dinero propio para la siguiente etapa de la información. «Cuando llegué a la casa matriz del Regnum Christi les expliqué quién era y por qué estaba allí —recuerda—. Las mujeres consagradas de la puerta me respondieron:

»—Seguramente el Santo Padre lo aprobaría si lo supiera.»

Esto disipó sus dudas sobre la supuesta invitación del Santo Padre. Él no sabía absolutamente nada. Hizo preguntas a las mujeres, pero no obtuvo respuestas directas. «Lo que me horrorizó —dijo— fue la manera mecánica en que hablaban, su gran vacilación… a veces salían con evasivas.» Durante una comida, se llevó una conmoción al ver que las mujeres se quedaban inmóviles en sus asientos cuando Maleny Medina, lideresa mundial de las mujeres consagradas, entró en el comedor. «Si acababan de meterse una porción de comida en la boca, dejaban de masticar. Si tenían un brazo en el aire, allí lo mantenían. Cada vez me convencía más de que aquello era un culto. Sencillamente no era algo natural.»

Pronto le quedó claro que no habría sesiones de capacitación ni reuniones con funcionarios del Vaticano. En vez de eso la directora, Maleny Medina, y un sacerdote español de la Legión empezaron a dar instrucciones al grupo de unas ocho mujeres que iban a Pekín. El verdadero propósito del viaje era reclutar miembros para el Regnum Christi de entre los muchos observadores católicos que asistirían a la conferencia. «La meta principal, la más importante, era la *cautivación,* una técnica que incluye atraer la atención a través de sonreír, adular y ser agradable hasta que se logre un recluta», añadió indignada.

Les dijo que ella iba a asistir como reportera y que se asociaría con los grupos provida. «Me dijeron que no podía hacer eso, que esos grupos son demasiado negativos.» En ese momento sintió repugnancia. ¿No había algo más importante en la conferencia de Pekín que el reclutamiento para el Regnum Christi? ¿Qué con la protección de los derechos de quienes aún no han nacido, una agenda en la que ella creía?

No iba a participar en un proyecto ridículo, nacido de un ardid. Se sintió utilizada emocional y psicológicamente. En busca de respuestas antes de irse de Roma, se enfrentó con la mujer que la había invitado, Norma Peshard. «Reconoció que el proyecto de Pekín había sido el "gancho" para lograr que me consagrara», explicó Mary Therese. Ésa era una de las técnicas de la Legión en su afán por engrosar sus filas. Tras sincerarse con ella, Peshard le advirtió:

—Habrá repercusiones serias si algo de esto trasciende, y sabes a qué me refiero.

Mary Therese comprendió que su hermano John, que aún debía hacer sus votos definitivos, sufriría las consecuencias.

Norma Peshard se negó a ser entrevistada para este libro.[19]

Mary Therese Helmueller partió de Roma rezando por que su hermano encontrara la manera de escapar de la Legión de Cristo. De vuelta en Saint Paul, puso al tanto a su madre y a las doce mujeres del Regnum Christi que venían reuniéndose en su casa. Estas mujeres, la mayoría de las cuales eran amigas desde antes de formar el grupo, también tenían sus resquemores. En lugar de leer las cartas del padre Maciel, que les parecían superficiales, habían empezado a leer la Biblia, las encíclicas papales y el catecismo en sus grupos de discusión.

También se oponían a la estrategia de crecimiento del Regnum Christi.

El Regnum Christi espera que cada célula reclute miembros con un plan de cinco pasos. El paso uno es invitar al recluta potencial a una conferencia o a una junta sobre «el Movimiento». Paso dos: cultivar su «amistad». Paso tres: adquirir su «confianza». Paso cuatro: convencerlo de lo mucho que significa «el Movimiento». Paso cinco: lograr que el recluta «se rinda al Movimiento» o, en otras palabras, cerrar la venta.

Los líderes de las células registran los nombres de los miembros potenciales y dan seguimiento a cada paso del proceso de «conversión».

La célula se reunía en la acogedora casa de dos pisos de los Helmueller, con una imagen de la Virgen María en el patio trasero e imágenes de Nuestra Señora de Guadalupe y el Sagrado Corazón en la sala. Aunque conservadoras, las mujeres habían aceptado las reformas del Concilio Vaticano II, pero conservaban prácticas tradicionales que habían caído en el desuso en muchos lugares. Les gustaba el énfasis del Regnum Christi en esa forma de devoción. Cuando las parroquias empezaron a abandonar la adoración del Santísimo Sacramento —devoción centenaria en que los fieles rezan durante horas ante la hostia consagrada con la convicción de que se ha convertido en el cuerpo de Cristo—, esas mujeres organizaron horarios propios de veneración pese a la renuencia de párrocos sobrecargados de trabajo. Mary Helmueller organizó una red de laicos para que la adoración se realizara las veinticuatro horas del día en su parroquia.

Aunque eran mujeres de clase media y media alta, varias instruían a sus niños en casa. Joyce Nevins, esposa de un pediatra y madre de siete hijos, los había enviado a las escuelas parroquiales hasta 1995, cuando se introdujo la educación sexual. Entonces sacó a los dos menores, que entonces estaban en sexto y octavo grados, para instruirlos ella misma en casa.

Sandy Stadtherr, esposa de un vendedor de equipo electrónico y madre de cuatro hijos, también los instruía en casa. Sandy buscaba «una disciplina más estructurada que me ayudara en mi camino a la santidad» cuando alguien la invitó a una «tarde de reflexión» del Regnum Christi. Asistió a reuniones subsecuentes, pero le molestaba que no le respondieran de manera directa sus preguntas sobre el significado y el propósito de la organización. La equiparó con un «juego de niños en que te piden participar primero, y luego te explican de qué se trata». Sandy había asistido a varias reuniones cerca de Saint Paul cuando su amiga Joyce Nevins la invitó a casa de los Helmueller. Sandy observó que las mujeres allí eran «amistosas y abiertas», a diferencia de las otras, cuyas reuniones le parecían «rígidas, estructuradas».

Pero como eran mujeres con muchas obligaciones familiares, ninguna estaba dispuesta a dedicar «al Movimiento» toso el tiempo que se esperaba de ellas. Se reunían una vez al mes en lugar de una vez a la semana. Mary calculó que habría necesitado veintidós reuniones al mes para poder seguir las directrices del Regnum Christi. Muy poco a poco empezó a darse cuenta de que «el Movimiento» iba contra la familia nuclear, ya que hombres y mujeres se reunían por separado y los niños también formaban grupos aparte.

A pesar de todas sus dudas, Bob y Mary Helmueller sentían que debían apoyar a su hijo John mientras estudiaba para el sacerdocio con los Legionarios de Cristo, quienes, después de todo, contaban con la bendición del papa Juan Pablo II. «Sabían que había problemas dentro de la orden, pero no les cabía en la cabeza que Roma estuviera al tanto de eso y aun así, por alguna razón, lo aprobara e incluso promoviera», dijo Mary Therese de sus padres. «Creo que todos [en la familia] estaban en una extraña fase de negación.»

Ocasionalmente, los líderes del Regnum Christi llamaban la atención a Mary Helmueller y a su grupo por no adherirse a la agenda. Sus tenues vínculos con el Regnum Christi terminaron por romperse cuando en marzo de 1997 leyeron en el *Wanderer* que unos ex seminaristas habían acusado al padre Maciel de abuso sexual. Mary Therese dijo que se inclinaba a creer que los acusadores decían la verdad, ya que «no pretendían sacar dinero ni nada parecido». Pensaba que la declaración del ex sacerdote Juan Manuel Fernández Amenábar un mes antes de morir aumentaban su credibilidad. Sin embargo, el reportaje sobre Maciel no se discutió mayormente en el grupo. Ya se habían distanciado del culto a la personalidad de Nuestro Padre.

Varios miembros de la célula tenían pensado asistir a la convención del Regnum Christi, un «Encuentro Familiar», en San Luis, Missouri, a fines de mayo de ese mismo año. A los Helmueller les brindaba la rara oportunidad de ver a John.

Un millar de personas, entre adultos y niños, se reunieron en un hotel céntrico para pasar un fin de semana de conferencias, talleres y actos de culto. El plato fuerte era un discurso inspirador del padre Maciel. Su llegada al salón fue precedida por una expectación digna de una estrella del *rock*. Varias mujeres estadounidenses que estaban en el estrado guiaban al público en una cantinela: «Nuestro Padre, ¡te queremos!». Las mexicanas las seguían, tratando de cantar más fuerte con sus ovaciones en español. El público se fue animando y Nuestro Padre hizo su entrada triunfal en el salón escoltado por una cuadrilla de clérigos. Con los brazos en alto, en actitud de súplica al cielo y con los ojos cerrados, se deslizó entre una muchedumbre de jóvenes que gritaban y trataban de tocarlo.

Habló rápidamente en español a la multitud cautivada, mientras el director de la Legión en Estados Unidos, el padre Anthony Bannon, traducía con la misma rapidez al inglés. Habló del recuerdo de su infancia de hombres a los que habían asesinado por su fe y de sus cuerpos colgados en su ciudad natal de Cotija. Refirió su larga lucha contra los enemigos de la Iglesia. Les dijo a los padres de familia lo seguro que era enviar a sus hijos a la Legión, donde no encontrarían la disidencia y la homosexualidad predominantes en tantos otros lugares.[20]

Después de que Maciel llevaba hablando unos quince minutos, Mary Therese Helmueller se volvió hacia su hermano John.

—No ha dicho nada —le comentó en un susurro.

—Tienes razón —respondió él

Maciel siguió hablando durante lo que les pareció una eternidad. Cuando terminó, Mary Therese salió del salón para dar un paseo y no asistió a las demás sesiones.

Algunos padres de familia estaban molestos porque a sus hijos, cuando asistían a «clases de religión», les enseñaban cánticos en español y cómo saludar al padre Maciel acercándose a él rápidamente para tocarlo. Joyce Nevins escribió una carta a uno de los organizadores diciendo que la «idolización» estaba fuera de lugar en una orden religiosa.

En casa hemos hablado mucho sobre la adulación inadecuada que se brinda a los cantantes, actores y deportistas superestrellas... El respeto hacia los seres humanos es honorable porque están hechos a imagen de Dios, pero la práctica incesante de vítores y veneración física hacia el padre Maciel es inmadura y cae en el fanatismo.

La adulación llegaba a tal extremo, según Mary Therese, que ella alcanzó a oír que «un cobertor supuestamente usado por el padre Maciel circulaba entre los miembros del Regnum Christi para que lo besaran».

El grupo de los Helmueller se apoyaba con su amistad mutua y con la búsqueda de cimientos más firmes para la fe, sin hacer caso de las reglas del Regnum Christi. En el otoño de 1997, a Bob Helmueller le diagnosticaron cáncer de colon (del que se curó después). Mary pidió a Sandy Stadtherr que se ocupara del grupo. Mantenían su lazo con la Legión principalmente para dejar abierta la puerta a la ordenación de John Helmueller.

Juan Guerra, un sacerdote legionario de la academia de la orden en Edgerton, Wisconsin, le preguntó a Sandy si el grupo podía organizar una misa del Regnum Christi para la fiesta de Cristo Rey, el 23 de noviembre.

Sandy, complaciente, se reunió en su casa con otros jefes de equipo de la organización. La discusión empezó con la redacción de las invitaciones y la publicidad. Sandy quería especificar la hora de la misa; los demás no. Querían que la gente llegara a la iglesia una hora antes para compartir testimonios del Regnum Christi. Sandy insistió en que dicha omisión era engañosa, que se tenía que cumplir con un programa de actividades puntual «por elemental cortesía y respeto al tiempo de los demás». Los otros le dijeron:

—Lo que pasa es que no confías en la Divina Providencia.

Era la táctica del Regnum Christi para acabar con los cuestionamientos. En el piso de arriba sus hijos escuchaban y más adelante hicieron de esto un chiste familiar. Siempre que su madre les pedía que hicieran algo, contestaban: «Lo que pasa es que no confías en la Divina Providencia.»

Sandy estaba consternada ante el comportamiento «ofensivo y autoritario» de los líderes del Regnum Christi. Dijo que, en los años que llevaba como líder de causas católicas, «nunca me había metido en un ambiente tan hostil y falto de cooperación. Me quedé tan enojada, que lloré durante tres días».

A la mañana siguiente de la reunión llamó al padre Guerra y le dijo que renunciaba. Cuando Mary Helmueller lo supo, también lo llamó para decirle que todos renunciaban.

Más o menos al mismo tiempo que las mujeres de Saint Paul rompían relaciones con el Regnum Christi, John Helmueller pasaba por una crisis propia dentro de los legionarios. Después de once años, había hecho unos votos que lo comprometían con la orden, pero todavía no se ordenaba diácono, último paso antes de llegar a ser sacerdote. Había pasado tres años ayudando a un sacerdote como reclutador de vocaciones, buscando jóvenes de la costa este y del Medio Oeste para que se incorporaran a la Legión. Le prohibieron ponerse en contacto con su familia sin permiso. En cierto momento se encontraba en un automóvil a una calle de distancia de la casa de sus padres y no se le permitió hacerles una breve visita.

La presión sobre él iba en aumento: quería salirse de la Legión, pero no estaba dispuesto a sacrificar su vocación para el sacerdocio. Pidió autorización a sus superiores para hablar con el obispo Robert Carlson, de Sioux Falls, Dakota del Sur, que era amigo de la familia. No le concedieron el permiso. Sin embargo, sí lo autorizaron para participar en una peregrinación a la basílica de Nuestra Señora de Guadalupe en diciembre de 1999. Sus superiores no sabían que el obispo Carlson también participaría en la peregrinación, viaje que la madre y la hermana de John habían organizado. Mary Therese los puso en asientos contiguos en el vuelo de Dallas a la Ciudad de México. El obispo Carlson lo aceptó de inmediato.

Al regresar, John Helmueller fue directamente a Sioux Falls. El obispo exigió, y logró, que le permitieran salir de la Legión de Cristo. Entonces lo envió al seminario de Mount Saint Mary, en Emmetsburg, Maryland, para que estudiara los dos últimos años de teología. El 23 de junio de 2002 el obispo Carlson ordenó a John Helmueller en Sioux Falls. Hoy en día el sacerdote trabaja en esa diócesis. Su foto enmarcada está en la sala de sus padres, y Mary, su madre, ya nunca se refiere a él como John a secas, sino como el padre John.

La lucha de los Helmueller con la Legión es sólo una variación sobre el mismo tema de la ortodoxia utilizada para manipular a la gente. Así también fue la experiencia de Glenn Favreau, un seminarista de veintitrés años de edad al que en junio de 1987 enviaron como vicerrector a una escuela en Santiago de Chile, llamada el Instituto Zambrano.[21] Favreau no tenía experiencia docente, pero la arquidiócesis había pedido a la Legión que se hiciera cargo de la escuela, y la orden necesitaba gente que la administrara.

La escuela, con una matrícula de mil doscientos alumnos desde kínder hasta bachillerato, no era para hijos de la élite y, por tanto, no se consideraba prioritaria para inyectarle recursos de la Legión. Aun así, Favreau estaba ansioso por hacer un buen trabajo. Criado en una familia francocanadiense muy creyente, en la región de os montes Adirondack, al norte de Nueva York, había pasado un año en el seminario diocesano de Ogdensburg, Nueva York, y otro en la Universidad de Niágara antes de conocer a la Legión, que se ajustaba a su idealismo y su tendencia conservadora. En Zambrano se dedicó a la administración financiera sin ninguna experiencia. Una de sus tareas era tomar 30 por ciento de los ingresos mensuales de la institución y entregarlo en efectivo en una bolsa a un superior. Con esa cantidad se apoyaba la labor de la Legión en Chile. La cantidad se redujo después a 22 por ciento, cuando una escuela de la Legión para niños de clase alta, y que cobraba cuotas mensuales de tres a cuatro veces mayores, empezó a producir más ingresos.

Las escuelas para ricos son una de las mayores fuentes de ingresos de la Legión, según dos sacerdotes que están en posición de saberlo.[22]

Las escuelas lucrativas se encuentran principalmente en América Latina, donde las familias pudientes están dispuestas a pagar hasta 10 mil dólares anuales por un hijo porque las escuelas públicas son pobres. La mayoría de las escuelas parroquiales están muy por debajo del nivel mínimo que es la norma en las democracias occidentales. Las escuelas controladas por la Legión en Estados Unidos, unas veinticinco, son más pequeñas y apenas cubren sus gastos, pero siguen siendo una buena fuente de reclutas para los seminarios de la Legión y el Regnum Christi. Dos excepciones son las «academias de idiomas», una escuela para niñas en Warwick, Rhode Island, y la otra para niños en Edgerton, Wisconsin, muchos de cuyos estudiantes provienen de América Latina. Las cuotas supuestamente alcanzan los 20 mil dólares al año, aunque cada alumno le cuesta entre 11 mil y 12 mil a la Legión, según un sacerdote familiarizado con el funcionamiento interno. La Legión también administra una academia de idiomas en Dublín, donde los estudiantes, la mayoría de América Latina, aprenden inglés. Dos hijos del presidente mexicano Vicente Fox pasaron un año allí.[23]

Un sacerdote conocedor de las finanzas calculó que la Legión necesita ganar unos sesenta millones de dólares al año. Aproximadamente la mitad se destina a la manutención de los cuatro mil sacerdotes, hermanos, maestros, seminaristas y empleados.[24] La otra mitad se va en servicios en Roma, el mantenimiento de propiedades, hipotecas e inversión de capital para la expansión, sobre todo en América Latina. La meta es que cada una de las operaciones pueda sostenerse por sí sola.

México es el país que aporta más dinero, principalmente de personas de gran riqueza y mediante esquemas de recolección de fondos establecidos por el Regnum Christi. En 1997 el grupo inició el programa «Un kilo de ayuda» en México. A la gente que compra en las grandes cadenas de supermercados se le pide un donativo para los pobres al pagar en la caja. El programa, sumamente exitoso, se duplicó en España en 1998. En ambos países el programa se estableció por medio de grupos que dicen no tener relación formal con el Regnum Christi, pero que están controlados por miembros de éste.[25] El escritor y periodista español Alfonso Torres Robles investigó una influyente organización privada de ex universitarios llamada IUVE. Los legionarios negaron tener relación formal con ellos, pero reconocieron que sus sacerdotes les proporcionaban dirección espiritual. Torres averiguó que los fundadores del IUVE, en 1987, eran miembros del Regnum Christi, y que la dirección de esta asociación era la misma que la de la Legión en Madrid.[26]

La Legión se enfrenta a una tarea mucho más difícil para recaudar fondos en Europa Occidental, Estados Unidos, Canadá y Australia porque toda la cultura y la historia de la orden choca con los valores occidentales de pluralismo y democracia. Un esfuerzo por establecer un bastión en Alemania fracasó. La meta de la Legión ahora se ha centrado en Polonia. Un inicio aparentemente auspicioso en Irlanda en los años sesenta hoy parece a punto de colapsarse. Las vocaciones han disminuido casi en su totalidad porque los obispos irlandeses resisten en silencio el reclutamiento de los legionarios. En 2003, la Legión en Irlanda tenía cinco sacerdotes, tres profesos y veinticinco novicios, la mayoría procedentes de México, Estados Unidos y Polonia.[27]

La base de recaudación de fondos en Estados Unidos es la campaña por correo administrada desde Hamden, Connecticut. La Legión compra listas de direcciones de personas suscritas a publicaciones católicas o que pertenecen a diversas organizaciones correligionarias. Las colectas son lucrativas, pero no generan un flujo considerable si se tienen en cuenta los costos de impresión y de correos. Lo que estos envíos sí proporcionan a la Legión es una base de datos de católicos dispuestos al menos a donar algo, aunque sólo sean cinco o diez dólares. La Legión revisa los códigos postales de los contribuyentes y los coteja con listas de ingreso medio por hogar en cada zona.

La estrategia consiste en «elevar» a un donador pequeño de una zona adinerada a un nivel superior de «donación programada». La gente que accede a contribuir en este segundo nivel recibe la visita de un equipo compuesto por un sacerdote y un hermano, quienes preguntan si los donadores quisieran dar una anualidad u otra aportación importante para apoyar a la Legión. Seis o siete de estos equipos viajan por todo el país evaluando la situación de los donadores elegidos según el tipo de casa y de autos que poseen. Su objetivo es enlistar a estas personas como «donadores mayores» y llevarlos a las filas del Regnum Christi, donde se les cotiza como importantes activos que traen consigo a más personas influyentes. Si la Legión es un culto, como sostienen algunos de sus ex seguidores, quizá importe menos que su papel como máquina de hacer dinero en el espíritu del padre Maciel.

14

Las batallas de la Legión en Estados Unidos

Así como los «malentendidos» ensombrecieron a Maciel durante sus primeras décadas como sacerdote, los más recientes años de la Legión han supuesto un sinfín de batallas relacionadas con sus escuelas en Estados Unidos. Esto no significa que el problema hayan sido las acusaciones de abuso sexual. Más bien, los conflictos han surgido por el *abuso de poder* nacido de las tácticas manipulativas del fundador. La diócesis de Columbus, Ohio, expulsó a los legionarios y al Regnum Christi, mientras que la arquidiócesis de Atlanta ha dado carta blanca al «Movimiento» sin tener en cuenta las objeciones de párrocos escépticos. La única parroquia de la Legión en Estados Unidos, situada en Sacramento, California, está dividida por el encierro religioso. Estos conflictos reflejan la corrupción espiritual de la Legión. Los engaños derivados del modelo mexicano chocan con el catolicismo estadounidense, nutrido por el pluralismo religioso.

MOTÍN EN ATLANTA

El 13 de septiembre de 2000, padres atónitos y niños llorosos se quedaron mirando cómo la policía se llevaba al director y a tres profesores de la Escuela Donnellan, en una zona privilegiada de Atlanta. Las autoridades de la Legión les habían advertido que aprehenderían a los cuatro por allanamiento si intentaban reingresar en la escuela.[1] Entre estos revolucionarios, a los que habían despedido por «amotinamiento»,[2] se contaban el orientador y el director de deportes, al que separaron de su puesto mientras supervisaba un partido de voleibol.

En 1996 la arquidiócesis estableció la Escuela Arzobispo Thomas A. Donnellan, nombre de un difunto prelado, con una junta directiva propia, cerca de la pudiente zona de Buckhead. Con una cuota anual de 7 400 dólares, Donnellan era una escuela competitiva dentro de su categoría privada y se convirtió en un éxito inmediato. Los padres de familia ofrecían su cooperación voluntariamente. El viernes 8 de enero de 1999 la hermana Dawn Gear, directora y fuerza motriz de la escuela, anunció su renuncia, limpió su escritorio y se fue.

Sus diferencias con la junta directiva sobre un plan de largo alcance habían comenzado en noviembre, y ella había accedido a marcharse en junio. Un consultor contratado por la junta le dijo que lo mejor sería no esperar. «Llegamos a un acuerdo sobre mi salario y cosas así», dijo la hermana a un reportero mucho después. «Lo que más me molestó es que nunca pude hablar con los padres ni con los maestros.»[3]

Una figura clave en esta maniobra fue el miembro de la junta Frank Hanna, hombre de negocios multimillonario bien conocido en Georgia por su apoyo a las causas republicanas. Hanna, miembro importante del Regnum Christi, presentó ante el personal a un sacerdote legionario, el padre John Hopkins, como nuevo «director espiritual» de la escuela.

La nueva directora, Angela Naples, había sido ayudante de la hermana Gear. Se sentía incómoda con la forma tan «rápida y brusca» en que se rescindió el contrato de la religiosa y con lo poco que conocía a los miembros de la junta directiva.[4] Aun así, se entregó al trabajo. Le comentó a Hopkins que asistiría a un taller de verano para nuevos directores de escuela. Él le pidió que considerara un taller de un mes de duración en Roma, dirigido a nuevos líderes escolares. Roma era donde ella había pasado su luna de miel en 1994. Aceptó encantada.

En junio la arquidiócesis anunció: «El arzobispo John F. Donoghue ha vendido los activos de la escuela Arzobispo Thomas A. Donnellan a la Donnellan School, Inc.»,[5] cuyos directivos eran monseñor Edward Dillon, párroco de la iglesia del Espíritu Santo, el padre Hopkins y el padre Anthony Bannon, director nacional de los Legionarios de Cristo. El periódico de la arquidiócesis explicaba: «El precio de la transacción, poco más de 8.5 millones de dólares, cubre la deuda de la escuela con la arquidiócesis de Atlanta. Aproximadamente un millón se pagó al cierre y los 7.5 millones restantes se asumieron como préstamo de la arquidiócesis.»

Aunque se sorprendió, Angela Naples sabía que el arzobispo Donoghue estaba muy interesado en fomentar la educación católica. Había llegado a Atlanta en 1993 tras ser obispo de Charlotte. Era un abogado canónico que había trabajado sucesivamente bajo tres cardenales en su natal Washington, D.C. Naples se preguntaba qué acarrearía la venta de la escuela. Se quitaría el «Arzobispo» del nombre y, por lo tanto, se convertiría simplemente en la Escuela Donnellan.

Naples y el cuerpo docente se sintieron aún más confundidos cuando monseñor Ed Dillon —párroco y amigo de Angela— y Hopkins se quejaron de la publicación de la noticia. Decían que el artículo se equivocaba. «Negaron que la Legión de Cristo se hubiera adueñado de la escuela», dijo Naples. Los sacerdotes aseguraron que la transferencia de la propiedad era una formalidad. Cuando los padres de familia preguntaban si Donnellan era una escuela de la Legión, los sacerdotes respondían que no, sólo que Hopkins, un legionario, era el capellán.

Angela Naples se fue a Roma en julio. No encontró ningún taller para nuevos directores de escuela, sino capacitación para mujeres del Regnum Christi. Le dieron unos auriculares para que escuchara discursos traducidos del español. «Pasábamos el día ocupadas, desde que despertábamos hasta que nos íbamos a dormir», contó. Las mesas redondas la incomodaban. «Me llamaban aparte y me regañaban. Realmente es difícil tener que hablar de si una ha pecado o se ha equivocado... Quise ser amable, pero terminé diciéndoles que no iba a revelarles mis sentimientos y pensamientos espirituales.»

Su esposo, su madre y su tía la visitaron en Roma y salió temprano para tomarse un fin de semana largo con ellos, por lo cual faltó a algunas de las sesiones. «Yo me repetía: *No quiero ser del Regnum Christi*», añadió. «Desde que amanecía hasta que se ponía el sol estábamos en clases y eso desgasta.» A la tercera semana los líderes de los grupos se entrevistaron individualmente con cada asistente a fin de hablar de su «vocación» para el Regnum Christi. «Les dije que eso tal vez funcionaba en el Tercer Mundo, pero no en Buckhead, Atlanta. No se puede presionar así a la gente... Hablaban de Maciel como si estuviera a la par con el mismo Papa.»

Cuando en el otoño comenzó el nuevo año escolar, le agradeció a monseñor Dillon sus intentos por mejorar su relación con Hopkins. Sentía tensión con el legionario y se preguntaba si estaba disgustado con ella por resistirse al «Movimiento». Surgió un problema cuando Hopkins empezó a presionar a la orientadora, Diane Stinger, para que le diera información sobre los padres y los niños con quienes hablaba. Stinger se negó a violar su norma de confidencialidad y Naples la apoyó.[6]

Empezaron a ver que «mujeres consagradas» y seminaristas de la Legión visitaban al padre Hopkins y organizaban clubes para niños y niñas. La función de Diane Stinger era trabajar de cerca con las familias. Empezó a quejarse de que los padres no sabían nada sobre esos grupos ni sobre sus programas no oficiales. En una reunión del club de niños, Stinger oyó a un seminarista que dirigía a los niños en un cántico:

—¿No quieren ser héroes como el padre Maciel?

—¡Sí! —respondían los chicos.

La directora y la orientadora acudieron al párroco, monseñor Dillon, para preguntarle si eran una escuela de la Legión.

—Lo seremos sobre mi cadáver —respondió el sacerdote.

Pero los padres de familia y los maestros estaban preocupados ante la evidencia de lo contrario. Dillon les dijo que no se preocuparan. Pero la gente se preocupaba cada vez más conforme hacía búsquedas en Internet y llamadas telefónicas a lugares donde la Legión tenía escuelas, y escuchaban quejas sobre la manipulación del Regnum Christi para ganar nuevos adeptos. Mientras la Legión insistía en la búsqueda de la santidad, una queja común sobre sus escuelas era que esto se anteponía al aprendizaje, ya que el tiempo de clases se reducía para que los alumnos fueran a misa y a retiros, e incluso para que participaran en manifestaciones contra clínicas de abortos.

No muy lejos, en Cumming, suburbio de Atlanta, unos miembros del Regnum Christi habían iniciado la Academia Pinecrest en 1993. Theresa Murray, cuya hija asistía al tercer grado, se quejaba de que «nunca abrían los libros porque estaban muy ocupados rezando el rosario». Sacó a su hija de la institución cuando la niña llegó a casa diciendo que quería suicidarse para poder ver a Jesús.[7]

Los padres de familia de Atlanta supieron de un suburbio de Cincinnati donde la Legión se había apoderado de una escuela abierta en 1996 por católicos tradicionalistas que consideraban a las escuelas parroquiales demasiado liberales. Los padres de familia aceptaron la ayuda de la Legión para enseñar religión. Tres miembros del Regnum Christi —sin revelar que lo eran— ocuparon la junta directiva de cinco miembros. El 21 de marzo de 1997 la junta decidió por tres votos contra dos ceder la escuela, la Academia Royalmont de Mason, Ohio, a la Legión. Los dos miembros que estaban en desacuerdo renunciaron. «Tienen la actitud de que si una no es madre de familia del Regnum Christi, no tiene la formación adecuada… y no puede estar en la junta», dijo Lisa Bastian, escritora de administración y una de las muchas madres a quienes, efectivamente, se les bloqueó el acceso.[8] Otra madre, Maggie Picket, protestó: «Nunca nos dijeron que ésta iba a ser una escuela de la Legión.»[9]

«Tienen fotografías del Santo Padre por todas partes y es difícil decirle a la gente qué es lo que está mal con [los legionarios]», dijo Colleen Kunnuth, cuyo esposo, el doctor Art Kunnuth, había sido presidente de la junta antes de que la Legión se adueñara de la escuela «para chupar dinero» y reclutar niños «a diestra y siniestra», en palabras de la señora Kunnuth.[10]

Una de las primeras escuelas de la Legión, la Highlands, en Irving, Texas, surgió en los años ochenta a partir de un pequeño programa de instrucción en casa. A principios de la siguiente década intervinieron sacerdotes de la Legión. Con el respaldo de un adinerado empresario, creció hasta tener más de cuatrocientos estudiantes en un terreno boscoso de catorce hectáreas junto a la Universidad de Dallas, una institución católica de la diócesis. Cuando la escuela accedió a seguir los principios de educación diocesanos, el obispo Charles V. Grahmann les dio su apoyo. Sin embargo, un arranque difícil hizo que el personal cambiara varias veces y produjo una división que trajo por consecuencia el cambio de manos de la institución.

Ruth Lasseter trabajaba en Highlands con su esposo, Rollin, quien tiene un doctorado en letras inglesas de la Universidad de Yale y que fungía como consejero del programa de estudios. Ella se quedó estupefacta cuando la escuela impuso un programa obsoleto de México. «Nos engañaron», dijo. «Todo tenía que contar con la aprobación de [las oficinas centrales de la Legión en] Cheshire.»

En Atlanta, para el verano de 2000, los maestros y padres de familia de la Escuela Donnellan veían cómo la Legión consolidaba su control, aunque la junta no lo admitía. Los maestros, incómodos con la dirección y su secretismo, se reunieron con los padres de familia un domingo por la mañana, en agosto, fuera del plantel. Los miembros de la junta llamaron a esta reunión no autorizada un «amotinamiento».[11] Los engaños para ocultar la verdadera identidad de la escuela terminaron el 5 de septiembre, cuando llamaron a Angela Naples a la rectoría de la parroquia de Dillon. El párroco y el padre Hopkins querían que firmara un documento que decía: «Angela Naples reconoce que, desde junio de 1999, la escuela ha estado asociada con los Legionarios de Cristo y que, en efecto, por medio de los miembros de la corporación, se encuentra bajo absoluto control de los Legionarios de Cristo.»[12] El documento le prohibía

> hacer cualquier declaración a persona alguna, incluyendo, de manera enunciativa mas no limitativa, a todo empleado, estudiante, padre de familia o cualquier otra persona asociada con la escuela, que tenga una postura negativa hacia los Legionarios de Cristo (o cualesquiera de sus miembros). También se compromete a llevar a cabo los pasos necesarios para impedir que cualquier persona asociada con la escuela tenga esta conducta negativa y a informar inmediatamente a monseñor Dillon, por escrito, si se dan dichas acciones o declaraciones negativas o perjudiciales por parte de cualquier empleado de la escuela.

Allí estaba: su propio voto de silencio, como aquellos que obligaban a todos los legionarios. Dillon y Hopkins la acosaron para que firmara este apéndice de su contrato. Les rogó que le dieran tiempo para revisarlo con su esposo o con un abogado. Ellos se negaron. Hecha un mar de lágrimas, le permitieron llamar a Ian Lloyd-Jones, miembro de la asociación de padres de familia. Él llegó poco después, revisó el documento, le aconsejó que no lo firmara y propuso a los sacerdotes lo redactaran en términos más positivos. Ella no firmó, y después de una pesadilla de cuatro horas, le permitieron irse a su casa.[13]

El 9 de septiembre monseñor Dillon presidió la boda de la hija de Diane Stinger en una iglesia parroquial. «Lo utilizaron y él no se dio cuenta», comentó Stinger con amargura. «Angela era para él como una hija. Esto debe de haberlo lastimado.» Dillon no estaba presente cuando el puño de hierro se dejó sentir cuatro días después. Angela Naples, Diane Stinger, Emily Deubel (coordinadora de la escuela secundaria) y su esposo, Michael Deubel, entrenador de la escuela —acusados de instigadores—, fueron despedidos. La policía estaba presente y tuvieron que irse de inmediato, mientras que la comunidad escolar no recibió explicación alguna.

En respuesta a las quejas de los padres de familia, el arzobispo Donoghue envió una carta deslindándose de toda responsabilidad respecto de las decisiones tomadas por una junta directiva independiente.[14] Respaldaba a los Legionarios de Cristo en «la obra de nuestra santa Iglesia». Aproximadamente una tercera parte del cuerpo docente renunció tras los despidos.[15] La población estudiantil se redujo a la mitad en la primavera, quedando aproximadamente doscientos alumnos.[16]

En menos de dos semanas, los padres de familia insatisfechos reunieron 250 mil dólares y abrieron una escuela propia, la Atlanta Academy. Angela Naples, Diane Stinger y los Deubel fueron los primeros contratados para administrar la nueva escuela, alojada en una iglesia metodista. Al límite de su capacidad con 145 alumnos en 2003, la junta buscaba un terreno donde construir un nuevo plantel.

Naples, Stinger y los Deubel entablaron demandas civiles contra la Escuela Donnellan, Dillon y Hopkins por incumplimiento de contrato, estrés emocional y difamación. Llegaron a un acuerdo extrajudicial en octubre de 2001, una semana antes de la fecha señalada para el juicio, por el que la Escuela Donnellan pagó una indemnización de 375 mil dólares.

Los legionarios y el Regnum Christi encontraron un hogar en Atlanta con el apoyo del arzobispo Donoghue, quien impuso una política de silencio el 26 de marzo de 2001: «El personal de la escuela, la parroquia y la arquidiócesis no llamará, invitará ni hablará a ninguna persona de agencia noticiosa alguna sin la aprobación del vicecanciller.»

El arzobispo puso a Lloyd Sutter, diácono, abogado retirado y padre de un seminarista de la Legión, a cargo de la instrucción de los catequistas de la parroquia, que enseñan religión a niños que no asisten a escuelas parroquiales, los cuales representan más de noventa por ciento en la zona metropolitana de Atlanta. Sutter negó ser miembro del Regnum Christi. «Casi todos sus amigos lo son», dijo un ex compañero de trabajo. La Legión y el Regnum Christi proporcionan programas alternativos de educación religiosa en las parroquias de Atlanta. «Organizaron un baile de padres e hijas en nuestra parroquia y no dijeron que estaba patrocinado por el Regnum Christi», reveló una fuente. «Le pidieron a la gente que hiciera cheques a nombre del "fondo del hogar y la familia" y nadie sabe qué es eso.» La fuente se quejó de que muchas personas pensaron equivocadamente que el dinero reunido sería para la parroquia y no para el Regnum Christi.[17]

Alarmado ante esta tendencia, el Consejo de Sacerdotes de Atlanta invitó a un representante de los legionarios para que explicara sus programas. La Legión declinó la invitación y el arzobispo Donoghue no les ordenó que cooperaran.[18]

«Siempre me parece que su modo de actuar aquí se guía por la idea de que el fin justifica los medios», dijo monseñor Terry Young, presidente del consejo. «Dicen que sus maestros están certificados cuando algunos ni siquiera terminaron la universidad.» Hay buenas personas en el Regnum Christi, aclaró. «Pero cuando uno los trata, se queda con la sensación de que no son libres. La Legión tiene que aprobarlo todo.»[19]

El padre William Hickey, párroco de la iglesia de Saint Brendan, en Cumming, donde se encuentra la Academia Pinecrest, de la Legión, fue más directo: «Aquí no está permitido que se reúna el Regnum Christi. No satisface las necesidades de la parroquia. Causan mucha fricción.»[20]

DÉJÀ VU EN NAPLES, FLORIDA

En 1998 miembros del Regnum Christi abrieron en Naples, Florida, una escuela que promovía la «filosofía educativa de la Legión», dirigida a familias que instruían a sus hijos en casa. Dan Anderson, un sargento de la policía que supervisaba investigaciones de delitos violentos, quedó muy impresionado. Quería que sus hijos recibieran una educación católica tradicional. Se incorporó al Regnum Christi mientras la escuela tomaba forma.

«Si una persona no ha participado en el Regnum Christi y no está familiarizada con sus escritos propagandísticos, es casi imposible que entienda su mentalidad», declaró Anderson, sentado frente a Gerald Renner en una mesa para días de campo un cálido día de mayo de 2002. Su hijo, Zach, practicaba con su equipo de futbol en un campo contiguo en un parque deportivo de esta población de ambiente familiar. Anderson sostenía en las manos un fajo de documentos que detallaban su participación en la Royal Palm International Academy, escuela fundada por Carol Moore, miembro del Regnum Christi e hija de Jack Donohue, uno de los ciudadanos más ricos de Naples.

Anderson, que en sus dieciocho años de trabajo había testificado muchas veces, revisó el expediente con aire tranquilo para ordenar sus recuerdos de los hechos. En 1998 llegó a ser presidente del Parents' Forum (Foro de padres de familia), una asociación que distribuía regalos de Navidad a familias de trabajadores migrantes y comida a los pobres, difundía el boletín de la escuela y realizaba colectas. Ese año la población estudiantil creció de 30 a casi 120 alumnos.

Patrick Scott Smith, empresario que presidía la junta escolar de tres miembros, se ofreció como voluntario para ocupar el puesto de director hasta que se encontrara a un educador. En enero de 1999, Smith viajó a Roma y conoció a Maciel, el cual le pareció «una persona cálida, muy carismática».[21] Volvió a reunirse con él en Atlanta a fines de octubre y le reiteró que Royal Palm necesitaba un educador para dirigir la escuela. En mayo de 2000, Maciel envió a Catalina Nader, de México, una «mujer consagrada» del Regnum Christi.

Cuando se reanudaron las clases, en el otoño, Catalina Nader empezó a «adoptar por la fuerza lineamientos establecidos por la National Consultants for Education (NCE)», refirió Anderson. La NCE tiene su sede en las oficinas centrales de la Legión en Orange, Connecticut, y es «especialmente útil cuando la Legión no puede obtener la aprobación diocesana necesaria para administrar una escuela», continuó el detective. Naples pertenece a la diócesis de Venice. Un portavoz de la diócesis dijo de la escuela: «No tiene prestigio.»[22]

Los maestros se quejaron de que Nader exigía revisar toda comunicación que tuvieran con los padres de familia, les restringía el acceso al edificio después de clases y les prohibía reunirse con los padres si ella no estaba presente. Estas órdenes causaron un gran descontento. Nader llamó a los maestros, individualmente y en parejas, los interrogó sobre su trabajo, los acusó de sabotear la misión de la escuela y amenazó con despedir a varios.

Nader declinó la petición de Dan Anderson de una lista de familias para repartirla a la comunidad escolar, le mandó suspender las actividades del Parents' Forum hasta que la escuela se mudara a un domicilio previsto, modificó la redacción del memorando en que él explicaba la suspensión del Forum y lo distribuyó en su nombre, sin su firma y sin su autorización.

Anderson comprendió que la directora intentaba limitar la comunicación entre las familias para que no cuestionaran los cambios que hacía. Esto produjo «la sensación de que los padres de familia ya no éramos bienvenidos en la escuela, que sacáramos las narices de allí», agregó. Mientras tanto, la célula local del Regnum Christi empezaba a resquebrajarse. «Varios miembros empezaron a dudar de su fe», explicó Anderson. «Las enseñanzas de la Legión y del padre Maciel empezaron a agobiarlos. Veían una fe ciega, una devoción incansable al Movimiento, reuniones secretistas… y no les gustaba.»

Dos de las mujeres que dejaron el Regnum Christi (y que solicitaron que no se publicaran sus nombres) se horrorizaron de que asuntos personales que habían confiado a un sacerdote de la Legión en sesiones de dirección espiritual se habían comunicado a los «líderes de equipo» del Regnum Christi. Aunque no se trataba propiamente de una violación del secreto de confesión, se le parecía; era algo así como divulgar la intimidades a los cuatro vientos. Una de las mujeres tuvo pesadillas como consecuencia de esto.

«Se les vino abajo el tinglado», dijo Anderson, cuando la gente empezó a investigar en Internet, se enteró de las acusaciones contra Maciel y las disputas en otras escuelas de la Legión, y tuvo conversaciones telefónicas con gente de Atlanta, donde las heridas todavía estaban frescas.

En Naples, la junta directiva se dividió en una amarga disputa. Dos de los tres miembros decidieron separar a Smith del cargo de presidente durante una junta urgente de la cual no lo enteraron. Lo demandaron por incumplir una promesa de donar casi un millón de dólares a la escuela y por lucrar con la compra, en nombre de un fideicomiso que él controlaba, de cuatro hectáreas de terreno donde habría de construirse la nueva escuela.[23] Smith acusó a la junta de destituirlo ilegalmente y aclaró que había adquirido el terreno porque la escuela no podía pagarlo.[24] Explicó que había incumplido su promesa de pago porque la Legión de Cristo exigió que se transfiriera la propiedad del terreno a la orden sin mediar pago alguno. Siguió una mediación tras la cual Royal Palm se quedó con el terreno y Smith recuperó los 3.5 millones de dólares que había invertido.[25]

La junta despidió a Anderson como presidente del Parents' Forum cuando él convocó a una reunión de emergencia para discutir asuntos de la escuela fuera del plantel. Un eco de lo sucedido en Atlanta. Los funcionarios escolares declararon la reunión «no autorizada».

Anderson dijo a la asamblea que muchos padres se habían quejado con él de que la escuela se había vuelto una «institución secretista y excesivamente controlada.» Poco después seis maestros renunciaron y dijeron que «las condiciones en las que trabajaban eran atroces». Respetaban «el derecho de la Legión a administrar la escuela como mejor les parezca, pero no podemos, en conciencia, seguir asociados con esa institución».

Como en Atlanta, los padres de familia y los maestros inconformes abrieron otra escuela, la Sacred Heart Academy. El *Naples Daily News* publicó una nota sobre la división e incluía una defensa de Jay Dunlap, el portavoz de la Legión en Connecticut.[26] Los padres de familia sabían desde el principio de qué se trataba la escuela, dijo. Atribuyó los problemas a Smith y sus «malos manejos, que pusieron en peligro la condición jurídica de la escuela y su exención tributaria». Smith, añadió, «orquestó una campaña para desacreditar a la escuela».

Dunlap atacó a Smith en una carta dirigida a Anderson,[27] a la cual el detective contestó agresivamente: «Insinuar que hayamos interrumpido nuestra vidas a tal grado, roto amistades, dejado una escuela que en un momento llegó a ser el centro de nuestra existencia... sólo para beneficiarnos con una disputa de la junta es insultante y ridículo.»[28]

La nueva escuela se colapsó por falta de financiamiento. Smith se mudó a Raleigh, Carolina del Norte, donde estableció otro negocio.[29] «Cuando el Papa dijo: "Si eres lo que debes ser, iluminarás al mundo entero", les dio voz a mis sentimientos», expresó Anderson. «Yo creí en la causa de la Legión. Me entusiasmaba la idea de formar parte de la reevangelización de la fe católica. Lo que no apruebo es su manera de llevarlo a la práctica. El engaño y otras faltas no deben ser nunca el fundamento de ninguna misión de Cristo.»

El respaldo del papa Juan Pablo II es una enorme bendición para la mercadotecnia escolar de la Legión. Si el Papa está con ellos, ¿cómo pueden ser malos? La Legión consiguió sus escuelas en Atlanta, Cincinnati, Dallas y Naples, Florida, como una aplanadora que dejó a muchas heridas. La Legión ponía los ojos en comunidades, particularmente en el sur, con potencial de crecimiento a causa de la debilidad de las escuelas parroquiales. Entre los padres de familia de la Cypress Heights Academy, en Baton Rouge, Luisiana, y de la Rolling Hills Academy, en San Antonio, Texas, surgieron grandes divisiones en el verano de 2003, después de que el Regnum Christi tomó el control y desalojó a quienes «no estaban adecuadamente preparados». En el mundo de la Legión se puede esperar que la misma historia se repita una y otra vez.

CONTRAGOLPE EN COLUMBUS

El apoyo del Papa hace dudar a los obispos y líderes de las universidades católicas de contradecir al «Movimiento», incluso cuando ven más allá de la fachada piadosa de la Legión y el Regnum Christi. Algunos obispos se niegan en silencio a permitir que la Legión opere en sus diócesis. Enfrentar al Regnum Christi es otra cosa. Los laicos pueden ir a donde deseen sin aprobación episcopal.

Un obispo tomó acciones decisivas contra la Legión y el Regnum Christi. James A. Griffin, abogado tanto canónico como civil, ha sido obispo de Columbus, Ohio, desde 1983. Una de sus parroquias, la iglesia de San Francisco de Sales, en Newark, Ohio, fue víctima de las tácticas de infiltración de una célula del Regnum Christi cuando se contrató a un miembro del «Movimiento», Rhett A. Young, como director de la escuela parroquial. Young había sido director de la Royalmont Academy, la escuela del Regnum Christi en Cincinnati. Reemplazó al director de la escuela de San Francisco, que se había ido de manera repentina, para el año escolar 2002-2003. Algunos padres de familia de la parroquia, conscientes de cómo opera el Regnum Christi, se percataron de que varias mujeres recién llegadas empezaban a aparecer en puestos clave en las organizaciones de la parroquia. Cuando surgieron las preguntas, el párroco, el padre Dean Mathewson, se enfureció ante las especulaciones de que estuviera sucediendo algo siniestro. En una carta de seis páginas a los parroquianos, fechada el 28 de mayo de 2002, defendió a Young como educador competente, elegido por unanimidad por un comité de búsqueda. Reconoció que Young era miembro del Regnum Christi y que antes había trabajado en una escuela de la Legión, pero aclaró que los legionarios estaban completamente autorizados por el propio Papa.

> De ninguna manera son estos grupos un «culto» ni «fanáticos», como algunos en esta parroquia han dicho de manera poco caritativa y falsa. Repito, si alguien les dice que los miembros del Regnum Christi pertenecen a un «culto» o son «fanáticos» o cualquier cosa por el estilo, quien lo dice es ignorante de los hechos o está difundiendo falsedades en forma deliberada. Pido a quienquiera que ponga en circulación o repita estos rumores falsos u otros similares que deje de hacerlo.

Mathewson presentó una defensa similar de la Legión: que el surgimiento de una nueva orden «casi siempre se ha acompañado de malentendidos, suspicacia, miedo e incluso una oposición muy poco caritativa y descaminada por parte de sus compañeros católicos».

La carta del párroco no logró detener las preocupaciones de su rebaño. «Era evidente que algo raro estaba pasando», dijo Julie Kohl, madre de dos hijos.[30] Las asambleas escolares empezaron a consumir tiempo de clases. «Durante las dos primeras semanas rezaban tanto que los niños no comían el almuerzo.» Cuatro maestros renunciaron. A los padres se les impedía ver un programa para adolescentes en el sótano de la iglesia. A los adolescentes que no participaban en actividades grupales nocturnas y de fin de semana se les negaba la confirmación. «Hay juntas secretas todo el tiempo», continuó Julie Kohl.

«Son como un culto… amordazado», expresó su marido, Tyler. «¡Todo es tan secreto!»

Los fieles de la parroquia asediaron al obispo Griffin con cartas y llamadas telefónicas. Acompañado por el canciller diocesano y su superintendente de escuelas, Griffin hizo una «visita extraordinaria» a San Francisco el 16 de septiembre de 2002.[31] Se entrevistó con parroquianos, miembros del consejo parroquial, el comité de finanzas y la junta directiva de la escuela. El 8 de octubre, el obispo ordenó al párroco y a los feligreses de la parroquia elaborar conjuntamente una «declaración de la misión parroquial» para someterla a la aprobación de la diócesis, y mandó a la escuela atenerse a los principios de la Asociación de Acreditación de Escuelas Católicas de Ohio. «Debe invitarse a los padres de familia a participar en todos los programas relacionados con sus hijos», continuó el obispo. Luego asestó el golpe:

> Por decreto de vigencia inmediata, el Regnum Christi no celebrará reuniones en la propiedad de la parroquia. Ya existe un acuerdo con el provincial de los Legionarios de Cristo en el sentido de que sus sacerdotes no actuarán de ninguna manera en la Diócesis de Columbus; por lo tanto, no se recurrirá a Legionarios de Cristo como consejeros de la escuela ni de la parroquia. No participarán en la escuela ni en ninguna actividad escolar. Ni la escuela ni la parroquia deben usarse como herramienta de reclutamiento para ningún programa patrocinado por los Legionarios de Cristo ni por el Regnum Christi. Los programas para jóvenes o adultos patrocinados por el Regnum Christi no deben administrarse a través de la parroquia ni promoverse por medio de canales parroquiales, el boletín incluido. Ningún empleado de la parroquia puede usar su puesto para promover actividades del Regnum Christi.

La proscripción de la Legión y el Regnum Christi, efectiva a partir del 15 de octubre de 2002, se aplicó a todas las parroquias, instalaciones y organismos de la diócesis de Columbus.[32] La firme respuesta de Griffin contrasta con la capitulación del arzobispo Donoghue en Atlanta, quien dio rienda suelta a la Legión y abandonó a sus párrocos a sufrir las consecuencias.[33]

El problema de la Legión va más allá de la imagen, de la cultura, del conservadurismo. Cualquiera diría que el lugar más apropiado para que la Legión encontrara un nicho sería una parroquia de mexicoestadounidenses, en particular una llamada iglesia de Nuestra Señora de Guadalupe. Eso es lo que el obispo William Weigand, de Sacramento, California, al parecer pensaba cuando invitó a la orden a hacerse cargo de la parroquia. La Legión por lo general no se dedica a las obras parroquiales, pero la invitación de un obispo es poco común. En septiembre de 2000 se asignó a dos sacerdotes legionarios a la parroquia de Guadalupe, fundada en 1958 por la creciente comunidad de inmigrantes mexicanos del norte de California, la mayoría trabajadores del campo. La parroquia había dado apoyo activo a César Chávez en la lucha por conseguir condiciones de trabajo decentes para los trabajadores agrícolas. En 1978, el papa Juan Pablo II la declaró «el santuario nacional de todos los hispanos y mexicoestadounidenses en el norte de California».[34]

La Sociedad de Nuestra Señora de Guadalupe era la organización de católicos latinos laicos más antigua de la diócesis. Muchos de sus miembros habían construido la parroquia. Los guadalupanos servían como ministros laicos de la Eucaristía y hacían desayunos y almuerzos semanales para reunir fondos. Sin ninguna explicación, los sacerdotes legionarios los expulsaron de la cocina y se negaron a permitirles servir como ministros de la Eucaristía.[35]

«Ésta ha sido nuestra iglesia durante más de cuarenta años y han ido y venido sacerdotes, pero esta orden ha sido especialmente grosera, desconsiderada y abusiva para nuestra… comunidad mexicana», dijo María Morales González, madre de tres niños y parroquiana de largo tiempo que ayudó a organizar una protesta.[36] Las cosas empeoraron cuando los padres de familia se quejaron de que el nuevo párroco, el padre John Monaghan, oriundo de Irlanda, hacía preguntas violatorias de la intimidad sexual a sus hijos adolescentes en la confesión.

Un muchacho dijo que el padre le había preguntado si alguna vez había dormido con un chico. Contestó que sí. El padre preguntó si le había gustado. «Fue una piyamada», explicó el joven. «¿Eres homosexual?», repuso el sacerdote.[37] La respuesta: no.

Monaghan declaró al periódico local que había sido un «malentendido cultural». Agregó que en Quintana Roo, México, donde había servido durante veinticuatro años, «los adolescentes tienden a hablar de temas sexuales en la confesión». Él pensaba que sería igual entre los jóvenes mexicoestadounidenses. La diócesis alegó las «diferencias culturales» en su defensa.[38]

Dos ex sacerdotes legionarios —uno irlandés y el otro mexicano— que sirvieron en Quinta Roo consideraban que el «malentendido cultural» era un excusa falsa. «Yo nunca hice preguntas explícitas sobre sexo en el confesionario. Ésa es una dificultad u obsesión personal, no necesariamente abusiva, pero extraña», comentó Paul Lennon, el ex sacerdote de la Legión. Un sacerdote de parroquia de una población fronteriza de Texas que había trabajado en el mismo lugar que Monaghan dijo: «En lo personal, pienso que es algo enfermizo. Esas preguntas no se hacen. A menudo uno ayuda un poco para que los jóvenes se sientan cómodos hablando, pero creo que comúnmente no hacemos ese tipo de preguntas.»[39]

A lo largo de 2001, miembros insatisfechos de la parroquia siguieron ejerciendo presión sobre la diócesis. Morales y otros boicotearon un acto de la diócesis para recaudar fondos. Seiscientos parroquianos firmaron una carta que exigía expulsar a la Legión de la iglesia de Guadalupe. A Monaghan lo devolvieron a Quintana Roo, pero lo reemplazó otro legionario de México, el padre Salvador Gómez, quien admitió que se habían cometido errores. Dijo que estaba dispuesto a hacer «todo lo necesario para alcanzar la paz y la armonía».[40]

Gómez cumplió la promesa de restaurar la paz.[41] Permitió que los guadalupanos tuvieran una misa propia una vez al mes, pero no los dejó regresar a la cocina. La parroquia retrocedió a una vieja regla: «El padre es quien sabe más». Un consejo parroquial que la diócesis había prometido nunca se formó. Desde que los legionarios tomaron el mando la parroquia dejó de publicar sus estados financieros.

La Legión obtuvo lo que quería: una base en la costa oeste después de someter a los activistas laicos. En la capital californiana, donde no existe ninguna universidad católica, la orden tenía la intención de fundar la Universidad de Sacramento[42] en ochenta hectáreas, propiedad del condado, de una base Aérea que ya no funciona. «Esperan tener una población de cinco mil estudiantes y dos mil egresados para 2006 o 2007», anunció Paul Hahn, director de desarrollo urbano del condado de Sacramento,[43] quien ayudaba a los legionarios a encontrar un lugar que pudieran alquilar temporalmente en el centro de Sacramento para abrir instituto de cursos de posgrado.

El 27 de mayo de 2003 la Legión anunció un plan de treinta años para convertir en universidad una gran parte del centro de formación del Regnum Christi en Thornwood, condado de Westchester, Nueva York.[44] La orden tiene pensado construir el campus en 67 de las 107 hectáreas que compró a la IBM por 33.4 millones de dólares en 1996. La adquisición resultó controvertida en 1996, cuando los planes secretos de relaciones públicas de la Legión para neutralizar la oposición a los cambios de uso del suelo de la zona, incluida la presión sobre los políticos, se filtraron a los medios locales.[45]

La orden se ha afianzado en la educación superior en Estados Unidos tras haber abierto en 1999 un colegio de posgrados, el Instituto de Ciencias Psicológicas, en Arlington, Virginia, «dedicado al desarrollo y promoción de las disciplinas psicológicas basadas en la concepción católica del ser humano».[46] Ofrece una maestría en ciencia y doctorados en psicología clínica. Su presidente es un sacerdote de la Legión, el reverendo Richard Gill, y el decano fundador es la doctora Gladys Sweeney, miembro del Regnum Christi que antes formaba parte del cuerpo docente de la Facultad de Medicina de la Universidad Johns Hopkins. Diecisiete estudiantes constituían la generación inicial.

Las ambiciones de la Legión, dicho sin rodeos, dependen de si pueden encontrar suficientes ricos que crean que Maciel es un santo viviente y que los legionarios son una auténtica orden de educadores. Dicho de otro modo, necesitan gente adinerada ciega a la historia y las dinámicas internas de la orden. Las universidades dan a la orden una poderosa máquina de hacer dinero en Estados Unidos y una base para la «cautivación» —palabra acuñada por la Legión— de católicos conservadores idealistas, cuanto más jóvenes, mejor.

Los obispos de Estados Unidos podrían ahorrarle a la Iglesia un buen dolor de cabeza y más mala publicidad siguiendo el ejemplo del obispo Griffin, de Columbus, Ohio, quien fue capaz de ver detrás de la fachada piadosa de la Legión y actuó con sentido común. O bien, pueden seguir los pasos del arzobispo Donoghue, de Atlanta, que estuvo dispuesto a dejarse engañar. Si algo han aprendido los obispos de las consecuencias del escándalo de abuso sexual de menores es que la única forma de enfrentar el poder inmoral en la Iglesia es insistiendo en los valores de honestidad, caridad y libre flujo de información, causas perdidas en Maciel, el Regnum Christi y los Legionarios de Cristo.

15

Un Vaticano de verdades desnudas

El 4 de enero de 2001 el papa Juan Pablo II apareció en Roma en un acto para celebrar el sexagésimo aniversario de la fundación de la Legión. Ante los veinte mil asistentes el Papa dijo: «Con especial cariño saludo a su amado fundador, el padre Marcial Maciel, y le extiendo mis más sinceras felicitaciones».

Más adelante ese año transfirieron al teniente coronel Doyle a Ramstein, Alemania, la mayor base aérea de Estados Unidos fuera de su territorio. A través de su trabajo canónico había hecho amistad con A. W. Richard Shipe, una autoridad en abuso sexual en el clero. «Tom tiene toda la razón en lo que dice sobre el encierro religioso», dijo Sipe. «Y sufre por todo esto. Creo que este sufrimiento también lo ha purificado y llevado a la esencia de su sacerdocio. Es uno de los "perros de la verdad", como se llama a los dominicos.»[1] Ya en Ramstein, Doyle se inquietó al saber que miembros civiles de la comunidad habían invitado a un legionario irlandés a dar una charla. Asistió a la conferencia, que no fue otra cosa sino una exposición autoritaria del catecismo católico, pero prometió a los organizadores laicos que ésa sería la última vez que un legionario visitara Ramstein mientras él se encontrara allí.

En la Navidad de 2001 envió un mensaje electrónico a su cada vez mayor lista de contactos: «Me cuesta trabajo calcular los progresos hechos en el ámbito de la iluminación eclesiástica. Sin duda hay algunos dignatarios de la Iglesia… que aprecian el dolor de los sobrevivientes y ven la urgente necesidad de honestidad institucional. Pero ¿dónde están?»

El 18 de mayo de 2001 el Papa firmó un decreto secreto que otorgaba a la Congregación para la Doctrina de la Fe autoridad para juzgar seis crímenes canónicos, incluida la «absolución de un cómplice»,[2] el cargo formulado contra Maciel en 1998. Publicado en diciembre, el decreto ordenaba a los obispos estadounidenses informar a la CDF de todo sacerdote acusado. La congregación de Ratzinger podía llevar a cabo un juicio secreto o permitir que la propia diócesis juzgara el caso. La CDF conservaría la facultad de decisión en los casos de secularización del sacerdote. «El proceso judicial protege los derechos de las víctimas, de la comunidad eclesiástica que ha sufrido daños y escándalo, y los derechos... de los acusados», declaró el arzobispo Tarcisio Bertone, secretario de la CDF.[3] Pero como comentó John Travis, del Servicio Católico de Noticias:

> Un obispo bien informado de los hechos y que pidió que no se revelara su identidad dijo que el secretismo exigido por las normas da la apariencia de ser una maniobra de «encubrimiento» de la Iglesia. Añadió que las normas eran demasiado legalistas y no hacían caso de las necesidades pastorales acarreadas por los casos de pedofilia. Se preguntaba si a las víctimas un tribunal compuesto exclusivamente por sacerdotes les parecería un foro aceptable.

En Estados Unidos el número de pedófilos activos reciclados por los obispos había disminuido drásticamente debido a los litigios, la cobertura de los medios y el movimiento de sobrevivientes. Sin embargo, muchos sacerdotes que habían cometido estas transgresiones seguían en sus puestos mientras la ola de demandas continuaba.

El decreto de Juan Pablo II llegaba dos meses después de un impactante relato del *National Catholic Reporter* sobre sacerdotes que habían abusado sexualmente de varias monjas en el África subsahariana. La curia había hecho caso omiso de cinco informes internos de superioras de las hermanas. En muchos de los países devastados por el sida, «las monjas jóvenes son vistas a veces como objetos seguros de satisfacción sexual», escribieron John Allen y Pamela Schaeffer.[4] «En unos cuantos casos los sacerdotes las han embarazado y luego las presionan para abortar.» En 1995 una monja que era médica y autora de un informe interno había acudido al cardenal Eduardo Martínez, prefecto de la Congregación para los Religiosos, para contarle que el vicario general de una diócesis africana había afirmado: «El celibato en el contexto africano implica que un sacerdote no se casa, pero no que no tenga hijos.»

Un vocero del Vaticano expresó: «Estamos trabajando en dos frentes: adiestrando a la gente y buscando una solución para casos individuales.»[5]

El 6 de enero de 2002 el *Boston Globe* inició una serie de reportajes que originaron una reacción en cadena mundial. De la noche a la mañana, Tom Doyle recibió un aluvión de llamadas de periodistas y productores de televisión. Sobrevivientes a los que él conocía bien empezaron a aparecer en CNN, mientras la prensa desenterraba casos de encubrimiento. Ese mes, la Conferencia sobre los Religiosos y el gobierno de Irlanda anunciaron un pago indemnizatorio de 110 millones de dólares para sobrevivientes de abusos sexuales sufridos en escuelas de oficios dirigidas por la Iglesia de 1940 a 1970. Un productor de la RTE, la televisión pública irlandesa, pidió a Doyle su ayuda para hacer un documental sobre la jerarquía eclesiástica irlandesa, que había encubierto a transgresores sexuales hasta bien entrados los años noventa. Doyle empezó a leer documentos.

«Creo que he perdido la cordura», escribió Doyle en un mensaje electrónico a sus amigos.[6]

> Si respondiera afirmativamente a todos los que quieren una declaración mía, necesitaría hacer el trabajo de un mes en una semana. La verdad es que nunca pensé que esto llegara a suceder, a pesar de toda la información que siempre he tenido. Recibo entre siete y nueve llamadas por noche.
>
> Este asunto está consumiendo todo mi tiempo, de manera que a la hora de dormir ya estoy de un humor de perros. Trabajo todo el día, además de que en la base hay una crisis tras otra. En una semana, dos muertes, dos intentos de suicidio, bajas de la guerra [de Afganistán], además de todos los consejos que tengo que dar. De cualquier manera, basta de despotricar por hoy. Me voy a la cama.

Ahora observaba cómo obispos sacudidos por el escándalo representaban el drama de su teoría del clericalismo, una casta elitista que no rendía cuentas a los laicos, en una novela mediática. El 8 de marzo Anthony O'Connel renunció a su cargo de obispo de Palm Beach, Florida, el segundo obispo consecutivo que renunciaba al mismo cargo por la misma causa: haber abusado de un menor años antes. El 17 de marzo, el *Hartford Courant* descubrió unos documentos que mostraban que el cardenal Edward Egan, de Nueva York, siendo obispo de Bridgeport, «permitió que varios sacerdotes que enfrentaban múltiples acusaciones de abuso sexual siguieran trabajando durante años». El 23 de marzo el obispo Robert Lynch, de Saint Petersburg, Florida, admitió que su diócesis había pagado cien mil dólares para resolver una queja de su ex vocero, un seglar, que lo acusaba de hostigamiento sexual. Lynch, ex secretario general de la Conferencia Estadounidense de Obispos Católicos, negó las acusaciones.[7] Roma no dijo nada y Lynch permaneció en el puesto.

Los sobrevivientes funcionaban como el coro de una tragedia griega, advirtiendo que el orden moral se había subvertido. Cuando en Boston se levantó un clamor por la renuncia del cardenal Law, el Papa le ordenó permanecer en su cargo. Una multitud de manifestantes se arremolinaban ante la catedral mientras el cardenal decía misa. Doyle sentía furia más que lástima hacia Law. El cardenal Rivera, de la Ciudad de México, defendió a Law como víctima de «una campaña de persecución de los medios… contra toda la Iglesia» como la de «Nerón… en la Alemania nazi y en los países comunistas».[8] En su carta anual a los sacerdotes el Jueves Santo, 21 de marzo, Juan Pablo II declaró:

> Estamos afligidos de manera personal y profunda por los pecados de algunos hermanos nuestros que han traicionado la gracia de la ordenación al sucumbir incluso a las formas más graves del *mysterium iniquitatis* que actúa en el mundo… [Una] oscura sombra de sospecha se cierne sobre todos los demás sacerdotes intachables que desempeñan su ministerio con honestidad e integridad… La Iglesia manifiesta su preocupación por las víctimas y se esfuerza por responder con verdad y justicia a cada una de estas dolorosas situaciones.[9]

«Misterio de la iniquidad», era la telegráfica y abstracta opinión de Juan Pablo II sobre una crisis que desde 1985 había recibido poca atención de su parte. Con 82 años, aquejado de parkinsonismo, encorvado, el cuello torcido y el labio inferior hundido, su propia persona parecía un signo de las enfermedades sistémicas. El Papa había censurado cualquier discusión del celibato como factor de la crisis. Desde mediados del siglo habían dejado el sacerdocio en todo el mundo cien mil hombres... muchos más de los que se habían ordenado. Habían aparecido incontables estudios sobre los problemas psicológicos de la vida clerical desde que un psiquiatra presentó un ensayo ante un sínodo de obispos en el Vaticano en 1971.[10] La tradición de ignorar la realidad sexual había propiciado que el sacerdocio se volviera un enorme clóset para los hombres homosexuales, muchos de los cuales se mofaban del celibato. Las mujeres eran una amenaza aún mayor, como dejó en claro Juan Pablo II en una carta de 1992 que las excluía del sacerdocio.

En 2002 las declaraciones de funcionarios del Vaticano revelaban una miopía moral en la curia (del latín, *covir*, «compañero hombre») romana.[11]

El Cardenal Castrillón Hoyos entregó a Juan Pablo II una carta en una conferencia de prensa. Mientras los reporteros interrogaban al vocero Joaquín Navarro-Valls, el cardenal tomaba notas. Cuando tomó la palabra dijo: «El idioma [inglés] usado es interesante. Esto en sí mismo es una radiografía del problema.»[12] Ignorando las preguntas, leyó una declaración: la crisis pocedía de la «pansexualidad y el libertinaje sexual». Tres por ciento de los sacerdotes estadounidenses tenían «tendencia» hacia el abuso y sólo 0.3 por ciento eran pedófilos, insistió, citando datos incompletos de la arquidiócesis de Chicago.[13]

«Me gustaría conocer las estadísticas de otros grupos y las penas que los otros han recibido y el dinero que han pagado a las víctimas», comentó y elogió la autoridad que el Papa confería a la CDF. Subrayó que el Vaticano también había ampliado el plazo de prescripción del derecho canónico para esos delitos a diez años después de que la víctima cumpliera 18 años, importante concesión sobre todo en países en desarrollo donde no había edad de consentimiento. Defendió las normas canónicas secretas para evitar «una cultura de la sospecha». Las leyes de la Iglesia deben tratar «asuntos internos de manera interna». Declaró a continuación: «La Iglesia nunca ha ignorado el problema del abuso sexual, menos entre sus sagrados ministros, incluso antes de que acaparara las primeras planas.»

Tom Doyle se burló del comentario de Castrillón sobre la «pansexualidad», en una nota del *Irish Times*.[14] «Un sólido principio de las ciencias políticas dice que la élite gobernante de una organización siempre termina por pensar que ella misma es la organización», escribió:

> La jerarquía católica se enfrenta con una comunidad de creyentes que se ha liberado de los lazos infantiles del control clerical y ha crecido. Los creyentes exigen rendición de cuentas y honestidad... Como dijo Peter Isely, una víctima estadounidense: «Las diócesis gastan decenas de millones de dólares en los abogados más caros y contrataron a las mejores agencias de relaciones públicas para combatirnos. Y nosotros, ¿qué teníamos? Lo único que teníamos era la verdad».

A la semana siguiente el obispo de Ferns, que abarca el condado de Wexford, Irlanda, renunció. El obispo Brendan Comisky se había mostrado demasiado indulgente con uno de los peores pedófilos de Irlanda, el padre Sean Fortune, que se suicidó en 1999 antes del juicio. En otro artículo en el *Irish Times,* Doyle hizo uno de sus más fuertes comentarios públicos:

> Los sacerdotes expresan vergüenza de aparecer en público vestidos de sotana. El Papa está afligido de manera «personal y profunda», y teme que los actos de los abusadores sexuales contaminen a todos los hombres de sotana. Lo cierto es que a la mayoría de la gente la tienen sin cuidado su dolor y vergüenza... Hay algo malo y esa maldad no puede eliminarse con expresiones emotivas de dolor personal ni declaraciones farisaicas de ira contra los abusadores. Es *precisamente* este narcisismo clerical el que ha provocado la crisis.[15]

En artículos periodísticos y en la televisión, los conservadores culpaban de la crisis a los sacerdotes homosexuales. La subcultura clerical *gay* era un factor, pues dentro del sacerdocio un pequeño grupo de homosexuales regresivos habían abusado sexualmente de un número desproporcionado de víctimas. Pero los grupos de sobrevivientes señalaron de inmediato que muchas víctimas eran mujeres. Nadie tenía los datos completos. El mayor problema era la mitomanía de los obispos y la incapacidad de Juan Pablo II para enfrentarse con el secretismo sexual forjado por medio del gobierno eclesiástico. La jerarquía católica no mostraba ninguna virtud maternal. Obispos y cardenales, carentes de hijos propios, habían consentido a los pedófilos en una enfermiza parodia del incesto. Los conservadores eran incapaces de ver que la manera parcial en que Juan Pablo II seleccionaba a los obispos, lo mismo que su campaña contra los teólogos «disidentes», procedía de una concepción de la fe como obediencia ciega a la psicodinámica que había detrás del estado de pecado de la Iglesia.

La experiencia del cardenal Karol Wojtyla de una sociedad libre terminó en su adolescencia, con un breve resurgimiento de las libertades civiles durante sus primeros años de estudio en Roma. Luego, a los 58 años, saltó de la Polonia comunista al trono de la última monarquía efectiva de Europa. El Vaticano no tiene ningún parlamento ni poder judicial independiente. La creencia de Juan Pablo II en los absolutos morales le sirvió bien durante la caída del imperio soviético. Su gobierno de la Iglesia fue hostil al espíritu de una Iglesia en evolución, abierta, surgido a raíz del Concilio Vaticano II. La Iglesia que prevaleció sobre la tiranía comunista conservaría la autoridad a través de sus estructuras. El submundo sexual que habitaba dentro del castillo era una fuerza que él, un monarca virgen, sólo podía percibir como meros pecados aislados, no como los gusanos hambrientos de la descomposición estructural.

El 28 de marzo Juliusz Paetz, arzobispo de Poznan, Polonia, de sesenta y ocho años, renunció a su cargo obligado por el secretario de Estado del Vaticano, el cardenal Sodano. Paetz negó los informes de que había abusado sexualmente de seminaristas, lo cual habían confirmado investigadores de la Santa Sede en noviembre del año anterior. Paetz alegó que el Vaticano no había formulado ninguna acusación en su contra ni lo había sometido a juicio. «No todo el mundo entendía mi genuina apertura y espontaneidad hacia la gente», declaró a una agencia de noticias católica de Polonia.[16]

«Los miembros de la corte papal no se atreven a decirle al Papa toda la verdad acerca de los escándalos (porque lo mismo ocurre con un rey: la corte le dice sólo lo que él quiere oír)», escribió Robert Blair Kaiser, escritor con amplios conocimientos sobre el Vaticano.[17] Paetz había sido parte de la corte papal a principios de los años noventa. «En los dos últimos días me he topado con un par de sacerdotes que conocieron a Paetz cuando trabajaba en el Vaticano», continuó Kaiser en su mensaje electrónico «Rome Diary» (Diario de Roma):

> Uno de ellos me dijo: «Paetz siempre andaba a la caza de aventuras sexuales.» El otro me confesó que el susodicho se le había insinuado... en dos ocasiones. Al final, el rector de su propio seminario le prohibió la entrada porque se pasaba el tiempo acosando sin tregua a los jóvenes que se preparaban para el sacerdocio. «Y ahora no podemos informar al Santo Padre del comportamiento de Paetz», comentó una de mis fuentes dentro del Vaticano. «La noticia lo mataría.»

Al cancelar el diálogo sobre el celibato, el control de la natalidad y el sacerdocio de las mujeres, Juan Pablo II abortó estas posibilidades de reforma cuando la Iglesia más las necesitaba. Mientras proliferaba el submundo sexual, los aduladores del Papa comprendían a personajes como el cardenal Rivera, de México, protector de Maciel; Groer, cuya corrupción personal encarnaba el secretismo sexual, y Law, que en 1997 desdeñó a la Sociedad de Teología Católica de Estados Unidos tildándola de «tierra yerma» por haber cuestionado la misión de enseñanza de la Iglesia, el *magisterium*.[18] Estos prelados imitaban la reacción de Juan Pablo II a la corrupción sexual: guardar silencio, negarlo todo, ofrecer disculpas en caso necesario y, en caso de duda, atacar al portador de la noticia.

«Convencidos de que saben la verdad —lo mismo en religión que en política—, los entusiastas de la causa pueden considerar justificables las mentiras en aras de esta verdad», ha escrito la filósofa Sissela Bok.[19] «Pueden perpetrar los llamados fraudes piadosos para convertir a los no creyentes o fortalecer la convicción de los creyentes. No ven nada malo en decir mentiras por lo que ellos conciben como una verdad mucho "más alta". Los jerarcas católicos perpetraron muchos fraudes piadosos, como cuando el cardenal Ratzinger le dio al padre Maciel un refugio que lo protegió de la justicia. Esa inmunidad clama el escrutinio del sumo guardián de la «verdad» religiosa.

El hecho de que Ratzinger controlara el tribunal de última instancia para los sacerdotes que combatían la secularización le pareció irónico a Paul Collins. «La cautela de la Congregación para la Doctrina de la Fe tiene cierta validez, detesto admitir», comentó Collins, autoridad australiana sobre el papado, que estaba de visita en Nueva York mientras el escándalo iba de mal en peor.[20] «Muchos sacerdotes están sufriendo, con miedo de que una falsa acusación los ponga en peligro», continuó. Collins había publicado recientemente el libro *The Modern Inquisition* (La Inquisición moderna), un estudio sobre los pensadores católicos a los que Ratzinger había castigado.[21]

Nacido en 1940, Collins se crió en un suburbio de clase obrera de Melbourne. Cuando era acólito en iglesias neogóticas, sintió «la experiencia de la trascendencia divina... Nada se compara con la experiencia pura y juvenil de la espiritualidad y la fe, sobre todo cuando se nos transmiten por medio de música bella y una buena liturgia».[22] Ingresó en la orden de los Misioneros del Sagrado Corazón. En 1977, después de una década de trabajo parroquial, estudió en la Universidad Harvard una maestría en divinidad. «Por mi generación soy el clásico producto del Concilio Vaticano II», escribió. «La teología que yo aprendí estaba abierta al desarrollo y al cambio, y la Iglesia que viví en mi juventud abrazaba la renovación, y miraba hacia afuera, hacia el mundo, no como algo hostil, como territorio del mal, sino como un lugar impregnado de la gracia de Dios, así como por los efectos del pecado.»[23]

De regreso en su país de origen, Collins se doctoró en historia en la Universidad Nacional Australiana. Encontró su vocación como escritor y editor de temas religiosos en la Australian Broadcasting Corporation, cadena de radiotelevisión australiana. Ingenioso y didáctico, Collins también era un sacerdote profundamente comprometido con la Iglesia. En 1987 escribió en *Commonweal* sobre los viajes de Juan Pablo II:

> Un examen detenido del viaje de Juan Pablo II a Australia muestra que las imágenes —escenarios y grupos con los que el Papa se identificaba (minusválidos, jóvenes, aborígenes, trabajadores, polí-

ticos)— eran más importantes de lo que él decía. Sin duda este enfoque visual es parte de la tradición católica, porque evoca la naturaleza sacramental de la Iglesia: personas, acciones y experiencias que hacen presente simbólicamente el poder y la realidad de Dios… La gente ve al Papa, sobre todo en la televisión, como una figura accesible y humana que representa la justicia y un regreso a valores tradicionales… El liderazgo local, los obispos y las comunidades se desvanecen en la insignificancia. El Papa le ha dado nuevos bríos a la monarquía papal.[24]

En 1997 Collins publicó su cuarto libro, *Papal Power* (Poder papal), una mezcla de historia, teología y polémica. Después de tener modestas ventas en Australia y Gran Bretaña (no hubo edición estadounidense), la Congregación para la Doctrina de la Fe puso la mira en el libro para investigarlo, lo que parecía un capricho porque Collins era periodista e historiador. Al sociólogo Andrew Greeley nunca lo habían perseguido tanto por su difundida crítica a la encíclica sobre el control de la natalidad. En vez de eso, Ratzinger expulsó de la Universidad Católica al teólogo Curran.

En realidad la CDF había endurecido la censura en 1995, cuando ordenó al obispo inglés Peter Smith retirar su aprobación a una guía de estudio para adolescentes católicos. Un grupo reaccionario distribuyó un panfleto en el que acusaba al autor de herejía. Smith hizo caso omiso de una citación para comparecer ante la CDF. Como informaría después Robert Blair Kaiser,[25] Smith acudió a Roma a principios de 1998 junto con otros obispos ingleses para visitar al Papa. Ratzinger entró en el salón antes de la reunión, y preguntó:

—¿Quién de ustedes es Peter Smith? —El aludido levantó la mano y el cardenal ordenó—: Quiero verlo en mi oficina inmediatamente después de la reunión.

Al poco rato Smith se dirigió al Palacio del Santo Oficio. El cardenal tomó un ejemplar del libro, *Roman Catholic Christianity* (Cristianismo católico romano), y lo arrojó con fuerza sobre el escritorio.

—¡Este libro no es apto! —gritó mientras golpeaba el mueble con el ejemplar. Invocando su autoridad en derecho canónico, ordenó al obispo retirar su aprobación oficial al texto para adolescentes católicos—. ¡Y además le prohíbo decir a nadie que soy yo el que le ha dado esta orden.

Al retirarse cien mil ejemplares de la circulación en las escuelas, la autora, Clare Richards, mujer casada y con dos hijos, dejó de percibir muchos ingresos. El obispo Smith retiró su venia al texto, pero en una declaración pública elogió a Clare Richards y la llamó «una católica practicante muy fiel, muy respetada en su profesión».

«Por mucho que el Santo Oficio se haya cambiado de nombre, la ideología que lo sostiene ha subsistido hasta la fecha», escribió Collins —sin haberse enterado todavía de esta disputa— en *Papal Power*. «Esta congregación ya no tiene cabida en la Iglesia contemporánea. Es irreformable y debería abolirse.»[26] Collins citó a John Henry Newman, el cardenal inglés del siglo XIX que escribió el célebre aforismo sobre doctrina: «Vivir es cambiar». El cardenal Frings, de Alemania, se hizo eco de la idea de Newman en el Concilio Vaticano II al exhortar a una reforma del Santo Oficio.[27]

Collins calificó la «Instrucción» mundial de 1990 de Ratzinger a los teólogos —en la que los instaba a obedecer a la congregación con «sumisión de la voluntad y el intelecto»—[28] como limitante para el desarrollo de la doctrina. La carta «destruye eficazmente la teología como disciplina. El papado es el único juez de la verdad teológica.»

Juan Pablo II «distorsiona la estructura tradicionalmente entendida de la Iglesia», continua Collins, al abandonar «la naturaleza colegiada de la autoridad... El absolutismo no es la norma de la Iglesia. Y siempre ha existido el *sensus fidelium,* la aceptación o rechazo de los fieles hacia las enseñanzas de la Iglesia».[29]

Collins halló el origen de ese poder absoluto en el decreto conciliar de la infalibilidad de 1870, tras el cual se excomulgó a veinte teólogos disidentes de universidades de habla alemana, y muchos de los obispos que estaban en desacuerdo con la doctrina no hablaron al respecto.[30] Collins estableció un vínculo con la encíclica de 1968 sobre control de la natalidad, que la mayoría de los teólogos consideraron «un ejercicio del magisterio [función de enseñanza] ordinario. El problema es que Juan Pablo II obviamente la considera infalible».[31]

El Papa había ocasionado una gran confusión al decir a los

obispos que «el carisma de la infalibilidad» también podía provenir de declaraciones hechas desde el cargo de enseñanza de Ratzinger. Haciendo una analogía con el embarazo, Collins insistió: «Una definición es infalible o no lo es». Pero «infalible» era la palabra con que se había aderezado la carta en que el Papa excluía del sacerdocio a las mujeres, sin invocar formalmente a la doctrina. La crítica de Collins a esta «infalibilidad de avance furtivo» daba forma a su argumento sobre el poder. «El abuso del poder es un síntoma», escribió. «El abuso del poder es mayor donde está más centralizado: en la cúpula de la jerarquía.»[32] *Papal Power* llamaba a un nuevo Concilio Vaticano que restableciera el equilibrio entre el Papa y la Iglesia.

En enero de 1998 Collins se enteró por una carta que le envió su superior en Roma, que la CDF estaba investigando el libro *Papal Power*. Era un secreto quién había denunciado el libro, pero Collins se había enfrascado en un debate televisivo con el arzobispo de Melbourne, George Pell, miembro de la CDF. Después, cuando un reportero preguntó al arzobispo si él había recomendado una investigación, respondió: «No, en realidad no». Sin embargo, a otro reportero le comentó: «Paul Collins definitivamente tiene que responder».[33]

El secretario de la CDF, el arzobispo Tarcisio Bertone, pidió al superior de Collins en Roma «proporcionar las aclaraciones necesarias para someterlas al juicio de esta Congregación». Bertone, el abogado canónico, incluyó una crítica de un consultor anónimo que acusaba a Collins de «citar a teólogos de opiniones similares sin citar a otros que se les opusieran y los refutaran». Collins negaba «la verdad y obligatoriedad de la Revelación», malentendía la infalibilidad y rechazaba la primacía del Papa sobre la Iglesia.

«Años antes, Hans Küng me había aconsejado que la única manera de lograr que el Vaticano fuera honesto en una disputa era hacerla pública de inmediato», añadió Collins.[34] Escribió a sus superiores en Roma para decirles que no respondería hasta que se revelara la identidad de sus acusadores. También quería que el libro fuera analizado por teólogos independientes. Comprendiendo que esto era imposible bajo las reglas de la CDF, entregó los documentos a los medios y los insertó en la página de Internet de la Asociación para los Derechos de los Católicos en la Iglesia. Luego escribió una carta de diez páginas a

Bertone justificando sus «intentos de abordar los principales problemas estructurales que enfrenta la Iglesia católica… Estamos tratando hechos históricos».

Un año después, Ratzinger escribió al superior de Collins. Varias preocupaciones ya no se mencionaban, pero la CDF quería que Collins escribiera un artículo en el que «aclarara» otros aspectos para que la congregación los evaluara antes de su publicación. Collins, harto de discusiones, estaba escribiendo un libro sobre la CDF, el cual incluía un capítulo sobre su propia experiencia. Cuando se publicó, en 2001,[35] Paul Collins dejó el sacerdocio después de 33 años. Reflexionó en la opinión del Vaticano sobre «la permisividad y el comercialismo» en los países occidentales, y su defensa de «enclaves elitistas»[36] como el Opus Dei y los Legionarios de Cristo.

La primavera romana de 2002

Los funcionarios del Vaticano alimentaron el escándalo de abusos sexuales al poner de manifiesto lo lejos que están de la realidad. «La sociedad civil tiene la obligación de defender a sus ciudadanos», declaró Bertone a un periódico italiano en marzo de 2002. «Pero también debe respetar el 'secreto profesional' de los sacerdotes.»[37]

«Si un sacerdote no puede confiar en su obispo por temor a ser denunciado», explicó el canonista, «significaría que ya no hay libertad de conciencia». Con esto, Bertone concedía a los obispos la facultad de ocultar los crímenes sexuales, que es exactamente lo que causó la crisis.

La justicia italiana carece de los amplios poderes de revelación de pruebas que existen en los países basados en el derecho consuetudinario inglés. Una búsqueda que encomendamos en periódicos italianos halló diecinueve informes esporádicos sobre clérigos acusados de abusar sexualmente de niños; pero el sistema judicial de Italia no tiene la fuerza de los juicios civiles contra la Iglesia que se dan en países de habla inglesa con disposiciones de derecho consuetudinario que prevén mayores poder de aportación de pruebas. Bertone, el acusador de los teólogos, se unió a la emergente opinión del Vaticano sobre la Iglesia estadounidense como víctima de una caza de brujas favorecida por los medios de comunicación.

El Domingo de Pascua Tom Doyle, apareció de traje y corbata, con el semblante desencajado, en una trasmisión vía satélite desde Alemania del programa *Meet the Press* (Conozca a la prensa). «Los obispos estadounidenses han cambiado su actitud hacia las acusaciones como consecuencia de lo ocurrido en los diecisiete últimos años», dijo en entrevista con Tim Russert, de la cadena NBC. «Están entre dos fuegos: uno es de la prensa y el otro de nuestro sistema judicial.»[38]

A mediados de abril, el papa Juan Pablo II convocó a los cardenales estadounidenses a una cumbre en Roma.

El 19 de abril, mientras los cardenales partían hacia la conferencia, Mark Serrano, de treinta y ocho años, regresó a Mendham, Nueva Jersey, suburbio de Nueva York, para reunirse con otros ocho hombres cuyos años de infancia había arruinado el padre Jim Hanley. Graduado de la Universidad Notre Dame, Serrano tenía mujer, hijos y un próspero negocio en Virginia, pero lo asediaban recuerdos traumáticos. Sus padres, que vivían en la casa donde habían criado a sus ocho hijos, se reunieron con otros padres de familia cerca de la parroquia de San José.[39]

Hanley, de sesenta y cinco años, vivía suspendido en una pensión de la Iglesia a cincuenta kilómetros de allí.

Monseñor Kenneth Lasch, párroco de San José, había concertado una cita de tres ex acólitos con el fiscal del condado de Morris en 1993. Ya era tarde para procesar penalmente a Hanley, pero los hombres entablaron demandas civiles contra la diócesis de Paterson. Cuando Lasch se enteró de los alcances de la depravación de Hanley, animó a otros a demandar a la Iglesia. «A veces sentía como si la misión de mi vida fuera devolver la paz a la parroquia por culpa de Hanley», dijo suspirando Lasch, que vivía en la rectoría que había sido el burdel de Hanley.

Serrano, indemnizado en el juicio civil en 1987, rompió la cláusula de secreto en 2002 al conceder entrevistas a la prensa y a la televisión. Su amigo de la infancia Bill Crane llamó a un programa desde Oregon. «Estaba sentado en la sala de mi casa, de la mano de mi esposa, cuando empecé a oír mi historia saliendo de tus labios.» Otros hombres llamaron y restablecieron los lazos borrados por los años.

Así comenzó la primera reunión de un grupo grande de hombres que habían sido víctimas del mismo sacerdote. «Nuestra tarea hoy es sanar», comentó Serrano. «Tenemos que hablar sobre la injusticia que hay en el interior de la Iglesia.» Para minar la resistencia que le oponían los niños, Hanley les mostraba individualmente revistas pornográficas y luego los obligaba a tener sexo oral con él. «La gente debe conocer los detalles, la sensación del semen en mis pantalones y el tener que salir huyendo de aquella rectoría... sin poder confesarles nada a mis padres», agregó Serrano.

«A los 11 años pesaba yo veinte kilos», dijo Bill Crane, ahora un hombre fornido de un metro ochenta y tres, que tenía seis hermanos. «Hanley me dijo que de seguro yo hacía pesas... Me hacía sentir como un hijo único. Todos pensábamos que estábamos solos.» El sacerdote «se enamoró perdidamente de mí». La madre de Bill, sin saber qué le pasaba, intentaba consolarlo mientras él sollozaba de noche en su cuarto. En 1982, Hanley dejó la parroquia para someterse a una terapia de deshabituación para alcohólicos. Al terminar el bachillerato, en un mar de confusión, Bill Crane entró en la Armada. En una base en Escocia le reveló al capellán los abusos de Hanley; el sacerdote le desaconsejó escandalizar a la iglesia. Entonces Crane empezó a practicar el ciclismo, «ochocientos kilómetros a la semana para sedarme y poder dormir». Después se sedaba con alcohol, hasta que su esposa lo convenció de someterse a tratamiento.

El gemelo de Crane, Tommy, también guardó en secreto durante años lo que le sucedió. «Es como si toda la comunidad hubiera estado anestesiada», dijo. «¿En quién se supone que puedo confiar?»

«Cuando tenía veintitantos años —dijo Serrano—, no podía ir a misa sin ver al sacerdote y pensar en los genitales de Hanley. Me saca de quicio no poder apreciar las cosas buenas de ser católico y compartirlas con mis hijos.»

«Lo que hizo ese hombre impregna todos los aspectos de tu vida —dijo Steve Holenstein, administrador de redes informáticas—. Con tus hijos, en el lecho conyugal: es como un naufragio espiritual... Yo soy cuatro años mayor que ustedes. Ojalá hubiera podido impedirle lo que les hizo. —Se le quebró la voz—: Gracias a Dios, ¡aquí estoy!»

«Han pasado diecisiete largos años de soledad —dijo la madre de Mark, Pat, con los ojos arrasados—. Compartir estas historias nos ayuda a seguir adelante como gente religiosa, como gente de fe. Yo los conozco desde que jugaban en mi piscina... Estoy orgullosa de todos ustedes.»

Sus palabras expresaron el espíritu de la reunión de una parroquia muy unida y los lazos formados entre aquellos hombres mientras continuaban con su vida normal. También estaba monseñor Lasch, escuchando a las víctimas del pecado con una dignidad triste, expiando con su presencia las culpas de la Iglesia.

—Los quiero a todos por estar aquí —dijo Tommy Crane.

Los Crane, con seis hijos, y los Serrano, con siete, eran de las familias más numerosas de la parroquia de San José. Pat y Lou Serrano seguían participando en las actividades parroquiales. Los Crane abandonaron la Iglesia católica y muchas otras familias se mudaron a la costa noroeste del país.

—Hoy recuperé parte de mi juventud —dijo Bill Crane.

El obispo Frank Rodimer, de Paterson, había accedido a asistir a la última sesión y oír las declaraciones de los hombres. Al haber destituido a Hanley de la parroquia sin denunciarlo a la policía, lo había salvado de ir a la cárcel.

Durante años el obispo Rodimer alquiló una casa en la costa de Nueva Jersey con un sacerdote de Camden, Peter Osinski. En 1984 éste empezó a llevar a la casa a un niño de cuya familia era amigo. Durante doce años el cura y el joven durmieron en un cuarto al que se entraba por el mismo pasillo que al de Rodimer. Al crecer el chico creció, acusó a Osinski. Steve Rubino demandó a Rodimer por cómplice. El obispo pagó una indemnización de 250 mil dólares con fondos de la diócesis de Paterson.

Rodimer entró en la sala de conferencias de la parroquia, atestada de cámaras de televisión y reporteros junto a los sobrevivientes. Solemne, el pelo cano, el obispo tenía una mirada de cautela en los ojos azules. Se sentó frente a ocho de los hombres y un tablero con fotos de cuando eran niños. Serrano había denunciado a Hanley con el obispo en sus años de universitario. Ahora señalo las fotografías y dijo:

—Hace diecisiete años le pedí su ayuda. Usted era la mayor autoridad que yo conocía, y me dijo que el padre Hanley se había disculpado y prometido no poner en peligro a más personas.

Rodimer había reciclado a otros perpetradores y se había disculpado en público. Ahora, con los labios fruncidos, miró las luces de las cámaras y la furia de los sobrevivientes.

—La justicia es apertura y verdad—dijo Serrano—. Abra las bóvedas y entregue los expedientes de estos casos.

—Jamás en mi vida volveré a poner un pie en una iglesia católica —intervino Holenstein con la voz quebrada.

—Frank —dijo Tom Crane con desprecio—, Hanley es un pedófilo que cobra una pensión y que me arrancó la fe.

El obispo Rodimmer asintió la cabeza, compungido.

—Y usted es el responsable —continuó Tom—. ¿Qué va a hacer al respecto? —Señalando una fotografía de un niño de rostro dulce, agregó— Éste soy yo.

—¡Han protegido a los clérigos! —añadió Mark Serrano—. Peter Osinski era su amigo. Usted sabía de los pedófilos. ¡Ese hombre abusó sexualmente de un niño bajo su propio techo!

Rodimer se puso rojo.

—Ese hombre tiene debería estar tras las rejas —insistió Tom Crane refiriéndose a Hanley.

—¿Qué están proponiendo? —preguntó el obispo frunciendo el ceño.

—Esa pregunta me ofende —replicó Serrano—. ¿Dónde está su indignación moral?

—Entonces ya no entiendo —dijo Rodimer— ¿Qué es lo que quieren?

Se levantó un clamor de indignación. Serrano exigió que el periódico de la diócesis publicara una fotografía del pedófilo con la leyenda: «Se buscan víctimas recientes de Jim Hanley».

—Yo no tengo derecho de meterlo en la cárcel —pretextó Rodimer—. Nunca he tenido que pasar por algo como esto… Sabía que iba a ser difícil. Tengo mil emociones encontradas… Estoy cerca de la edad de jubilación. Lo que sí sé es que el tiempo que me queda voy a dedicarlo a garantizar que lo que les pasó a ustedes no les pase a otros.

Entonces accedió a ofrecer ayuda a cualquier víctima que hubiera de la primera parroquia en que Hanley fue ministro.

—¿Ha tratado alguna vez de localizar a la víctima de Peter Osinski? —preguntó Serrano.

—De eso no puedo hablar —dijo el obispo cortante.

Al levantarse para salir, Rodimer le dijo a David Clohessy, de S.N.A.P. (siglas en inglés de Red de Sobrevivientes al Abuso de Sacerdotes):

—Quiero saber más sobre su organización.

—¡Busque sobrevivientes! —exclamó Mark Serrano.

—Lo intentaré —respondió Rodimer—. Gracias.

La sesión había durado cuarenta y cinco minutos.

Varias semanas después, Rodimer anunció que reintegraría a la diócesis de Paterson los 250 mil dólares que había pagado por su intervención en el juicio que llevó a la cárcel a Osinski.

DIVISIÓN EN LA CÚPULA

Un ejército de periodistas siguió a los ocho cardenales a Roma para la cumbre con Juan Pablo II: Bernard Law, de Boston; Roger Mahony, de Los Ángeles; Edward Egan, de Nueva York; Anthony Bevilacqua, de Filadelfia; Adam Maida, de Detroit; Francis George, de Chicago; Theodore McCarrick, de Washington, D.C., y William Keeler, de Baltimore.

En junio se reunirían en Dallas para adoptar un estatuto de protección a la juventud. «Tolerancia cero», era el mantra de los sobrevivientes, que querían que a todos los transgresores se les expulsara del clero.

El 23 de abril los cardenales, de solideo rojo, se reunieron en el Palacio Apostólico con obispos y miembros de la curia en un semicírculo frente al papa Juan Pablo II, que estaba sentado en una silla, de sotana blanca con una cruz colgada al cuello, con el horario de trabajo drásticamente recortado a causa del parkinsonismo que padecía. El Papa leyó un texto escrito de antemano: «La propia Iglesia es vista con desconfianza.» Los hombres que se encontraban a su alrededor amaban a la Iglesia: bautizaban recién nacidos, celebraban matrimonios, transmitían la Palabra en templos llenos de calidez y entusiasmo en Navidad y Pascua. Pero ahora, en el ocaso de un papado, lo que amaban estaba manchado. «El abuso que ha causado esta crisis es a todas luces condenable y justamente considerado un crimen por la sociedad», declaró el pontífice. «También es un pecado abominable a los ojos de Dios. A las víctimas y a sus familias, dondequiera que se encuentren, les expreso mi más profundo sentimiento de solidaridad y preocupación.»

«Una falta de conocimiento generalizada», continuó:

y también, en algunas ocasiones, el consejo de los expertos clínicos, llevó a los obispos a tomar decisiones que en vista de hechos ulteriores resultaron equivocadas. Ahora ustedes trabajan para establecer criterios más fiables a fin de asegurar que tales errores no se repitan. Al mismo tiempo… no podemos olvidar el poder de la conversión cristiana, esa decisión radical de dar la espalda al pecado y volver a Dios, que llega a las profundidades del alma de la persona y puede operar cambios extraordinarios.

Luego agregó: «La gente tiene que saber que no hay cabida en el sacerdocio ni en la vida religiosa para aquellos capaces de hacer daño a los jóvenes», lo que hasta ahora ha sido su declaración más fuerte. Pero ¿cómo cuadraba eso con «el poder de la conversión» para dar la espalda al pecado y volver a Dios? ¿Entonces no había que secularizar a los pedófilos arrepentidos? ¿Había un absoluto papal?

La única vez que el Papa volvió a reunirse con el grupo fue en la comida del día siguiente.

Trabajaron en otro lugar del palacio, entre los elaborados frescos de la Sala Bologna. El cardenal Sodano, secretario de Estado, presidió la reunión. Cada cardenal hizo una declaración de apertura. Law, escarmentado, se disculpó con sus colegas. Cuando los miembros de la curia terminaron sus discursos comenzó el toma y daca sobre la política que habría de seguirse, y salió a relucir un cisma surrealista.

La curia quería dejar en claro la autoridad eclesiástica. Los estadounidenses, vapuleados por los medios, querían mostrar a los católicos estadounidenses que tenían un plan, que la reforma estaba cerca.

Bertone, que había ayudado a Ratzinger a maquillar el asunto Maciel, hizo causa común con Castrillón Hoyos para exigir que se aclarasen los términos «disentimiento» y «prácticas pastorales ambiguas». El cardenal Francis Stafford, ex arzobispo de Denver, ahora en la curia, quería que se confirmara la encíclica de 1968 sobre control de la natalidad.

Los cardenales estadounidenses tenían una larga lista de infractores, algunos en prisión y otros no, y querían armas para secularizarlos cuanto antes. Bertone y Castrillón se oponían a semejante libertad: ésa era facultad de la CDF.[40] Los prelados pasaron el segundo día discutiendo en qué idioma redactarían una declaración conjunta para una conferencia de prensa que habría esa noche ante la CNN. Bertone y Castrillón escribieron un borrador en italiano; McCarrick y el obispo William Skylstad, de Spokane, uno en inglés. Al poco rato circulaban tres textos en inglés y el borrador en italiano, más superficial, en una carrera contra el tiempo por planificar una reforma seria.

El comunicado de prensa dado a conocer a los escépticos periodistas a las diez de la noche mostraba las divisiones internas. Aunque McCarrick normalmente aparecía tranquilo ante las cámaras, no pudo explicar por qué no había mención de la comunidad laica en el documento. Los puntos básicos eran: el celibato es «como un don de Dios para la Iglesia»; los párrocos deben promover «enseñanzas morales correctas» y «reprender a aquellas personas que propaguen el disentimiento»; el Vaticano llevaría a cabo una visita a los seminarios estadounidenses; los obispos de este país celebrarían un día de oración y penitencia (actividad recomendada por Ratzinger) para «la conversión de los pecadores y la reconciliación de las víctimas»; los prelados estadounidenses acordarían una política nacional obtendrían la aprobación del Vaticano; los obispos «recomendarían un proceso especial» para expulsar sacerdotes «notorios» por «el abuso sexual múltiple y predatorio de menores».

Mientras el escenario empeoraba en Roma, Tom Doyle viajaba por Estados Unidos dando informes a fiscales, reuniéndose con sobrevivientes y dando entrevistas a los medios de comunicación. El 22 de abril tomó un taxi para llegar al complejo de ABC News en Nueva York. Allí, José Barba y Arturo Jurado esperaban ansiosamente conocerlo después de un intercambio de mensajes electrónicos. Ambos acababan de ser entrevistados por el corresponsal Brian Ross para un reportaje del programa *20/20* sobre Maciel. Doyle entró vistiendo chaqueta y corbata con unos pantalones de caqui.

—Nunca me había dado más vergüenza ser sacerdote», le dijo en voz baja a Berry.

—Es un honor conocerlo, padre Doyle —le dijo Barba.

—Quiero disculparme por lo que la Iglesia les ha hecho, señores —contestó Doyle estrechándoles la mano.

—Pero si usted no tiene la culpa de lo que han hecho Maciel y Ratzinger —dijo Barba con delicadeza.

Después de la entrevista Doyle tomó otro taxi, esta vez al aeropuerto.

Hacía una semana que Ross había estado en Roma. Maciel se había negado a hablar. La oficina de Ratzinger dijo que éste no daba entrevistas. Decidido, Ross acudió una mañana con su equipo de televisión al departamento del cardenal, que se veía a través de un arco desde la plaza de San Pedro. Un enorme Mercedes se estacionó junto a la acera mientras el cardenal bajaba las escaleras para subir en él. Ross se le acercó y Ratzinger sonrió. El reportero mencionó el nombre de Maciel y dijo:

—Existe la duda de si usted...[41]

La cámara hizo un acercamiento. Ratzinger dijo con aspereza:

—Venga a verme cuando sea oportuno —y pegó un palmetazo en la mano al reportero—. ¡Ahora no!

—Perdón —dijo Ross—. Queríamos hacerle una pregunta.

Ratzinger se fue en su Mercedes, dejando una imagen inolvidable tras de sí.

UN PAISAJE FRACTURADO

Mientras el Vaticano dejaba la resolución de la crisis prácticamente en manos de los obispos, una sondeo de *USA Today* reveló que 87 por ciento de los católicos encuestados querían que se destituyera a los obispos que habían encubierto abusadores sexuales de niños. Sólo el papa puede destituir a un obispo, y Juan Pablo II no estaba en condiciones de ejecutar tales cambios. La Conferencia de Obispos Católicos de Estados Unidos (U.S.C.C.B. por sus siglas en inglés), contrató a una empresa de relaciones públicas en Nueva York, R. F. Binder, que se especializaba en control de daños empresariales. Un punto central del plan de acción para Dallas era la decisión —a la que algunos obispos se habían opuesto— de presentar a cuatro sobrevivientes ante la conferencia. Los desgarradores relatos hicieron ver el costo humano de la crisis a una muda concurrencia de 325 obispos. Setecientos reporteros presenciaban la asamblea, emocionados, por circuito cerrado de televisión. El maratón noticioso se desató cuando los líderes de S.N.A.P. David Clohessy, Barbara Blaine, Peter Isely y Mark Serrano hablaron con la prensa en el vestíbulo mientras los obispos, en una sala de la planta alta, debatían al estilo parlamentario la promulgación de una carta de protección de los jóvenes. Cada diócesis elaboraría una política, formaría un comité para investigar las acusaciones y cooperaría con la policía. La U.S.C.C.B. nombró al gobernador de Oklahoma, Frank Keating, ex agente del FBI y fiscal, para dirigir un Comité Nacional de Revisión conformado por personas laicas prominentes y elaborar un informe sobre las causas de la crisis, con una serie de recomendaciones para llevar a cabo una reforma. Una cláusula de la carta de protección de los jóvenes era una llamarada directa para Roma: «Por un solo acto de abuso sexual de un menor —pasado, presente o futuro—, el sacerdote o diácono culpable será depuesto para siempre del ministerio.»

En las semanas que siguieron, los obispos empezaron a remover de su cargo a los sacerdotes que habían cometido abusos: muchos más de trescientos al final del año.[42] Roma no diría jamás cuántos de ellos presentaron protestas canónicas ante la CDF. Pero al surgir las quejas de sacerdotes destituidos repentinamente por encuentros fugaces hacía muchos años, el péndulo de la opinión pública osciló de la simpatía por los sobrevivientes hacia la indignación por el asedio de la mayoría de buenos sacerdotes que sufrían la presión y la profunda vergüenza del escándalo en sus filas. La ineficacia del derecho canónico para abordar la amplia gama de problemas se hizo patente cuando el padre John Bambrick, de treinta y cinco años, acusó a su colega Anthony Eremito, capellán de un hospital de Texas, de haber abusado repetidamente de él cuando era adolescente. Bambrick presentó una queja al cardenal Edward Egan, arzobispo de Eremito, y éste fue suspendido. Eremito negó las acusaciones y contrató a un canonista que había trabajado en el equipo del Papa. A Bambrick lo acusaron entonces de violar el derecho de privacidad de Eremito conforme al derecho canónico. «De una manera surrealista, me acusaron con fundamento en el canon 1717, el mismo que se utiliza contra los perpetradores», declaró.

En octubre, los canonistas de Estados Unidos regresaron a Roma para llevar a cabo más negociaciones con el Vaticano a fin de que se aprobara la carta de protección de los jóvenes y se le diera fuerza de ley. Bertone y Castrillón querían mayor especificidad en la definición de «abuso sexual» para proteger a los clérigos que alegaran remoción indebida, una precaución comprensible, pero muy fuera de la realidad: el sistema clerical había encubierto a cientos de culpables y pisoteado los derechos de sus víctimas. Empezaron a proliferar opiniones en cuanto a si se debía excluir de los seminarios a los hombres homosexuales, lo cual evadía el problema mayor de cómo hacer para atraer heterosexuales centrados. Siempre y cuando se evitara el cuestionamiento de una cultura clerical deformada por el secretismo sexual, el Vaticano con su histórica belleza estaba siempre dispuesto a dar la bienvenida a los atribulados peregrinos del Nuevo Mundo.

UN SACERDOTE A TIEMPO

La Voz de los Fieles celebró su primera conferencia en Boston el 20 de julio de 2002. En el transcurso de cinco meses la VOTF (por sus siglas en inglés) se había transformado, de un grupo de 25 personas que se reunían en el sótano de una parroquia, en una organización de 19 mil seguidores en 40 estados. Su objetivo era dar apoyo a los sobrevivientes y a los sacerdotes rectos, e impulsar una reforma estructural de la Iglesia. Unas 4 200 personas se reunieron para realizar talleres y conferencias. Esa noche Tom Doyle recibió el primer premio «Sacerdote de Integridad». De chaqueta azul, corbata roja, y los pantalones caqui de siempre, acudió al podio y echó una mirada al espacioso recinto.

«Lo que ha experimentado nuestra generación es un desastre cuyo horror podría equipararse con el derramamiento de sangre de la Inquisición, pero que sin duda supera con mucho la estafa de las indulgencias que dio origen a la Reforma protestante», empezó, entre risas ahogadas del público. «El más grave síntoma es la desenfrenada adicción al poder…Nosotros, ustedes, no somos meros espectadores cuyas principales obligaciones sean pagar y obedecer. Los miembros más vitales de la Iglesia no son los que llevan puestas esas complicadas vestiduras eclesiásticas, sino los marginados, los que sufren, los rechazados.»

Doyle les suplicó abstenerse de dar dinero a quienes abusaban del poder. «Ya no hay cabida para la timidez ni la deferencia temerosa hacia las estructuras que nos han traicionado», declaró. «La pesadilla del abuso sexual nos ha obligado a muchos a cuestionarnos todo sobre nuestra Iglesia e incluso a preguntarnos si le importábamos al Señor… Dios está vivo en la Iglesia y ustedes son la prueba de eso. Su respuesta a la incitación de Dios a través de esta tragedia es quizá la prueba más elocuente y convincente de que a Él sí le importa.»

El auditorio prorrumpió en aplausos y se volcó hacia el escenario. La fundadora de S.N.A.P., Barbara Blane, le dio a Doyle un ramo de rosas; David Clohessy, un gran abrazo.

Doyle salió del escenario estrechando manos, abrazando a quienes conocía e incluso a algunos que no.

A los 57 años, había avanzado mucho desde el sacerdocio de su juventud. Ahora era un radical —del latín *radix,* «raíz, origen»— lleno de amor por su gente, un hombre con fuego en el alma.

16

La Iglesia en el ocaso del pontificado

El 11 de enero de 2001, una semana después de que el papa Juan Pablo II celebró el ministerio de Maciel en el sesenta aniversario de la Legión, José Barba y Arturo Jurado viajaron de la Ciudad de México a Santiago de Chile, decididos a encontrar al obispo Polidoro Van Vlierberghe, cuyo nombre había aparecido en dos cartas enviadas por la Legión al *Hartford Courant* en 1996 como prueba de la inocencia de Maciel. El obispo Polidoro, uno de los visitadores en la investigación del Vaticano de los años cincuenta, nunca se había entrevistado con ellos. Las cartas, de 1956 y 1996, les parecían falsas. La Legión las había hecho circular para presentar a Maciel como víctima de un complot.

Encontraron al obispo, de noventa y dos años, retirado en un convento de la iglesia de Nuestra Señora de Luján, en un ruinoso barrio de Santiago llamado Nuñoa. La enfermera y ayudante personal del obispo, una mujer de nombre Irene, les permitió visitarlo la mañana del 13 de enero. El obispo estaba en silla de ruedas, con ceguera parcial en un ojo, pero en estado de lucidez. Los recibió con gran cortesía. Las paredes de su habitación tenían fotografías de sus familiares, y una del padre Maciel abrazando al papa Juan Pablo II. «El obispo y su ayudante y enfermera nos dijeron que las dos cartas eran absolutamente falsas», relató Barba. «Irene nos hizo notar que el obispo utilizaba un papel completamente distinto, con membrete, y nunca las firmaba sin su sello.»[1] Cuando Barba y Jurado preguntaron si el obispo accedería a firmar una declaración en ese sentido, Irene contestó que para eso necesitaría la aprobación de un consejero de largo tiempo, Juan Ruiz, y de su abogado, Sergio Novoa.

Poco después se reunieron con Ruiz y Novoa, quienes afirmaron que Polidoro siempre había utilizado una vieja máquina de escribir para sus cartas. La carta de 1996 se había escrito en una máquina de escribir eléctrica, no tenía el membrete de Polidoro y carecía de su sello acostumbrado. El obispo tenía el cuidado de fechar sus cartas. La carta más antigua no estaba fechada. Por otra parte, en la fecha de la segunda carta, 12 de diciembre de 1996, el obispo Polidoro se encontraba en el hospital con una infección pulmonar y había estado en convalecencia durante todo el mes.

Pero Ruiz y Novoa no querían causarle problemas a Polidoro. Estaban dispuestos a colaborar con una investigación de la Iglesia sobre los documentos, pero no estaban dispuestos a dar ninguna declaración escrita. Al ver que no podían convencerlos de lo contrario, Barba y Jurado partieron de Chile.

De regreso en México, Barba consultó a un abogado, Rafael García-Zuazua, que había apoyado la intención del grupo de poner al descubierto a Maciel. García-Zuazua contrató a un abogado en Santiago, Osvaldo Valenzuela, para entablar una demanda civil con miras a un fallo que declarara falsas las cartas. Valenzuela redactó un escrito de queja, dijo García-Zuazua.[2] Sus conversaciones telefónicas iniciales con el abogado de Santiago «fueron muy largas y centradas en el problema». Después, el chileno se comunicó para informar que, según el juez, Polidoro «no recordaba» haber tenido el gusto de conocer a Barba ni a Jurado. El juez sobreseyó el juicio civil. A pesar de múltiples peticiones, el abogado de Santiago se negó a enviar copias de los documentos del juzgado, ni siquiera se molestó en cobrar la segunda parcialidad de sus honorarios de dos mil quinientos dólares. «Allí hubo gato encerrado», declaró García-Zuazua.

El papa Juan Pablo II hizo su quinto viaje a México a fines del verano de 2002 para presidir la misa de canonización de Juan Diego, el campesino indígena a quien, según la tradición, se le apareció Nuestra Señora de Guadalupe. Las acusaciones contra Maciel se habían convertido en noticia en México, sobre todo a raíz del reportaje del programa *20/20*, de la cadena ABC, en el que Ratzinger daba el palmetazo al reportero, y las imágenes que mostraban al Papa dándole un beso fraternal al padre Maciel. Éste no viajó a México a bordo del avión papal como lo había hecho en viajes anteriores. Los miembros de la curia que planearon el viaje sabían que el superior de los legionarios representaba un inconveniente ante los medios.

Sin embargo, los Legionarios de Cristo jugaron un papel central en la planeación logística del viaje. En México, estudiantes de las escuelas de la Legión prestaron servicio voluntario en la oficina de prensa. Al comenzar la misa de canonización, sin que los medios se dieran cuenta, Maciel entró en la basílica de Guadalupe y tomó asiento entre los dignatarios eclesiásticos en el altar, detrás del Papa.[3]

José Barba y sus camaradas habían dado entrevistas a reporteros en los meses anteriores al viaje, para mantener la presión sobre Maciel y la Iglesia. Barba ya tenía 62 años, y el tiempo que había invertido en busca de justicia había dejado pocos rayos de esperanza. Cuando un grupo proaborto (Católicos por la Libre Elección) lo invitó a participar en ruedas de prensa acerca de los abusos sexuales por parte del clero aquel otoño en Roma y Ginebra, Barba aceptó. La conferencia en Roma, el 8 de octubre de 2002, tuvo poco impacto, pero mientras se encontraba allí decidió ponerse en contacto con Martha Wegan, la abogada canónica, e invitarla a cenar.

La queja que habían presentado en el Palacio del Santo Oficio se encontraba en un limbo canónico: ni la desechaban ni permitían que prosperara. El 13 de octubre caminaron desde el departamento de Wegan hasta un restaurante cerca del Campo dei Fiori, donde se alza la estatua de un filósofo del siglo XVI quemado en la hoguera por herejía. «Wegan me dijo que el sufrimiento de ocho hombres inocentes quizá fuese preferible a que miles de personas perdieran la fe», contó Barba.[4] «Había dicho algo parecido en 1999, cuando tratábamos de obtener respuesta para nuestra causa.»

Él le contestó de manera tajante que no estaba de acuerdo con ella.

En realidad se quedó pasmado ante semejante declaración. Quería pensar que las palabras no eran de ella, sino más bien una justificación alegada por Ratzinger y Girotti, el secretario de la Congregación para la Doctrina de la Fe.

Llegaron al restaurante. «Me llevé una sorpresa cuando me dijo que el cardenal Sodano había interferido con Ratzinger en el asunto de Maciel», continuó Barba. «Añadió que era difícil de entender, pero insistió en que era cierto.»

Sodano, el secretario de Estado, fungió como nuncio papal en Chile durante los años de la dictadura de Augusto Pinochet.

Sodano podría considerarse una especie de Kissinger eclesiástico, un practicante de la *Realpolitik* que trabó amistad con la familia Pinochet. En 1999, con la democracia ya restaurada en Chile, Sodano pidió al gobierno británico que fuera indulgente cuando Pinochet, un envejecido senador vitalicio inmune a la justicia en Chile, estuvo bajo arresto domiciliario en Londres tras ser acusado en España de violaciones a los derechos humanos.

La probable presión que Sodano ejerció sobre Ratzinger para que mostrara benevolencia con Maciel sería consecuente con su carácter político. Maciel había cultivado la amistad de Sodano cuando éste era nuncio en Chile. La relación de Sodano con Pinochet sin duda fue compleja dados los lazos del nuncio con obispos que se oponían al régimen. La dictadura de Pinochet dio la bienvenida a Maciel y a los legionarios en Chile durante aquellos años oscuros. La Legión floreció al congraciarse con los ricos y poderosos, columna vertebral del apoyo a Pinochet. Cuando el papa Juan Pablo II visitó Chile, en 1987, se reunió con líderes de la oposición y con los pobres. «Ofició una misa vespertina en el estadio que Pinochet había utilizado como matadero», escribió Jonathan Kwitney.[5]

> Expresó lo que la nutrida concurrencia estaba pensando: que el estadio era «un lugar de justas deportivas, pero también de dolor y sufrimiento en tiempos pasados». Cada alusión política recibía una ovación. De vez en cuando la muchedumbre lo interrumpía con gritos de «¡Libertad!» y «¡Fin a la dictadura!»

Kwitney atribuye a la visita de Juan Pablo II el mérito de haber allanado el camino para el plebiscito que, año y medio después, condujo a la restauración de la democracia.

¿Por qué un papa así defendía a un hombre como Maciel?

Juan Pablo II consideraba a los legionarios un signo de la restauración católica en América Latina, afín al Opus Dei en España. El Papa, cuyo concepto de la Iglesia se había forjado en el crisol de la resistencia al comunismo, veía una fuerza triunfal en la espiritualidad militante del Opus Dei y la Legión, su alianza con católicos tradicionalistas, su habilidad para recaudar fondos y su postura contra el relativismo moral. En Maciel el Papa veía una figura que inspiraba a los jóvenes a convertirse en sacerdotes.

Juan Pablo II se equivocó de medio a medio al juzgar el carácter de Maciel .

La Legión es producto de una Iglesia hispana cuyos numerosos seguidores e influencia son visibles en Roma. En América Latina las tensiones entre riqueza y pobreza, libertad y represión, y formas culturales españolas e indígenas son enormes. El hecho de que la Legión se dirija a los ricos es un llamado insensato a una sociedad que no está dispuesta a enfrentar sus grandes desigualdades. Mientras los protestantes evangélicos contrarrestan las pautas del catolicismo latino, la Legión y el Opus Dei se disputan el poder en una Iglesia aristocrática y dejan que jesuitas, dominicos y franciscanos se ocupen de los pobres. Los legionarios tienen mucha menos influencia en países de habla inglesa, empapados de una tradición de pluralismo y preocupación por los menos privilegiados.

José Barba hizo un último viaje a Roma en noviembre de 2002 acompañado por su canonista de la Ciudad de México, el padre Roqueñí. Barba llevaba consigo la traducción al polaco de una carta dirigida al Papa pidiéndole reabrir la causa contra Maciel; hizo que se la entregaran personalmente al colaborador más cercano de Juan Pablo II, el obispo Stanislaw Dziwisz.

En Roma, Barba y Roqueñí hicieron un último intento de ver al padre Girotti con la esperanza de saber qué probabilidades había de reactivar la queja ante la CDF. A Girotti lo habían cambiado de cargo a la Penitenciaría Apostólica, el departamento de la curia que lleva los casos extraordinarios de sacerdotes que abusan de los sacramentos y otros que no se pueden resolver en los tribunales de la Iglesia. El trabajo ultrasecreto de la penitenciaría se realiza en el Palacio de la Cancillería, un elegante edificio cerca de Campo dei Fiori, a varios kilómetros de la Ciudad del Vaticano. Los hombres llegaron a las ocho y media de la mañana y pidieron ver a Girotti. El joven sacerdote que los recibió supuso que tenían cita y los llevó a una sala de espera. Al instante apareció Girotti, hombre de corta estatura y pelo oscuro que usaba lentes, y los invitó a pasar a su oficina.

El padre Roqueñí le preguntó por qué no le había contestado su extensa carta de 1999 respecto a la falta de aplicación del derecho canónico en el asunto de Maciel.

Girotti se encogió de hombros, como diciendo «Es que recibo tantas cartas...»

Barba lo presionó para que le explicara la causa del estancamiento de la causa contra Maciel. Girotti dijo que no debía haber hablado con la prensa. Barba le recordó que no habían hablado con nadie durante dos años después de haber presentado la queja, y que el artículo aparecido en *L'espresso* en 1999 trataba asuntos del pasado y no de la causa. El padre Roqueñí insistió en que un artículo en una revista nada tenía que ver con un procedimiento canónico.

—Es un asunto de la ley —remató.

Girotti sonrió sin decir nada.

Barba le dio una traducción al español de la carta dirigida a Dziwisz. Girotti la leyó y les preguntó qué querían.

Le pidieron que le entregara la carta al cardenal Ratzinger. Él asintió con la cabeza: no le costaba nada entregarla, pero él ya no tenía nada que ver con el asunto.

La vacuidad del momento fue abrumadora. Girotti no expresó emoción alguna. Sin nada más que decirle, Barba y Roqueñí se marcharon.

En el pasillo de mármol se encontraron con un sacerdote mayor, de pelo canoso. Los saludó en tono amable y en el espontáneo intercambio de fórmulas de cortesía les expresó su alegría de conocer mexicanos. Adoraba a México. Había visitado el país para asistir a un encuentro de Legionarios de Cristo. Los llamó *bravissima gente* (gente magnífica) y sin venir a cuento dijo:

—El escándalo en Estados Unidos es obra judeomasónica.

Barba y Roqueñí se presentaron y se quedaron de una pieza al saber que aquel voluble italiano era el arzobispo Luigi De Magistris, prefecto de la Penitenciaría Apostólica y jefe de Girotti. Barba le preguntó si podían hablar con él unos minutos y él los invitó a su oficina, un recinto enorme, de techo altos y escaso mobiliario: archivadores, un escritorio inmenso con una máquina de escribir… y ninguna computadora.

—Me alegra que sea usted el penitenciario mayor —dijo Barba con aplomo—, porque estoy excomulgado.

—¿Por qué? —repuso el arzobispo.

Barba le explicó que de joven pertenecía a una orden religiosa y les había mentido a los visitadores del Vaticano. Técnicamente, esa falta de veracidad acerca de Maciel podía ser motivo suficiente para la excomunión. Con la confianza que le inspiraba la presencia de Roqueñí, Barba relató al arzobispo De Magistris la historial de Maciel. El prelado enmudeció. Cuando Barba terminó el relato, el prefecto de la Penitenciaría Apostólica objetó:

—Pero yo no soy a quien deben recurrir.

El asunto ya se había turnado al cardenal Ratzinger, explicó el padre Roqueñí.

—¿Y qué ha pasado? —preguntó el prefecto.

—¡Nada! —respondieron al unísono.

Roqueñí le dio más detalles y finalmente admitió:

—Cometieron un error al hablar con la prensa.

—En mi tiempos decíamos que la ropa sucia se lava en casa —dijo De Magistris—. Les puedo asegurar que lo que me han dicho entra por aquí —se metió un dedo en un oído—, y aquí se queda.

A los pocos minutos estaban en la calle. A Barba lo había enfurecido la atribución irresponsable del escándalo a los judíos y los masones. Él tenía amigos y alumnos judíos. ¡Qué comentario tan ruin!

El padre Roqueñí dijo sencillamente:

—Este asunto los tiene sin cuidado.

Habla Nuestro Padre

En julio de 2003 Maciel publicó una autobiografía de escaso mérito, *Cristo es mi vida,* dictada en varias entrevistas al reportero que dirige Zenit, la agencia de noticias financiada por los legionarios en Roma. El nuevo libro retoma el hilo de la historia engrandecedora de Maciel narrada en un folleto del padre Villasana que se distribuyó en los años noventa a los miembros del Regnum Christi. En la nueva obra, Maciel se presenta como un «formador», un sacerdote cuya especialidad ha sido la formación des jóvenes para el sacerdocio. No es ninguna sorpresa que evite mencionar las acusaciones de abuso sexual hechas contra él por sus propios ex seminaristas, y por lo tanto no ofrece ninguna explicación de la «conspiración» de aquellos que formularon cargos en su contra ante el Vaticano. Lo que sí dice es que «una nueva y muy grave calumnia, la adicción a las drogas», fue el motivo de la investigación del Vaticano en los años cincuenta. El tono de Maciel —suave, cerebral, con muchas citas de las Escrituras, es consecuente con la manera en que la Legión lo ha presentado desde hace mucho tiempo: como un santo en vida. «Pienso que el secreto para trabajar con adolescentes es creer que se puede confiar en ellos», reflexiona.

> Los jóvenes están abiertos a los grandes ideales de la vida: tienen enormes reservas de generosidad, y responden con gusto a lo que se les pide, siempre y cuando se les dé un ideal que los motive... Nuestra experiencia ha sido muy positiva, aunque no se trata de un trabajo fácil, sobre todo porque los adolescentes son extremadamente maleables, para bien y para mal, y hay muchas otras alternativas que fácilmente pueden descarriarlos.[6]

LA IGLESIA MÁS ALLÁ DE JUAN PABLO II

La paradoja es asombrosa. El papa que propugnó la liberación de las dictaduras políticas dio la espalda a los derechos humanos dentro de la Iglesia: una paradoja aún más patente comparada con la serie de disculpas públicas de Juan Pablo II, en las que llamaba a los católicos a reconocer terribles pasajes de nuestra historia. Ningún papa en siglos había sido lo bastante visionario para insistir en que «la Iglesia debe hacerse más consciente de la pecaminosidad de sus hijos recordando todas las épocas de la historia en que se desviaron del espíritu de Cristo y su Evangelio, y en vez de ofrecer al mundo el testimonio de una vida inspirada en los valores de la fe, se entregaron a maneras de pensar y actuar que eran verdaderas formas de vicio y escándalo».[7]

Juan Pablo II empezó a reparar las ofensas de la Iglesia contra los judíos, sobre todo con la visita sin precedente de un papa a una sinagoga en 1986. Estableció relaciones diplomáticas entre el Vaticano e Israel en 1993, y en 1998 emitió un documento acerca del Holocausto, *No olvidamos*. Después visitó el monumento conmemorativo del Holocausto Yad Vashem y el Muro de las Lamentaciones en Jerusalén. En un memorando a los cardenales en la primavera de 1994 expresó un concepto de «confesión de los pecados» más amplio que lo que cualquier miembro de la curia se había imaginado jamás. «Hasta entonces», escribió el corresponsal en el Vaticano Luigi Accattoli:

en más de quince años de su pontificado, el papa Juan Pablo II había reconocido al menos cuarenta ejemplos de pecados y errores. Había hablado, directa o indirectamente, de la responsabilidad por el trato dado a Galileo, a judíos y musulmanes... a Lutero, a los indígenas; las injusticias de la Inquisición, la mafia, el racismo; el integrismo religioso, el cisma y el papado, las guerras y la injusticia, y el trato hacia los negros. Tras emitir el memorando, habría pronunciamientos papales sobre las cruzadas, las dictaduras, las mujeres, las guerras religiosas y Ruanda.[8]

El llamado de Juan Pablo II a una «purificación de la memoria histórica» quizá sea uno de sus mayores legados. «Confesar» los pecados de la historia es más que un gesto de honestidad intelectual; implica un criterio de justicia. Durante la mayor parte de su vida en Polonia, la justicia estuvo subvertida por la ideología y por una economía estatal sostenida por la desinformación. La insistencia de Juan Pablo II en enfrentarse con el pasado provenía de la lucha de aquellos años por ver el sufrimiento humano como consecuencia no sólo del pecado, sino de una ideología que pisoteaba la dignidad individual.

Sin embargo, su miopía con respecto a la corrupción de la Iglesia hace pensar en la arrogancia que asociamos con los reyes de los dramas de Shakespeare, aunada a una trágica ingenuidad en lo tocante a la intimidad sexual. En vez de hacer frente a la revolución sexual del sacerdocio y preguntarse por qué tantos hombres buenos lo abandonaban y otros se negaban a abrazarlo, Juan Pablo II ratificó los castigos impuestos a teólogos e intelectuales que hacían las preguntas difíciles y argüían en favor de la honestidad y la reformas estructural.

El sistema de justicia de la Iglesia está sobrecargado de contradicciones. En 2002 el arzobispo George Pell, de Sydney, fue acusado de haber abusado de un muchacho hacía décadas en un campamento para jóvenes, cuando el propio Pell, entonces seminarista, acababa de salir de la adolescencia. La Iglesia australiana, fiel a su política de ayudar a las víctimas, respetó la petición del acusador de permanecer anónimo. Pell proclamó su inocencia, dejó su cargo de prelado y recibió un defensor para un juicio canónico cerrado. Un juez no católico accedió a servir como jurista independiente. Pero el proceso no pudo garantizar su secretismo. Antes de la audiencia preliminar se reveló a los medios información sobre ciertos antecedentes penales del acusador, lo que alimentó la sospecha de que la Iglesia la había filtrado para desacreditarlo. En un extraño giro de las tácticas utilizadas por la congregación de Ratzinger (de la cual era miembro el mismo Pell), la identidad del querellante se mantuvo en secreto a pesar de haberse divulgado su pasado dudoso. Al final, el juez decidió que las acusaciones no podían demostrarse y Pell quedó absuelto. El juez tuvo el cuidado de aclarar que el acusador no parecía una persona mentirosa. El resultado fue una extraña cuasi vindicación del hombre que había presentado la queja, mas no de la propia queja. El arzobispo Pell reafirmó su dignidad en un proceso que mucha gente consideró injusto. En eso tenía una irónica afinidad con Paul Collins, quien reafirmó su dignidad ante la CDF, aunque para ello tuvo que pagar el precio de abandonar el sacerdocio. Después Pell fue nombrado cardenal.

«Una estructura de poder que rinde cuentas solamente a sí misma siempre acabará abusando de los que carecen de poder», ha escrito James Carroll, autor de *La espada de Constantino*. «Aun así, pedirá de manera paternalista que confíen en ella para reparar el daño.»[9]

La Iglesia católica necesita con urgencia una separación de poderes. Los tribunales canónicos difícilmente son independientes. La Iglesia no tiene un mecanismo de vigilancia para remover a los obispos o sacerdotes que traicionan gravemente la confianza de los fieles, y mucho menos un proceso de selección de obispos que tenga en cuenta a los laicos. La tarea más inmediata para el sucesor de Juan Pablo II es abrazar las políticas de colegialidad nacidas del Concilio Vaticano II, permitir una introspección valiente sobre celibato y sacerdocio, y abrir la Iglesia a un diálogo honesto sobre teología y doctrina.

La parroquia es el corazón del catolicismo. El lugar de la Palabra se remonta a las primeras comunidades cristianas, pulso del Espíritu Santo a través del tiempo. El abuso de poder en el pontificado de Juan Pablo II hizo un daño incalculable a los párrocos, aquellos que predican la Palabra con lo que dicen y eligen no decir en cuanto a anticonceptivos, justicia teológica y la ley del celibato en particular. La mayoría de los católicos no creen a la Iglesia en estos asuntos. La exigencia de Ratzinger de «someter la voluntad» a Roma no puede coexistir con el *sensus fidelium*, «la opinión de los fieles». Como escribió el novelista Flannery O'Connor: «Es nuestra tarea tratar de cambiar los errores externos de la Iglesia —la vulgaridad, la ignorancia, la falta de honestidad intelectual— dondequiera que los encontremos y comoquiera que podamos.»[10]

Cuando un prefecto del Vaticano aplasta el intercambio de ideas honrado, los párrocos de todas partes reemplazarán la «sumisión de la voluntad» con una interpretación propia del Evangelio. Así lo han venido haciendo en el papado de Juan Pablo II y otros durante años. ¿Cuántos sacerdotes predican contra los anticonceptivos cuando saben que la inmensa mayoría de los fieles desoyen la enseñanza de la Iglesia? Lo mismo cabe preguntar con respecto a la homosexualidad. La idea de que los homosexuales tienden hacia «un mal moral intrínseco» (como pretende el Vaticano) sería inconcebible en labios de Jesucristo. Si los homosexuales, como demuestran tantos estudios, no pueden elegir su orientación sexual, entonces una teología verdadera debe comenzar con la cuestión del libre albedrío y tener en cuenta cómo ha evolucionado nuestro conocimiento de la sexualidad. Si los homosexuales lo son «sin tener la culpa de ello» (para usar la frase de los obispos estadounidenses en una carta pastoral de 1976), ¿les negaría Jesús el derecho a la intimidad?

También podríamos preguntar cómo actuaría Jesús ante lo que ha ocurrido con el sacerdocio. En cierto modo, la crisis de la Iglesia es un escándalo políticamente incorrecto, ya que pone en duda los supuestos de la diversidad con preguntas serias sobre la conducta moral. La corrección política se basa en la idea de que la sociedad está en deuda con los marginados y debe compensarlos con justicia. Hay que distinguir enfáticamente entre los sacerdotes homosexuales que encarnan al genuino testigo cristiano y la cultura clerical *gay* surgida en los años setenta, que veía el celibato con desprecio y estaba plagada de hipocresía y narcisismo. Como sociedad todavía no hemos podido aceptar lo que significa que una minoría lastimada *(algunos* curas y obispos que son homosexuales) adquiera poder, forme una camarilla y se aproveche del clericalismo para acosar a seminaristas heterosexuales, encubrir la promiscuidad y hacer extensivo el encubrimiento a quienes abusan sexualmente de los jóvenes. Los informes de sacerdotes que tienen sitios *web* de pornografía *gay* son sintomáticos de una subcultura que subvierte el bien de la Iglesia. Esa conducta ha hecho víctimas a los sacerdotes, tanto heterosexuales como homosexuales, que son leales a sus votos. Lo mismo se aplica a los clérigos que han abusado de la confianza de las mujeres.

Planteamos estos asuntos con renuencia. El asunto de la homosexualidad en el clero no puede tratarse fácilmente sin ofender a unos u otros. Muchos conservadores culpan a «los *gays*» de una crisis con raíces muy enmarañadas; los partidarios de la emancipación homosexual interpretan cualquier crítica como una expresión de homofobia. Debemos ser claros respecto a ambos lados de esta difícil paradoja. Condenar la homosexualidad calificándola de trastorno moral provoca un daño incalculable a la gente buena que es homosexual, a sus seres queridos y a sus familiares. Condenar a la gente por la manera en que expresa su amor físico supone una sabiduría moral que la jerarquía de la Iglesia católica no puede preciarse de tener, como lo demuestran sus lamentables normas internas. El viaje hacia una renovada comprensión de la ética sexual apenas ha comenzado. De la misma manera, debemos ser honestos con respeto al daño hecho por la hipocresía del clericalismo *gay*.

Es difícil imaginar un sacerdocio rejuvenecido sin que el celibato sea una opción, no una obligación. «Se puede expulsar a los efebófilos, pero el sistema constantemente produce otros para reemplazarlos», dijo Richard Sipe, «al favorecer a quienes son emocionalmente inmaduros y rechazar a las mujeres».[11] El advenimiento de sacerdotes casados no debe verse como una panacea: las familias tienen todo tipo de bagajes. Sin embargo, la presencia de padres e hijos en las rectorías parroquiales dará al ministerio un carácter sagrado muy distinto de un mundo de celibato con secretismo sexual. Imaginemos una Iglesia con un linaje de teólogos similar al de los rabinos.

Dicho lo anterior, la Iglesia católica, desde la óptica de los medios masivos, ha llegado a ser la pesadilla posmoderna, la religión grande y poderosa que a tantos les gusta odiar: homófoba, antifeminista y demasiado normativa en materia sexual. Aun así, las principales iglesias cristianas se debaten con el problema de la homosexualidad y las normas morales basadas en las Escrituras.

Fuera de esa lente de los medios está la Iglesia de los consejos parroquiales, los hogares para trabajadores católicos, los apostolados de ayuda a los pobres y enseñanza a los jóvenes, y los muchos sacerdotes que domingo tras domingo comunican una visión sacramental que hace de nuestro tambaleante mundo algo más humano y más divino. Los guardianes de la ortodoxia deberían mirar en torno suyo y reconocer que el celibato —una ley de la Iglesia que el Papa podría cambiar de un plumazo— ha alejado del sacerdocio a demasiada gente buena. Esta vasta porción de la humanidad —los radicales en cada extremo y la gran mayoría de nosotros en medio— avanza pesadamente buscando serenidad en los sacramentos y lo mejor de nuestra naturaleza en la liturgia. La Iglesia como fuerza del bien procede de su propia diversidad, configurada por un carácter de perdón y redención en el Evangelio. El catolicismo es por definición inclusivo.

Cuestión muy distinta es la estructura de poder de la Iglesia, como aprendió Frank Keating, el ex gobernador de Oklahoma, mientras servía como presidente del Comité Nacional de Revisión del episcopado estadounidense. En mayo de 2003 Keating renunció luego de acusar a algunos obispos de actuar como miembros de la Cosa Nostra, comentario que enfureció al cardenal Mahony, de Los Ángeles, mientras se encontraba en un atolladero jurídico. El comité seguía elaborando su informe cuando Keating reflexionó sobre su ejercicio del puesto:

Hay quienes dicen que el escándalo es exagerado… que las víctimas sobreestiman los hechos… que no es justo para la Iglesia… que es un ejemplo de sesgo anticatólico… que otras iglesias también están plagadas de acusaciones de abuso sexual…

El problema de esto es que es falso. La Iglesia católica estadounidense se enfrenta con un cataclismo; la comunidad laica está enojada y se enojando cada vez más. Las diócesis pagan enormes sumas de dinero de los laicos para indemnizar a las víctimas Recientemente el procurador general de Massachusetts —católico— declaró, en un escrito sobre la arquidiócesis de Boston, que el maltrato de niños allí era «tan generalizado y duradero que raya en lo increíble». A un obispo de Phoenix lo aprehendieron por haber huido del lugar de un accidente automovilístico en el que había causado la muerte a una persona. El arzobispo de Milwaukee renunció cuando se supo que había utilizado fondos de la diócesis para comprar el silencio de un amante.

La comunidad laica no da crédito a lo que ve y oye, con toda justificación.[12]

Mientras tanto, muy lejos de allí, en Roma, el papa Juan Pablo II premiaba a varios hombres que personificaban el pernicioso secretismo del Vaticano. Tarcisio Bertone —el abogado canónico subordinado de Ratzinger que encubría a Maciel mientras abogaba por el «secreto profesional» para el clero— fue nombrado arzobispo de Génova. En octubre de 2003 Juan Pablo II lo elevó al Colegio de Cardenales. Bertone, al igual Ratzinger, declinó nuestras peticiones de entrevista, fiel al voto de secretismo pontificio.

Otro cardenal recién nombrado, el arzobispo Julián Herranz, era el único miembro del Opus Dei que ocupaba un cargo en el gobierno del Vaticano: presidía el Pontificio Consejo para la Interpretación de Textos Legislativos. Herranz era, de hecho, el procurador general del Vaticano. En un discurso en la Universidad Católica de Milán en abril de 2002, criticó a la prensa por su «estilo pertinaz y escandaloso» al informar de los abusos del clero. El canonista se hacía eco de otros miembros de la curia al quejarse de «un injusto clima de suspicacia y ambivalencia hacia el sacerdocio… en el cual ciertos "medios" prestan voz a cualquier acusación». En un alarmante lapsus, Herranz habló de «esa forma concreta de homosexualidad que es la pedofilia». También repitió las palabras de Bertone al sostener la idea que tanta desgracia ha traído a la Iglesia: «Deben respetarse la confianza y el secretismo inherentes a la relación entre el obispo y sus colaboradores clérigos, y entre los sacerdotes y los fieles.»[13]

A mediados de octubre de 2003 Juan Pablo II se encontraba cada vez más débil, mientras jerarcas de la Iglesia y peregrinos confluían en Roma para celebrar el vigésimo quinto aniversario de su pontificado. El Papa promovió a su secretario personal de hacía largo tiempo, el obispo Stanislaw Dziwisz (para el cual José Barba había mandado traducir al polaco su última carta), a la dignidad de arzobispo. Juan Pablo II también designó arzobispo al obispo James M. Harvey, hasta aquel entonces jefe de la casa pontificia.

El ascenso de Harvey ocurrió a pesar de un artículo en el periódico *Dallas Morning News* que reveló que a un sacerdote estadounidense, monseñor Daniel Pater, le habían concedido un ascenso con el apoyo de Harvey dentro del cuerpo diplomático del Vaticano a pesar de haber recibido informes de funcionarios eclesiásticos de Cincinnati en el sentido de que Pater había abusado sexualmente de una niña de trece años hacía diez. La Iglesia había pagado a la víctima una indemnización extrajudicial en 1995, y aun así Pater recibió un ascenso como diplomático de la Santa Sede. Trabajaba en la India cuando la investigación realizada por la periodista Reese Dunklin, del *Dallas Morning News*, lo obligó a renunciar al cuerpo diplomático y regresar a Estados Unidos. El obispo Harvey «es uno de los estadounidenses más poderosos en el Vaticano y una de las pocas personas de cualquier nacionalidad que tienen acceso al Papa todos los días», escribió Dunklin.[14] Como informó el periódico: «El Vaticano estaba al tanto del asunto.»

El hombre que alertó al obispo Harvey sobre el caso Pater es el reverendo Lawrence Breslin, párroco de la iglesia arquidiocesana de Cincinnati, donde se había cometido el abuso sexual. Breslin era ex alto funcionario del Pontificio Colegio Norteamericano, un seminario en Roma a donde los obispos de Estados Unidos envían algunos de sus candidatos al sacerdocio más prometedores.

Monseñor Breslin dijo que informó a su amigo del asunto por primera vez en 1995, y el obispo Harvey le respondió que funcionarios de mayor nivel de la Secretaría de Estado del Vaticano sabían que el sacerdote «tenía algunos problemas en Estados Unidos, pero que ya pasarían».

«Yo le advertí que no pasarían», agregó monseñor Breslin.

Contó que durante su segunda conversación, en 1999, el obispo Harvey dijo que le habían impuesto una restricción a monseñor Pater a causa del abuso: nunca recibiría un ascenso al puesto de embajador.

«No me sorprendió, pero pienso que debían haberlo destituido», comentó monseñor Breslin, que ha criticado públicamente el manejo de otros casos de abuso en la zona de Cincinnati por parte del arzobispo. «Para eso habría tenido que asesinar a alguien.»

«Así es el Vaticano», agregó. «Es difícil que te despidan de allí.»

El obispo Harvey dijo no recordar muchos detalles de sus pláticas con monseñor Breslin.

En el otoño de 2003 Juan Pablo II también removió al arzobispo Luigi De Magistris, de setenta y ocho años, de la Penitenciaría Apostólica, sin nombrarlo cardenal, y en su lugar instaló al cardenal J. Francis Stafford, estadounidense. «Hubo quienes especularon que la caída de De Magistris había sido consecuencia de su franqueza; aunque el prelado no concede entrevistas, dentro de la Santa Sede tiene fama de expresar libremente sus opiniones en privado», escribió John Allen. «Cuando De Magistris era juez de la Congregación para las Causas de los Santos, votó contra la beatificación de José María Escrivá, el fundador del Opus Dei.»[15]

De Magistris había sido protegido del difunto cardenal Ottaviani, quien opuso gran resistencia a las reformas del Concilio Vaticano II y presionó al papa Paulo VI para que condenara los métodos artificiales de anticoncepción. El fantasma de Ottaviani todavía impregna la curia romana. «Soy un viejo policía que cuida las reservas de oro», le dijo Ottaviani a un periodista italiano cuando el concilio celebraba su última sesión. «Si a un viejo policía le dice usted que las leyes van a cambiar, él se dará cuenta de que es un viejo policía y hará todo lo que esté en sus manos para evitarlo… Una vez que las nuevas leyes se hayan vuelto el tesoro de la Iglesia, algo que acreciente sus reservas de oro, queda todavía un principio único: la lealtad al servicio de la Iglesia. Pero ese servicio significa lealtad a sus leyes, como un ciego. Como el ciego que soy.»[16]

Si la ceguera del Vaticano hacia la realidad sexual persiste bajo el nuevo pontificado y el Papa se muestra indiferente a la reforma estructural, la Iglesia seguirá sufriendo deserciones y perdiendo credibilidad en los países de los cuales recibe apoyo financiero.

Ahora que Juan Pablo II ha salido del escenario, los extraordinarios logros que le valieron su condición como uno de nuestros más grandes papas se ponderarán en relación con el sufrimiento humano ocasionado por la corrupción interna bajo su mandato. Por grande que haya sido su bondad, también será recordado como un papa conflictuado, un hombre que no pudo aplicar su propia «purificación de la memoria histórica» a las realidades sexuales dentro del sacerdocio. Su trágica ingenuidad lo dejó inerme para mirar dentro de la curia romana, los obispos y la cultura del sacerdocio con la misma inteligencia que desplegó en la diplomacia.

> Además, justicia es aquella virtud que da a cada uno lo que merece.
>
> SAN AGUSTÍN, *Ciudad de Dios*

EPÍLOGO
La investigación secreta del papa Benedicto XVI

Durante los últimos meses de su vida el papa Juan Pablo II mostró un distanciamiento aún más surrealista de la crisis de abuso sexual en el clero. En medio de constantes informes de descontento popular hacia la jerarquía eclesiástica en Irlanda —y más de 900 juicios civiles contra diócesis de California a causa de sacerdotes pederastas, entablados tras la promulgación de una nueva ley estatal—, Juan Pablo II presidió una fastuosa ceremonia en el Vaticano, el 30 de noviembre de 2004, en la que elogió a Maciel por su «promoción integral de la persona». El Papa también otorgó a los Legionarios de Cristo el control administrativo del Centro Notre Dame en Jerusalén. Fundado en 1904 por una orden religiosa francesa, el centro ofrecía conferencias y daba alojamiento a los peregrinos. El Vaticano había asumido su control en 1978. Las instalaciones cuentan con una biblioteca y dirigen una escuela de administración hotelera y capacitación en turismo.

La incesante violencia de la intifada en Israel había hecho que el centro quedara «subutilizado debido a la escasez de turistas», comentó a Jason Berry la hermana Elaine Kelly, de Portland, Oregon, una activista de la paz del grupo Amigos de Sabeel. Luego de expresar su «sorpresa ante la designación» de los legionarios, la religiosa añadió que el albergue para peregrinos había sido «una importante fuente de empleo para los palestinos y un símbolo del apoyo de la Santa Sede a la Iglesia local».

En la misma ceremonia, Juan Pablo II aprobó los estatutos del Regnum Christi, y elogió a este movimiento laico por fomentar «una civilización de justicia y amor cristianos».

Quizá el parkinsonismo que aquejaba al Papa explique por qué un hombre de su inteligencia aceptaba semejantes reglas. Dada su deteriorada salud, es poco probable que en realidad haya leído los estatutos. Los miembros más avanzados —consagrados a una vida de celibato en pro del «Movimiento»— viven en casas comunales. El mundo del Regnum Christi está impregnado de la personalidad paranoide de Maciel. A continuación, algunos de los artículos constitutivos del Regnum Christi:

99. En conformidad con un espíritu de humildad apostólica y discreción evangélica, se evitará llevar a cabo campañas abiertas o hacer declaraciones publicitarias acerca de la naturaleza, las metas, los métodos y las actividades apostólicas del Regnum Christi.

103. El reclutamiento se realizará por etapas, pasando sucesivamente de la amabilidad a la amistad, de la amistad a la confianza, de la confianza al convencimiento, y del convencimiento al *sometimiento*. [El subrayado es nuestro.]

494. Nadie deberá visitar a personas ajenas al movimiento del Regnum Christi en sus casas, así como tampoco frecuentarlas ni hablar por teléfono con ellas sin un motivo que lo justifique. Si es por propósitos apostólicos, antes se debe contar con una autorización especial o periódica del director del centro.

504.2. Nadie asistirá a espectáculos públicos ni deportivos, ni siquiera con el pretexto de acompañar a personas o grupos ajenos, en especial si dichos grupos son mixtos.

509. El director o administrador del centro revisará toda la correspondencia de los miembros y sólo les hará entrega de aquella que considere conveniente. También revisará toda la correspondencia personal que los miembros del centro reciban de las obras apostólicas en las cuales estén empleados.

514.1. Vive tu consagración con un sentido de alejamiento en lo que se refiere al trato con tus familiares, y procura canalizar estas relaciones fundamentalmente a *conquistarlos para Cristo*. [Las cursivas son nuestras.]

La ceremonia de despedida de Juan Pablo II con los Legionarios hacía pensar en una intervención más directa del cardenal Sodano, secretario de Estado del Vaticano cuyo ascendiente sobre la orden se hace evidente en el retrato suyo que se exhibe en las oficinas centrales del Regnum Christi en Roma. En tanto Juan Pablo II pudiera seguir pisando, aun trastabillante, los escenarios, Sodano continuaría haciendo cuanto estuviera en sus manos por incrementar el apoyo a un Maciel manchado por el escándalo.

Aun así, pocos días después nuevas revelaciones sacaron a la luz una violenta ruptura en la jerarquía en relación con la Legión.

Luego de la celebración en Roma, el Servicio Católico de Noticias informó que el 23 de noviembre de 2004 el arzobispo Harry Flynn, de

Mineápolis-Saint Paul, Minnesota, envió una carta a los párrocos y administradores parroquiales en la que ordenaba a la Legión «abstenerse de realizar cualquier actividad en la arquidiócesis». Flynn determinó que el Regnum Christi debía «mantenerse apartado de todas las actividades de las parroquias y de la arquidiócesis». El arzobispo había llegado a esa decisión después de varios años de asistir a reuniones con funcionarios de la Legión. En una carta al padre Anthony Bannon, director de los Legionarios en Estados Unidos, Flynn condenó las comunicaciones que tenían con él calificándolas de «vagas y ambiguas, caracterizadas por las generalizaciones sobre sus propósitos y políticas... Nuestros párrocos tienen la sensación constante de que se fomenta la formación de una "iglesia paralela", que aleja a las personas de sus respectivas parroquias y de su arquidiócesis y crea estructuras antagonistas».

Luego, a principios de diciembre —tres días después de la ceremonia en el Vaticano—, la abogada canónica Martha Wegan escribió a Arturo Jurado, José Barba y Juan Vaca para darles una noticia sorprendente: «Tengo la impresión de que por fin han tomado en serio nuestra causa». Según informó a sus clientes, monseñor Charles Scicluna, canonista que trabajaba como promotor de justicia en la Congregación para la Doctrina de la Fe (CDF), había preguntado si los hombres deseaban «continuar o no el proceso». El profesor Barba telefoneó desde la Ciudad de México a Wegan en Roma para confirmarle que no sólo querían que la causa canónica prosperara, sino que no permitirían que se les impusieran silencio.

La conjunción de estos hechos hace pensar que ya antes de la ceremonia del 30 de noviembre el cardenal Ratzinger había decidido actuar contra Maciel... o que la propia ceremonia lo movió a reabrir la investigación. En todo caso, el teólogo mayor y el secretario de Estado habían llegado a formarse una opinión sobre Maciel muy distinta de la de Juan Pablo II.

El nombramiento de monseñor Scicluna como fiscal especial en contra de Maciel marcaba un giro drástico en la forma de pensar de su superior. La crisis de los abusos había repercutido más en la oficina de Ratzinger que en ninguna otra de la curia romana. Desde que en 2001 Juan Pablo II ordenó conferir autoridad a su congregación para secularizar a los sacerdotes pederastas, Ratzinger vio crecer una marea de documentos relacionados con los secretos más oscuros de la Iglesia. Los miembros de su equipo llamaban a las reuniones que sostenían los viernes para evaluar los casos de secularización su «penitencia semanal». Setecientos casos, la mayoría provenientes de Estados Unidos, estaban pendientes de resolución. De haber estado Maciel sujeto a la carta de protección de los jóvenes promulgada por los obispos estadounidenses, lo habrían suspendido de inmediato y su caso se habría enviado a Roma para tramitar su secularización. Darse cuenta de esto debe de haber sido un trago muy amargo para un fundamentalista como Ratzinger, sobre todo porque Sodano, el secretario de Estado, seguía sosteniendo la inocencia de Maciel.

¿Por qué Ratzinger habría reactivado una investigación que iba contra el apoyo que Juan Pablo II siempre había prestado a Maciel? La respuesta más probable es que Ratzinger consideraba culpable al superior de los legionarios; también sabía que al consumido pontífice no le quedaba mucho tiempo de vida. La acción del prefecto de la CDF ponía de relieve la capacidad de mando de Juan Pablo II y destacaba la abismal diferencia entre el propio prefecto y Sodano. Los diplomáticos suelen mostrar un notorio desinterés hacia la verdad como absoluto moral; su labor consiste en ser flexibles con tal de promover los intereses de su Estado. A Sodano, amigo de Pinochet desde sus días de nuncio papal en Chile, le agradaban Maciel y la espiritualidad militante de la Legión, un «nuevo movimiento eclesiástico» cuya dinámica se asemejaba a la de los movimientos nacionalistas del pasado en Europa y América Latina, cuando la influencia de la Iglesia en la política era mucho mayor.

También había otra razón detrás la investigación de Ratzinger. Sin duda el cardenal alemán consideraba sus posibilidades de llegar a ser el siguiente pontífice. Es ya un lugar común que los papas digan haber rezado para que no los eligieran, como afirmó Ratzinger al terminar el cónclave. No obstante, él también emprendió una campaña entre los cardenales, como hacen todos los futuros papas, para alcanzar el cargo. El cardenal era lo bastante astuto para saber que un silencio pasivo con respecto a Maciel empañaría su elección con reportajes de un encubrimiento y haría que su pontificado heredara el escándalo que había envuelto al de su predecesor. Para él, si ya no para Juan Pablo II, Maciel era un grave inconveniente.

Fue así como recayó en monseñor Charles Scicluna, eclesiástico maltés que había ascendido hasta la curia romana, la responsabilidad de investigar a Maciel y redactar un informe sobre sus resultados. Scicluna había viajado previamente a Estados Unidos para recibir instrucciones de abogados canónicos sobre la manera de preparar la documentación que la congregación exigía para expulsar del sacerdocio a los sacerdotes pedófilos.

En diciembre, poco después de haberse reabierto la investigación, Maciel, ya de ochenta y cuatro años, renunció a la dirección general de la Legión alegando como motivo su avanzada edad. Designó como su sucesor a Álvaro Corcuera Martínez del Río, mexicano de 47 años que se había criado en Monterrey.

El hallazgo de Scicluna

El prelado viajó a Nueva York para entrevistarse con Juan Vaca. Se conocieron el 2 de abril de 2005 en la rectoría de la parroquia de Nuestro Salvador. Habían transcurrido veintinueve años desde que Vaca hizo su declaración original al Vaticano, en cuyo expediente, enviado por el finado obispo McGann, de Long Island, identificaba a otras veinte víctimas de Maciel. El Vaticano hizo caso omiso de esa acusación y otras dos enviadas en 1978 y 1989.

Vaca, hombre delgado y fornido de ojos oscuros y pelo plateado que empieza a ralear, aparentaba diez años menos que los sesenta y ocho que tenía. Scicluna —bajo de estatura, robusto y una generación más joven—, recibió a Vaca en la puerta sin presentarse, como si su identidad fuera del dominio público. Cuando comenzó el interrogatorio, un sacerdote se sentó junto a él con una computadora portátil. Vaca besó un rosario y juró decir la verdad a la Santa Sede. En una pausa durante su testimonio preguntó al investigador del Vaticano qué pensaba de las acusaciones que él y otros venían haciendo desde hacía tantos años.

Según el mismo Vaca, Scicluna respondió: «Les debemos a todos ustedes una disculpa. La Iglesia no les brindó protección».

El interrogatorio continuó. Vaca atestiguó cómo Maciel los utilizaba a él y a otros jóvenes para procurarse placer sexual y luego les daba la absolución. También se valía de ellos para conseguir drogas y escribir cartas a benefactores adinerados.

A la mitad del testimonio se tomaron un descanso y entonces se enteraron de que Juan Pablo II había muerto. Scicluna no mostró mucha emoción; el testimonio prosiguió.

Esa misma tarde Scicluna entrevistó a otro testigo, Paul Lennon, que acudió desde Arlington, Virginia. Este irlandés, que había abandonado la Legión hacía años, creó un sitio *web,* RegainNetwork.org, en el que publicaba hallazgos sobre los legionarios y Maciel con la intención de sacar a la luz las tácticas de desinformación utilizadas por la Legión y por el Regnum Christi. Lennon explicó que, si bien él y otros seminaristas no habían sufrido abuso sexual, consideraban que las estrategias de coacción psicológica usadas contra ellos aniquilaban la personalidad con tal de preservar el mito de Nuestro Padre. Su angustia había adquirido nuevo sentido cuando conoció a Vaca, Barba y los demás ex legionarios que habían promovido la causa eclesiástica. «Todo el sistema estaba pensado para proteger y exaltar a Maciel», comentó Lennon más tarde.

El 3 de abril, mientras la televisión se centraba en la solemne belleza de las exequias de Juan Pablo II en Roma, monseñor Scicluna viajó de Nueva York a la Ciudad de México.

En el curso de nueve días, treinta testigos acudieron a la Casa de Santa Brígida, un convento de monjas que se aloja en un edificio de tres pisos en Avenida Uno 57, cerca del barrio de Mixcoac, en la extensa capital. Allí, el canonista del Vaticano pedía a cada uno que jurara ante un rosario que su testimonio era veraz; los testigos también firmaron documentos oficiales con el sello de la Santa Sede. Sentado junto a Scicluna un mexicano, el reverendo Pedro Miguel Funes Díaz, escribía en una computadora portátil para notariar los testimonios firmados y sellados por el Vaticano.

«Veinte personas rindieron testimonio directo de haber sufrido abuso sexual», declaró Barba.

En 1956 el Vaticano removió de su cargo a Maciel durante un periodo en que, según han dicho Barba y sus compañeros, se volvió adicto a la dolantina, una droga derivada de la morfina. A principios de 1959 lo reinstalaron. Los testigos de aquella época le dijeron a Scicluna que habían mentido u ocultado la verdad a los investigadores carmelitas debido a los votos que habían hecho de jamás hablar mal de Nuestro Padre.

Los testimonios sellados reunidos en la Ciudad de México eran como una cámara enfocada hacia el pasado, a la época en que aquellos hombres, hoy próximos a jubilarse, eran apenas niños y jóvenes. El alcance de las acusaciones se fue ampliando en México a medida que más hombres que habían permanecido en el anonimato testificaban ante Scicluna. Carlos de la Isla, profesor de filosofía que pasaba de los setenta años, fue uno de los primeros doce muchachos que en 1941 se unieron a la incipiente orden de Maciel, de la cual se salió al poco tiempo. Otros dos hombres que no intervinieron en la tramitación de la causa de 1998, Salvador Andrade y Francisco González Parga, atestiguaron sobre los abusos de Maciel. «Según los presentes en la reunión, el segundo admitió que, tras haber sido objeto de abuso por parte de Maciel, empezó a consumir drogas, y que al enterarse de esto sus superiores, no dijeron ni hicieron nada», informaría más tarde el diario *La Jornada,* de la Ciudad de México.

Otro testigo era un hombre mucho más joven que había abandonado la Legión. Declaró que en 1992 Maciel le había hecho una propuesta sexual en Europa.

Para entonces, los medios mexicanos no dejaban de especular sobre Maciel, que probablemente era el sacerdote más famoso del país y a quien se tenía en muy alta estima también en España. Uno de los testimonios que podían resultar más dañinos era de un español, el padre Félix Alarcón, que se había retirado de sus labores diocesanas en Florida y vivía en las afueras de Madrid. Más tarde Alarcón declararía: «Nadie del Vaticano se comunicó conmigo. Quizá no querían saber nada. Así es como funciona el sistema.»

A los testigos de Scicluna se les pidió firmar un documento en el que se comprometían con la Santa Sede a no revelar sus testimonios escritos. Aun así, con más de dos docenas de testigos, era inevitable que algo se filtrara a la prensa, sobre todo después de la enorme difusión que recibieron los relatos de quienes en 1998 llevaron la causa a Roma. La larga historia de inacción del Vaticano y su insistencia patológica en el secretismo aumentó aún más el interés de los medios de América Latina, donde la imagen de Maciel como paladín de la religión ya empezaba a ridiculizar la prensa. A pesar de todo, ninguna copia de los testimonios escritos llegó a los medios.

«Scicluna comentó que un hombre al que se ha absuelto puede seguir cometiendo los mismos delitos», recordó Barba. «Los nuevos testigos que presentamos al fiscal demuestran que Maciel seguía haciendo lo mismo» después de 1959.

José Antonio Pérez Olvera, un abogado cuyo hermano también dejó la Legión luego de haber sido acosado por Maciel, le dijo a Alma E. Muñoz, reportera de *La Jornada:* «No sé lo que me pasó, pero me eché a llorar y el notario, al que tomé por sorpresa, me ofreció un vaso de agua. Le contesté que no, que así sólo conseguiría agregarle agua a mi llanto».

Otro testigo era Alejandro Espinosa, autor de *El Legionario,* una autobiografía en la que narra sus traumáticos encuentros sexuales con Maciel y que había llegado a ser un *best seller* en México. Espinosa dejó la Legión a principios de los sesenta y fue uno de los primeros en acusar a Maciel. Según dijo, Scicluna le aseguró que su demanda contra Maciel era muy sólida.

«Maciel me pidió que no dijera la verdad», recuerda Espinosa sobre el testimonio que rindió ante los investigadores del Vaticano en 1958. «No sabía a quién obedecer, si a mis superiores o al Vaticano… Me puse a temblar cuando hablé con ellos [en 1958] porque sabía que les estaba mintiendo. Y había jurado sobre la Biblia.»

Para muchos de los testigos en la Ciudad de México, haber declarado ante Scicluna fue un ritual de reivindicación propia y aclaración de cuentas con respecto a Maciel.

Maciel, que el 10 de marzo de 2006 cumplió ochenta y seis años, llevaba viviendo muchos años en la sede de la Legión en Roma y viajando periódicamente a México. En los años cincuenta se hizo construir una tumba en la iglesia de Nuestra Señora de Guadalupe en Roma. Su retrato cuelga en las paredes de escuelas de la Legión en varios países, donde se adoctrina a los estudiantes —al igual que a los seminaristas de la Legión— en la creencia de que Nuestro Padre es un santo en vida. Maciel postuló la causa de canonización de su madre, y mediante la difusión entre seminaristas de la Legión, sus patrocinadores y miembros del Regnum Christi, de una calculada historia ficticia de sus años de juventud y sus proezas, ha depurado el guión para una campaña póstuma en pro de su canonización. Como dijo a sus subordinados en una ceremonia de beatificación celebrada en Roma en 1992: «No inicien mi causa de canonización hasta que hayan pasado treinta años de mi muerte.»

El notable apoyo brindado a Maciel por el papa Juan Pablo II, que jamás reconoció la existencia de las acusaciones en su contra, es el puntal en que los legionarios se han basado para impugnar la investigación de Scicluna.

«Esta investigación va a ser una bomba atómica para los legionarios», pronosticó en un almuerzo que tuvimos en la Ciudad de México el 4 de mayo de 2005 monseñor Antonio Roqueñí, canonista que redactó la solicitud original de la causa de 1998 y que también rindió testimonio ante Scicluna. En relación con la historia de la orden de pretender congraciarse con obispos y cardenales, Roqueñí añadió: «A Scicluna le interesan más los legionarios. Una vez me comentó que eran corruptos».

No está claro hasta dónde pudo Scicluna seguir las pistas que tenía; el fiscal canónico trabajaba sujeto a un voto pontificio de silencio, como ocurre con todos los funcionarios de la CDF. Pero el hecho de que el investigador expresara su opinión de que la Legión era una orden corrupta a un colega cuyas cartas a Ratzinger no habían recibido respuesta alguna hacía pensar que Scicluna conocía bastante bien la verdad.

Scicluna recibió nueva información en forma de publicaciones en español que el profesor Barba le proporcionó como material complementario. En una de ellas, *Los documentos secretos de los Legionarios de Cristo,* libro publicado en Madrid en 2004, el reportero de asuntos religiosos José Martínez de Velasco transcribe fragmentos de expedientes internos que obtuvo de sacerdotes legionarios de España e Irlanda descontentos con las autoridades de la orden. Se decía que varios de esos sacerdotes estaban dispuestos a hacer declaraciones.

Martínez de Velasco se centra en hechos ocurridos en el Regina Apostolorum, el complejo académico de la Legión en Roma. Antes de la investigación de Scicluna, las conferencias y recepciones del complejo tenían gran demanda entre cardenales y obispos. ¿Quién de ellos iba a decir que los seminaristas anotaban cada uno de sus comentarios como informes internos para maniobras de espionaje de los legionarios? Hasta ese extremo llegaba la conducta interna de la Legión: el espionaje como acto de fe. Martínez de Velasco transcribe fragmentos de lo que los seminaristas escribían sobre huéspedes prominentes.

Tras identificar al seminarista que el 10 de octubre de 2000 escribió un memorando sobre el cardenal Darío Castrillón Hoyos, prefecto de la Congregación para el Clero, cita fragmentos del texto. El informe, que se dirigió a los altos funcionarios de la Legión, muestra al poderoso miembro de la curia romana expresándose con toda franqueza entre los jóvenes legionarios. «El cardenal se quejó un poco de que su predecesor [un obispo] en Colombia había vendido una casa que [el anterior obispo] tenía cerca del Ateneo [de la Legión], que le habría encantado tener a los seminaristas tan cerca en su centro de estudios… El cardenal nos dijo quién había donado la casa, y cómo un acaudalado caballero de Colombia le había entregado dinero [al antiguo obispo]… Luego el cardenal nos siguió contando que de joven era "muy duro" y que ahora en ocasiones siente tristeza y vergüenza de cosas que hizo cuando era obispo.»

El libro nombra a otro seminarista que el 8 de octubre de 2000 escribió que el obispo Onésimo Cepeda, de Ecatepec, México, comentó que en el estado de Chiapas, sacudido por la violencia, la calma no había regresado sino hasta después de que el obispo Samuel Ruiz, defensor de los derechos humanos, desistió de su propaganda. El seminarista describía a Ruiz como «un promotor de los derechos de los indígenas y de la teología de la liberación, que combate a los legionarios en esa región de México».

Glenn Favreau, colaborador de RegainNetwork.org —el sitio *web* que busca advertir a la gente sobre la Legión y el Regnum Christi—, recordó con vergüenza sus experiencias en la Legión en Roma. «A principios de los años noventa al padre Maciel y a los superiores en Roma se les ocurrió la idea de enviar hermanos elegidos con todo cuidado para establecer lazos amistosos con seminarios de la Universidad Norteamericana», cuenta. «Debíamos convencerlos de unirse al Regnum Christi… El objetivo era atraer a esos jóvenes, que algún día con toda seguridad llegarían a ser funcionarios de sus diócesis, o incluso obispos o prelados de más alto rango. El padre Maciel quería garantizar que, una vez que esos hombres se hicieran miembros del Regnum Christi, la Legión sería bienvenida en esas diócesis en el futuro. Nos aprovechamos de nuestra amistad con ellos para lograr ese fin. Todo estaba muy bien organizado. Con frecuencia enviábamos a nuestros superiores informes muy detallados sobre nuestros progresos con cada seminarista y sobre el potencial que veíamos en él. Era una red de espionaje muy bien organizada.»

Los informes internos que cita Martínez de Velasco revelan un tono de servilismo grandilocuente. Estos expedientes, llenos de chismes, evocan un ambiente de estudiantes aplicados que, en un esfuerzo servil por ganarse el favor de sus superiores, sonsacan a sus invitados toda la información que pueden.

Tachar de enemigo de la Legión a un obispo que se alía con los pobres evidencia la mentalidad de Maciel, para quien las acusaciones en su contra no son más que una conspiración. La Legión de un lado, sus enemigos del otro. Este modo de pensar está plasmado en los estatutos mismos de los Legionarios de Cristo, un documento que nunca se ha publicado, aunque algunas de sus partes se han filtrado a los miembros de RegainNetwork.

Por ejemplo, el artículo 269.2 dice: «Si alguien llegara a enterarse de que un religioso conspira contra la Congregación o utiliza a sus compañeros para perturbar la paz interna, o pone en tela de juicio a la Congregación, su estilo de vida, sus pautas de gobierno o a sus superiores por medio de escritos o publicaciones, estará seriamente obligado por su conciencia a comunicar de inmediato estos hechos al director general.»

Ahora podría decirse que el Vaticano mismo conspiraba contra la congregación. La afirmación de monseñor Roqueñí en el sentido de que la investigación sería «como una bomba atómica» para los legionarios aludía precisamente a la forma en que la orden veía al Vaticano como «conspirador» contra ella a causa de la información desenterrada por Scicluna.

El 12 de abril de 2005, antes de que se eligiera papa al cardenal Ratzinger, Scicluna partió de México. Llevaba consigo suficiente material complementario para llenar un baúl: ocho libros en español y alteros de artículos y reportajes que muestran a Maciel como una figura enfermiza que se escudaba detrás de una arraigada cultura de la desinformación.

El expediente incluía el primer libro que se publicó sobre Maciel: *La prodigiosa aventura de los Legionarios de Cristo,* de Alfonso Torres Robles, un pionero del periodismo español. El libro de Torres, publicado en 2001, tuvo en México extraños problemas de distribución que tanto estudiosos como periodistas del país atribuyeron a la intervención oculta de los legionarios. Otro libro de José Martínez de Velasco, publicado en 2002, lleva por título *Los Legionarios de Cristo, el nuevo ejército del Papa.*

Barba comentó al respecto: «Cuando le enseñé los libros a Scicluna, exclamó: "¿Todo esto?". Y yo le respondí: "Sí, monseñor, todo esto."»

Entre esas obras se contaban *El círculo del poder* y *La espiral del silencio,* una recopilación de ensayos publicados en México por prominentes sociólogos de la religión. El artículo principal es de Fernando González, psicoanalista que cuenta con un doctorado en sociología de La Sorbona. El texto *En el nombre del Padre: Depredadores sexuales en la Iglesia,* de Carlos Fazio, sociólogo y escritor destacado, examina a Maciel en el contexto de los escándalos de abuso en todo el mundo.

Mientras los medios abrían espacios para que los investigadores dieran a conocer sus hallazgos, Maciel se negaba a responder y se escudaba en funcionarios de la Legión para que reiteraran su defensa. «El padre Maciel ha sido derrotado», rezaba el titular de un artículo aparecido el 3 de mayo de 2005 en el diario *Milenio,* firmado por Ciro Gómez Leyva, uno de los periodistas más importantes de México. «Es el fin del padre Maciel», escribió.

> Dejando a un lado cualquier conclusión a la que pudiera llegar el fiscal, tanto la Santa Sede como el papa Benedicto XVI tienen razones para cuestionar la responsabilidad de Maciel en estos ataques sexuales contra seminaristas, casi niños en realidad, en los seminarios de la Legión de Cristo... Como ocurrió con Pinochet en Chile, el veredicto final quedará en segundo plano ante los principales hechos de la vida de Marcial Maciel. Al parecer el Vaticano ha comprendido y aceptado que los acusadores reúnen tantos elementos de verosimilitud, integridad y credibilidad, que resulta imperativo prestarles atención...
>
> Señalado por la Santa Sede y sin aliados dispuestos una vez más a imponer el silencio por medio de la censura y el miedo, el padre Maciel ha sido derrotado. A pesar de su inmenso poder, en su biografía pesará más el recuerdo de cómo, mientras ejercía ese poder, cometía abuso sexual de menores; y de cómo, con mentiras y amenazas, trató de reducirlos a la nada.

Semejantes palabras eran impensables apenas hace unos años. Los graduados de escuelas de la Legión, así como de la Universidad Anáhuac, la insignia de los legionarios, ocupan puestos de considerable poder en los negocios, la sociedad y la política en México. Ciro Gómez Leyva lo supo por una amarga experiencia en 1997, después de emitir un documental de televisión en el que él, junto con Marisa Iglesias, presentaron un perfil de los acusadores de Maciel. Los anunciantes organizaron un boicot que casi hizo desaparecer el canal.

Barba le mostró un video de ese documental a Scicluna, quien no dejaba de tomar notas.

Roberta Garza, otra columnista de *Milenio,* escribe desde Monterrey, la capital industrial del país. Sus afirmaciones adquieren especial resonancia debido a que uno de sus hermanos, Luis Garza, es el segundo sacerdote en importancia de los Legionarios de Cristo en Roma. El padre de ambos fue un generoso benefactor de la causa de Maciel, y una de las hermanas de Roberta es «mujer consagrada» del Regnum Christi en Roma. Los escritos de la periodista hacen pensar en una familia dividida.

«El problema de levantar estos altares artificiales es que, como todas las divinidades, exigen tributo», escribió de Maciel el 8 de mayo de 2005.

> Poco a poco se van convirtiendo en una adicción fatal... Por eso me pregunto qué pasará con los seguidores de la Legión si, como todo hace suponer, Benedicto XVI continúa la investigación de Marcial Maciel hasta su conclusión lógica... Porque, en este caso, la santificación, el mito y el tremendo culto a la personalidad de Maciel provienen de su gran capacidad para venderse como alguien vinculado con Cristo, con la ortodoxia de la Iglesia, con Roma en general.

La elección de Ratzinger por parte del Colegio de Cardenales alegró a los católicos conservadores y llenó de consternación a los liberales. Su reputación como guardián de la doctrina de la Iglesia y su historia de sanciones contra los teólogos y estudiosos que cuestionaban la autoridad de una élite gobernante a la que nadie había elegido representaban un buen augurio para quienes deseaban que la Iglesia volviera a los esquemas anteriores al Concilio Vaticano II, a la época en que la autoridad era clara y había una obediencia ciega a la verdad tal como la definía el Vaticano. Sin embargo, dada la forma de pensar de Ratzinger, era difícil imaginar que no removería a Maciel del sacerdocio una vez que conociera el resultado de la investigación de Scicluna. «Cuánta inmundicia hay en la Iglesia, e incluso entre aquellos que, ejerciendo el sacerdocio, deberían entregarse por completo» a Dios, señaló Ratzinger en una homilía el Viernes Santo de 2005. Luego equiparó a la Iglesia con «un barco a punto de hundirse, que hace agua por todas partes».

Algunas semanas después de que Ratzinger se convirtió en Benedicto XVI, el cardenal Sodano —quien, no obstante la transición papal, conservó su cargo al igual que la mayoría de los funcionarios de la curia romana—, intervino una vez más en favor de Maciel. El 20 de mayo de 2005, el Servicio Católico de Noticias —un servicio cablegráfico patrocinado por la conferencia episcopal estadounidense— informó que no se sometería a Maciel a ningún juicio canónico. A esto siguió un reportaje del *New York Times* el 21 de mayo, en el que se citaba a un vocero de la oficina de prensa del Vaticano, el padre Ciro Benedittini, que hizo una declaración a todas luces falsa: «No hay ninguna investigación en curso, y tampoco se prevé que vaya a haber otra en el futuro.» El anuncio de Benedittini confirmó la historia del Servicio Católico de Noticias, que se había publicado en respuesta a una declaración de la Legión en el sentido de que no se procesaría a Maciel. Jay Dunlap, director de comunicaciones de los legionarios en Estados Unidos y Canadá, declaró al *New York Times* que el anuncio emitido por la Santa Sede parecía ser la exoneración de Maciel. Cuando los legionarios proclamaron que se había exonerado a su fundador, los informes del Vaticano se interpretaron como una manera de decir que el caso estaba cerrado.

«Estoy indignado», declaró Juan Vaca. «Una vez más abusaron de nosotros.»

«Es a nosotros a quienes deberían exonerar de las acusaciones que los legionarios han hecho en nuestra contra», insistió José Barba. «Nosotros somos las víctimas y hemos dicho la verdad. Si la Santa Sede no declara la verdad, nos deja perdidos en el limbo. ¿Puede llamarse justicia a eso?»

Pero en el mundo bizantino del Vaticano había ocurrido otra cosa, como señaló más tarde John L. Allen en el *National Catholic Reporter*. La declaración original no fue hecha por la Congregación para la Doctrina de la Fe, la cual tenía jurisdicción sobre la causa en contra de Maciel, sino por la oficina de la Secretaría de Estado del Vaticano. El documento ni siquiera estaba firmado por Sodano. Uno de los empleados de la secretaría era sacerdote de la Legión, lo que quizá haya tenido que ver con el asunto. Las huellas del poder estaban bastante claras. Lo que había surgido era un conflicto de intereses en los más altos niveles de la Santa Sede: mientras Scicluna seguía trabajando en el informe que debía entregar al papa Benedicto XVI, Sodano parecía haber vuelto a salir en defensa de Maciel. La oficina de prensa estaba amordazada por el voto pontificio de silencio: nadie en la Congregación para la Doctrina de la Fe podía hablar de la investigación que realizaba Scicluna; aunque los medios ya habían revelado su existencia, el vocero del Vaticano no sólo declinó comentarla, sino que negó que se estuviera realizando.

Este extraño giro de los acontecimientos contradecía marcadamente las declaraciones que Sodano había hecho al reportero Alan Cowell en un artículo publicado el 27 de diciembre de 1992 en el suplemento dominical del *New York Times:* «Se ha creado cierto misterio en torno a la curia romana, pero quienes están dentro de ella la consideran una hermandad. No existe oposición ni contraste alguno entre el Santo Padre y la curia.»

El anuncio del Vaticano fue una jugada publicitaria maestra para la Legión, pues parecía eximir de cualquier castigo a Maciel en los albores del papado de Benedicto XVI. «Este patente encubrimiento frustra todo el sistema judicial de la Iglesia en beneficio» de Maciel y «en detrimento de sus valerosas y tenaces víctimas», declaró el 22 de mayo David Clohessy, director de la Survivors' Network of Those Abused by Priests (Red de Sobrevivientes al Abuso de Sacerdotes; S.N.A.P. por sus siglas en inglés)

Sodano quizá haya intervenido en reacción a un extenso reportaje sobre el caso Maciel publicado el 20 de mayo por Sandro Magister, el respetado corresponsal de asuntos religiosos de *L'espresso,* titulado «Se acerca un juicio contra el padre Maciel». Sodano había dado la vuelta al asunto como hacen los altos funcionarios de muchas burocracias; sin embargo, el que lo hubiera hecho en el curso de un proceso judicial no hizo sino subrayar, una vez más, la ineficiencia de la justicia interna de la Santa Sede. Con todo, como debe recordar todo aquel que escriba sobre el Vaticano, aquello que no se dice —lo que se lee entre líneas— está lleno de significado. La Santa Sede no había dicho que Maciel fuera inocente.

A pesar del anuncio, la investigación de Scicluna continuó. Al menos dos personas viajaron de Estados Unidos a Roma a rendir testimonio. Scicluna mantenía una enorme reserva cuando le preguntaban por los hombres que habían testificado ante él sobre la forma en que Maciel había abusado de ellos.

Y LA DESINFORMACIÓN CONTINÚA

Desde mucho antes de la aparición de nuestro reportaje de 1997 en el *Hartford Courant,* Maciel rehuía los medios noticiosos por temor al escrutinio que pudieran hacer de su pasado. La estrategia estaba pensada para poder presentarlo a padres de familia crédulos, a sus hijos y a posibles benefactores estadounidenses como un cruzado poco conocido de la Iglesia. Maciel realizaba apariciones perfectamente coordinadas para recaudar fondos y en eventos del Regnum Christi. Como no habla inglés, siempre lo acompañaba un sacerdote de la Legión que le servía de intérprete. La mística elitista de Maciel —una figura que surge en la era de las persecuciones religiosas en México, que es a un tiempo valeroso anticomunista y confidente del Papa— poseía un valor comercial. Exponer a Nuestro Padre al escrutinio de la prensa curiosa ponía en riesgo su fachada de «santo viviente», del personaje heroico que representaba en la literatura de la Legión. La expansión de los legionarios se conseguía dirigiendo su mercadotecnia a nichos determinados y mediante el uso de un aparato mediático alternativo constituido por Zenit, su agencia noticiosa en Roma, y el semanario *National Catholic Register* en Connecticut.

La historia de la fundación de la orden, plagada de errores e incongruencias históricas, era esencial para el culto a la personalidad que tanto dinero les producía. Ahora Scicluna escarbaba en busca de la verdad. Cuando una orden religiosa se construye sobre una mentira y su maquinaria comercial es impulsada por el engaño, ¿cómo responde el Papa? Antes de que la oficina de Sodano anunciara la no existencia de una investigación, el alto mando de la Legión ya había emprendido sutiles prácticas de ocultamiento. Una carta de la Legión destinada a recaudar fondos para la construcción de la Universidad de Sacramento no mencionaba en absoluto a Maciel, lo que hacía pensar que ya se habían dado cuenta de que su fundador era, en cierto modo, una mercancía defectuosa.

Mientras tanto, el papa Benedicto XVI eligió como sucesor suyo en la Congregación para la Doctrina de la Fe al arzobispo de San Francisco, William Levada, un teólogo que había trabajado en su equipo de colaboradores a principios de los años ochenta. «El arzobispo Levada no es un teólogo reconocido», explicó el padre Richard McBrien, prolífico escritor y profesor de teología en la Universidad de Notre Dame. «Rara vez, si no es que nunca, ha publicado libros o artículos especializados. Es de suponer que el nuevo Papa lo eligió porque trabajaron juntos hace más de veinte años y al parecer desde entonces no han perdido el contacto.»

Cualesquiera que fueran sus méritos como teólogo, Levada poseía algo que Benedicto necesitaba: experiencia para afrontar la crisis de abuso sexual en el clero. Levada había hecho grandes progresos desde la reunión que tuvo en 1985, cuando era obispo auxiliar de Los Ángeles, con el padre Thomas Doyle para revisar el informe que advertía de los escándalos por venir. Cuando, en 1986, Levada se convirtió en arzobispo de Portland, Oregon, fracasó en el manejo de los casos de abuso sexual. El abogado de la arquidiócesis, Robert McMenamin, lo instó a denunciar ante las autoridades civiles a los sacerdotes transgresores, pero Levada se negó a hacerlo. McMenamin renunció entonces a su cargo como consejero de la Iglesia y con el tiempo se convirtió en representante de las víctimas de los clérigos. Levada trató de impedírselo mediante una acción civil, pero la Suprema Corte de Oregon desechó la solicitud del arzobispo por considerarla infundada. «Usted habla de lealtad», le escribió McMenamin al abogado que ocupó su lugar como consejero de Levada. «Si eso significa que debo abstenerme de ayudar a víctimas a las que las autoridades de la Iglesia les han vuelto la espalda, entonces su declaración me parece ridícula e inhumana.»

En 1995 Levada fue designado arzobispo de San Francisco, donde, a lo largo de la siguiente década, tuvo que lidiar con una serie de clérigos de conducta sexual aberrante. Uno de ellos, el padre Gregory Ingels, era un abogado canónico que daba asesoramiento a la arquidiócesis sobre la forma de tratar a los malos sacerdotes; no obstante, cuando el propio Ingels fue acusado, Levada le permitió vivir en el seminario con el arzobispo retirado John Quinn, pese a las protestas de su consejo de asesores independientes. James Jenkins, psicólogo que presidía el consejo, renunció en 2004 en protesta por la decisión del arzobispo. Levada sabía de las acusaciones contra Ingles desde 1996. «¿Cómo es posible que un arzobispo retirado tenga que compartir su casa con [semejante] individuo?», comentó indignado Jenkins en una entrevista con Jason Berry. «La Iglesia no quiso publicar los nombres de los sacerdotes a los que recomendamos destituir. Divulgar esa información, que es lo que la Iglesia debería hacer, alienta a las víctimas a denunciar los abusos. ¿Dónde estaba la indignación moral de los obispos hacia los incidentes que estábamos sacando a la luz?» (*San Francisco Magazine,* septiembre de 2005.)

Antes de partir a Roma para que lo nombraran cardenal, Levada se puso a preparar el sermón de su misa de despedida en la sacristía de la catedral de San Francisco. Allí recibió una citación para comparecer como testigo en uno de los juicios civiles en los que se le implicaba por la manera en que había tratado a los infractores sexuales en Portland años atrás. El nuevo cargo le venía como caído del cielo para sacarlo del estercolero de Estados Unidos y llevarlo en un abrir y cerrar de ojos a la Ciudad Eterna.

En septiembre de 2005 el cardenal Sodano invitó a Maciel como huésped oficial a una Conferencia del Espíritu Santo en Lucca, en el norte de Italia. El secretario de Estado quería ayudar al sacerdote acechado por veinte acusaciones de abuso de menores.

Era una maniobra llena de ironía a la luz de la famosa declaración del cardenal Ratzinger en la que censuraba «la dictadura del relativismo moral». La misma Iglesia que proclamaba la santidad de la vida desde la concepción llevaba largo tiempo prestando auxilio a pederastas. Sodano hacía lo que incontables obispos de Occidente habían hecho antes del ataque de los juicios y la cobertura de la prensa. El peso de la crisis no había llegado a Italia porque el sistema judicial de ese país no otorga a los fiscales los mismos poderes de investigación que el derecho consuetudinario de los países de habla inglesa. Los medios italianos tenían menos información concluyente que dar a conocer al público. Por eso el cardenal Sodano defendió y promovió a Maciel con absoluto desdén hacia la opinión pública.

En abril de 2006 el Vaticano anunció la jubilación de Sodano por motivos de edad. Sabedores de que la investigación de Scicluna había continuado, Vaca, Barba y sus camaradas veían acercarse el primer aniversario de la visita del fiscal a México y de los testimonios que le proporcionaron. Barba y Jurado fueron a Roma en la Semana Santa del mismo año, pero lo más que consiguieron fue una breve conversación telefónica con Scicluna en la que éste les proporcionó muy poca información. El cardenal Levada no quiso recibirlos.

No obstante, un giro irónico del destino estaba a punto de asestar un golpe a Maciel. En 1995 el fundador de los legionarios había postulado la causa de canonización de su tío, el obispo Rafael Guízar y Valencia. A principios de 2006 la Congregación para las Causas de los Santos recomendó a Guízar para la canonización. El documento estaba en el escritorio del papa Benedicto XVI mientras monseñor Scicluna concluía el informe de la Congregación para la Doctrina de la Fe acerca de Maciel. ¡La posible canonización de su difunto tío era una amenaza para Maciel! ¿Cómo podía el fundador de la Legión compartir el brillo de una ceremonia de canonización en el Vaticano sin que los medios hicieran escarnio de él a la hora de cubrir la noticia?

Maciel se encontraba retirado en Cotija cuando, el 19 de mayo, la oficina de prensa del Vaticano emitió el escueto comunicado que puso fin a su carrera.

La Congregación para la Doctrina de la Fe, «teniendo en cuenta la avanzada edad y el delicado estado de salud del padre Maciel, decidió evitarle una audiencia canónica e invitarlo a llevar una vida reservada de penitencia y oración, renunciando a cualquier forma de ministerio público. El Santo Padre aprobó estas decisiones. Independientemente de la persona del fundador, reconocemos con gratitud el valioso apostolado que realizan los Legionarios de Cristo y la Asociación "Regnum Christi".»

En el lenguaje político del Vaticano, «invitar» significa «ordenar». Nuestro Padre estaba proscrito, inmensa desgracia para el autoproclamado héroe de los católicos ortodoxos.

Scicluna tenía en su poder testimonios de que Maciel abusó sexualmente «de más de 20 y menos de 100» víctimas, según John L. Allen en un artículo publicado en el *National Catholic Reporter* el 18 de mayo. La fuente no identificada de Allen debe de ser el propio Scicluna o algún otro funcionario de la CDF designado para hablar en su nombre.

Benedicto XVI cometió un terrible error al no encomiar el esfuerzo de los hombres que se enfrascaron en la larga lucha contra el sistema de justicia de la Santa Sede. «El comunicado del Vaticano no hizo ninguna mención de nosotros», se lamentó Juan Vaca, hoy de sesenta y nueve años. «Sospecho que se fraguó con la participación directa de la Legión.» Habían transcurrido treinta años desde que envió a Roma su primera petición, con el apoyo del obispo de Rockville Centre, Long Island, en la que identificaba a veinte víctimas.

Con todo, Benedicto XVI había roto con la pasividad mostrada por Juan Pablo II hacia la crisis de los abusos sexuales en el clero. Había humillado a uno de los sacerdotes más poderosos de Roma (donde Maciel construyó una universidad) y hecho algo aún más inaudito: poner en duda el juicio de su predecesor. La mentalidad de la sucesión apostólica obliga a cada papa a mostrarse extremadamente respetuoso de aquellos que lo antecedieron. Ahora los historiadores enfrentanla difícil tarea de desentrañar por qué Juan Pablo II, quien llamó a que la Iglesia se comprometiera con «la purificación de la memoria histórica», no sólo hizo caso omiso a las víctimas de Maciel, sino que prodigó elogios a uno de los peores pedófilos de la historia de la Iglesia.

El comunicado del Vaticano elogiaba a la Legión y al Regnum Christi como si fueran independientes de Maciel. Esa decisión enmascaraba un conflicto aún más profundo que Benedicto XVI debe resolver. ¿Qué hacer respecto al «Movimiento»? La respuesta de los legionarios ante el castigo de Maciel abrió un nuevo capítulo en la campaña de desinformación de la orden. Maciel no admitió ninguna de las acusaciones en su contra; simplemente aceptó el veredicto «con absoluta serenidad y tranquilidad de conciencia», aseveró la Legión. «Siguiendo el ejemplo de Cristo, decidió no esgrimir ninguna defensa.»

Comparar a Cristo con un pedófilo cuyas víctimas ascienden «a más de 20 y menos de 100» constituye una arrogancia que sobrepasa cualquier escándalo de celebridades o políticos que se disculpan por su comportamiento vergonzoso ante los medios con tal de seguir saliendo al aire. No obstante, Maciel nunca fue una verdadera celebridad. Famoso, sí, pero más allá de México era prácticamente desconocido fuera de los círculos ortodoxos, aunque en años recientes su encanto para ganar benefactores atrajo a su causa a personajes de la talla del multimillonario mexicano Carlos Slim.

La decisión de Benedicto XVI daba a la Legión la oportunidad de deslindarse de Maciel, pero lejos de eso, al compararlo con Cristo, los legionarios evidenciaron que él seguía mandando allí, y que la orden no era capaz de desligarse del culto a la personalidad que permeaba hasta sus operaciones internas. El sitio *web* de la Legión, cuyos enlaces dirigen al visitante a declaraciones en las que se afirma que los testimonios «no se han probado», donde se ataca a quienes dimos amplia difusión al asunto, Gerald Renner y yo, es un caso modélico de desinformación. Entre quienes cayeron en la estafa de la Legión se cuentan destacadas figuras del conservadurismo —George Weigel, Mary Ann Glendon, William Donahue, de la Liga Católica, el padre Richard John Neuhaus— que apostaron sus nombres a la defensa de Maciel y de la Legión.

El padre Neuhaus, director de la revista *First Things,* había publicado, el 2 de marzo de 2002, un comentario que llamó la atención en América Latina y España por decir que tenía la «certeza moral» de que los cargos contra Maciel eran «falsos» y «dolosos». ¿Cómo se explica semejante confianza, máxime que nunca entrevistó a ninguno de los hombres que promovieron la causa canónica? Neuhaus ofreció un indicio intrigante: «Un cardenal que goza de mi entera confianza y que se ha visto implicado en el caso me asegura que las acusaciones son "pura invención, sin el mínimo fundamento".»

Dos cardenales se enfrentaron por Maciel: Ratzinger, en cuya oficina se tramitó la causa en su contra, y Angelo Sodano, el secretario de Estado que presionó al prefecto para que detuviera la investigación. Quienquiera que en 2002 le haya asegurado a Neuhaus que Maciel era inocente carecía de pruebas para ello. Lo único que había era la querella. En su publicación, Neuhaus había escrito sobre Ratzinger en términos afectuosos.

Cuatro años después Neuhaus resultó una especie de víctima. Su aseveración de tener una «certeza moral» que no tenía lo colocó en una rama endeble que el Papa se encargó de cortar. El sacerdote tenía razones para sentirse inducido a error, por no decir embaucado. Su confusión fue un barómetro para los sacerdotes legionarios y para Maciel en su intento de encontrarle algún sentido a la orden punitiva de Benedicto XVI.

Si la fuente de Neuhaus fue Ratzinger, cabe imaginar su sensación de haber sido traicionado por él. En cambio, cuando la información es válida, tiene el poder de modificar mentes; como escribió el cardenal Newman, «vivir es cambiar».

Cuando se dio a conocer la noticia, Neuhaus declaró al *New York Times* (el 20 de mayo) que consideraba inocente a Maciel y que la Iglesia se había equivocado. Luego, en el sitio *web* de *First Things* intentó racionalizar la decisión de Benedicto XVI: «En este contexto, "penitencia" no implica castigo por alguna mala acción». ¡Pero claro que eso implica! Despojar a un sacerdote del derecho a ejercer el ministerio en público es sin duda un castigo. A teólogos como Charles Curran, Hans Kung y Leonardo Boff se les impuso el silencio o se les prohibió enseñar en calidad de teólogos «católicos», pero estos enemigos de los intelectuales del conservadurismo católico nunca perdieron el ministerio público.

En la página de Internet de *First Things,* Neuhaus se hundía en un mar de ambivalencia. «No rechazo este mandato en el que se deja entrever que el padre Maciel es culpable de alguna mala acción. Es evidente que tanto la Congregación para la Doctrina de la Fe como el Santo Padre saben más que yo sobre las pruebas de la inocencia o culpabilidad del padre Maciel.»

Basta leer un poco más para comprobar el conflicto que le plantea su lealtad: «La venerable tradición espiritual que se sigue aquí es la de la purificación a través del sufrimiento, con la confianza de que el padre Maciel se reivindicará algún día. Existen incontables antecedentes de hombres y mujeres santos que fueron tratados con injusticia por las autoridades eclesiásticas. Santa Juana de Arco, por mencionar un ejemplo obvio. O aquel santo del siglo XI, el papa Gregorio VII, cuyas últimas palabras fueron: "Amé la rectitud, odié la iniquidad, y por eso muero en el exilio."»

Pero nadie jamás acusó a Juana de Arco ni a Gregorio el Grande de abuso sexual de niños. La sola comparación es un disparate. Neuhaus al parecer nunca pensó en el dolor que sus palabras provocarían a Barba y a los demás hombres de sesenta o setenta y tantos años que presentaron la querella en 1998, 22 años después de que Roma había desoído las súplicas de Vaca.

La respuesta de Neuhaus no mostraba ninguna compasión por el sufrimiento de los hombres a quienes había despreciado, ni el mínimo reconocimiento al esfuerzo que debió costarles besar el rosario que les extendió monseñor Scicluna en un pequeño convento de la Ciudad de México el año anterior, para que sobre él juraran fidelidad a la Santa Sede y hablaran de los ataques sexuales que sufrieron y los traumáticos recuerdos con que cargaban como una cruz en el alma después de la prolongada inacción de la Iglesia.

Había un retrato de Maciel en todas las escuelas de la Legión, donde se enseñaba a los alumnos que el fundador era un santo viviente. ¿Qué les dirán ahora los padres de familia a todos esos niños, que escenificaban obras en las que exaltaban al superior de la orden como a un evangelista heroico? ¿Estarán dispuestos los legionarios a decir a sus estudiantes y ex alumnos que su «santo viviente» era un fraude? Después de haber distorsionado la historia a su conveniencia, ¿qué hará ahora la Legión para expurgar el pasado de su fundador?

Mientras Maciel se escondía de los medios de comunicación, unos cuantos sacerdotes legionarios intentaron desempeñar papeles públicos. Mel Gibson acudió a varios de ellos en busca de asesoramiento para la producción de su película *La pasión de Cristo*. La cadena noticiosa NBC News contrató al padre Tom Williams, uno de los defensores más fervientes de Maciel, como «comentarista de ética» para que diera cobertura ante las cámaras a la sucesión pontificia en 2005, pero no mencionó en ningún momento a qué orden pertenecía ni qué relación tenía con Maciel.

Con el castigo que impuso a Maciel, Benedicto XVI dio al traste con el significado de los votos «adicionales» de los legionarios: el de nunca hablar mal de su fundador y el de denunciar a quienquiera que lo haga. Los estatutos de la Legión fueron urdidos por Maciel con la finalidad de defenderse, llegado el caso, de su pasado delictuoso. Al no reconocer la integridad de las víctimas del abuso, el Papa concedió a los legionarios la posibilidad de cerrar filas en torno a su fundador. En cuanto a la Legión, al seguir sus reglamentos paranoides, reincidió en sus antiguas prácticas.

El sistema de justicia del Vaticano no pudo emitir un veredicto coherente. De la misma manera en que lo propuso Salomón en el Antiguo Testamento, Benedicto XVI cortó al recién nacido por la mitad. Maciel cayó en desgracia, pero al no especificar cuáles fueron sus crímenes ni ofrecerles reconocimiento a sus víctimas, el Papa dejó un vacío que la Legión aprovechó de inmediato para ofrecer su paradójica respuesta: defender la inocencia de su fundador y, al mismo tiempo, su fidelidad al Santo Padre.

A Benedicto XVI le preocupaban las repercusiones que su decisión habría de tener sobre los seguidores leales de Maciel y sobre los antecedentes de la Legión como medio para atraer a los jóvenes al sacerdocio. Según los directores de RegainNetwork, las afirmaciones de la Legión de que cuenta con 650 sacerdotes son ridículas, pues señalan que siguen contando como miembros a muchos que ya han abandonado la orden. Pero sean cuales fueren las cifras, la imagen de ortodoxia de que goza la Legión, así como su infraestructura educativa y su maquinaria financiera de opulentos patrocinadores sin duda fueron factores que pesaron en la mente de Benedicto XVI. Debía amputar el miembro enfermo sin perjudicar el cuerpo al que estaba unido. ¿Podría lograr ambas cosas?

Es probable que el Vaticano ya hubiera decidido recurrir al uso de visitadores —funcionarios eclesiásticos externos— para supervisar el funcionamiento interno de la Legión de Cristo. Como este plan ha fracasado, la orden seguirá propagando el mito de que Maciel es inocente, con lo que no sólo socavarán la autoridad de Benedicto XVI, sino que continuarán proclamando de dientes para afuera su obediencia al pontífice.

Los 60 mil patrocinadores laicos de la Legión que se han incorporado al movimiento del Regnum Christi son creyentes profundamente ortodoxos. Estudian los escritos de Maciel y resultan fundamentales para la recaudación de fondos. Los detractores han acusado al «Movimiento» de lavarles el cerebro a miembros particularmente susceptibles. Nos hemos encontrado con más casos de familias divididas en las que los padres hablan afligidos de que sus «hijos están en la agrupación como prisioneros». La historia de Maciel y su movimiento sin duda seguirá dando que hablar a periodistas y estudiosos en los años por venir.

El respaldo del papa Juan Pablo II hacia la Legión y su defensa del padre Maciel fueron esenciales para la campaña de recaudación de fondos de la orden. Mucho antes de la decisión de Benedicto de remover al fundador, los legionarios que trabajaban en la creación de la Universidad de Sacramento, en California, ya habían comenzado a jubilarlo por su cuenta al omitir toda mención suya en las cartas que enviaban para pedir donativos.

¿Qué puede hacer una orden religiosa construida sobre un culto a la personalidad —que enseña a sus estudiantes de bachillerato y a sus seminaristas que su fundador es un santo en vida— para reformar su carácter? ¿Se verá obligada la orden a reescribir su historia oficial para corregir las flagrantes invenciones sobre Maciel? La página de Internet de la Legión ¿seguirá refutando las acusaciones que el Vaticano mismo ha autenticado? ¿O persistirá en su campaña de aprovechar en su favor todo lo que el comunicado del Vaticano no dijo?

La decisión del papa Benedicto XVI no puede ser motivo de regodeo para nadie. Baste imaginar la consternación que produjo en todos aquellos que han puesto su confianza, su reputación, su dinero e incluso a sus hijos en manos de Maciel, los Legionarios de Cristo o el movimiento del Regnum Christi. A ellos también la decisión del Santo Padre debe de haberles caído como una bomba.

Hay cada vez más textos en español y en inglés sobre seminarios de la Legión que espían a sus visitantes; sobre padres traumatizados por la pérdida de aquellos de sus hijos que se incorporan al movimiento; sobre el desmedido materialismo de la Legión y su avidez insaciable de dinero. La orden no podrá cambiar sin la intervención del Vaticano.

Con todo y lo imperfecta que fue, la decisión sobre Maciel reviste especial importancia en el mundo de habla española. La crisis de los sacerdotes pederastas acaparó los titulares de la prensa en muchos países, sobre todo en Argentina, donde el Vaticano «investigó» al arzobispo de Santa Fe, Edgar Storni, y en 1994 lo exoneró, tan sólo para destituirlo de su cargo en 2002, después del relato de ex seminaristas víctimas de abuso sexual hecho por la periodista Olga Wornat en el libro *Nuestra Santa Madre: Historia pública y privada de la Iglesia católica argentina,* y los reportajes periodísticos sobre esos hombres.

La historia de Marcial Maciel Degollado, con toda su truculencia, puede interpretarse como una anatomía de la mentalidad hispana del poder. La literatura de Gabriel García Márquez, Mario Vargas Llosa, Carlos Fuentes y Ariel Dorfman, entre otros notables escritores, está marcada por una obsesión por la tiranía. En novelas y obras dramáticas que exploran el poder malentendido, vemos al dictador, al caudillo o al demagogo que subyuga al pueblo con la fuerza del mito y crea un culto casi divino a su persona, respaldado por el poder de las armas, la tortura y el saqueo.

Maciel constituye una versión religiosa fidedigna de esta historia: un dictador clerical que debe su poder a su capacidad patológica para mentir. Al vender ortodoxia y un resurgimiento nacionalista a los católicos desgarrados por la guerra tanto en México como en España en los años cuarenta, formó un «ejército espiritual» a cuyos soldados más jóvenes expoliaba sexualmente. Muchos años después, los seminaristas victimados que clamaron justicia en Roma mostraron un valor pocas veces visto en sociedades donde la reacción habitual a los caudillos y cardenales es una deferencia exagerada. De ahí la falta de reflexión del presidente de México, Vicente Fox, de haber acudido a Maciel para que intercediera ante el Vaticano en su intento de conseguir la anulación tanto de su primer matrimonio como del de la banal primera dama, Martha Sahagún, ambos divorciados. Lamentable comedia.

Una biografía completa de Maciel está todavía a años de distancia. Sabemos mucho más de sus crímenes sexuales, del funcionamiento interno de la Legión y de la gente atrapada por el Regnum Christi que de quienes invirtieron enormes sumas en su movimiento. La orden defraudó a gente muy rica. De ellos, los más soberbios tienen un gran interés en sostener la opinión esquizofrénica de la Legión de que Maciel es inocente, pero hay que obedecer al Papa.

Marcial Maciel Degollado es el símbolo más representativo de una cultura eclesiástica corrompida por la hipocresía sexual. Cómo hizo para eludir el castigo durante décadas es un modelo de relativismo moral en una Iglesia colmada de vergüenza.

JASON BERRY
Nueva Orleans, 16 de junio de 2006

GLOSARIO DE TÉRMINOS RELIGIOSOS

FUENTES: Richard P. McBrien, ed., *The HarperCollins Encyclopedia of Catholicism* (Harper San Francisco, 1995); Thomas J. Reese, *Inside the Vatican* (Cambridge, Massachusetts: Harvard University Press, 1996); Matthew Brunson, ed., *Catholic Almanac* (Huntington, Indiana, 2002); Donald Attwater, ed., *A Catholic Dictionary,* 3era. ed. (1958; reimpresión de 1997, TAN Books and Publishers, Rockford, Illinois).

arzobispo: Título de un obispo que encabeza una arquidiócesis, jurisdicción territorial que tiene por cabecera una ciudad importante. Por regla general el arzobispo gobierna una provincia que comprende varias diócesis sufragáneas, pero tiene un control limitado sobre ellas. El título de arzobispo también se otorga a un prelado que ocupa un cargo importante en la Santa Sede o tiene el rango de embajador. Ver también OBISPO, CARDENAL, DIÓCESIS.

canciller diocesano: Es un notario canónico, encargado de organizar y autenticar documentos oficiales de la Iglesia, y en algunas diócesis es posible que le deleguen poderes amplios. La mayoría se ordenan sacerdotes, pero en algunos lugares se han designado hombres y mujeres laicos, así como hermanas religiosas, para ocupar el cargo.

cancillería: Designación formal de la «oficina de un obispo», que se ocupa de las tareas secretariales relacionadas con el gobierno de una diócesis.

cardenal: Miembro del Sagrado Colegio de Cardenales, que se encarga de elegir al papa y asesorarlo cuando éste se lo pide. A los arzobispos de algunas de las ciudades más importantes (por ejemplo Nueva York, Chicago y Los Ángeles) y a quienes ocupan puestos importantes dentro del Vaticano el pontífice suele nombrarlos cardenales. El papa también puede designar cardenal a un sacerdote importante aunque no sea obispo. En otros tiempos a los hombres laicos también se les podía nombrar cardenales, pero actualmente éste ya no es el caso.

CDF: Siglas de la Congregación para la Doctrina de la Fe, conocida antiguamente como el Santo Oficio de la Inquisición. Una de las nueve congregaciones del Vaticano, tiene la misión de promover y salvaguardar la fe y la moral. En ocasiones también puede actuar como tribunal eclesiástico, con jurisdicción sobre casos de abuso sexual cometido por sacerdotes. El cardenal Joseph Ratzinger fue el poderoso prefecto de la CDF durante casi todo el pontificado de Juan Pablo II.

Concilio Vaticano II: Asamblea de todos los obispos católicos del mundo celebrada en Roma, en cuatro sesiones, entre el 11 de octubre de 1962 y el 8 de diciembre de 1965. Fue la vigesimoprimera asamblea de este tipo en la historia de la Iglesia y la primera desde el Concilio Vaticano I, celebrado en 1870. El Papa Juan XXIII convocó al concilio en 1959, no para condenar la herejía ni definir conceptos de doctrina como tantos concilios anteriores, sino para promover la paz y la unidad mundiales, y hacer de la Iglesia una institución de peso en el mundo moderno. Los padres del concilio emitieron dieciséis documentos que definían «el papel de la Iglesia en el mundo moderno», autorizaban el uso de las lenguas vernáculas en vez del latín en la liturgia, abrían el camino a las relaciones fraternales con las iglesias protestantes y ortodoxa oriental y las religiones no cristianas, condenaban el antisemitismo e instituían varias reformas internas en la Iglesia.

Conferencia de Obispos Católicos de Estados Unidos: Cuerpo colegiado con sede en Washington, D.C., a través del cual los obispos estadounidenses actúan en asuntos de interés común. Está encabezada por un secretario general e integrada por sacerdotes, laicos y miembros de órdenes religiosas. Sus políticas son dictadas por los obispos, que se reúnen dos veces al año, y aplicadas por un consejo administrativo compuesto por obispos elegidos. Es la forma actual de una agrupación fundada en 1919, reorganizada en 1966 conforme al Concilio Vaticano II y reconstituida en 1997.

curia diocesana: Conjunto de funcionarios que asisten al obispo en el gobierno de su diócesis, entre ellos el vicario general, el canciller, los jueces del tribunal diocesano y otros subordinados del obispo. La forma de organización de las diócesis es variable.

curia romana: Conjunto de funcionarios que actúan bajo la autoridad delegada del papa en el gobierno de la Iglesia. Sus organismos, llamados dicasterios, comprenden la Secretaría de Estado, nueve congregaciones, once consejos, tres tribunales y otras varias oficinas. Del latín *covir*, «compañero hombre».

dicasterios: Ver CURIA ROMANA.

diócesis: Territorio delimitado por el papa para ser gobernado por un obispo, también llamado sede episcopal. Un conjunto de varias diócesis puede constituir una provincia dependiente de una arquidiócesis o jurisdicción de un arzobispo, el cual tiene una responsabilidad limitada de supervisión sobre las diócesis. Cada obispo es responsable ante el papa y está obligado a reunirse con él en una visita *ad limina*, cada cinco años, para informarlo del estado de su diócesis. Al conjunto de sacerdotes que se ordenan para servir en una diócesis suele llamársele *clero secular*, que no hace votos, a diferencia de los miembros de las órdenes religiosas, o *clero regular*. Ver ÓRDENES RELIGIOSAS.

encíclica: Carta pastoral formal (etimológicamente, «carta circular») del papa sobre asuntos sociales, morales, doctrinales o disciplinarios, dirigida a toda la Iglesia.

episcopado: Cargo o gobierno de un obispo, o conjunto de obispos de determinado país. Del griego *epískopos* («supervisor»), de donde también procede «obispo».

Humanae Vitae: Controvertida encíclica de 1968 del papa Paulo VI que condena como inmoral la anticoncepción artificial. Su título significa «De la vida humana».

magisterio: Cargo y autoridad de enseñanza pastoral de la Iglesia, encarnada por el papa y los obispos, que define lo que es auténtico para el entendimiento común de la fe. A veces se utiliza para designar a la jerarquía eclesiástica.

monseñor: Título honorario que el papa concede, por solicitud de un obispo, a un sacerdote de destacada trayectoria. Suele emplearse como tratamiento para los prelados, aun sin concesión papal. Del italiano *monsignore*, «mi señor».

noviciado: Lugar donde los nuevos candidatos (novicios o novicias) reciben instrucción por lo menos durante un año antes de ser admitidos en una comunidad religiosa de hombres o mujeres.

nunciatura: Sede diplomática de un embajador papal. Ver REPRESENTANTES PAPALES.

nuncio: Ver REPRESENTANTES PAPALES.

obispo: Eclesiástico con jurisdicción sobre una diócesis, u *obispo ordinario*, al que pueden asistir uno o más *obispos auxiliares* y, en algunos casos, un *obispo coadjutor*, que es un auxiliar con derecho a sucederlo en el cargo. Para la Iglesia católica, obispo es el sacerdote que ha recibido «las órdenes sagradas en su grado máximo»; puede administrar los sacramentos del orden y de la confirmación, y se le considera sucesor de los apóstoles. Un obispo es responsable sólo ante el papa, que es el obispo de Roma.

oblato(a): Hombre o mujer que se entrega al servicio de ciertas comunidades religiosas, por lo general a un monasterio. Del latín *oblatus*, «ofrecido».

órdenes religiosas: Comunidades de hombres o mujeres que hacen votos de pobreza, castidad y obediencia, y que viven de acuerdo con la regla y el propósito de la orden de que se trate (por ejemplo, las misiones, la enseñanza, la oración o la hospitalidad). Las órdenes pueden ser de derecho diocesano, responsables ante un obispo local, o de derecho pontificio, responsables ante Roma. En conjunto se denominan *clero regular*.

prefecto: Título de uso común para diversos funcionarios, como los que gobiernan las congregaciones de la curia romana. Del latín *praefectus,* «puesto delante».

prelado: Eclesiástico de alto rango, que puede ser obispo, arzobispo o cardenal. A algunos sacerdotes a los que se concede el título honorario de «monseñor» se les considera «prelados honorarios». Ver también MONSEÑOR.

pronuncio: Ver REPRESENTANTES PAPALES.

representantes papales: Hay dos tipos de emisarios del papa en otros países. El *nuncio* («mensajero»), que tiene rango de embajador, se envía a países que tienen relaciones diplomáticas formales con el Vaticano. El nuncio también actúa como funcionario de enlace del papa con los obispos del país respectivo. A los países que no tienen relaciones formales con la Santa Sede, como era el caso de Estados Unidos antes de 1984, se envía un *delegado apostólico,* que actúa como representante del papa sólo ante los obispos del país en cuestión. (Hasta hace poco, un nuncio que no era decano del cuerpo diplomático en el país al cual era enviado se llamaba *pronuncio).*

Santa Sede: Conjunto del papa, la curia romana y todos los que en Roma asisten al papa en el gobierno de la Iglesia como pastor universal.

secularización: Proceso por el cual se priva a un sacerdote de las órdenes sagradas y se le revierte a su estado seglar.

Vaticano: Ciudad-Estado independiente dentro de Italia, residencia del papa, reconocida como soberana por el derecho internacional desde 1929. Con una superficie de casi 2.6 kilómetros cuadrados, comprende la basílica de San Pedro y su plaza, los aposentos papales, las residencias de diversos prelados, oficinas, cinco museos, jardines y un observatorio astronómico. A menudo se emplea para referirse al gobierno central de la Iglesia.

vicario general: Delegado de un obispo diocesano o de un superior general de una orden religiosa, que puede actuar en lugar del obispo o del superior.

NOTAS

PRÓLOGO

1. Jason Berry entrevistó por primera vez a Vaca por teléfono en 1994. Gerald Renner tuvo con él entrevistas bastante extensas en 1996, a comienzos de 1997 y nuevamente en 2001. En los dos años siguientes Vaca continuó concediendo entrevistas en persona y por teléfono a ambos escritores.

2. Eugene Kennedy, *Re-Imagining American Catholicism* (Reimaginando el catolicismo estadounidense), Nueva York, Vintage, 1985, p. 9.

3. La carta de Vaca del 20 de octubre de 1976 dirigida a Maciel estaba en español; él proporcionó una traducción al inglés para ayudar al obispo McGann.

4. Entrevista telefónica de Gerald Renner con Félix Alarcón, 25 de junio de 2002; entrevista con Vaca, Port Jefferson, Nueva York, 12 de agosto de 2002.

5. Gerald Renner y Jason Berry, «Head of Worldwide Catholic Order Accused of History of Abuse» (Cabeza de orden católica mundial acusado de historia de abuso), *Hartford Courant*, 23 de febrero de 1997.

6. *Ibid.*

7. Donald Cozzens, *The Changing Pace of the Priesthood* (El ritmo cambiante del sacerdocio), Collegeville, Minnesota, Liturgical Press, 2000, p. 107.

8. Jason Berry, *Lead Us Not into Temptation: Catholic Priests and the Sexual Abuse of Children* (No nos dejes caer en la tentación: Sacerdotes católicos y el abuso sexual de niños), Nueva York, Doubleday, 1992.

9. Jason Berry, «A Conflicted Attitude Toward Gays» (Una actitud contradictoria hacia los homosexuales), *Los Angeles Times*, 1 de agosto de 1999.

10. Andrew M. Greeley y Conor Ward, «How Secularised Is the Ireland We Live In?» (¿Qué tan secularizada es la Irlanda en que vivimos?), *Doctrine and Life* 50, no. 10 (diciembre de 2000): 581; Tom Inglis, *Moral Monopoly: The Rise and Fall of the Catholic Church in Modern Ireland* (Monopolio moral: Ascenso y caída de la Iglesia católica en la Irlanda moderna), Dublín, University College Dublin Press, 1998.

11. Esos «votos» adicionales, como los llaman universalmente los legionarios, son promesas formales hechas en privado, no votos como se definen y regulan en el derecho canónico. Para tener validez canónica, los votos tendrían que estar aprobados por la Congregación para los Religiosos, la cual informa que nunca los ha sancionado.

12. Albert Camus, *The Rebel* (El rebelde), Londres, Penguin, 1969, 19.

13. Los Millenari, *Shroud of Secrecy: The Story of Corruption Within the Vatican* (Velo de secreto: La historia de la corrupción dentro del Vaticano), Toronto, Key Porter Books, 2000, p. 46. Después de la edición original, en italiano, el seudónimo autor eclesiástico se identificó como Luigi Marinelli.

14. «The Homosexual Network's Death-Grip on the Roman Catholic Church» (La garra de muerte de la red homosexual en la Iglesia católica romana»), *Ad Majorem Dei Gloriam*, primavera/verano de 2000, Roman Catholic Faithful, Inc., P.O. Box 109, Petersburg, Illinois

62675-0109, www.rcf.org. Ver también Enrique T. Rueda, *The Homosexual Network: Private Lives and Public Policy* (La red homosexual: Vidas privadas y política pública), Old Greenwich, Connecticut, Devon Adair, 1982, y Paul Likoudis, *AmChurch Comes Out* (AmChurch sale a la luz), Petersburg, Roman Catholic Faithful, 2002.

15. Blas Pascal, *Pensées: Thoughts on Religion and Other Subjects (Pensamientos: Reflexiones sobre religión y otros temas),* Nueva York, Washington Square Press, 1965, p. 104.

CAPÍTULO I. SER SACERDOTE

1. Henri Fesquet, *The Drama of Vatican II: The Ecumenical Council, June, 1962-Dcember, 1965* (El drama del Conclio Vaticano II), Nueva York, Random House, 1967, p. 5.

2. Entrevistas telefónicas de Jason Berry con Tom Doyle, junio de 2002; en Dallas, Texas, 16 y 17 de julio de 2002; en Frankfurt, Alemania, 11 de noviembre de 2002; y sucesivas entrevistas y mensajes electrónicos. A menos que se especifique lo contrario, la información sobre Doyle está tomada de estas sesiones.

3. Austin Flannery, ed., *Vatican Council II: The Conciliar and Post Conciliar Documents* (Concilio Vaticano II: Los documentos conciliares y posconciliares), Northport, Nueva York, Costello Publishing, 1981. Ver *Lumen Gentium* (Constitución dogmática de la Iglesia), capítulo II, «El pueblo de Dios».

4. Genealogía familiar cortesía de Sharon N. Doyle, Madison, Wisconsin.

5. Entrevista de JB con Kelly Doyle Tobin, Dallas, 24 de mayo de 2002.

6. Daniel Pilarczyk de Cincinnati, en Donald Cozzens, *The Changing Face of the Priesthood* (El rostro cambiante del sacerdocio), Collegeville, Minnesota, Liturgical Press, 2000, pp. 3-4.

7. Tim Pat Coogan, *Wherever Green Is Worn* (Donde se lleve el verde), Londres: Hutchison, 2000; Charles Morris, *American Catholic* (Católico estadounidense), Nueva York, Times Books, 1997; John Cooney, *The American Pope: The Life and Times of Francis Cardinal Spellman* (El papa estadounidense: Vida y época del cardenal Francis Spellman), Nueva York, Times Books, 1984; Tess Livingstone, *George Pell,* Sydney, Duff y Snellgrove, 2002; Alan Gill, *Orphans of the Empire* (Huérfanos del imperio), Sydney, Random House Australia, 1988.

8. Papa Paulo VI, *Sacerdotalis Caelibatus* («El celibato de los sacerdotes»), en *The Papal Encyclicals 1958-81* (Las encíclicas papales de 1958 a 1981), Ann Arbor, Priam Press, 1990, pp. 203-221.

9. Robert Blair Kaiser, *The Politics of Sex and Religion* (Las políticas del sexo y la religión), Kansas City, Sheed and Ward, 1985.

10. Entrevista telefónica de JB con Eugene Kennedy, 12 de julio de 2002.

11. Sobre la inversión de Cody de 2 millones de dólares, ver: David A. Yallop, *In God's Name* (En el nombre de Dios), Nueva York, Bantam, 1984, p. 188. Material biográfico general: Michael Tacket y Howard A. Tyner, «Cardinal Cody Dies of Coronary» (El cardenal Cody muere de trastornos coronarios), *Chicago Tribune,* 25 de abril de 1982.

12. Eugene Kennedy, *Cardinal Bernardin* (Cardenal Bernardin), Chicago, Bonus Books, 1989, p. 134.

13. Andrew M. Greeley, *The Making of the Popes 1978: The Politics of Intrigue in the Vatican* (Cómo se hacen los papas 1978: Las políticas de la intriga en el Vaticano), Kansas City, Andrews and McMeel, 1979, p. 89.

14. Ver www.DailyCatholic.org, «Cardinal Pio Laghi» (Cardenal Pío Laghi), 30 de agosto de 1999; James Conaway, «Messenger from the Vatican» (Mensajero del Vaticano), *Washington Post,* 9 de febrero de 1984.

15. Penny Lernoux, «Blood Taints Church in Argentina» (La sangre mancha a la Iglesia en Argentina), *National Catholic Reporter,* 12 de abril de 1985; Penny Lernoux, *People of God: The Struggle for World Catholicism* (Pueblo de Dios: la lucha por el catolicismo mundial), Nueva York, Viking, 1989, p. 71; Ann Rodgers-Melnick, «Bishop Calls Laghi Charges "Nonsensical", Former Nuncio Aided His Activist Brother» (Obispo se refiere a los cargos contra Laghi como «carentes

de sentido». El ex nuncio ayudó a su hermano activista), *National Catholic Reporter,* 29 de agosto de 1997.

16. La investigación para el *Sun-Times* de William Clements, Gene Mustian y Roy Larson les llevó meses de trabajo periodístico; comenzó en septiembre de 1981 y continuó hasta la muerte del cardenal, en 1982. Quien desee un relato completo de las fuerzas detrás de la cobertura puede consultar John Conroy, «Cardinal Sins» (Pecados de cardenales), *Chicago Reader,* 5 de junio de 1987. Ver también Robert J. McClory, «Catholics Rally Behind Cody» (Católicos se unen en apoyo de Cody), *National Catholic Reporter,* 25 de septiembre de 1981.

17. Christopher Winner, «Vatican Delegates Letter Dismays Diocesan Press» (Carta de delegados del Vaticano desconcierta a la prensa diocesana), *National Catholic Reporter,* 3 de julio de 1981.

18. Garry Wills, «The Greatest Story Ever Told» (La mayor historia jamás contada), *Columbia Journalism Review,* enero/febrero de 1980.

19. Thomas J. Reese, S.J., *A Flock of Shepherds: The National Conference of Catholic Bishops* (Un rebaño de pastores: La Conferencia Nacional de Obispos Católicos), Kansas City, Sheed and Ward, 1992, p. 6.

20. Thomas J. Reese, S.J., *Archbishop: Inside the Power Structure of the American Catholic Church* (Arzobispo: Dentro de la estructura de poder de la Iglesia católica estadounidense), San Francisco, Harper & Row, 1989, p. 4.

21. Richard A. Schoenherr y Lawrence A. Young, *The Catholic Priest in the United States: Demographic Investigations* (El sacerdote católico en Estados Unidos: Investigaciones demográficas), Madison, Comparative Religious Organization Studies Publications, Universidad de Wisconsin, 1990; Tom Inglis, *Moral Monopoly: The Rise and Fall of the Catholic Church in Modern Ireland* (Monopolio moral: Ascenso y caída de la Iglesia católica en la Irlanda moderna), Dublín, University College Dublin Press, 1988, pp. 211-213.

22. Wilton Wynn, *Keeper of the Keys* (El custodio de las llaves), Nueva York, Random House, 1988, pp. 90-91.

23. Peter Hebblethwaite, *Pope John Paul II and the Church* (El papa Juan Pablo II y la Iglesia), Kansas City: Sheed and Ward, 1995, pp. 16-18.

24. Jonathan Kwitney, *Man of the Century: The Life and Times of Pope John Paul II* (Hombre del siglo: La vida y la época del papa Juan Pablo II), Nueva York, Henry Holt, 1997. Se trata del relato más autorizado del papel del Papa en la caída del bloque oriental.

25. Lernoux, *People of God* (Pueblo de Dios), 81.

26. John L. Allen Jr., *Cardinal Ratzinger: The Vatican's Enforcer of the Faith* (Cardenal Ratzinger: el guardián de la fe del Vaticano, Nueva York, Continuum, 2000, p. 116.

27. Cardenal Joseph Ratzinger y Vittorio Messori, *The Ratzinger Report: An Exclusive Interview on the State of the Church* (El informe Ratzinger: Una entrevista exclusiva sobre el estado de la Iglesia), traducción al inglés de Salvator Attanasio y Graham Harrison, San Francisco, Ignatius Press, 1986, p. 30.

28. Robert Nugent, ed., *A Challenge to Love: Gay and Lesbian Catholics in the Church* (Desafío al amor: católicos homosexuales y lesbianas en la Iglesia), Nueva York, Crossroad, 1984, pp. xi-xii.

29. Paul Collins, *The Modern Inquisition: Seven Prominent Catholics and Their Struggles with the Vatican* (La Inquisición moderna: Siete católicos prominentes y sus luchas con el Vaticano), Nueva York, Overlook, 2002, p. 131.

30. Nugent, *Challenge to Love* (Desafío al amor), p. 257.

31. Sagrada Congregación para los Religiosos, «Careful Selection and Training of Candidates for the States of Perfection and Sacred Orders» (Cuidadosa selección y formación de candidatos para los estados de perfección y las órdenes sagradas»), 2 de febrero de 1961, *Canon Law Digest 5,* 1962, pp. 452-486.

32. Michael Rezendes, «Ariz. Abuse Case Names Bishop, 2 Priests» (En caso de abuso en Arizona se nombra a un obispo y dos sacerdotes), *Boston Globe,* 20 de agosto de 2002.

CAPÍTULO 2. EVIDENCIAS DE LO QUE NO SE DICE

1. Personal de investigación de *The Boston Globe, Betrayal: The Crisis in the Catholic Church* (Traición: La crisis en la Iglesia católica), Boston, Little Brown, 2002, pp. 142-143.

2. Robin Washington, «Ex-Classmates Contradict Cardinal Law's Deposition» (Ex compañeros de escuela contradicen declaración testimonial de cardenal), *Boston Herald,* 21 de agosto de 2002.

3. Jim Castelli, *The Bishops and the Bomb: Waging Peace in a Nuclear Age* (Los obispos y la bomba: Instaurando la paz en una era nuclear), Nueva York, Image, 1983.

4. Garry Wills, «A Tale of Two Cardinals» (Relato de dos cardenales), *New York Review of Books,* 26 de abril de 2001.

5. «Frequently Cited Church Statistics» (Estadísticas eclesiásticas citadas con frecuencia), Center for Applied Research in the Apostolate (Centro para la investigación aplicada en el apostolado), Georgetown University, 2001; Richard Schoenherr y Lawrence Young, *Full Pews and Empty Altars* (Bancos llenos y altares vacíos), Nueva York, Oxford, 2002. Una interpretación de información de *Annuarium Statisticum Ecclesiae,* Libreria Editrice Vaticana, 2000, accesible en el sitio www.ewtn.com, pinta una imagen más rosa de las vocaciones centrándose en el número creciente de seminaristas y sacerdotes en África y Asia, sin ofrecer el contexto histórico.

6. Paul J. Isely, «Child Sexual Abuse and the Catholic Church: An Historical and Contemporary Review» (Abuso sexual de niños y la Iglesia católica: Una revisión histórica y contemporánea), *Pastoral Psychology* 45, no. 4, 1997; Vern L. Bullough, «The Sin Against Nature and Homosexuality» (El pecado contra natura y la homosexualidad»), in Vern Bullough, ed., *Sexual Practices in the Medieval Church* (Prácticas sexuales en la Iglesia medieval), Buffalo, Prometheus Books, 1982, p. 59.

7. John Boswell, *Christianity, Social Tolerance, and Homosexuality* (Cristianismo, tolerancia social y homosexualidad), University of Chicago Press, 1980, p. 216.

8. James A. Brundage, *Law, Sex and Christian Society in Medieval Europe* (Ley, sexo y sociedad cristiana en la Europa medieval), University of Chicago Press, 1988, p. 219.

9. Thomas P. Doyle, «Roman Catholic Clericalism, Religious Duress, and Clerical Sexual Abuse» («Clericalismo católico romano, encierro religioso y abuso sexual»), *Pastoral Psychology* 51, no. 3 de enero de 2003.

10. Jason Berry, *Lead Us Not into Temptation* (No nos dejes caer en la tentación), p. 189.

11. James P. Hanigan, *Homosexuality: The Test Case for Christian Ethics* (Homosexualidad: caso juriusprudencial de la ética cristiana), Mahwah, N., Paulist Press, 1988.

12. A. W. Richard Sipe, *Sex, Priests and Power: Anatomy of a Crisis* (Sexo, sacerdotes y poder: anatomía de una crisis), Nueva York, Brunner/Mazel, 1994, pp. 140-141.

13. Sobre un análisis a fondo de la encuesta del *Los Angeles Times,* ver Andrew Greeley, *Priests in the Pressure Cooker: The Sociology of a Profession Under Attack* (Sacerdotes en la olla de presión: Sociología de una profesión atacada), Chicago, University of Chicago Press, 2004.

14. Donald Cozzens, *The Changing Face of the Priesthood* (El rostro cambiante del sacerdocio), Collegeville, Minnesota, Liturgical Press, 2000, p. 107.

15. George Weigel, *The Courage to Be Catholic* (La valentía de ser católico), Nueva York, Basic, 2002, p. 82.

16. Ver John Allen Jr., *Cardinal Ratzinger* (Cardenal Ratzinger), Nueva York, Continuum, 2000, pp. 198-200, sobre el clero homosexual en Roma.

17. Alison O'Connor, *A Message from Heaven: The Life and Crimes of Father Sean Fortune* (Mensaje del cielo: Vida y delitos del padre Sean Fortune), Dingle, Irlanda, Brandon, 2000, p. 18.

18. Berry, *Lead Us Not* (No nos dejes caer), pp. 244-248. Ver también Michael Rose, *Goodbye! Good Men: How Catholic Seminaries Turned Away Two Generations of Vocations* (¡Adiós, hombres buenos!: Cómo los seminarios católicos rechazaron a dos generaciones de vocaciones), Cincinnati, Aquinas Publishing, 2002. Rose cita casos convincentes, pero su libro resulta polémico sin el equilibrio del periodismo imparcial. Sobre un análisis detenido de la homosexualidad, entre otros temas, dentro de una orden religiosa, ver Peter McDonough y Eugene C. Bianchi,

Passionate Uncertainty: Inside the American Jesuits (Incertidumbre apasionada: Dentro de los jesuitas estadounidenses), Berkeley: University of California Press, 2002.

19. Berry, *Lead Us Not* (No nos dejes caer), p. 263.

20. Marie Rohde, «Former Rector Admits Abuse of 7 Students» (Ex rector confiesa abuso de siete estudiantes), *Milwaukee Journal,* 18 de febrero de 1994.

21. John Rivera, «Archdiocese Lists 6 Accused of Child Abuse» (Arquidiócesis enumera a seis acusados de abuso de menores), *Baltimore Sun,* 21 de agosto de 2002.

22. Rose Marie Arce y David Firestone, «Church Deals with AIDS Among Priests» (La Iglesia afronta sida entre sacerdotes), *New York Newsday,* 16 de septiembre de 1990.

23. Berry, *Lead Us Not* (No nos dejes caer), p. 88.

24. Berry, *Lead Us Not* (No nos dejes caer), p. 90.

25. Ellen Barry, «Priest Treatment Unfolds in Secretive World» (El tratamiento de los sacerdotes transcurre en un mundo secreto), *Boston Globe,* 3 de abril de 2002.

26. Michael Harris, *Unholy Orders: The Tragedy of Mount Cashel* (Órderes no santas: La tragedia de Mount Cashel), Toronto, Viking, 1990, p. 240; George B. Griffin, «Bishop Places Kane on Leave» (Obispo suspende a Kane), *Worcester Telegram & Gazette,* 24 de abril de 1993; Kathleen A. Shaw, «Northbridge Man Wants Monsignor Prosecuted» (Hombre de Northbridge quiere que procesen a Monseñor), *Worcester Telegram & Gazette,* 22 de mayo de 2002.

27. David W. Chen, «Priest Ousted from Long Island Church Panel Defends Its Work» (Sacerdote expulsado de panel eclesiástico de Long Island defiende su trabajo), *New York Times,* 19 de abril de 2002.

28. Rita Ciolli, «Diocese Strips Placa of Duties» (Diócesis exime a Placa de obligaciones), *Newsday,* 14 de junio de 2002.

29. Kathleen A. Shaw, «Priest May Have Lied About Ph.D.» (Sacerdote quizá haya mentido sobre doctorado), *Worcester Telegram & Gazette,* 9 de agosto de 2002.

30. Robert Limoges fue al monasterio; Valerie Pullman a Saint Luke.

31. James F. McCarty, «The Churchman at Scandal's Heart» (El clérigo en el centro del escándalo), *Cleveland Plain Dealer,* 21 de julio de 2002.

32. Michael Peterson, Thomas P. Doyle, F. Ray Mouton Jr., *The Problem of Sexual Molestation by Roman Catholic Clergy: Meeting the Problem in a Comprehensive and Responsible Manner* (El problema del acoso sexual por parte del clero católico: Cómo enfrentar el problema de forma completa y responsable), 1985. El documento aparece en varios sitios de Internet, entre ellos www.thelinkup.com, www.survivorsnetwork.org, y el *National Catholic Reporter,* www.natcath.org. Ver también *Lead Us Not* (No nos dejes caer), pp. 98-102.

33. Personal de investigación, *Betrayal* (Traición), p. 33.

34. Eugene Kennedy, *Re-Imagining the Catholic Church* (Reimaginando a la Iglesia católica), Nueva York, Vintage, 1985.

35. Entrevista telefónica de JB con Eugene Kennedy, 26 de julio de 2002.

36. Berry, *Lead Us Not* (No nos dejes caer), p. 112.

37. Kristen Lombardi, «Cardinal Sin» (Pecado de cardenal), *Boston Phoenix,* 23 de marzo de 2001.

38. Personal del *Globe,* «Church Allowed Abuse by Priest for Years» (La Iglesia permitió abuso de sacerdote durante años), *Boston Globe,* 6 de enero de 2002; Matt Carroll, «A Revered Guest; a Family Left in Shreds» («Un reverendo invitado; una familia hecha pedazos»), *Boston Globe,* 6 de enero de 2002.

39. La correspondencia en los juicios de Geoghan y Shanley aparece en el apéndice del libro del personal del *Globe, Betrayal* (Traición), y en el sitio de Internet del periódico, www. Globe.com.

40. Personal de investigación, *Betrayal* (Traición), p. 96.

1. La carta del cardenal Ratzinger aparece, entre otras obras, en: Jeannine Gramick y Pat Furey, eds., *The Vatican and Homosexuality* (El Vaticano y la homosexualidad), Nueva York, Crossroad, 1988, p. 1.

2. Jason Berry, *Lead Us Not into Temptation* (No nos dejes caer en tentación), pp. 239-242.

3. Jonathan Friendly, «Catholic Church Discussing Priests Who Abuse Children» (La Iglesia católica discute los casos de sacerdotes que abusan de niños), *New York Times,* 4 de mayo de1986.

4. Andy Rodríguez, «Priest Pedophilia Called Church's Biggest Problem» (La pedofilia de los sacerdotes se considera el mayor problema de la Iglesia), National Catholic News Service Servicio Católico Nacional de Noticias, 2 de mayo de 1986.

5. Entrevista telefónica de JB con Eugene Kennedy, 16 de julio de 2002.

6. Jason Berry, «Sending the Bishops a Message» (Un mensaje para los obispos), *Baltimore Sun,* 4 de noviembre de 1989.

7. Alex Friederich, «Breaking the Silence: Monk's Seduction of Santa Catalina Student Led to an Affair That Shattered Her Faith» (Alto al silencio: alumna de Santa Catalina seducida por monje; el amorío destruye su fe»), *Monterey County Herald,* 23 de junio de 2002.

8. Jason Berry, «Survivors Connect to Heal, Raise Voices» (Sobrevivientes se unen para sanar y alzar la voz), *National Catholic Reporter,* 8 de noviembre de 2002.

9. Ver capítulo 12 en Berry, *Lead Us Not* (No nos dejes caer).

10. *Brooks vs. Maher,* Corte Superior, Condado de San Diego, California, no. 529114.

11. Mark Brooks, testimonio jurado, 21 de mayo de 1999.

12. Mark Brooks, mensaje electrónico a JB, 15 de septiembre de 2002.

13. «Editorial: Pedophilia Problem Needs Tackling» (Editorial: Urge abordar el problema de la pedofilia), *National Catholic Reporter,* 7 de junio de 1985.

14. Carl M. Cannon, «The Priest Scandal» (El escándalo de los sacerdotes), *American Journalism Review* 24, no. 4, mayo de 2002.

15. Correspondencia por correo electrónico de Cannon y entrevista telefónica con JB, 21 de octubre de 2002.

16. Carl M. Cannon, «The Church's Secret Child Abuse Dilemma» (El dilema eclesiástico del abuso secreto de menores), *San Jose Mercury News,* 30 de diciembre de 1987.

17. «USCC Pedophilia Statement» (Declaración de la Conferencia Católica Estadounidense sobre la pedofilia), 9 de febrero de 1988, Washington D.C.

18. Glenn F. Buntin, Ralph Frammolino y Richard Winton, «Archdiocese for Years Kept Claims of Abuse from Police» (Arquidiócesis ocultó durante años a la policía denuncias de abusos sexuales), *Los Angeles Times,* 18 de agosto de 2002.

19. Padre Thomas P. Doyle, O.P., J.C.D, «Report to the Canonical Affairs Committee of the NCCB on Action Items One and Two Concerning the Laicization and Dismissal of Priests Who Have Sexually Abused Minors» (Informe al Comité de Asuntos Canónicos de la Conferencia Estadounidense de Obispos Católicos sobre puntos de acción relativos a la dispensa y remoción de sacerdotes que han abusado sexualmente de menores), 20 de abril de 1989 (inédito).

20. Conferencia Estadounidense de Obispos Católicos, Comité *Ad Hoc* sobre Abuso Sexual, *Restoring Trust: A Pastoral Response to Sexual Abuse: Efforts to Combat Clergy Sexual Abuse Against Minors* (Restaurar la confianza: Respuesta pastoral al abuso sexual: Esfuerzos para combatir el abuso sexual de menores por el clero), Chronology, Washington, D.C., junio de 2002.

21. Entrevista de JB en Roma, 26 de noviembre de 2002.

22. Sociedad de Derecho Canónico de Gran Bretaña e Irlanda, *The Code of Canon Law: In English Translation* (Código de Derecho Canónico: Traducción al inglés), Londres, Collins Liturgical Publications, 1983, p. 324.

23. El obispo Quinn fue destituido por los abogados Jeffrey R. Anderson y William M. Crosby el 26 de mayo de 1995 en Cleveland. *Laura Livingston et al. v. Diocese of Cleveland,* Estado de Ohio, Condado de Cuyahoga, Corte de Litigios Civiles, caso no. 93-257621.

24. Peter Hebblethwaite, *Pope John Paul II and the Church* (El papa Juan Pablo II y la Iglesia), Kansas City, Sheed and Ward, p. 76.

25. Entrevista telefónica de JB con Jeffrey Anderson, 4 de junio de 2002. Constancia de hechos, *John T. Doe et al. v. Diocese of Winona et al.*, C6-89-012659, Estado de Minnesota, Condado de Winona, Décimo Distrto Judicial.

26. Entrevista de JB con Sylvia Demarest, Dallas, 23 de mayo de 2002.

27. Jason Berry, «Immunity: A Haven for Sensitive Files Too?» (Inmunidad: ¿un refugio también para los casos delicados?), *Cleveland Plain Dealer*, 17 de junio de 1990, y *Lead Us Not* (No nos dejes caer), p. 290.

28. Ver Michael Harris, *Unholy Orders; The Report of the Archdiocesan Commission Enquiry into the Sexual Abuse of Children by Members of the Clergy* (Órdenes no santas. Informe de la investigación de la Comisión Diocesana sobre el abuso sexual de menores por parte de miembros del clero), Arquidiócesis de San Juan, 1990, también llamado informe de la Comisión Winter; Berry, *Lead Us Not* (No nos dejes caer), capítulo 18.

29. Entrevista telefónica de JB con Barry M. Coldrey, 7 de abril de 2003.

30. Barry M. Coldrey, *Religious Life Without Integrity* (Vida religiosa sin integridad), Thornbury, Australia, Tamanaraik Press, 1988, pp. 37-39.

CAPÍTULO 4. TIEMPO DE SOLIDARIDAD

1. Charles Sennott, *Broken Trust* (Confianza rota), Nueva York, Scribner's, 1992.

2. *Ibid.*, p. 326.

3. Eric MacLeish, en conversación con JB, Chicago, 18 de marzo de 2002.

4. Personal de investigación del *Boston Globe, Betrayal* (Traición), Boston, Little Brown, 2002, p. 47.

5. Carl M. Cannon, «The Priest Scandal» (El escándalo de los sacerdotes), *American Journalism Review* 24, no. 4, 2002.

6. Jonathan Kwitney, *Man of the Century* (Hombre del siglo), Nueva York, Henry Holt, 1997, p. 592.

7. Jason Berry, «Listening to the Survivors: Voices of the People of God» (Escuchando a los sobrevivientes: Voces del pueblo de Dios), *America*, 13 de noviembre de 1993.

8. Barbara Blaine, manuscrito inédito, 1989. La autora publicó una versión más corta, «Abused by Priest, She Sought Healing» (Mujer víctima del abuso de un sacerdote buscó sanar), *National Catholic Reporter*, 3 de noviembre de 1989.

9. Jason Berry, «A Dark Journey of the Soul» (Un viaje oscuro del alma), *Chicago Tribune Magazine*, 11 de febrero de 2001.

10. Blaine, manuscrito inédito.

11. *S.N.A.P. News,* octubre de 1992.

12. Entrevistas de JB con David Clohessy, 1990, 1991, 2002. Ver también Virginia Young, «Memory Prompts Abuse Suit Against Priest» (Recuerdo desencadena demanda de abuso contra sacerdote), *St. Louis Post-Dispatch,* 24 de noviembre de 1991, y Frank Bruni, «Am I My Brother's Keeper?» (¿Soy acaso el guardián de mi hermano?), *New York Times Magazine,* 12 de mayo de 2002.

13. Hilary Stiles, *Assault on Innocence* (Asalto a la inocencia), Albuquerque, B&K Publishers, 1988.

14. Entrevista telefónica de JB con Barbara Blaine, 26 de octubre de 2002.

15. Andrew M. Greeley, *Confessions of a Parish Priest* (Confesiones de un sacerdote de parroquia), Nueva York, Simon & Schuster, 1986, p. 179.

16. Andrew M. Greeley, *Love Affair: A Prayer Journal* (Aventura amorosa: un diario de oración), Nueva York, Crossroad, 1993, pp. 26-27.

17. Andrew M. Greeley, «Church Time Bomb: Pederast Priests» (Bomba de tiempo en la Iglesia: Sacerdotes pederastas), *Chicago Sun-Times,* 13 de julio de 1986.

18. Andrew M. Greeley, «Catholic Church Must Clean Out the Pedophile Priests» (La Iglesia católica debe despojarse de los sacerdotes pederastas), *Chicago Sun-Times,* 19 de diciembre de 1989.

19. Andrew M. Greeley, *The Making of the Popes* (Cómo se hacen los papas), 1979.

20. Si se busca un relato extenso sobre el conflicto entre Greeley y Bernardin, ver John Conroy, «Cardinal Sins» (Pecados de cardenales), *Chicago Reader,* 5 de junio de 1987.

21. Andrew M. Greeley, «Hardball Not the Answer» (El juego rudo no es la respuesta), *Chicago Sun Times,* 2 de junio de 1991.

22. Berry, *Lead Us Not into Temptation* (No nos dejes caer en la tentación), p. 346.

23. Andrew M. Greeley, «A Special Prosecutor Needed on Pedophilia» (Se necesita un fiscal especial para perseguir la pedofilia), *Chicago Sun Times,* 20 de octubre de 1991.

24. Eugene Kennedy, *Cardinal Bernardin* (Cardenal Bernardin), p. 247.

25. D. J. R. Bruckner, «Chicago's Activist Cardinal» (El cardenal activista de Chicago), *New York Times Magazine,* 1 de mayo de 1983.

26. William Grady, «Court Rejects New Bid to Open Priests' Files» (Tribunal rechaza nueva iniciativa de abrir archivos de sacerdotes), *Chicago Tribune,* 24 de marzo de 1993.

27. Andrew M. Greeley, *Furthermore! Memories of a Parish Priest* (¡Más! Recuerdos de un sacerdote de parroquia), Nueva York, Forge, 1999, pp. 92-93.

28. Michael Hirsley, «Priests' Sex Charges Cost Archdiocese $1.8 million» (Cargos sexuales contra sacerdotes cuestan 1.8 millones de dólares a arquidiócesis»), *Chicago Tribune,* 24 de enero de 1993, y «$6 Million Deficit for Archdiocese» (Déficit de 6 millones de dólares en arquidiócesis), *Chicago Tribune,* 5 de febrero de 1993; Daniel J. Lehmann, «Archdiocese Awash in Red» (Arquidiócesis en números rojos), *Chicago Sun-Times,* 5 de febrero de 1993.

29. Judy Tarjanyi, «Woman Who Says Priest Abused Her Seeks Apology» (Mujer que dice haber sido víctima de sacerdote abusador exige disculpa), *Blade,* 3 de enero de 1993.

30. Florence Shinkle, «Sins of the Fathers» (Pecados de los padres), *St. Louis Post-Dispatch,* 21 de febrero de 1993.

CAPÍTULO 5. EL PAPA JUAN PABLO II ROMPE SU SILENCIO

1. Jonathan Kwitney, *Man of the Century* (Hombre del siglo), p. 639.

2. «Press Release, Servants of the Paraclete, Inc., (The Very Rev.) Liam J. Hoare, S.P., Servant General (CEO), Re: Settlement of Minnesota and New Mexico Litigation» (Boletín de prensa, Siervos del Paráclito, Inc., [rev.] Liam J. Hoare, S.P., Siervo General [director], Asunto: Acuerdo litigio Minnesota Nuevo México), *Priestly People* 8, no. 6, diciembre de 1993, p. 5.

3. Douglas Todd, «Bishop Denies Sex Abuse in Letter» (Obispo niega abuso sexual en carta), *Vancouver Sun,* 8 de enero de 1991. Los otros dos miembros de su orden, los hermanos Glen Doughty y Harold McIntee, fueron condenados por indecencias sexuales con menores.

4. Lisa Hobbs Birnie, «Sins of the Father» (Pecados del padre), *Saturday Night,* Toronto, febrero de 1994.

5. Jean Barman, «Taming Aboriginal Sexuality: Gender, Power and Race in British Columbia, 1850-1900» (Domando la sexualidad aborigen: sexo, poder y raza en la Columbia Británica, 1850-1900), *BC Studies,* no. 115/116, otoño/inverno 1997/1998, p. 237.

6. Cindy Wooden, «O'Connor Statement» (Declaración de O'Connor), Catholic News Service (Servicio Católico de Noticias), 11 de marzo de 1993; ver *National Catholic Reporter,* 19 de marzo de 1993.

7. James Franklin, «US Dioceses Lack Policy for Cases of Sex Abuse» (Las diócesis de Estados Unidos carecen de una política para los casos de abusos sexual), *Boston Globe,* 12 de julio de 1992. Los comentarios del obispo de Cincinnati, Daniel Pilarczyk vienen muy a propósito: «La experiencia pastoral, iluminada por el aumento de los conocimientos médicos y sociológicos sobre las raíces de este comportamiento desordenado, nos ha ayudado a ver áreas en las que la acción y el liderazgo de la Iglesia pueden mejorar... Hasta no hace mucho, pocas personas dentro de la sociedad y de la Iglesia entendían bien el problema.»

8.   Cindy Wooden, «O'Connor Statement.» (Declaración de O'Connor).

9.   Kwitney, *Man of the Century* (Hombre del siglo), p. 640.

10.   Mary Kenny, *Goodbye to Catholic Ireland: How the Irish Lost the Civilization They Created* (Adiós a la Irlanda católica: Cómo los irlandeses perdieron la civilización que crearon), Springfield, Illinois, Templegate, 2000, pp. 308-309.

11.   Barry Coldrey, «Memorandum by Congregation of Christian Brothers Holy Spirit Province» (Memorando de la Congregación de Hermanos Cristianos, Provincia del Espíritu Santo), Primer informe del Comité Selecto sobre Salud, Apéndice 10, febrero de 1998.

12.   Alan Gill, *Orphans of the Empire: The Shocking Story of Child Migration to Australia* (Huérfanos del imperio: La impresionante historia de la migración de niños a Australia), Sydney, Random House Australia, 1998, p. 6. El autor generosamente ofreció sus reflexiones sobre estadísticas en un mensaje electrónico enviado a Berry el 6 de marzo de 2003, afirmando que «las opiniones coinciden en que se envió a Australia a unos 10 000 niños "huérfanos" entre 1920 y 1967, cuando cesó el tráfico».

13.   Suzanne Fournier y Ernie Grey, *Stolen from Our Embrace: The Abduction of First Nations Children and the Restoration of Aboriginal Communities* (Robados de nuestro seno: El rapto de niños indígenas y la restauración de las comunidades aborígenes), Vancouver/Toronto, Douglas & McIntyre, 1998, p. 107.

14.   Mary Raftery and Eoin O'Sullivan, *Suffer the Little Children: The Inside Story of Ireland's Industrial Schools* (Sufren los niños pequeños: La historia interna de las escuelas industriales de Irlanda), Nueva York, Continuum, 2001, p. 262. Sobre la mala preparación de los Hermanos Cristianos para tratar con niños, ver p. 266; también, Barry M. Coldrey, «The Distinctive Catholic Problem over Child Migration from Britain and Malta to Australia After World War II» (El característico problema católico de la migración de niños de Gran Bretaña y Malta a Australia después de la Segunda Guerra Mundial), *The Occasional Papers of the Independent Scholars Association of Australia (Victoria Chapter)* 1, no. 3, diciembre de 2002.

15.   Raftery y O'Sullivan, *Suffer the Little Children* (Sufren los niños pequeños), pp. 265-266.

16.   David Cairns, «Church to Hear Abuse Claims» (La Iglesia escuchará quejas de abuso), *Standard,* Australia, 1 de febrero de 1994.

17.   Glenn Conley, «Pope Sacks Priest in Abuse Case» (El papa destituye a sacerdote en caso de abuso), *Herald Sun,* edición de Melbourne, 20 de noviembre de 1993. El sacerdote, Gerald Ridsdale, fue declarado culpable el 27 de mayo de 1993 de treinta cargos de acoso indecente contra diez niños en un periodo de ocho años.

18.   George Weigel, *Witness to Hope: The Biography of John Paul II* (Testigo de esperanza: La biografía de Juan Pablo II), Nueva York, HarperCollins, 1999, p. 657.

19.   Eileen Welsome y Dennis Domrzalski, «Ex-Priest-Turned-Counselor Accused in Lawsuit» (Ex sacerdote que se volvió consejero acusado en demanda), *Albuquerque Tribune,* 1 de abril de 1993.

20.   Eileen Welsome, «Founder Didn't Want Molesters at Paraclete» (El fundador no quería acosadores entre los siervos del Espíritu Santo), *Albuquerque Tribune,* 2 de abril de 1993.

21.   Weigel, *Witness to Hope* (Testigo de esperanza).

22.   Entrevista telefónicca de JB con Pio Laghi, 25 de noviembre de 2002.

23.   George Weigel, *The Courage to be Catholic: Crisis, Reform, and the Future of the Church* (La valentía de ser católico: crisis, reforma y el futuro de la Iglesia), Nueva York, Basic Books, 2002, 149.

24.   *Ibid.,* pp. 124-25.

25.   *Ibid.,* p. 123.

26.   John Thavis y Cindy Wooden, «Pope: Accept Church Teachings Fully» («El papa: Aceptar sin reserva las enseñanzas de la Iglesia»), *Criterion,* periódico de la arquidiócesis de Indianápolis, 26 de marzo de 1993.

27.   Entrevista de JB con Robert Mickens, Roma, 19 de noviembre de 2002.

28.   «Vatican Mandates New Fidelity Oath» (El Vaticano ordena nuevo juramento de fidelidad), *National Catholic Reporter,* 17 de marzo de 1989.

29.   Adam J. Maida, «The Selection, Training, and Removal of Diocesan Clergy» (La selección, formación y remoción del clero diocesano), *Catholic Lawyer* 33, no. 1, febrero de 1990.

30.   En el momento en que este libro estaba por imprimirse, no había un cálculo definitiva del número de víctimas ni de perpetradores. En un artículo del 20 de marzo de 1993, en *America*, «How Serious Is the Problem of Sexual Abuse by Clergy?» (¿Qué tan serio es el problema del abuso sexual en el clero?), Andrew M. Greeley utilizó la información sobre sacerdotes retirados de la arquidiócesis de Chicago como base para proyectar estimaciones nacionales de 2 500 sacerdotes abusadores y 100 000 víctimas. Laurie Goodstein, «Trail of Pain in Church Crisis Leads to Nearly Every Diocese» (Huella de dolor en la crisis de la Iglesia apunta a casi todas las diócesis), *New York Times*, 12 de enero de 2003, calculó en 1 200 los perpetradores de las diócesis. El estudio del *New York Times*, aunque valioso, no incluía sacerdotes de órdenes religiosas ni especulaba sobre el número de víctimas. La base de datos de perpetradores más extensa de que disponemos es la de Sylvia Demarest, abogada de Dallas que hablaba de 2 100 clérigos cuando este libro se envió a la imprenta. La Junta Nacional de Revisión reunió información sobre los perpetradores hasta el año 2003.

31.   Florence Shinkle, «The Sins of the Fathers» (Los pecados de los padres), *St. Louis Post-Dispatch*, 21 de febrero de 1993.

32.   Entrevista telefónica y correspondencia electrónica de JB con Ann Rodgers-Melnick, marzo de 2003.

33.   Ann Rodgers-Melnick, «Vatican Clears Priest, Wuerl Rejects Verdict» (El Vaticano exonera sacerdote, Wuerl rechaza el veredicto), *Pittsburgh Post-Gazette*, 21 de marzo de 1993.

34.   Entrevista de JB con monseñor Brian Ferme, Universidad Lateranense, Roma, 27 de noviembre de 2002.

35.   Ann Rodgers-Melnick, «Vatican Clears Priest.» (Vaticano exonera sacerdote).

36.   Ann Rodgers-Melnick, «Hospital That Evaluated Priest Attacks Vatican» (Hospital que evaluó a sacerdote ataca al Vaticano), *Pittsburgh Post-Gazette*, 23 de marzo de 1993.

37.   Ann Rodgers-Melnick, «Petition Suspends Vatican Verdict on Cipolla» (Petición suspende veredicto del Vaticano sobre Cipolla), *Pittsburgh Post-Gazette*, 25 de marzo de 1993.

38.   Ann Rodgers-Melnick, «Molestation Suit Settled with Church» (Demanda de acoso sexual culmina en arreglo con la Iglesia»), *Pittsburgh Post-Gazette*, 1 de octubre de 1993; «Banned Priest Says Mass on TV» (Sacerdote depuesto oficia misa por televisión), 18 de febrero de 1994.

39.   Ann Rodgers-Melnick, «Diocese Targets Ousted Priest» (Diócesis tiene en la mira a sacerdote expulsado), *Pittsburgh Post-Gazette*, 7 de agosto de 2000.

40.   Ann Rodgers-Melnick, «Rare Sanction Imposed on Priest» (Rara sanción impuesta a sacerdote), *Pittsburgh Post-Gazette*, 16 de noviembre de 2002.

41.   Entrevista telefónica de JB con Barry Coldrey, 31 de marzo de 2003.

42.   Jerry Filteau, «Special U.S. Church Law on Clergy Sex Abuse Extended» (Se extiende ley especial de la Iglesia Estadounidense sobre abuso sexual del clero), Catholic News Service (Servicio Católico de Noticias), 31 de diciembre de 1998. John Thavis, «In U.S., Sex Abuse Norms Expected to Apply Only to Religious Priests» (En Estados Unidos, se espera aplicar las normas de abuso sexual sólo al clero regular), Catholic News Service (Servicio Católico de Noticias), 11 de enero de 2002.

43.   Douglas Todd, «O'Connor Appeal Dropped After Healing Circle» (Apelación de O'Connor retirada tras un círculo de curación), *Vancouver Sun*, 18 de junio de 1998.

44.   Craig McInnes, «Rape Charges Dropped Against B.C. Bishop» («Retirados, cargos de violación contra obispo de Columbia Británica), *Globe and Mail*, 18 de junio de 1998.

CAPÍTULO 6. MEMORIAS DEL CARDENAL

1.   Entrevista de JB con Stephen Rubino, Margate, Nueva Jersey, 18 de abril de 2002. Ver también Christopher McDougall, «The Cross Examiner» (El repreguntador), *Philadelphia Magazine*, junio de 2002.

2.   Entrevista de JB con Stephen Rubino, Margate, Nueva Jersey, 29 de noviembre de 1993.

3. Gustav Niebuhr, «Bishops' Panel to Address Sexual Abuse by Clergy» («Panel de obispos abordará el abusó sexual en el clero»), *Washington Post,* 18 de junio de 1993.

4. David Briggs, «Pope Names Panel to Study Dismissal of Abusive Priests» (El papa nombra un panel para estudiar la expulsión de sacerdotes abusivos), Associated Press, 22 de junio de 1993.

5. Ron Russell, «Cardinal Coverup» (Encubrimiento de Cardenal), *Los Angeles New Times,* 2 de mayo de 2002.

6. Milo Geylin, «The Catholic Church Struggles with Abuse over Sexual Abuse» (La Iglesia católica se debate con el abuso del abuso sexual»), *Wall Street Journal,* 24 de noviembre de 1993.

7. Entrevista de JB con Greg Flannery, Cincinnati, 25 de noviembre de 1993.

8. Jan Crawford, «Lawyer Doubted Accuser Would Recall Bernardin» (Abogado dudó que el acusador recordaría a Bernardin), *Chicago Tribune,* 14 de enero de 1994.

9. Jason Berry, «Sudden Recall: Memories Delayed or Imagined?» (Evocación súbita: ¿Recuerdos atrasados o imaginados?) *National Catholic Reporter,* 3 de diciembre de 1993.

10. Las citas del cardenal Bernardin están tomadas textualmente de un video de la conferencia de prensa.

11. Marilyn Vise, «Group Asks for End to Attacks» (Grupo pide que terminen los ataques), *Belleville News-Democrat,* 16 de noviembre de 1993.

12. Eugene Kennedy, *My Brother Joseph: The Spirit of a Cardinal and the Story of a Friendship* (Mi hermano José: El espíritu de un cardenal y la historia de una amistad), Nueva York, St. Martin's Griffin, 1998, p. 116.

13. Ver David E. Kepple, «Carroll Grads Recall Harsham 3 Questioning Priest's Behavior» (Egresados de Carrol recuerdan a Harsham. Tres cuestionan el comportamiento del sacerdote), *Dayton Daily News,* 20 de noviembre de 1993, y «Archdiocese Wants Sources to Step Forward Regarding Abuse» (Arquidiócesis pide a víctimas denunciar los abusos), 21 de noviembre de 1993.

14. Joe Robertson, «Cardinal Compassion» («Compasión de cardenal»), *Daily Southtown,* 20 de noviembre de 1993.

15. Jan Crawford, «Bernardin's Accuser Has Potencial Problem» (El acusador de Bernardin posiblemente padezca un trastorno), *Chicago Tribune,* 9 de febrero de 1994; Michael Hirsley y Jan Crawford, «Bernardin Accuser Recants» (El acusador de Bernardin se retracta), 1 de marzo de 1994.

16. Entrevista telefónica de JB con Denis Ventriglia, 26 de marzo de 2003.

17. Tony Bartelme, «Secret Sins» (Pecados secretos), *Charleston Post and Courier,* 28 de abril de 2002. Ver también Schuyler Kropf, «Hopwood Faces More Accusations» (Hopwood enfrenta más acusaciones), *Charleston Post and Courier,* 29 de diciembre de 1993, y «Hopwood Resigns His Parish» (Hopwood renuncia a su parroquia), 30 de diciembre de 1993.

18. A. W. Richard Sipe, «Priest Sex Abuse Case Stirs Political Storm in Ireland» (Caso de abuso sexual por parte de sacerdote desencadena tormenta política en Irlanda»), *National Catholic Reporter,* 2 de diciembre de 1994.

19. Stephen Kurkijian y Michael Rezendes, «Settlement in Minnesota and Retraction Cited» (Arreglo extrajudicial en Minnesota. Se habla de una retractación), *Boston Globe,* 22 de marzo de 2002. El mismo periódico especifica que el arreglo ascendió a «menos de 100 000 dólares».

20. Brooks proporcionó una declaración jurada en descargo del acusado en el juicio *Roman Catholic Bishop of San Diego v. Robert Kumpel* (Obispo católico de San Diego vs. Robert Kumpel), Corte Superior de San Diego, GIC 783810. La declaración jurada también aparece en la página de Internet de los Roman Catholic Faithful, una agrupación ultraconservadora, en www.rcf.org.

21. Andrew M. Greeley, *I Hope You're Listening, God: A Prayer Journal* (Espero que estés escuchando, Dios: Un diario de oración), Nueva York, Crossroad, 1997, p. 64.

CAPÍTULO 7. EVANGELISMO A HURTADILLAS

1. Jonathan Kwitney, *Man of the Century* (Hombre del siglo), Nueva York, Henry Holt, 1997, p. 259.

2. Melinda Henneburger, «Vatican's Influence Is in Vision, Not Details» (La influencia del Vaticano está en el enfoque, no en los detalles), *New York Times,* 22 de abril de 2002.

3. Vincent A. Yzermans, *Journeys* (Viajes), Waite Park, Minnesota, Park Press, 1994, pp. 234-235.

4. James Patrick Shannon, *Reluctant Dissenter: An Autobiography* (Disidente renuente: Una autobiografía), Nueva York, Crossroad Publishing Company, 1998, p. 113.

5. La N.C.C.B. se conocía originalmente como National Catholic Welfare Council (Consejo de Bienestar Católico Nacional). Desde entonces se le ha dado el nombre de U.S. Conference of Catholic Bishops (Conferencia Estadounidense de Obispos Católicos).

6. Kenneth Briggs, *Holy Siege: The Year That Shook Catholic America* (Santa Sede: el año que sacudió al Estados Unidos católico), Nueva York, HarperCollins, 1992, pp. 10-15, 337-343.

7. Gerald P. Fogarty, *American Catholic Biblical Scholarship* (Erudición Bíblica Católica Estadounidense), San Francisco, Harper & Row, 1989, p. 296.

8. Gerald Renner, «Church Leaders Meet Pope» (Líderes de la Iglesia se reúnen con el Papa), *Hartford Courant,* 9 de marzo de 1989.

9. *Ibid.*

10. *Ibid.*

11. Gerald Renner, «Vatican Cardinal Denounces U.S. Television» (Cardenal del Vaticano denuncia a la televisión estadounidense), *Hartford Courant,* 11 de marzo de 1989.

12. *Ibid.*

13. James J. LeBar, *Cults, Sex and the New Age* (Cultos, sexo y la nueva era), South Bend, Indiana, Our Sunday Visitor Press, 1989, p. 288.

14. Entrevista telefónica de GR con Joop Koopman, 18 de octubre de 2002.

15. Gerald Renner, «Catholic Legionaries Expand Base in State» (Legionarios católicos expanden base en estado), *Hartford Courant,* 25 de marzo de 1996.

16. Gerald Renner, «Novices Accuse Catholic Order of Intimidation, Unnecessary Pressure» (Novicios acusan a orden católica de intimidación y presión innecesaria), *Hartford Courant,* 10 de junio de 1996.

17. En junio de 2003, mientras se estaba terminando este libro, la Legión colocó en su sitio de Internet, www.legionaryfacts.org/escape.html, una extraña retractación de Joseph Williams, negando que su partida nocturna del seminario hubiera sido porque fuera infeliz en la Legión. La retractación asombra a Jeffries, quien dijo que «es una completa distorsión de los hechos» y debe de haberla hecho bajo presión de la Legión a causa de su hermano.

18. Gerald Renner, «Order's Leader Withholds Comment on Allegations» (Líder de la orden se reserva comentarios sobre acusaciones), *Hartford Courant,* 11 de junio de 1996.

19. Bannon a GR, inédito.

20. Gerald Renner, «Archdiocese Fears Backlash over House» (Arquidiócesis teme reacción por casa»), *Hartford Courant,* 13 de marzo de 1992.

21. Gerald Renner y Constance Neyer, «Archbishop Rejects Church's Plan to Adopt Soup Kitchen» («Arzobispo rechaza plan de la Iglesia de adoptar comedor para indigentes), *Hartford Courant,* 27 de diciembre de 1993.

CAPÍTULO 8. EL MITO DEL FUNDADOR

1. David Willey, *God's Politician: Pope John Paul II, the Catholic Church and the New World Order* (El político de Dios: El papa Juan Pablo II, la Iglesia católica y el nuevo orden mundial), Nueva York, St. Martin's, 1992, pp. 26-27.

2. Henry Bamford Parkes, *A History of Mexico* (Una historia de México), Boston, Houghton Mifflin, 1938, p. 112.

3. Enrique Krauze, *Mexico, Biography of Power: A History of Modern Mexico, 1810-1996* (*México, Biografía del poder: Historia del México moderno, 1810-1996*), edición en inglés, Nueva York, HarperCollins, 1997, p. 496.

4. George Weigel, *Witness to Hope* (Testigo de esperanza), Nueva York, HarperCollins, 1999, p. 282.

5. Penny Lernoux, *People of God* (Pueblo de Dios), Nueva York, Viking, 1989, y John Allen, *Cardinal Ratzinger* (Cardenal Ratzinger), Nueva York, Continuum, 2000. Ambos incluyen relatos detallados del trato de Ratzinger para con los intelectuales de la teología de la liberación. Sobre la Legión en Argentina, ver Olga Wornat, *Nuestra Santa Madre: Historia pública y privada de la Iglesia católica argentina*, Buenos Aires, Ediciones B, 2002. Entrevistas con ex miembros de la Legión proporcionan una buena comprensión del papel de la orden en Chile.

6. Alfonso Torres Robles, *La prodigiosa aventura de los Legionarios de Cristo*, Madrid, Foca, 2001, p. 15.

7. «Biographies of Blesseds» (Biografías de beatos), www.ewtn.com/library/MARY/bios95.htm#valencia.

8. Ver www.cotija.com.

9. J. Alberto Villasana, *Perspectives on a Foundation* (Perspectivas de una fundación), Legión de Cristo, 1991, p. 12.

10. Entrevistas de Jesús Colina con Marcial Maciel, *Christ Is My Life (Cristo es mi vida)*, Manchester, New Hampshire, Sophia Institute Press, 2003, p. 3.

11. Villasana, *Perspectives* (Perspectivas), p. 1.

12. Folleto de la Legión, «Teacher of Her Children in the Faith» (Maestra de sus hijos en la fe), solicitando donaciones para «la causa de canonización de Maura Degollado Guízar»; ver también el sitio de Internet http://www.catholic-forum.com/saints/candidates/prot1990.htm.

13. Villasana, *Perspectives* (Perspectivas), p. 14.

14. Entrevista de GR con el padre Peter Cronin, antiguo sacerdote legionario, en Silver Spring, Maryland, 30 de octubre de 1996.

15. Entrevista de GR con Glenn Favreau, Plattsburgh, N.Y., 28 de diciembre de 2001.

16. El hermano George Busto, de los Oratorianos, en Brooklyn, Nueva York, dijo el 6 de mayo de 2003 en entrevista con GR sobre San Felipe Neri: «La historia es cierta. Se dice cada vez que se cuenta su vida.»

17. Entrevista telefónica de GR con el padre Rogelio Orozco, 23 de enero de 2003.

18. Entrevista telefónica de GR con Juan Vaca, 24 de enero de 2003.

19. «Fr. Marcial Maciel y Cotija», www.cotija.com, traducido del español.

20. Torres, *Prodigiosa aventura*, p. 16.

21. Parkes, *History of Mexico* (Historia de México), p. 105.

22. Krauze, *Mexico (México)*, p. 34.

23. Peter Steinfels, «Proof (or Not) of Saintly Existence» (Prueba [o no] de la existencia de los santos), *New York Times*, 20 de julio de 2002; Stafford Poole, *Our Lady of Guadalupe: The Origins and Sources of a Mexican National Symbol* (Nuestra Señora de Guadalupe: Orígenes y fuentes de un símbolo nacional mexicano), Tuscon, University of Arizona Press, 1995; David A. Brading, *Mexican Phoenix* (Fénix mexicano), Nueva York, Cambridge, 2001.

24. Krauze, *Mexico (México)*, p. 72.

25. David C. Bailey, *¡Viva Cristo Rey!: The Cristero Rebellion and the Church-State Conflict in Mexico* (¡Viva Cristo Rey!: La rebelión cristera y el conflicto Inglesia-Estado en México), Austin and London, University of Texas Press, 1974, pp. 54-55, 68.

26. Jim Tuck, *The Holy War in Los Altos: A Regional Analysis of Mexico's Cristero Rebellion* (La Guerra Santa en Los Altos: Análisis regional de la rebelión cristera de México), Tucson: University of Arizona Press, 1982, p. 44.

27. Bailey, *¡Viva Cristo Rey!*, p. 246 y ss.

28. *Ibid.*, p. 281.

29. *Ibid.*, pp. 286-288.

30. Pío XI, *Acerba Animi*.

31. «Biographies of Blesseds» (Biografías de beatos) (ver nota 7).

32. *Ibid.*

33. Krauze, *Mexico (México)*, p. 496.

34. Villasana, *Perspectives* (Perspectivas), p. 14.

35. Roderic Ai Camp, *Crossing Swords: Politics and Religion in Mexico* (Cruzando espadas: política y religión en México), Nueva York, Oxford University Press, 1997, p. 164.

36. «Fr. Marcial Maciel y Cotija» (ver nota 19).

37. Villasana, *Perspectives* (Perspectivas), p. 24.

38. *Ibid.*, p. 26.

39. Maciel repite las historias de sus hazañas en el libro de entrevistas *Christ Is My Life (Cristo es mi vida)*, p. 19 y ss.

40. Villasana, *Perspectives* (Perspectivas), p. 31.

41. *Legionaries of Christ: 50th Anniversary* (Legionarios de Cristo: 50 aniversario), Horizons Institute, 1991, p. 23.

42. Las autoridades del seminario «no miraron con buenos ojos mi deseo de formar una nueva congregación», dice Maciel en *Christ Is My Life (Cristo es mi vida)*, p. 21.

43. Entrevista telefónica de GR con el padre Orozco. Orozco es el único del grupo original a quien ordenan sacerdote. En 1945 dejó la Legión para ingresar en el clero secular.

44. Villasana, *Perspectives* (Perspectivas), p. 58.

45. Colina y Maciel, *Christ Is My Life (Cristo es m vida)*, p. 24.

46. *Ibid.*, p. 25.

47. Villasana, *Perspectives* (Perspectivas), p. 63.

48. Entrevista de JB, Ciudad de México, noviembre de 1996. Ver también Gerald Renner y Jason Berry, «Head of Worldwide Catholic order Accused of History of Abuse» (Jefe de orden católica mundial acusado de historia de abuso), *Hartford Courant,* 23 de febrero de 1997.

49. Villasana, *Perspectives* (Perspectivas), pp. 66-67.

50. *Ibid.*, p. 67.

51. El número original de seminaristas unas veces se fija en doce y otras en trece. El padre Orozco, quien fue uno de ellos, insiste en que eran doce, como en la fotografía original. El folleto de la Legión dice trece.

52. *Legionaries* (Legionarios), p. 34.

53. *Ibid.*, p. 25.

54. Entrevistas de JB con ex legionarios, México, 1996.

55. Villasana, *Perspectives* (Perspectivas), p. 81.

56. Entrevista de JB en México, en 1996, con un ex miembro de la Legión que prefirió permanecer en el anonimato.

57. Torres, *Prodigiosa aventura,* pp. 24-26; en cuanto a la empresa de beisbol de Vasquel, ver Michael M. Oleksak y Mary Adams Oleksak, *Beisbol: Latin Americans and the Grand Old Game* (Béisbol: latinoamericanos y el querido gran juego), 2ª ed., Nueva York, McGraw Hill/Contemporary Books, 1996.

58. Krauze, *Mexico (México)*, p. 425.

59. Torres, *Prodigiosa aventura,* p. 26.

60. Entrevista de JB con José Barba, Ciudad de México, 2 de noviembre de 1996.

61. *Legionaries* (Legionarios), p. 28.

62. James Brodrick, S.J., *The Origin of the Jesuits* (El origen de los jesuitas), Toronto, Loyola University Press, 1986, p. 95.

63. *Legionaries* (Legionarios), p. 28; Maciel lo narra de otra forma en *Christ Is My Life (Cristo es mi vida),* p. 39, diciendo que el ministro necesitaba la recomendación de un cardenal de la curia romana.

64. *Legionaries* (Legionarios), p. 29.

65. Barret McGurn, *A Reporter Looks at the Vatican* (Un reportero mira al Vaticano), Nueva York, Coward-McCann, 1962, p. 92.

66. Un resumen de los elogios que la prensa prodigó a Pío XII después de su muerte, el 5 de octubre de 1958, se encuentra en un folleto, *The 1958 Rome Story* (La historia de Roma en 1958), investigado por Gerald Renner y publicado en abril de 1959 por la Oficina de Información de la Conferencia Nacional de Bienestar Católico, Washington, D.C.

67. John Cornwell, *Hitler's Pope: The Secret History of Pius XII* (El papa de Hitler: La historia secreta de Pío XII), Nueva York, Viking Penguin, 1999, pp. 271-272.

68. *Legionaries* (Legionarios), p. 28.

69. *En Christ Is My Life (Cristo es mi vida)*, p. 40, la historia de Maciel cambia. Allí no hay mención de beatificación, sino sólo de una «ceremonia».

70. Ver www.catholic-forum-com/saints.

71. Anne O'Hare McCormick, *Vatican Journal: 1921-1954* (Diario Vaticano: 1921-1954), Nueva York, Farrar, Straus and Cudahy, 1957, pp. 129-132.

72. Torres, *Prodigiosa aventura*, p. 19; la historia de la Legión se refiere erróneamente a Güell como marqués y no como conde.

73. *Legionaries* (Legionarios), pp. 30-31.

74. Entrevista de GR con Juan Vaca, Holbrook, Nueva York, 16 de julio de 2002.

75. Torres, *Prodigiosa aventura*, p. 24.

76. *Legionaries* (Legionarios), p. 31.

77. Colina y Maciel, *Christ Is My Life (Cristo es mi vida)*, p. 46.

78. *Legionaries* (Legionarios), p. 31.

79. McGurn, *Reporter* (Reportero), p. 55.

80. Peter Hebblethwaite, *Paul VI: The First Modern Pope* (Paulo VI: El primer papa moderno), Nueva York / Mahwah, Paulist Press, 1993, p. 147.

81. *Legionaries* (Legionarios), p. 32.

82. *Ibid.*

83. Torres, *Prodigiosa aventura*, p. 20.

84. Entrevistas telefónicas de GR con Domínguez en octubre de 1996 y el 3 de septiembre de 2002.

CAPÍTULO 9. LA GUERRA CONTRA LOS ENEMIGOS INTERNOS

1. El anuncio, titulado «Felicita S.S. Juan Pablo II al padre Marcial Maciel», apareció el mismo día en los periódicos.

2. Alfonso Torres Robles, *La prodigiosa aventura de los Legionarios de Cristo,* Madrid, Foca, 2001, pp. 48-50, 228-229.

3. Ronan O'Neill, «Sex Abuse and the Vatican» (Abuso sexual y el Vaticano), *Magill,* septiembre de 1998.

4. *Ibid.*

5. Según múltiples fuentes de los legionarios. Un memorando interno de la Legión obtenido por los autores, fechado el 6 de junio de 1999, muestra planes de rentar un helicóptero para Nuestro Padre en Colombia durante dos días a 700 dólares. Sobre el costo del Concorde, ver Larry Gelbart, «The Future Is Past» (El futuro es pasado), *New York Times,* 26 de abril de 2003.

6. Entrevista de JB con José Barba, Ciudad de México, 1 de noviembre de 1996. Gerald Renner y Jason Berry, «Head of Worldwide Catholic order Accused of History of Abuse» (Jefe de orden católica mundial acusado de historia de abuso), *Hartford Courant,* 23 de febrero de 1997.

7. Entrevista de JB con José Barba, Dallas, 27 de junio de 2002; Roma, 13 de noviembre de 2002.

8. Eric Hanson, *The Catholic Church in World Politics* (La Iglesia católica en la política mundial), Princeton, Princeton University Press, 1987, p. 93.

9. Entrevista de JB con Arturo Jurado, Ciudad de México, 2 de noviembre de 1996.

10. José Barba Martín, «The Reasons for My Silence» (Las razones de mi silencio), *L'espresso,* 1 de febrero de 2003. El artículo se escribió por invitación editorial de *Prometo,* revista

mexicana de cultura, que luego se negó a publicarlo. Sandro Magister, editor de religión de *L'espresso,* se ocupó de su publicación en Italia. La traducción al inglés fue hecha por Paul Lennon.

11.   Carta de estudiante legionario a Flora Barragán de Garza, 1 de mayo de 1952, cortesía de José de Córdoba.

12.   Paul Lennon, mensaje electrónico a Jason Berry, 1 de febrero de 2003.

13.   Arturo Jurado, memorando a los autores para un informe del *Hartford Courant,* 2 de enero de 1997.

14.   Entrevista de JB con Alejandro Espinosa Alcalá, Ciudad de México, 3 de noviembre de 1996.

15.   Garry Wills, *Why I Am a Catholic* (Por qué soy católico), Boston y Nueva York, Houghton Mifflin Company, 2002.

16.   Ver «flagelación» en Richard P. McBrien, ed., *The HarperCollins Encyclopedia of Catholicism,* HarperSan Francisco, 1995, p. 532.

17.   Fernando Pérez Olvera, declaración escrita a Jason Berry, 30 de septiembre de 1996, para el *Hartford Courant.*

18.   *Ibid.;* ver *Hartford Courant,* 23 de febrero de 1997.

19.   Entrevista de JB con José Antonio Pérez Olvera, 3 de noviembre de 1996, Ciudad de México; José Antonio Pérez Olvera, 18 de diciembre de 1994, carta a Jason Berry.

20.   Entrevista de JB con Alejandro Espinosa Alcalá, Ciudad de México, 3 de noviembre de 1996.

21.   Entrevista de JB con Saúl Barrales Arellano, Ciudad de México, 7 de noviembre de 1996.

22.   Saúl Barrales Arellano, declaración notariada para el *Hartford Courant,* Ciudad de México, 31 de enero de 1997.

23.   Entrevista de GR con Vaca, Port Jefferson, Nueva York, 19 de agosto de 2002.

24.   Barba, «The Reasons for My Silence» (Las razones de mi silencio).

25.   Félix Alarcón a José Barba, 4 de agosto de 1997.

26.   *Ibid.*

27.   Entrevista de JB con José Barba, Ciudad de México, 12 de noviembre de 2002.

28.   Barba, «The Reasons for My Silence» (Las razones de mi silencio).

29.   Dolantina es el nombre de un narcótico sumamente adictivo fabricado por Hoechst Marion Roussel en Bélgica. El medicamento, indicado para el dolor agudo, se conoce también con los nombres de meperidina, Demerol, y petidina, según información de la Facultad de Medicina de la Universidad Thomas Jefferson, en Filadelfia.

30.   Memorando del jurado.

31.   *Legionaries of Christ* (Legionarios de Cristo), Horizons Institute, 1991, p. 23.

32.   Entrevistas telefónicas de GR con Federico Domínguez, octubre de 1996 y 3 de septiembre de 2002.

33.   Entrevista preliminar de JB con fuente confidencial, Ciudad de México.

34.   Entrevista de GR con Vaca, 18 de febrero de 2003.

35.   «Ballestrero, Anastasio Alberto Cardinal» (Cardenal Anastasio Alberto Ballestrero), *Encyclopaedia Britannica* (2003), Encydopaedia Britannica Premium Service.

36.   Documento proporcionado por la Legión, a través de su firma de abogados Kirkland & Ellis, al *Hartford Courant,* 20 de diciembre de 1996.

37.   Thomas J. Reese, S.J., *Inside the Vatican* (Dentro del Vaticano), Cambridge, Harvard University Press, 1996, p. 76.

38.   No hay literatura publicada en relación con la adicción y la terapia de electrochoques, señala el médico jubilado David Canavan, de Nueva Jersey, quien desarrolló y dirigió el programa que es el modelo estadounidense para tratar a médicos con problemas de adicción. Esto no significa que la terapia de choque insulínico no se haya practicado. Durante mucho tiempo los psiquiatras pensaron que la adicción era secundaria a la depresión, y la terapia de choque es un tratamiento habitual de la depresión. Hoy se cree que la adicción es deprimente en sí: basta deshacerse de la adicción para que la depresión ceda.

1. En 2002 la Tribune Company, dueña del *Chicago Tribune*, compró la cadena Times Mirror y sus propiedades en los medios, incluyendo el *Hartford Courant*.

2. *The Official Catholic Directory* (Directorio católico oficial), edición 2000, (New Providence, Nueva Jersey; P. J. Kenedy & Sons).

3. El *Hartford Courant* informó el 17 de marzo de 2002 que documentos judiciales secretos revelaban que Egan, siendo obispo de Bridgeport, había permitido seguir trabajando durante años a varios sacerdotes que enfrentaban múltiples acusaciones de abuso sexual.

4. Stephanie Summers a GR, en una reflexión sobre cómo transcurrió la historia.

5. Mensaje electrónico de Lennon a GR y otros, en Fernández Amenábar, 7 de febrero de 2002; mensaje electrónico de Lennon a JB, 26 de febrero de 2003.

6. Juan Manuel Fernández Amenábar, declaración personal, 6 de enero de 1995. La declaración de Amenábar dice: «Pedí al Sr. Alejandro Espinosa Alcalá, al Sr. José Antonio Pérez Olvera, al Sr. José Barba Martín y al Sr. Arturo Jurado Guzmán, usando los medios verbales y gestuales de que dispongo, que expresaran esta declaración mía por escrito.» Aunque el documento no está firmado por un notario público, la información coincide con lo que la doctora Gabriela Quintero relató en su entrevista y declaración notariada, basada en años de diálogo con Amenábar y en su diario, que ella leyó antes de que lo robaran de su habitación.

7. *Ibid.*

8. Entrevista de JB con la doctora Gabriela Quintero Calleja, Ciudad de México, 8 de noviembre de 1996.

9. Entrevista de GR con el padre Alberto Athié, Chicago, 16 de abril de 2001.

10. Gerald Renner y Jason Berry, «Head of Worldwide Catholic order Accused of History of Abuse» (Jefe de orden católica mundial acusado de historia de abuso), *Hartford Courant*, 23 de febrero de 1997.

11. Si se desea una narración detallada de las acusaciones contra Barba *et al.*, ver Gerald Renner y Jason Berry, «Legion Calls Maciel's Accusers Disgruntled Conspirators» (La Legión llama a los acusadores de Maciel conspiradores resentidos), *Hartford Courant*, 23 de febrero de 1997, complemento de la historia principal, accesible en los archivos de la página de Internet del *Courant*, www.ctnow.com.

12. Owen Kearns, L.C., «Collateral Damage from Abusers in Collars» (Daño colateral de abusadores con sotana), *National Catholic Register*, 11 a 17 de noviembre de 2001.

13. Documentos proporcionados por el despacho de abogados de los legionarios, Kirkland & Ellis, al *Hartford Courant*, 20 de diciembre de 1996.

14. Entrevista de GR con Domínguez, 15 de noviembre de 1996.

15. El abogado James Basile envió copias de las cartas.

16. «Barred from Practice for Writing Articles on Pope's Final Illness» (Se le prohíbe ejercer por escribir artículos sobre la enfermedad terminal del Papa), *New York Times*, 13 de diciembre de 1958; Paul I. Murphy con R. René Arlington, *La Popessa* (La papisa), Nueva York, WarnerBooks, 1983, p. 21.

17. Entrevista telefónica de GR con Michael Massing, 30 de agosto de 2002.

18. Entrevista de los autores con José Barba, Nueva Orleans, 3 de mayo de 2003.

19. «No Sexual Abuse Ever Took Place» (Jamás se cometió ningún abuso sexual), cartas al director, *Hartford Courant*, 2 de marzo de 1997.

20. *Ibid.*

21. «Legionaries Founder Accused of Sex Abuse» (Fundador de los Legionarios de Cristo acusado de abuso sexual), *National Catholic Reporter*, 7 de marzo de 1997.

22. «Maciel Denies Sexual Abuse Allegations» (Maciel niega acusaciones de abuso sexual), *National Catholic Reporter*, 14 de marzo de 1997.

23. Salvador Guerrero Chiprés, «Acusan a líder católico de abuso sexual de menores», *La Jornada* (Ciudad de México), 14 a 17 de abril de 1997.

24. Kevin Sullivan y Mary Jordan, «Reluctant Mexican Church Begins to Question Its Own: For First Time, a Bishop Acknowledges Pedophilia Cases» (Renuente, la Iglesia mexicana empieza a cuestionar a sus miembros: Por primera vez, un obispo admite casos de pedofilia), *Washington Post,* 17 de abril de 2002.

25. Sandro Magister, «Eran 50 mila giovani e forti» (Eran 50 mil jóvenes y fuertes), *L'espresso,* 21 de enero de 1999.

26. Ver www.legionaryfacts.org.

27. Richard John Neuhaus, «Feathers of Scandal» (Padres de escándalo), *First Things,* marzo de 2002. En otra parte del ensayo, Neuhaus expone la demanda canónica que Barba y otros tramitaron en Roma en 1998, y que nosotros cubrimos en el capítulo 11.

28. En el mismo artículo, Neuhaus dice del escándalo de Boston que fue «aprovechado por los liberales que presionaban para que los sacerdotes pudieran casarse... Y, por supuesto, [las demandas] son el pan que alimenta a los medios». Continúa: «Las historias sobre sacerdotes católicos gozan de cierto caché, y para los abogados representan una promesa de dinero que por lo general no existe en otros litigios». *First Things* respaldó a Philip Jenkins, autor de *Pedophiles and Priests: Anatomy of a Contemporary Crisis* (Pedófilos y sacerdotes: Anatomía de una crisis contemporánea), Nueva York, Oxford, 1996, una obra basada enteramente en fuentes secundarias, la cual sostiene que la cobertura de los medios a comienzos de los años noventa fue algo promovido por los católicos liberales. El ensayo de Jenkins, «The Uses of Clerical Scandal» (Los usos del escándalo clerical), apareció en el número de febrero de 1996 de *First Things.*

29. Katharine Q. Seelye, «Relentless Moral Crusader Is Relentless Gambler, Too» (Implacable activista moral es también un jugador implacable), *New York Times,* 3 de mayo de 2003.

30. Gerald Renner y Jason Berry, «Pope Taps Accused Priest for Assembly» (El Papa designa a un sacerdote acusado para asamblea), *Hartford Courant,* 23 de octubre de 1997.

31. «La acusación al padre Marcial Maciel llega al Vaticano», *Milenio Semanal,* 8 de diciembre de 1997.

CAPÍTULO 11. EN LAS CORTES DEL VATICANO

1. John Tedeschi, *The Prosecution of Heresy: Collected Studies on the Inquisition in Modern Italy* (La persecución de la herejía: Recopilación de estudios sobre la Inquisición en la Italia moderna), Binghamton, Centro de Estudios Medievales y del Renacimiento, Universidad Estatal de Nueva York, 1991, p. 23.

2. En 1979 el papa Juan Pablo II reconoció que la Iglesia se había equivocado en el trato que dio a Galileo.

3. Tedeschi, *Prosecution of Heresy* (Persecución de la herejía), p. 8.

4. Garry Wills, *Papal Sin* (Pecado papal), Nueva York, Doubleday, 2000, p. 74.

5. *Ibíd.,* pp. 249-256.

6. Robert Blair Kaiser, *Pope, Council and World* (Papa, consejo y mundo), Nueva York, Macmillan, 1963, p. 223.

7. John Allen, *Cardinal Ratzinger* (Cardenal Ratzinger), Nueva York, Continuum, 2000, p. 65.

8. Paul Collins, *The Modern Inquisition: Seven Prominent Catholics and Their Struggles with the Vatican* (La Inquisición moderna: Siete católicos prominentes y sus luchas con el Vaticano), Nueva York, Overlook, 2002, p. 18.

9. Allen, *Ratzinger,* p. 66.

10. Uno de los intercambios más animados se puede encontrar en: Cardenal Joseph Ratzinger, *Salt of the Earth: The Church at the End of the Millennium: An Interview with Peter Seewald* (Sal de la Tierra: La Iglesia al final del milenio: Entrevista con Peter Seewald), traducción de Adrian Walker, San Francisco, Ignatius Press, 1996.

11. Entrevista de GR con Athié, 16 de abril de 2001, Chicago. Ver también Jason Berry y Gerald Renner, «Sex-Related Case Blocked in the Vatican» (Caso relacionado con el sexo bloqueado en el Vaticano), *National Catholic Reporter,* 7 de diciembre de 2001.

12. Entrevista de JB con Antonio Roqueñi, Ciudad de México, 3 de marzo de 2001.

13. Roderic Ai Camp, *Crossing Swords: Politics and Religion in Mexico* (Cruzando espadas: política y religión en México), Nueva York, Oxford University Press, 1997, p. 230.

14. Entrevistas de los autores con Barba y Jurado, Nueva Orleans, 10 de febrero de 2001.

15. Sandro Magister, «Eran 50 mila giovani e forti» (Eran 50 mil jóvenes y fuertes), *L'espresso,* 21 de enero de 1999.

16. Entrevista de JB con Elio Masferrer, Ciudad de México, 2 de marzo de 2001.

17. Entrevista telefónica de JB con Glenn Favreau, 1 de mayo de 2003.

18. Richard John Neuhaus, *Appointment in Rome: The Church in America Awakening* (Cita en Roma: La Iglesia estadounidense despierta), Nueva York, Crossroad, 1999, p. 110.

19. «Passion for the Priesthood: Testimony Given by Fr. Marcial Maciel» (Pasión por el sacerdocio: Testimonio del padre Marcial Maciel), Plaza de San Pedro, Vigilia de Oración del Jubileo para Sacerdotes, Ciudad del Vaticano, 17 de mayo de 2000, www.legionofchrist.org.

20. *El legionario,* de Alejandro Espinosa, Ciudad de México, Editorial Grijalbo, 2003.

21. *National Catholic Reporter,* 7 de diciembre de 2001. El comentario se dirigió a John Allen, el corresponsal del periódico en el Vaticano, quien colaboró en la preparación del artículo del 7 de diciembre.

22. Entrevista de GR con Athié, publicada en el *National Catholic Reporter,* 7 de diciembre de 2001.

CAPÍTULO 12. ENCIERRO RELIGIOSO

1. David O'Reilly, «Camden Diocese Agrees to Settle Sex-Abuse Suit» (Diócesis de Camden acepta arreglo extrajudicial de demanda de abuso sexual»), *Philadelphia Inquirer,* 14 de marzo de 2003; entrevista de JB con Rubino.

2. Thomas P. Doyle, O.P., J.C.C., «Roman Catholic Clericalism, Religious Duress, and Clergy Sexual Abuse» («Clericalismo católico romano, encierro religioso y abuso sexual en el clero»), *Pastoral Psychology* 51, no. 3, enero de 2003.

3. *Ibid.,* p. 219.

4. *Ibid.,* p. 218.

5. *Ibid.,* p. 221.

6. Robert Blair Kaiser, *Pope, Council and World* (Papa, consejo y mundo), Nueva York, Macmillan, 1963, pp. 75, 149-150.

7. Hubertus Czernin, *Das Buch Groer: Eine Kirchenchronik* (El libro de Groer: Crónica de la Iglesia), 2ª ed., Klagenfurt, Austria, Wieser Verlag, 1998. La profesora Ingrid Shafer, de la Universidad de Ciencias y Artes de Oklahoma, facilitó una traducción y un resumen de secciones pertinentes. Las citas textuales no tomadas del libro se indican en notas subsecuentes.

8. Correspondecia de JB por correo electrónico con Christa Pongratz-Lippitt, 19 de mayo de 2003.

9. Christa Pongratz-Lippitt, «Cardinal Silent over Sex Abuse Charges» (Cardenal guarda silencio sobre cargos de abuso sexual), *Tablet,* 1 de abril de 1995.

10. Christa Pongratz-Lippitt, «Death of Cardinal Groer» (Muerte del Cardenal Groer), *Tablet,* 29 de marzo de 2003.

11. Roland Prinz, «Cardinal Accused of Sexual Abuse Quits Leadership Post» (Cardenal acusado de abuso sexual abandona puesto de mando), Associated Press, 6 de abril de 1995.

12. Christa Pongratz-Lippitt, «Cardinal's Stance Puts Church in Turmoil» (Postura de cardenal mete en problemas a la Iglesia), *Tablet,* 15 de abril de 1995.

13. «Dialogue for Austria» (Diálogo por Austria), *Radio National Encounter with Margaret Coffee* (Encuentro nacional radiofónico con Margaret Coffee), Australian Broadcasting Corporation, 16 de diciembre de 2001.

14. Ingrid Shafer, «Petition Drive Moves to Germany» (Campaña de peticiones llega a Alemania), *National Catholic Reporter,* 25 de agosto de 1995.

15. Christa Pongratz-Lippitt, «Accused Cardinal Is Appointed Prior» (Cardenal acusado es nombrado prior), *Tablet*, 10 de agosto de 1996.

16. «Pope Ticks Off Austrian Bishops over Quarrels.» (El papa llama la atención a obispos austriacos por disputas») *Examiner*, Dublín, 19 de junio de 1998.

17. John L. Allen Jr., «Austria's Catholic Revolution» (La revolución católica de Austria), *National Catholic Reporter*, 30 de octubre de 1998.

18. *Ibid*.

19. Ann Rodgers-Melnick, «Vatican Eyes U.S. Bishops' Rules on Priestly Sex Abuse» (El Vaticano observa las reglas de los obispos estadounidenses sobre el abuso sexual entre sacerdotes), *Pittsburgh Post-Gazette*, 29 de junio de 1997.

20. *Ibid*.

21. John L. Allen Jr., *Cardinal Ratzinger* (Cardenal Ratzinger), Nueva York, Continuum, 2000, p. 160.

22. John L. Allen Jr., *Conclave: The Politics, Personalities, and Process of the Next Papal Election* (Cónclave: Las políticas, personalidades y proceso de la próxima elección papal), Nueva York, Doubleday Image, 2002, p. 163.

23. Ron Russell, «Mahony's Cronies» (Compinches de Mahony), *Los Angeles New Times*, 13 de junio de 2002.

24. Michael Rezendes, «Ariz. Abuse Case Names Bishop, 2 Priests» (En caso de abuso en Arizona se habla de un obispo y dos sacerdotes»), *Boston Globe*, 20 de agosto de 2002.

25. *Ibid*.

26. En resumen, Trupia afirmó que la suspensión de Moreno era penal en su naturaleza y canónicamente inválida porque el obispo no dirigió la investigación canónica preliminar según los cánones 1717-1731, que autorizan al obispo para remover de su cargo a los acusados mientras está pendiente el resultado de una investigación penal. En realidad, Moreno ha llevado a cabo la investigación a través de otras fuentes. El prelado defendió su decisión expresando que era «administrativa» más que penal, y que tenía todo el derecho de tomarla para el bien de la gente.

27. Rezendes, «Ariz. Abuse Case» (En caso de abuso en Arizona).

28. Sacha Pfeiffer y Michael Rezendes, «Skeptics Sit on Panel for Clergy Abuse Policy» (Escépticos en panel para instaurar política relativa al abuso en el clero»), *Boston Globe*, 24 de octubre de 2002.

29. Alex Friedrich y Royal Calkins, «Diocese Official Leaves Post» («Funcionario diocesano deja su cargo»), *Monterey Herald*, 14 de febrero de 2003.

30. Entrevista de JB con Sylvia Demarest, Dallas, 11 de junio de 2002.

31. Entrevista de JB con Kristopher Galland, Dallas, 14 de junio de 2002.

32. Garry Wills, *Papal Sin* (Pecado papal), Nueva York, Doubleday, 2000, pp. 175-176.

33. Todd J. Gillman, «Siblings Say Father Kos Abused Boys» (Hermanos acusan al padre Kos de haber cometido abusos contra menores), *Dallas Morning News*, 26 de diciembre de 1993.

34. Dan Michalski, «Innocence Lost» (Inocencia perdida), *D*, revista de Dallas/Forth Worth, septiembre de 1995.

35. Entrevista telefónica de JB con la abogada Tahara Merritt, de Dallas, 28 de mayo de 2003.

36. Thomas P. Doyle a Sylvia Demarest, *Does v. Dallas, Rudy Kos*, memorando sobre procedimientos de anulación, 14 de diciembre de 1995.

37. Joseph F. Wilson, «The Enemy Within: MTV Is Not the Problem» (El enemigo interno: MTV no es el problema), en Paul Thigpen, ed., *Shaken by Scandals: Catholics Speak Out About Priests' Sexual Abuse* (Sacudidos por escándalos: Católicos denuncian abuso sexual de sacerdotes), Ann Arbor, Servant Publications, 2002, pp. 32-33.

38. Anne Belli Gesalman, «Early Concerns over Priest Cited in Sex-Abuse Suit» (Preocupaciones tempranas sobre sacerdote citadas en demanda de abuso sexual), *Dallas Morning News*, 20 de julio de 1993; Michalski, «Innocence Lost» (Inocencia perdida).

39. Entrevista de JB con Windle Turley, Dallas, 14 de junio de 2002.

40. Ed Housewright, «Bishop Says Abuse Victims "Need Our Sincere Apology"» (Obispo dice que las víctimas de abuso «necesitan nuestra apología sincera»), *Dallas Morning News*, 12 de julio de 1997.

41. Sam Howe Verhovek, «Sex Abuse Victims Angered by a Monsignor's Remark» (Un comentario de Monseñor enoja a víctimas de abuso sexual), *New York Times*, 11 de agosto de 1997.

42. Brooks Egerton, «Catholic Judge Steps Down from Dallas Diocese Case» (Juez católico renuncia a juicio de la diócesis de Dallas), *Dallas Morning News*, 23 de agosto de 1997.

CAPÍTULO 13. ORTODOXIA Y ENGAÑO

1. Robert Hutchison, *Their Kingdom Come: The Secret World of Opus Dei* (Venga su reino: El mundo secreto del Opus Dei), Nueva York, St. Martin's Press, 1997, pp. 43-44.

2. *Ibid.*, p. 53.

3. Joan Estruch, *Saints and Schemers: Opus Dei and Its Paradoxes* (Santos y maquinadores: El Opus Dei y sus paradojas), Nueva York, Oxford, 1995, p. 131.

4. Kenneth Woodward, *Making Saints* (Haciendo santos), Nueva York, Touchstone, 1990, p. 384.

5. Hutchison, *Their Kingdom Come* (Venga su reino), p. 221 y ss.

6. James Martin, S.J., «Opus Dei in the United States» (El Opus Dei en Estados Unidos), *America*, 25 de febrero de 1995.

7. Frank Bruni, «Validating Opus Dei, the Pope Makes Its Founder a Saint» (Validando al Opus Dei, el Papa hace santo a su fundador), *New York Times*, 7 de octubre de 2002.

8. Oficina de comunicación del Opus Dei, New Rochelle, Nueva York, 22 de abril de 2003.

9. Ver www.legionofchrist.org.

10. Ver www.regnumchristi.org.

11. Fundada en 1934 por el obispo de Laibach, Austria, y otros.

12. Servando Ortoll, «Catholic Organizations in Mexico's National Politics (1926-42)» (Organizaciones católicas en la política nacional de México [1926-1942]), Tesis de doctorado, Universidad Columbia, 1986, p. 195.

13. *Ibid.*, pp. 195-196.

14. Las cartas citadas provienen de documentos proporcionados a miembros del Regnum Christi y no disponible fuera del «Movimiento».

15. La carta de Peter Cronin, del 23 de octubre de 1996, a Pat Kenny se puede encontrar en el sitio de Internet www.regainnetwork.org.

16. El sitio de Internet de Regain es www.regainnetwork.org.

17. Entrevistas de GR por teléfono, correo electrónico y en la casa de Helmueller en Saint Paul Minnesota, 22 de febrero de 2003.

18. Mary Therese Helmueller a Mary Ann Glendon, 16 de abril de 2002.

19. Norma Peshard no respondió a la petición de una entrevista hecha a través de Mater Ecclesiae, el centro de mujeres consagradas en Greenville, Rhode Island.

20. Entrevista telefónica de GR con Ruth Lasseter, 1 de junio de 2003.

21. Entrevistas de GR con Favreau en Plattsburgh, Nueva York, 28 de diciembre de 2001, en Irving, Texas, del 28 al 30 de junio de 2002, y en conversaciones telefónicas y por correo electrónico.

22. Uno es un sacerdote que tuvo un alto cargo en la Legión, y el otro, un prelado que sigue en la orden; ambos pidieron permanecer en el anonimato.

23. Patsy McGarry, «Back to the Future in Rome» (Regreso al futuro en Roma), *Irish Times*, 11 de enero de 2003.

24. Informantes financieros (ver nota 22).

25. Alfonso Torres Robles, *La prodigiosa aventura de los Legionarios de Cristo*, Madrid, Foca, 2001, pp. 148-149.

26. *Ibid.*, pp. 143-144.

27. McGarry, «Back to the Future.» (Regreso al futuro).

1. Gerald Renner, «Turmoil in Atlanta» (Agitación en Atlanta), *National Catholic Reporter,* 3 de noviembre de 2000.

2. Declaración del miembro de la junta Martin Gatins, 27 de marzo de 2001, en el juicio *Angela Sarullo Naples v. The Donnellan School, Inc., Monsignor Edward J. Dillon and Father John Hopkins,* Corte Estatal del Condado de Fulton, Georgia.

3. Gayle White, «School Dispute Puts Religious Order in Spotlight» (Disputa escolar pone a orden religiosa bajo el reflector», *Atlanta Journal-Constitution,* 28 de octubre de 2000.

4. Entrevista de GR con Naples en Atlanta el 2 de mayo de 2002, así como entrevistas por teléfono y correo electrónico, complementadas por documentos judiciales.

5. Kathi Stearns, «New Donnellan School Ownership Announced» (Se anuncia cambio de dueño de la Escuela Donnellan), *Georgia Bulletin,* 17 de junio de 1999.

6. Entrevistas de GR con Stinger en Atlanta, 2 de octubre de 2000 y 2 de mayo de 2002, así como por teléfono y correo electrónico, complementadas por documentos judiciales.

7. Renner, «Turmoil in Atlanta» (Agitación en Atlanta).

8. Entrevista telefónica de GR con Lisa Bastian, 20 de marzo de 1997.

9. Entrevista telefónica de GR con Maggie Picket, 20 de marzo de 1997.

10. Renner, «Turmoil in Atlanta» (Agitación en Atlanta).

11. Declaración de Martin Gatins.

12. *Complaint of Angela Sarullo Naples, plaintifc, v. The Donnellan School, Inc.; Monsignor Edward J. Dillon and Father John Hopkins,* (Queja de Angela Sarullo Naples contra la Escuela Donnellan, monseñor Edward J. Dillon y padre John Hopkins), 29 de septiembre de 2000, Corte Estatal del Condado de Fulton, Georgia.

13. *Ibid.*

14. Renner, «Turmoil in Atlanta» (Agitación en Atlanta).

15. Gayle White, «School Dispute» (Disputa escolar)

16. Declaración de Martin Gatins.

17. Entrevista telefónica de GR con un trabajador de la parroquia que no quiso ser identificado por miedo a perder el trabajo, 30 de septiembre de 2002.

18. Consejo de Sacerdotes, minutas de la reunión, 19 de marzo de 2003.

19. Entrevista telefónica de GR con monseñor Young, 6 de junio de 2003.

20. Entrevista telefónica de GR con el padre Hickey, 5 de junio de 2003.

21. Entrevista telefónica de GR con Patrick Smith, 14 de diciembre de 2000.

22. Entrevista telefónica de GR con la hermana Roberta Schmidt, C.S.J., directora educativa, 18 de marzo de 2003.

23. *Royal Palm International Academy vs. Patrick S. Smith, Jane E. Smith, and Robert Sorrentino, trustee, Sorrentino Florida Land Trust,* Corte de Circuito, Condado de Collier, Florida, 9 de noviembre de 2000.

24. *Patrick S. Smith vs. Carol Moore, Dr. James J. Crandall, Jack Donohue, Royal Palm International Aeademy, the Legion of Christ, National Consultants for Education, Inc.,* Corte de Circuito, Condado de Collier, Florida, 3 de noviembre de 2000.

25. Rachel Bott, «Change in Leadership Fractures Naples Catholic School Community» (Cambio de liderazgo fractura comunidad escolar católica de Naples), *Naples Daily News,* 17 de diciembre de 2000.

26. *Ibid.*

27. Jay Dunlap a Dan Anderson, 15 de enero de 2001.

28. Dan Anderson a Jay Dunlap, 19 de enero de 2001.

29. Beth Francis, «Alzheimer's: Smith Is Business Mind Behind Potential Alzheimer's Cure Venture» (Alzheimer: Smith, autor de empresa que promete posible cura para el Alzheimer), *Naples Daily News,* 1 de julio de 2001.

30. Entrevista telefónica de GR, 18 de septiembre de 2002.

31. Obispo Griffin a padre Mathewson y fieles de iglesia S. Francisco, 8 de octubre de 2002.

32. Ver http://saintjosephcathedral.org.

33. En la diócesis de Calagary, en el noroeste de Canadá, el obispo Fred Henry enfrentaba las preocupaciones de los padres de familia de una escuela católica privada llamada Clearwater Academy. Las comunidad se quejaba de que la engañaban haciéndola creer que la escuela era autónoma, cuando en realidad era una empresa común del Regnum Christi y los legionarios. Acusaban a los miembros del Regnum Christi de ocultar sus verdaderos fines. Henry ordenó a la Legión salir de la diócesis y nombró una comisión de tres sacerdotes y dos mujeres para que investigaran. El informe de la comisión, del 31 de mayo de 2001, decía que la Legión y el Regnum Christi ofrecen «un estilo de dirección para un segmento de los fieles, que responde a necesidades razonables y valiosas»; sin embargo, estaban de acuerdo con los padres inconformes que se sentían «timados» y criticaban «el secretismo que rodea las actividades del movimiento, el cual resulta innecesario, desafortunado y corregible». La comisión pensaba que las fallas podían subsanarse. Dijo que la junta directiva de la escuela «tras haberse dado cuenta de las ramificaciones de "verdad en la propaganda", está dedicada a comunicar abiertamente ese lazo importante [con el Regnum Christi y la Legión] a todos los futuros estudiantes y padres de familia». Propuso que hubiera lazos más cercanos entre la escuela y el obispo, quien debía nombrar un miembro de la junta directiva y un capellán de tiempo parcial que no estuviera en la Legión. La comisión consideró que había un «ambiente alegre y pacífico» en la escuela, y sentía que a los sacerdotes de la Legión se les debía permitir visitar la diócesis varias veces al año para atender a los miembros del Regnum Christi, con la aprobación de la diócesis en cada visita. La comisión notó «cierta rigidez» en el Regnum Christi. La división estricta por sexo «fomenta un enfoque anticuado de la realidad y puede propiciar el sexismo, en especial con respecto al papel de la mujer en la sociedad y en la Iglesia… En unos cuantos casos aislados, el elitismo y la superioridad son evidentes en las actitudes de sus miembros hacia los no miembros y los sacerdotes no legionarios; quizá parte del sabor latinoamericano de la orden es inapropiado en nuestra cultura».

34. Jennifer Garza, «A Church Divided» (Una Iglesia dividida), *Sacramento Bee,* 2 de marzo de 2002.

35. Robert V. Scheide, «Our Lady of Infinite Division» (Nuestra Señora de la División Infinita), *Sacramento News and Review,* 4 de julio de 2002.

36. María Morales González, en una carta que convocaba a los simpatizantes a una conferencia de prensa el 8 de junio de 2001 para protestar contra lo que llamaban la «enfermedad del legionario» que aquejaba a su Iglesia.

37. Scheide, «Our Lady of Infinite Division» (Nuestra Señora de la División Infinita).

38. *Ibid.*

39. Lennon, mensaje electrónico, 24 de junio de 2002. Sacerdote mexicano que no quiso ser identificado, mensaje electrónico, 7 de agosto de 2002.

40. Garza, «A Church Divided» (Una Iglesia dividida).

41. Entrevista telefónica de GR con María Morales González, 13 de mayo de 2003.

42. Terri Hardy, «Mather Eyed for Catholic College» (Se considera madre para universidad católica), *Sacramento Bee,* 8 de noviembre de 2002. La Legión tiene dos universidades en Europa (en Roma y Madrid), siete en México y una en Santiago de Chile.

43. Entrevista telefónica de GR con Hahn, 8 de mayo de 2003.

44. Jay Dunlap, «New University Seeks Permit to Build» (Nueva Universidad busca permiso para construir), www.legionariesofchrist.org/eng/index.phtml.

45. Robert Marchant, «Catholic Move to Block Foes» (Católicos se movilizan para neutralizar enemigos), *White Plains Reporter-Dispatch,* 5 de abril de 1997.

46. Ver www.ipsciences.edu.

CAPÍTULO 15. UN VATICANO DE VERDADES DESNUDAS

1. Entrevista de JB con A. W. Richard Sipe, 12 de septiembre de 2002.

2. «Vatican Norms Governing Grave Offenses, Including Sexual Abuse of Minors» (Normas vaticanas para ofensas graves, incluso el abuso sexual de menores), puestas en el sitio *web* de *National Catholic Reporter* (www.natcath.org) por John L. Allen Jr. (22 nov. 2002). Este *papal motu proprio* fue titulado «Defense of the Most Holy Sacraments» (Defensa de los sacramentos más santos).

3. John Thavis, «Doctrinal Congregation Takes Control of Priestly Pedophilia Cases» (Congregación doctrinal se ocupa de casos de pedofilia sacerdotal), Catholic News Service (Servicio Católico de Noticias), 5 de diciembre de 2001.

4. John L. Allen Jr. y Pamela Schaeffer, «Reports of Abuse» (Reportes de abuso), *National Catholic Reporter,* 16 de marzo de 2001.

5. Steve Pagani, «Report: Priests, Missionaries Sexually Abuse Nuns» (Informe: sacerdotes, misioneros, abusan sexualmente de monjas), Reuters, 20 de marzo de 2001.

6. Mensaje electrónico de Doyle a JB,16 de abril de 2002.

7. Elizabeth Hamilton y Eric Rich, «Egan Protected Abusive Priests» (Egan protegió a sacerdotes abusadores), *The Hartford Courant,* 17 de marzo de 2002. George Weigel, *The Courage to Be Catholic* (La valentía de ser católico), Nueva York, Basic Books, 2002, pp. 11-12.

8. Entrevista de Rivera para el periódico católico italiano *30 Giorni,* traducida al inglés. Ver John L. Allen Jr., «U.S. Media in Anti-Plot Says Mexican Prelate» (Medios de comunicación estadounidenses en anticomplot, dice prelado mexicano), *National Catholic Reporter,* 19 de julio de 2002.

9. John Thavis, «In Letter to Priests, Pope Says Clergy Sex Abusers Betray Priesthood» (En carta a sacerdotes, el Papa dice que los abusadores sexuales del clero traicionan el sacerdocio), Catholic News Service (Servicio Católico de Noticias), en *Denver Catholic Register,* 27 de marzo de 2002.

10. El psiquiatra Conrad Baars presentó un ensayo al Sínodo de Obispos de 1971 en el Vaticano: «The Role of the Church in the Causation, Treatment and Prevention of the Crisis in the Priesthood» (El papel de la Igesia en el origen, tratamiento y prevención de la crisis en el sacerdocio). Eugene Kennedy y Victor Heckler realizaron un estudio para los obispos estadounidenses en 1972: *The Catholic Priest in the United States: Psychological Investigations* (El sacerdote católico en Estados Unidos: Investigaciones psicológicas). El ensayo de Doyle «Religious Duress» (Encierro religioso), en *Pastoral Psychology* contiene una bibliografía de obras similares. Ver también A. W Richard Sipe, *Sex, Priests and Power: Anatomy of a Crisis* (Sexo, sacerdotes y poder: Anatomía de una crisis), Nueva York, Brunner/Mazel, 1995.

11. Eugene Kennedy, mensaje electrónico y conversación con JB, 5 de junio de 2003.

12. John Allen, «Vatican Defends Church's Handling of Sexual Abuse Allegations» (El Vaticano defiende la manera en que la Iglesia católica ha hecho frente a las acusaciones de abuso sexual), *National Catholic Reporter,* 29 de marzo de 2002; Thavis, «Letter to Priests» (Carta a sacerdotes).

13. Allen, «Vatican Defends» (El Vaticano defiende). Castrillón Hoyos retiró el porcentaje estimado del libro de Philip Jenkins: *Pedophiles and Priests: Anatomy of a Contemporary Crisis* (Pedófilos y sacerdotes: Anatomía de una crisis contemporánea), Nueva York, Oxford, 1996. El estudio de Chicago, realizado en 1992, era diez años anterior. El libro de Jenkins, basado por completo en fuentes secundarias, afirmaba que la crisis de comienzos de los noventa fue creación de los medios de noticias, que hacían el juego a católicos liberales disidentes.

14. Thomas Doyle, «They Still Don't Get It and Probably Never Will» (Todavía no se enteran y probablemente nunca se enterarán), *Irish Times,* 22 de marzo de 2002.

15. Thomas Doyle, «Bishops Must Be Held Accountable» (Se debe pedir cuentas a los obispos), *Irish Times,* 4 de junio de 2002.

16. John Tagliabue, «Sex Charges Claim Polish Archbishop» (Cargos sexuales causan remoción de arzobispo polaco), *New York Times,* 29 de marzo de 2002.

17. Roben Blair Kaiser, «Rome Diary 43/30 March 2002» (Diario de Roma 43/30 de marzo de 2002), http://justgoodcompany.com/RomeDiary.

18. Peter Steinfels, *A People Adrift: The Crisis of the Roman Catholic Church in America* (Un pueblo a la deriva: La crisis de la Iglesia católica en Estados Unidos), Nueva York, Simon & Schuster, p. 247.

19. Sissela Bok, *Lying: Moral Choice in Public and Private Life* (Mentir: Elección moral en la vida pública y privada), Nueva York, Vintage, 1999, p. 7.

20. Entrevista de los autores con Paul Collins, Nueva York, 23 de septiembre de 2002.

21.   Originalmente publicado como *From Inquisition to Freedom: Seven Prominent Catholics and Their Struggle with the Vatican* (De la Inquisición a la libertad: Siete católicos prominentes y su lucha con el Vaticano), Sydney, Simon & Schuster Australia, 2001.

22.   Collins, *The Modern Inquisition* (La Inquisición moderna), Nueva York: Overlook, 2002, p. 210.

23.   *Ibid.,* p. 211.

24.   Paul Collins, «The Peripatetic Pope: Papal Visits Are a Mixed Blessing» (El papa peripatético: las visitas papales son una bendición contradictoria), *Commonwealth,* 11 de septiembre de 1987.

25.   Robert Blair Kaiser, «Rome Diary 13/9 December 1999» (Diario de Roma 13/9 de diciembre de 1999), http://justgoodcompany.com/RomeDiary.

26.   Paul Collins, *Papal Power* (Poder papal), Londres, Fount, 1997, p. 7.

27.   John Henry Newman, *An Essay on the Development of Christian Doctrine* (Ensayo sobre el desarrollo de la doctrina cristiana), Notre Dame, Indiana, University of Notre Dame Press, 1989, p. 40.

28.   Collin, *Papal Power* (Poder papal), p. 17.

29.   *Ibid.,* p. 29.

30.   *Ibid.,* p. 116.

31.   *Ibid.,* pp. 105-106.

32.   *Ibid.,* p. 215.

33.   Collins, *The Modern Inquisition* (La Inquisición moderna), p. 219.

34.   *Ibid.,* p. 222.

35.   El título en Australia y el Reino Unido es: *From Inquisition to Freedom: Seven Prominent Catholics and Their Struggle with the Vatican* (De la Inquisición a la libertad: Siete católicos prominentes y su lucha con el Vaticano).

36.   Paul Collins, «Reasons for Resignation» (Razones para renunciar), marzo de 2001, sitio de Internet de la Asociación para los Derechos de los Católicos: http://arcc-catholic-rights.org/collins2001a.htm.

37.   John Allen Jr., *National Catholic Reporter,* 29 de marzo de 2002, cita de la entrevista de Bertone en *30 Giorni.*

38.   NBC News, *Meet the Press* (Conozca a la prensa), transcripción, 31 de marzo de 2002, cortesía de la NBC.

39.   Sobre los relatos de Mark Serrano y la reunión Mendham, ver Jason Berry, «The Priest and the Boy» (El sacerdote y el niño), *Rolling Stone,* 20 de junio de 2002, y «Survivors Connect to Heal, Raise Voices» (Sobrevivientes se unen para sanar y alzar la voz), *National Catholic Reporter,* 8 de noviembre de 2002.

40.   John Allen, «Catholic Vatican Summit Produces Flawed Document» (Cumbre Católica en el Vaticano produce documento defectuoso), *National Catholic Reporter,* 10 de mayo de 2002.

41.   Brian Ross, reportero, y Rhonda Schwartz, productora, «Eight Men Accuse High Catholic Church Official Father Marcial Maciel of Sexual Abuse When They Were Children» (Ocho hombres acusan al padre Marcial Maciel, alto funcionario de la Iglesia católica, de abuso sexual cuando eran niños) ABC News, *20/20,* 26 de abril de 2002.

42.   En lo que la Associated Press llama una «cuenta conservadora», 325 sacerdotes acusados renunciaron, se retiraron o fueron removidos del ministerio en el año 2002. Entrevista telefónica de GR con Rachel Zoll, escritora de religión de AP. El *New York Times* fija la cifra en 432; ver Laurie Goodstein, «Trail of Pain in Church Crisis Leads to Nearly Every Diocese» (Huella de dolor en crisis de la Iglesia apunta a casi todas las diócesis), *New York Times,* 12 de enero de 2002.

EPÍLOGO

1.   José Barba, entrevista con los autores, 3 de mayo de 2003, Nueva Orleans.

2.   Entrevista telefónica de GR con García Zuazua e intercambio de mensajes electrónicos, 27 de agosto de 2002.

3. John Allen, «The World from Rome» (El mundo desde Roma), mensaje electrónico semanal, *National Catholic Reporter,* 9 de agosto de 2002.

4. Entrevista con Barba, 3 de mayo de 2003, Nueva Orleans.

5. Jonathan Kwitney, *Man of the Century* (Hombre del siglo), Nueva York, Henry Holt, 1997, p. 563.

6. Jesús Colina, entrevistas con Marcial Maciel, *Christ Is My Life (Cristo es mi vida),* Manchester, New Hampshire, Sophia Institute Press, 2003, p. 172.

7. Luigi Accattoli, *When a Pope Asks Forgiveness: The Mea Culpa's of John Paul II* (Cuando un papa pide perdón: Los mea culpa de Juan Pablo II), traducción de Jordan Aumann, O.P., Boston, Pauline Books, 1998, p. 69. La carta se llama *Tertio Millennio Adveniente.*

8. *Ibid.,* p. 56.

9. James Carroll, *Toward a New Catholic Church: The Promise of Reform* (Hacia una nueva Iglesia católica: La promesa de reforma), Boston, Houghton Mifflin, 2002, p. 15.

10. Robert Ellsberg, ed., *Flannery O'Connor: Spiritual Writings* (Flannery O'Connor: Escritos espirituales), Maryknoll, Nueva York, Orbis Books, 2003, p. 83.

11. Jason Berry, «Fathers and Sins» (Padres y pecados), *Los Angeles Times Magazine,* 13 de junio de 1993.

12. Frank Keating, «The Last Straw: Quitting the Bishops' Review Board» (La última paja: dejar la Junta de Revisión de los obispos), *Crisis,* octubre de 2003.

13. John L. Allen Jr., «curial Official Blasts U.S. Media Coverage» (Funcionario de la curia deplora la cobertura de los medios estadounidenses), *National Catholic Reporter,* 17 de mayo de 2002.

14. Reese Dunklin, «Vatican Elevated Abusive Priest» (El vaticano elevó a sacerdote abusador), *Dallas Morning News,* 30 de agosto de 2003.

15. John lo Allen Jr., «The World from Rome» (El mundo desde Roma), www.natcath.org, 10 de octubre de 2003.

16. Mario von Galli, *The Council and the Future* (El Concilio y el futuro), Nueva York, McGraw-Hill, 1966.

AGRADECIMIENTOS

El trabajo que llevó a este libro comenzó en 1996 con una tarea conjunta en *The Hartford Courant,* gracias al entonces director editorial, David Barret, y al director administrativo, Clifford Teutsch. Agradecemos el cuidado puesto por Teutsch, Stephanie Summers y Claude Albert para editar nuestro informe publicado en febrero de 1997. La escritora de planta Helen Ubiñas amablemente tradujo varios documentos. Gerald Renner también desea agradecer a Bernard Davidow, un incansable editor de columnas y noticias, su constante estímulo y sus muchas atenciones, tanto antes como después de la jubilación de Renner del *Courant,* en abril de 2000.

El *National Catholic Reporter* ha estado en primera fila cubriendo a la Iglesia durante muchos años y ha sido un importante medio de expresión para los dos. A los editores Tom Fox y Tom Roberts y a la ex directora administrativa, Pamela Schaeffer, les agradecemos el apoyo para la redacción de artículos que llegaron a ser capítulos de este libro. Tenemos una deuda especial con John L. Allen Jr., corresponsal del periódico en el Vaticano y escritor distinguido, por su generosidad profesional y su incomparable comprensión de los asuntos de la Santa Sede. También queremos agradecer al corresponsal del *NCR* en Boston, Chuck Colbert.

Estamos en extremo agradecidos con el Fondo para el Periodismo de Investigación, en Washington, D.C., con los miembros de su junta directiva y el director, John Hyde, por haber otorgado una oportuna beca de investigación y por la ayuda que a través del fondo proporcionó Lisa Romero, bibliotecaria de comunicaciones y profesora adjunta de administración bibliotecaria en la Universidad de Illinois en Urbana-Champaign.

A la agente literaria Deborah Grovesnor, de Bethesda, Maryland, nuestro más profundo agradecimiento.

Ha sido un placer trabajar con Frederic Hills, nuestro editor en Free Press, con su excelente corrector, Chuck Antony, y con sus colegas, en especial Martha Levin, Carisa Hays, Cassie Dendurent, Paul O'Halloran, Robert Niegowski y Andrea Au.

El padre Thomas Doyle fue pródigo en su generosidad a pesar de las exigencias de tiempo para entrevistas en persona, por teléfono y por correo electrónico. Su hermana, Kelly Doyle Tobin, amablemente compartió recuerdos familiares al igual que lo hizo su prima Sharon Doyle con la genealogía de la familia.

El profesor José de Jesús Barba Martín ha sido un guía diligente en el laberinto de la Legión de Cristo; admiramos su tenacidad y le agradecemos su buena voluntad.

Hay otros que tomaron posturas valientes, sin los cuales este libro nunca se habría escrito: el reverendo Félix Alarcón, Saúl Barrales Arellano, Alejandro Espinosa Alcalá, Arturo Jurado Guzmán, Fernando Pérez Olvera, José Antonio Pérez Olvera, Juan Vaca y el finado Juan Manuel Fernández Amenábar.

Muchas personas que proporcionaron información de dentro de la Iglesia, particularmente en Roma, pidieron no ser identificadas. Les agradecemos el habernos guiado hacia las preguntas correctas. Tres abogados canónicos que declararon fueron de gran ayuda: monseñor Brian Ferme, australiano, decano de la facultad de derecho canónico de la Pontificia Universidad Lateranense de Roma; monseñor Kenneth Lasch, párroco de la iglesia de San José en Mendham, Nueva Jersey, y el reverendo Antonio Roqueñí, de la Ciudad de México.

Agradecemos especialmente lo que supimos por el padre Alberto Athié, Isaac Chute, el finado padre Peter Cronin, Federico Domínguez, Kevin Fagan, Glenn Favreau, Tony Fernández, Rollin y Ruth Lasseter, Paul Lennon, el padre Rogelio Orozco y Rafael García-Zuazua.

También agradecemos al detective sargento Dan Anderson, Lisa Bastian, Melissa Cook, Diane Dougherty, Barbara Felix, Sue Greve, la familia Helmueller, Tyler y Julia Kohl, Colleen Kunnuth, Susan McDermott, María Morales, Theresa Murray, Angela Naples, Gerry Neely, Dr. Henry y Lisa Pérez, Maggie Picket, Rex y Maurine Smith, Diane Stringer, Patricia Swanson, Indra Turnbull, y David y Sue Youngerman.

El veterano corresponsal y escritor Robert Blair Kaiser, que cubrió el Concilio Vaticano II para *Time* y escribe en *Newsweek,* fue de lo más generoso en guiarnos hacia diversas fuentes. Entre otros corresponsales en Roma que ayudaron se encuentran Robert Mickens, del semanario católico inglés *Tablet;* David Willey, de la BBC; Judy Harris; Sandro Magister, de *L'espresso;* Peggy Polk, del Religion News Service; Eduardo Lliteras, reportero de *Milenio* y otras publicaciones mexicanas; Philippa Hitchen, de Radio Vaticana, y Delia Gallagher, de *Inside the Vatican* (Dentro del Vaticano).

Flavio Viscardi fue invaluable como reportero investigador de abuso sexual de la prensa italiana y como traductor. Gracias también a Fabrizio Tonello.

Ann Rodgers-Melnick, reportera de religión del *Pittsburgh Post-Gazette,* fue mucho más allá de la cortesía al compartir su experiencia de cobertura de un complicado juicio canónico. Al leer nuestro manuscrito ofreció muchos comentarios agudos. En igual medida queremos agradecer a Joe Rigert, un distinguido reportero investigador recién retirado del *Star-Tribune* de Mineápolis.

Por la ayuda para comprender textos en español, gracias a Blanca Anderson, Mary Frances Berry y Paul Lennon. Por la ayuda en la traducción agradecemos a Nela García-Zuazua. Por la traducción del alemán, y por su propio informe sobre hechos en Austria y Alemania, gracias a la profesora Ingrid Shafer, de la Universidad de Artes y Ciencias de Oklahoma.

La periodista austriaca y corresponsal de *Tablet* Christa Pongratz-Lippitt fue generosa en proporcionar investigación sobre el cardenal Groer.

Entre otros colegas que facilitaron nuestra investigación, estamos especialmente agradecidos con Carl Cannon, ahora corresponsal en la Casa Blanca del *National Journal.*

Dos periodistas que han muerto en el transcurso de este trabajo fueron de gran ayuda en diferentes formas: Richard Baudouin, un valiente editor del *Times of Acadiana,* y Jonathan Kwitney, uno de los mejores reporteros investigadores de su generación, autor de una excelente biografía del papa Juan Pablo II.

Más o menos en orden alfabético, deseamos dar las gracias a los siguientes colegas:

De ABC News, a los corresponsales Hill Blakemore y Brian Ross, al jefe de producción de investigaciones Christopher Isham, a los productores ejecutivos Rhonda Schwartz y Richard Harris, a las productoras Jill Rackmill y Madeline Saver. De Associated Press, a Rachel Zoll. De *The Boston Globe,* a Ellen Barry, Matt Carroll, Michael Paulson, Sacha Pfeiffer, Michael Rezendes, Walter V. Robinson, Stephen Kurkjian y Charles Sennott. De *The Boston Herald,* a Robin Washington. De *The Boston Phoenix,* a Kristen Lombardi. De *Canadian Press,* al corresponsal y escritor Darcey Henton. Del *Catholic New Times,* en Toronto, al direcitor Ted Schmidt. Del Catholic News Service, a David Gibson y John Travis. Del *Chicago Tribune,* a Todd Lighty y Elizabeth Taylor. De *The Plain Dealer* de Cleveland, a James McCarty. De *The Dallas Morning News,* a Brooks Egerton y Rod Dreher. Del *Dayton Daily News,* a Vince McKelvey. Del *Los Angeles Times,* a Gary Spiecker y Glenn Bunting. Del *Milwaukee Journal Sentinel,* a Marie Rohde y Meg Kissinger. De *Newsday,* a Carol Eisenberg. De *The New York Times,* a Sam Dillon. De *The New Orleans Times-Picayune,* a Lolis Elie, James Gill, Bruce Nolan, y del *Gambit Weekly,* a Clancy DuBos y Michael Tisserand. Del Religion News Servicw, a Peggy Polk. De *Rolling Stone,* a Bill Tonelli. Del *San Francisco Weekly,* a Ron Russell. Del *Vancouver Sun,* a Douglas Todd. De *The Wall Street Journal,* a José de Córdoba. De *The Washington Post,* a Alan Cooperman y Caryle Murphy. De *The Worcester Telegram & Gazette,* a Kathleen Shaw.

En la Ciudad de México, deseamos agradecer a Ciro Gómez Leyva de *Milenio,* al profesor

Elio Masferrer Kan, antropólogo de religiones de la Escuela Nacional de Antropología e Historia, quien ayudó a explicar las complejas políticas de la jerarquía mexicana; y por su amable hospitalidad a Willie Frehoff Evers y Victoria Miranda Frehoff.

Paul Collins, en una visita de Australia a Nueva York, dejó sus actividades programadas para reunirse con nosotros, y en una entrevista de amplio alcance nos dio pistas y reflexiones poco comunes. El director de nuestra edición australiana, Matthew Kelly, en Hodder-Headline, fue de gran ayuda para facilitar la investigación desde el otro lado del mundo. Todos, Paul Collins, Barry M. Coldrey, Alain Grill y el investigador Bernard Barret, en Broken Rites, fueron más allá de la proverbial ayuda al prójimo contestando satisfactoriamente preguntas vía Internet. También le damos las gracias al periodista Chris McGillion por su ayuda oportuna. Jason Berry está en deuda con Chris MacIsaac por proporcionar materiales de investigación de hasta los primeros años del siglo xx.

Aprovechamos mucho el panorama general que Andrew Greeley, Eugene Kennedy, A.W. Richard Sipe y Garry Wills nos proporcionaron sobre la Iglesia católica a través de sus libros y artículos, y de las respuestas a nuestras variadas preguntas.

Un agradecimiento especial al reverendo Raymond Schroth, de la Compañía de Jesús.

El reverendo Thomas J. Reese y el reverendo Vincent O'Keefe, ambos de la Compañía de Jesús, compartieron su conocimiento personal sobre cómo funciona y cómo no funciona el Vaticano en el interregno entre papas. El hermano Hugo Rieping, benedictino de la Biblioteca de la Abadía de Mount Angel, St. Benedict, Oregon, proporcionó antecedentes útiles sobre el abad Gregorio Lemercier, del Monasterio de la Resurrección en Santa María Ahuacatitlán, cerca de Cuernavaca, México. El reverendo Bruce Williams, de la Orden de los Predicadores (dominicos), facilitó provechosas orientaciones.

Entre los abogados que facilitaron nuestra investigación, agradecemos a Jeffrey Anderson, de Mineápolis; William Crosby, de Cleveland; Sylvia Demarest y Windle Turley, de Dallas, y a sus ayudantes, respectivamente Trish McLelland y Barbara Louisell; a Simon Kennedy, del condado de Wexford, Irlanda; a Roderick «Eric» MacLeish, de Boston; a Tahara Merritt, de Dallas; a Stephen Rubino, de Margate, Nueva Jersey; a Arch Stokes, de Atlanta; a Denis Ventriglia, de Charleston, Carolina del Sur, y al finado Bruce Pasternack, de Nuevo México.

Un agradecimiento especial a los admirables líderes de S.N.A.P., Barbara Blaine, David Clohessy, Laura Barrett, Peter Iseley, Mark Serrano, Mark Brooks, Mary Grant, Lyn Hill Hayward, entre otros; a la fundadora de Linkup, Jeanne Miller, y a quienes continúan su obra, entre ellos Sue Archibald y el reverendo Gary Hayes, y a muchos otros que están llevando una nueva luz a la Iglesia.

Por los antecedentes sobre Irlanda estamos especialmente en deuda con el trabajo de Mary Raferty, de RTE (Televisión Nacional de Irlanda), quien produjo la serie de innovadores documentales *States of Fear* (Estados de miedo) en 1999 y *Cardinal Sins* (Pecados de cardenales) en 2002. También es coautora de *Suffer the Little Children* (Sufren los niños pequeños). También agradecemos a Aoife Rickard, de *Prime Time* de RTE, y al productor independiente Mark Day, de Vista, California. Gracias también a Deirdre Valdon, del *Irish Times*.

John Shepherd, archivista adjunto de la Colección de Historia Católica Estadounidense de la Universidad Católica de Estados Unidos, y su ayudante, Heather Morgan, se desvivieron para ayudar en la investigación de archivos del Seminario Montezuma; Shepherd llamó la atención sobre una tesis doctoral inédita y notable de la que de otro modo no habríamos podido tener noticia: Servando Ortoll, «Catholic Organizations in Mexico's National Politics (1926–42)» (Organizaciones católicas en la política nacional de México [1926-1942]), Universidad Columbia, 1986.

Agradecemos a los médicos Louis Keller y Lawrence J. Mellon por determinar la naturaleza de la dolantina en el Centro Médico de la Universidad Thomas Jefferson, en Filadelfia.

Un recurso invaluable fue el catálogo de la biblioteca estatal de Connecticut enInternet, el cual enumera los acervos de bibliotecas públicas, universitarias, especiales y de seminarios. Lauren Rosato, de Norwalk, quien representa a Lexpress International, con gran amabilidad proporcionó servicios de traducción.

Philip Braun, de Nueva Orleans, proporcionó una excelente ayuda de investigación.

Por otras diversas formas de ayuda agradecemos a Robert Bell; Stephen Brady, de los Roman Catholic Faithful; al reverendo David Boileau; al reverendo Frank Coco, de la Compañía de Jesús; a Rob Couhig, Dan Devine, Mark Dowie, Ludwig Ring-Eifel, Max Holland, Jeffrey Gillenkirk, Caitlin Kelly, Steve y Julie Knipstein, Michael Massing, Avia Morgan, Michael y Linda Mewshaw, Ray Mouton, Adam Nossiter, Mimi Nothacker, Thomas Powers, June Rosner; Joe Sanford, de Pelican Pictures; Henri Schindler, Tom Smith, Peter Steinfels, el reverendo Bruce Teague, Roberta Wilk, Gerard y Mathilde Wimberly, y a Christine Wiltz.

Jacquelyn Renner hizo una lectura crítica del manuscrito en progreso, con la ayuda de dos de los hijos de los Renner, conocedores del uso de computadoras. Mary X. Yordon prestó sus habilidades con las gráficas de computadora y Jack aplicó su magia para superar varias dificultades técnicas.

Por último, un profundo agradecimiento a Melanie McKay, quien empleó su experiencia como profesora de inglés para llevar a cabo muchas lecturas de esta obra y dio valiosos consejos editoriales.

JASON BERRY y GERALD RENNER

El legionario de cristo
de Jason Berry y Gerald Renner
se terminó de imprimir en **Julio** 2010 en
Drokerz Impresiones de México S.A. de C.V.
Venado N° 104, Col. Los Olivos
C.P. 13210, México, D. F.